U0736048

非洲经济发展报告

2014—2015

舒运国 张忠祥 主编

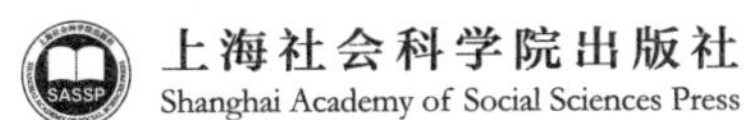

上海社会科学院出版社
Shanghai Academy of Social Sciences Press

教育部“区域和国别研究（培育）基地”

外交部“中非智库10+10合作伙伴计划”单位

上海师范大学非洲研究中心出版物

上海师范大学非洲研究中心简介

上海师范大学非洲研究中心成立于1998年，是国内高校中成立较早并获教育部承认的非洲研究机构之一，2011年被教育部评为“区域和国别研究（培育）基地”。中心还是教育部“中非高校20+20合作计划”框架下上海师范大学与博茨瓦纳大学交流活动的主要承担者，是外交部“中非联合研究交流计划”的合作单位。2014年6月，中心成功入选外交部“中非智库10+10合作伙伴计划”。

中心由中国非洲史研究会副会长、中国亚非学会副会长、教育部智力援非专家、国内著名非洲研究专家舒运国教授领衔，专职研究人员6名，特聘研究员3名，兼职研究员6名。舒运国教授和其他中心成员多次参加中非教育部长论坛、中非合作论坛北京峰会、中非智库论坛等重大涉非活动，并多次受教育部、外交部、商务部、中联部等部门之邀参加访非代表团。

中心成员注重发挥自身专业特色，积极为中非合作和地方外事献言献策。2010年，上海世博会成功举办，舒运国教授作为非洲馆主题沟通专家参与了大量工作，并在媒体上发表文章和录制节目，受到世博会组织方的好评和嘉奖，中心副主任张忠祥教授和中心研究人员刘伟才也参与了上海世博会的大量工作。

中心长期致力于非洲历史、非洲经济、非洲一体化以及中非关系等研究，先后完成国家社科基金项目（“南非现代化研究”“泛非主义史研究”）、教育部项目（“非洲人口增长与经济发展研究”“新时期中非经济合作”）、外交部“中非联合研究交流计划”（“非政府组织在非洲发展状况及西方有关政策、做法和影响”“中非合作论坛研究”等）、上海哲学社会科学项目（“发展中国家现代化研究”）、上海市教委项目（“20世纪非洲经济史”）等多项非洲学课题的研究。2014年，中心申请到国家社科基金重大项目1项（“多卷本非洲经济史研究”）和国家社科基金重点项目1项（“20世纪非洲史学与史学家研究”），并申请到外交部“中非联合研究交流计划”项目3项。

中心成员出版专著十余部，发表论文百余篇。中心成员作为主要参与者的“八五”国家重点项目《非洲通史》获国家社科基金项目优秀成果三等奖；中心主任舒运国教授撰写的专著《非洲人口增长与经济发展研究》获上海市哲学社会科学优秀成果奖。代表性研究成果还有《失败的改革》《中非合作论坛研究》《非洲的新兴大国南非》等专著和论文。

中心招收培养非洲研究方向的硕士研究生、博士研究生和博士后。至2015年6月，已培养非洲研究方向硕士29名、博士8名。现有在读硕士生8名，博士生5名，博士后1名。其中，赴非州国家学习和访问经历者共计16名。研究生围绕非洲发展问题、非洲一体化等问题展开学习和研究，前往非洲国家进行实地考察和学习，撰写了高质量的学术论文，这在当前我国非洲研究力量总体薄弱的情况下具有重要意义。

在当前中非各级各类交流蓬勃发展的大背景下，顺应当前教育和学术研究国际化的趋势，针对非洲研究注重实地调查的特点，中心非常注重国际交流，每年召开国际学术研讨会。中心研究人员均多次赴非考察学习，中心多名研究生也在国家留学基金、教育部和外交部各种中非交流计划的资助下赴非进行为期一个月到一年不等的访问和学习。

目前，中心已与博茨瓦纳大学、内罗毕大学、赞比亚大学以及南非、尼日利亚、肯尼亚、津巴布韦的多所大学和研究机构建立学术和人员交往，并与英、法、美等国家的非洲研究学者保持密切联系，努力走在国际学术科研的前沿，为中非关系的长期稳定发展献计献策。

本报告为上海市高校一流学科（B类）建设计划规划项目

前言

上海师范大学非洲研究中心作为教育部“区域和国别研究（培育）基地”和外交部“中非智库 10 + 10 合作伙伴”，为了保持和深化非洲经济研究的特色，并发挥基地的智库功能，于 2014 年开始编辑出版《非洲经济发展报告》。本报告是本中心编辑出版的第二份《非洲经济发展报告》。同时，本报告得到上海师范大学社科处的大力支持，是上海师范大学系列研究报告之一。

《非洲经济发展报告（2014—2015）》的主题是非洲工业化，我们认为这是试图紧扣非洲经济发展的新趋势和中非合作的新亮点。当前，新一轮的工业化正在非洲大陆兴起，因为非洲经过半个世纪的发展，已经不满足于用自身的资源换取外部的工业品，加之独立之初的非洲工业化事实上是失败的，而以中国为代表的新兴大国的产业转移是非洲新一轮工业化难得的机遇，所以，中国政府已经将产能合作确定为今后一段时间里中非经贸合作的重点和亮点。

本报告得以顺利出版得到各位同仁的大力支持。舒运国教授在《2014 年非洲经济：喜中有忧》一文中，对当前非洲经济形势做了深入的分析和判断，认为非洲大陆经济在 2014 年依然保持较快增长速度，同时也指出非洲经济发展面临的一些不利因素，比如局部地区和国家发生政治动荡、埃博拉病毒的冲击，以及世界经济的不景气影响等。张忠祥教授在《非洲经济走势与中非经贸合作》一文中，分析了当前非洲经济发展的新趋势，认为非洲经济转型和自主发展意识增强，非洲是中国产业转移、升级的重要合作区域。郝睿、蒲大可、侯金辰为本报告贡献了《非洲制造业发展与对非投资》一文，以翔实的第一手资料分析了非洲制造业发展的状况，为中非产业对接做了系统的研究。黄玉沛、郑晓霞、崔文星和卢海生等学者分别从刚果（布）、尼日利亚、南非和坦桑尼亚的工业化的角度进行了个案研究。张哲、赵桂芝在《中国企业加速与推进非洲工业化进程中的反思与经验》一文中，对中国参与非洲工业化进程进行了反思和总结。黄玉沛翻译了两个有关非洲工业化的文件——《非洲加速工业发展行动计划》和《非洲加速工业发展行动计划实施策略》，这对于我们进一步理解非洲工业化战略有很好的帮助。杨敬和曹利华分别研究了非洲发展新伙伴计划和联合国非洲经济委员会，这对全面理解非洲的工业化战略也是有帮助的。此外，王勤、胡皎玮翻译了《2063年议程》，为读者比较完整地提供了非盟 2063 年议程的中文文本，以期为非洲经济研究提供某些便利。在本报告中，我们还收集和整理了非洲工业化和非洲经济发展的相关数据，这项工作主要由中心博士生黄玉沛和研究生曹利华、刘大卫、石海龙和代竹君等同学完成的。

《非洲经济发展报告（2014—2015）》能够顺利出版，还得到了上海社会科学院出版社的大力支持。刘伟才副教授对本报告的组稿和编辑工作作了许多贡献。总之，我们对为本报告的编辑出版作出贡献的各位表示感谢。今后，我们将继续以当年非洲经济形势最大特点为主题，还要加大向国内外学者约稿的力度，将本报告办出特色、办出水平，以期为国内非洲经济研究作出我们绵薄的贡献。

上海师范大学非洲研究中心
《非洲经济发展报告（2014—2015）》编者
2015 年 8 月 10 日

目　录

CONTENTS

2014 年非洲经济：喜中有忧

舒运国

摘要：非洲大陆经济在 2014 年依然保持较快增长速度。在非洲大陆层面，经济增长速度远高于世界平均水平；在次区域层面，各自都保持较好的增长态势；在非洲国家层面，也大多呈现强劲增长。推动非洲经济增长的主要因素包括：非洲国家经济转型加快、私人消费和投资明显增长、服务业得到超前发展，以及基础设施得到了明显的改善。当然，2014 年非洲经济发展也出现了一些不利因素，比如局部地区和国家发生政治动荡、埃博拉病毒的冲击，以及世界经济的不景气影响。

关键词：2014 年；非洲；经济发展

作者简介：舒运国，上海师范大学非洲研究中心主任、教授、博士生导师

一

在非洲，2014 年延续了前几年的经济发展势头，仍然保持了较快的增长速度。其具体表现为：

（一）大陆层面：经济继续保持增长势头，速度高于世界平均水平

2014 年，非洲整体经济发展依然强劲，2013 年经济增长率为 3.7%，

2014 年达 3.9%；在撒哈拉以南非洲，2014 年经济增长率为 4.5%。相比之下，2014 年全球经济增长率为 2.6%，发展中国家平均水平为 1.7%，欧盟为 1.3%，美国为 2.3%，日本为 0.8%。只有南亚经济增长十分强劲，2014 年经济增长率达5.9%。由此可见，在 2014 年，非洲经济增长仅次于南亚，居第二位。非洲大陆经济增长速度，不但远高于全球平均增长速度，而且依然居世界前列。①

（二）次区域层面：经济均呈现增长态势

在非洲各次区域层面，经济无一例外地继续增长。北非和南非的经济增长率略低，北非仍然没有摆脱“阿拉伯之春”留下的阴影，经济恢复与增长乏力，2014 年经济增长率（不含利比亚）为 2.7%；南部非洲由于南非经济在电力和劳工等问题困扰下，经济增长缓慢，因而拖累了整个地区的增长率，仅为2.9%；中非、东非和西非的经济发展依然增长强劲；在中非地区，2014 年经济增长率达 4.8%；在东非地区，2014 年经济增长率达 6.8%；西非经济继续快速增长，2014 年经济增长率达 5.9%。②

各次区域的具体情况不同。在中非地区，乍得发现了新油田，而刚果民主共和国则依靠对采矿业和对基础设施的投资推动经济发展；在刚果共和国和加蓬，非石油部门的增长已经快于石油部门；在喀麦隆，石油和天然气生产、建筑、服务业和农业成为经济发展主要动力；中非共和国受到国内动乱的干扰，发展前景不确定；赤道几内亚由于石油生产下降，经济发展乏力。

在东非地区，埃塞俄比亚、卢旺达、坦桑尼亚和乌干达在 2014—2015 年的经济增长率达 6.5%—7.5%，四国经济增长的动力来自农业、工业和服务业的发展；在肯尼亚，经济增长率有望从 2013 年的 5%，上升到 2014—2015 年的 6%，动力主要是出口和私人投资的增长。此外，服务业（包括金

---

① UNECA，*Economic Report on Africa 2015*，Addis Ababa，Ethiopia，2015，p.2.

② Afdb，OECD，UNDP，*African economic outlook 2014*：*Global Value Chains and Africa's Industrilization*（*pocket Edition*），http：//www.africaneconomicoutlook.org/fileadmin/uploads/aeo/2014/PDF/pocket_Edition_AEO2014_En_mail.pdfpp.21—25；UNCTAD，*Economic Development in Africa Report 2014*，AddisAbaba，2015，p.15.

融、信息和通信技术）和建筑业作出了也作出了贡献；苏丹经济增长仍然乏力，而南苏丹则增长不稳定，由于战乱不断，发展前景不明；在索马里，大量的国际援助帮助其步入和平进程和国家建设，在一些比较稳定的地区，私营经济比较活跃。

在北非，“阿拉伯之春”动乱的影响远没有消除，加之一些国家与欧洲经济联系密切，因而受到欧元区危机的冲击，经济形势并不乐观。埃及在 2013 年的经济增长率为 2%，2014 年原地踏步，仍为 2%；利比亚由于石油生产受到破坏，因此经济增长起伏不定；突尼斯受到国内政局和欧洲经济危机的影响，2014 年经济增长改善不明显，2013 年为 3%，2014 年为 3.3%。

在南部非洲，安哥拉、莫桑比克和赞比亚的经济增长最快，2014—2015 年可以达到 7%—9%。经济增长的主要原因，是增加了对于基础设施和采矿业的投资。南非的经济发展仍然乏力，世界经济的疲软和劳工问题，成为南非经济发展的障碍。

西非的大部分国家的经济增长在 6%以上。尼日利亚主要依靠非石油部门的推动，如农业、贸易、信息技术和其他服务业。加纳的增长也十分强劲，其动力来自公共和私人投资、石油和天然气的发展；科特迪瓦因为政局稳定和投资增长而保持较快增长；马里因为政局动荡和安全危机而经济发展受阻。[①]

（三）非洲国家层面：经济发展大多保持强劲发展

2014 年，非洲大陆的大部分国家经济发展依然看好，由于各种情况，也有少数国家发展比较迟缓。根据非洲开发银行、非盟委员会和联合国非洲经济委员会的统计，把非洲国家的经济增长大致分为：

——低于或者相同于世界经济增长平均水平（2.6%）的国家。这类共有 14 国，占所统计的 51 个非洲国家的 25%。它们分别是：利比亚（－4.7%）、赤道几内亚（－2.8%）、冈比亚（－0.7%）、中非共和国（1.0%）、几内亚

---

① 关于非洲各次区域 2014 年经济发展，参见 Afdb，OECD，UNDP，*African economic outlook* 2014：*Global Value Chains and Africa's Industrilization*（*pocket Edition*），pp.21—25.

（1.3%）、南非（1.4%）、佛得角（2.0%）、埃及（2.2%）、突尼斯（2.4%）、摩洛哥（2.5%）、斯威士兰（2.5%）、利比里亚（2.6%）、几内亚比绍（2.6%）。

——经济增长率略高于世界平均水平。这类国家仅一个国家，即摩洛哥，其经济增长率为2.7%。

——经济增长率高于3%的国家有6个：津巴布韦（3.1%）、马达加斯加（3.2%）、毛里求斯（3.2%）、布基纳法索（3.4%）、苏丹（3.4%）和科摩罗（3.5%）。

——经济增长率高于4%的国家有9个：阿尔及利亚（4.0%）、圣多美与普林西比（4.0%）、加纳（4.2%）、莱索托（4.3%）、肯尼亚（4.5%）、安哥拉（4.5%）、塞内加尔（4.5%）、布隆迪（4.7%）和博茨瓦纳（4.8%）。

——经济增长率超过5%的国家有9个：加蓬（5.1%）、喀麦隆（5.3%）、纳米比亚（5.3%）、贝宁（5.5%）、多哥（5.5%）、马拉维（5.7%）、赞比亚（5.7%）、马里（5.8%）、吉布提（5.9%）。

——经济增长高于6%以上的国家有6个：刚果（6.0%）、塞拉里昂（6.0%）、卢旺达（6.0%）、尼日利亚（6.3%）、毛里塔尼亚（6.4%）、尼日尔（6.5%）。

——经济增长在7%以上的国家有4个：乌干达（7.0%）、乍得（7.3%）、坦桑尼亚（7.4%）和莫桑比克（7.5%）。

——经济增长率高于8%的国家有3个：刚果民主共和国（8.3%）、科特迪瓦（8.9%）；最高的埃塞俄比亚达到了两位数增长，为10.3%。①

由上可见，非洲在2014年的经济发展保持了较好的态势。非洲的三个层面：大陆层面、次区域层面和各国层面都呈现出较快增长的趋势。当然，由于各次区域、各国面临的情况不尽相同，经济发展的速度也不尽一致，但是，整体快速发展的特点依然十分明显。

---

① AfDB，AUC，EAC，*African Statistical Yearbook*，p.90. See：www.afdb.org.

二

推动2014年非洲经济发展的因素很多，其中主要的包括：

（一）非洲国家经济转型加快

单一结构是当今非洲国家主要的经济结构形式。事实证明，非洲国家以出口资源和能源等原材料和初级产品作为经济发展基础，虽然能在一段时期内给非洲带来经济收益，却缺乏经济可持续发展的持久动力，也无法根本解决贫穷问题。因此，改变单一经济结构，减少对于外部世界的经济依赖性，成为当前非洲各国普遍面临的问题和挑战。

非洲国家政府都认识到经济转型的重要意义，因此都制定了推动转型的计划。非洲联盟在非洲大陆至2063年的发展进程中，把经济转型放在优先考虑的地位。埃塞俄比亚政府制定了《增长与转型计划》（Growth and Transformation Plan），力图通过经济转型来推动农业与工业的发展；科特迪瓦制定了《经济崛起战略》（The Economic Emergence Strategy），希望在2020年迈入工业经济；乌干达颁布了2040年愿景，力图加快经济转型；莱索托在2020年愿景中，把关于发展置于优先考虑的地位。其他国家，如埃及、肯尼亚、卢旺达、塞拉利昂、南非和津巴布韦也都制定了发展计划和战略，推动经济结构转型，发展制造业和农产品加工业，以此加快经济发展。

各国的经济转型的内容包括：其一，加大对于农业的投资，夯实农业在国民经济中的基础地位。早在2003年，非洲大陆就启动了《非洲农业综合发展计划》（The Comprehensive Africa Agriculture Development Programme，CAADP），要求非洲国家每年对于农业的投资占政府支出的10%。迄今，已经有32个国家制定了《国家农业投资计划》（The National Agriluture Investment Plan），以满足CAADP的要求。布基纳法索、埃塞俄比亚、加纳、几内亚、马拉维、尼日尔和塞内加尔等国已经达到或者超过10%的要求，如加纳达到16%，就非洲大陆平均水平而言，也达到了7%的水平。[①]其二，把资

① Increasing public investment in African agrlculture，http：//www.worldbank.org/en/news/feature/2013/10/13，（2015-5-13）.

源优势转化为发展优势，积极推动工业化进程。联合国非洲经济委员会和非洲联盟日前联合发布的《2014 年非洲经济报告》指出，工业化是促进非洲经济结构转型和改善人们生活水平的关键。报告呼吁非洲各国通过构建和实施有效的工业化政策，把非洲经济发展战略聚焦于重构工业化。非洲国家制定了一系列有利于本国工业发展的法规和政策。内容包括给予各种优惠条件，以吸引外资；鼓励私人资本进入工业领域等。其三，推动经济多元化发展。除了工业外，非洲多国还致力于打造服务等行业，以带动经济的发展。

经济转型虽然需要较长的时间，但是其效果已经日益显现，并且成为非洲经济发展的推动力之一。

（二）私人消费与投资增加

私人消费与投资增加，是推动发展经济发展的又一重要动力。2014 年，非洲的私人消费增长 3.3%，私人投资增长 1.8%。专家预测，这种趋势还将继续，2015 年这两个数字分别为 3.8% 和 2.6%。[①]扩大私人消费主要是消费者的信心增强和中产阶级队伍扩大；私人投资的增长主要是投资环境改善、经营成本下降。在布基纳法索、布隆迪、科特迪瓦、加纳、肯尼亚、毛里求斯、卢旺达和坦桑尼亚，这种态势表现得十分明显。

私人资本流入增加，其中，侨汇是重要组成部分。早在 2010 年，侨汇研究超过 FDI 的规模。侨汇占 GDP 的比重，2013 年为 4.4%，2014 年为 4.5%，预期 2015 年达到 4.6%，其具体数额分别为 629 亿美元、671 亿美元和 718 亿美元。这说明越来越多的海外非洲人愿意回家乡投资。外国直接投资也是私人投资重要组成部分，而且稳步增长，2013 年为 566 亿美元，2014 年为 611 亿美元，2015 年达到 669 亿美元，分别占 GDP 的 3.9%、4.1% 和 4.2%。证券投资在非洲的规模不大，但是增长很快，在过去十年里，年均增长 26%，2013 年为 316 亿美元，2014 年为 241 亿美元。2006—2012 年，私人证券投资的 26% 进入非必需消费品领域，26% 进入工业，20% 进入矿业，12% 进入能源，7% 进

① UNCTAD, *Economic Development in Africa Report 2014*, p.7.

入财政，3%进入信息技术，3%进入消费必需品，1%进入保健领域。①

（三）服务业发展超前，成为非洲经济发展的重要动力

近年来，在非洲大陆经济各部门发展并不均衡。制造业产值在 1990 年占 GDP 的 13%，2000 年降为 12%，而 2011 年继续下滑至 10%。相比之下，服务业却迅速发展，这表现在：其一，非洲服务业的发展速度高于世界平均水平。以 2000—2012 年为例，非洲服务业年均增长速度为 5.8%，而世界平均水平为 3%，拉丁美洲为 3.9%，欧洲为 1.5%。②其二，服务业经过近年来的发展，已经成为非洲国家经济发展中重要经济部门。2000—2012 年，在非洲 54 个国家中，有 35 个国家的服务业已经成为 GDP 的重要贡献者，在许多非洲国家，服务业的产值已经超越工业或者农业。以 2013 年服务业占 GDP 最高的前十位国家为例，塞舌尔：81.1%；吉布提：77.0%；毛里求斯：71.5%；佛得角：70.3%；南非：69.1%；博茨瓦纳：61.8%；塞内加尔：60.1%；厄立特里亚：60.0%；莱索托：60.0%；冈比亚：60.0%。③2000—2011 年，非洲工业占 GDP 的 37%，农业占 16%，而服务业跃升到 47%。这种产业发展趋势在 2014 年没有根本的改变。按照年均增长率，服务业高达 5.2%，农业为 5.1%，而工业只有 3.5%。④

服务业不但为非洲国家的经济增长作出了巨大贡献，而且提供了远多于工业的工作岗位，见下表：

2000—2013 年撒哈拉以南非洲就业部门分布⑤ 单位：%

	2000 年	2013 年
农　业	65.0	62.0
工　业	8.5	8.4
服务业	26.5	29.6

① UNCTAD, *Economic Development in Africa Report 2014*, pp.24、27、28.

② UNECA, *Economic Report on Africa 2015*, pp.126—127.

③ UNECA, *Economic Report on Africa 2015*, p.130.

④ UNCTAD, *Economic Development in Africa Report 2014*, p.15.

⑤ UNECA, *Economic Report on Africa 2015*, p.64.

可见，服务业已经成为推动经济发展的强大力量。

（四）重视基础设施建设

众所周知，基础设施是经济发展的重要基础之一。非洲国家的基础设施十分落后，严重制约了非洲的经济发展。近年来，非洲国家认识到基础设施建设对于经济发展的重要性，因此采取各种措施，加大投资，加快建设。根据非洲基础设施发展指数（African Infrastructural Development Index），近些年来，非洲国家取得了不少进步，在撒哈拉以南非洲的低收入国家尤其如此。进步主要表现在信息技术的提高、清洁水的供应和保健方面。信息技术在非洲大陆经历了革命性变革。在过去十年里，移动电话每年增长40%，在撒哈拉以南非洲，2000年平均每百户拥有电话1门，而十年后已经达到50门。清洁水的供应，在一些低收入国家，诸如布基纳法索、埃塞俄比亚、赤道几内亚、马拉维、马里、斯威士兰和乌干达，得到重大改善，自2000年以来，得到清洁水的人口提高了20%。①

然而，由于原先的基础太差，因此在许多领域，仍然需要努力改善。比如电力供应，在撒哈拉以南非洲仍然是个大问题，电力供应不足、成本过高和无法稳定供应，成为十分普遍的问题。撒哈拉以南非洲的48个国家共有人口11亿，但是生产的电力只相当于人口为4 728万的西班牙。至今，撒哈拉以南非洲只有32%的人口能够用电，而这个数字在南亚为50%以上。在过去十年里，由于电力生产的改善，一些国家逐步走出困境。安哥拉、佛得角和刚果民主共和国，人均使用电力从6千瓦/小时提高到18千瓦/小时，埃塞俄比亚从25千瓦/小时提高到57千瓦/小时，莫桑比克和卢旺达从13千瓦/小时上升到77千瓦/小时。②

交通运输的基础也十分落后，测定公路最常用的指数是铺面道路所占公路的比例，在撒哈拉以南非洲，铺面公路（不包括毛里求斯和塞舌

① IMF，*Regional Outlook*，*Sub-saharan Africa*：*Staging the Course*. IMF Publication Services，Washington，2014，pp.42—43.

② IMF，*Regional Outlook*，*Sub-saharan Africa*：*Staging the Course*，p.43.

尔）仅仅占公路的 1/4。公路运输是非洲最重要的运输方式，80% 的货运和 90% 的客运都依靠公路运输。由于公路质量低劣，造成运输成本居高不下。运输的保险费占出口货物价值的 30%，如果在内陆国家，如马拉维、乍得和卢旺达，这个数字更是高达 50%。相比之下，发展中国家的同类数字仅 9%。①

基础设施得以改善的一个重要原因，是投资的不断增加，这得益于资金来源的多样化。资金的来源有三个渠道：非洲国家的公共支出、私人投资、国外援助或者贷款。对于基础设施的大部分投资来自国内公共支出，根据 2012 年撒哈拉以南非洲的统计，国内公共支出对于基础设施的投资额为 600 亿美元，仅 2007—2012 年，撒哈拉以南非洲国家对于基础设施的投资就增加一倍。外部资金主要以援助或者贷款的形式，中国发挥了重要作用。2007—2012 年，中国在基础设施建设领域提供的贷款增加 3 倍，占外部资金的 1/2。私人投资近年来上升很快，形式日趋多样。一种主要的形式是公私合股（Public Private Partnerships，PPPs）。这种形式运用广泛，在许多低收入国家，如贝宁、布基纳法索、马里、尼日尔、卢旺达和塞内加尔，运用 PPPs 在社区和农村地区建造小型供水项目；另一方面，它也被运用于大型跨国项目，如横跨林波波河、连接津巴布韦和南非的新林波波河大桥，就是由一家私人公司建造，这是非洲首次应用 BOT 模式（建设—运行—移交），投资者通过收取过桥费收回成本，在期满 20 年后，政府收回大桥的所有权。近年来，为了拓宽资金来源，非洲国家通过发行建设债券，募集资金。自 2009 年以来，肯尼亚成功发行三次基础设施债券，为公路、供水和能源项目集资。②非洲国家还尝试在国外发行基础设施建设债券，如尼日利亚 2013 年和 2014 年基础设施建设债券，数量分别达到 133 亿美元和 129 亿美元。③

2012 年 7 月，非盟首脑会议通过了《非洲基础设施发展计划》（The Programme for Infrastructure Development in Africa，PIDA），这是非洲国家对

---

① IMF，*Regional Outlook*，*Sub-saharan Africa*：*Staging the Course*，p.43.

② IMF，*Regional Outlook*，*Sub-saharan Africa*：*Staging the Course*，p.46.

③ *Africa's Pulse*，April，2015，Vol.11，p.8.

于非洲基础设施中长期建设的蓝图。目前，非洲国家研究安排了16个项目作为地区基础设施的领头羊，它们是：1.鲁济济河水力发电；2.达累斯萨拉姆港口扩建；3.赞比亚的塞伦杰至纳空德公路；4.尼日利亚至阿尔及利亚的天然气管线；5.塞内加尔的达喀尔至马里的巴马科铁路现代化；6.桑班加卢（Sambangalo）水力发电；7.科特迪瓦的阿比让至尼日利亚的拉各斯的沿海走廊；8.赞比亚的卢萨卡至马拉维的利隆圭的信息地面光纤；9.赞比亚—坦桑尼亚—肯尼亚的传输线；10.北非输电走廊；11.科特迪瓦的阿比让至布基纳法索的瓦加杜古铁路；12.喀麦隆的杜阿拉—赤道几内亚的班吉—乍得的恩贾梅纳铁路；13.乌干达的坎帕拉至金贾铁路升级工程；14.南苏丹的朱巴—苏丹的托里特—苏丹的卡波埃塔—肯尼亚的埃尔多雷特铁路；15.巴托卡峡水电站；16.布拉维尔至金沙萨铁路、桥梁以及金沙萨至伊勒博铁路。[①]

三

2014年，非洲也呈现出若干负面因素，对于经济发展产生了不利影响。

（一）局部地区与国家的政局动荡

近年来，非洲大陆的政局总体上趋于稳定。据统计，在20世纪90年代，撒哈拉以南非洲平均每年有9个国家经历了动乱，而在2011—2013年间，这个数字已经下降到5个国家。另据世界银行颁布的政治稳定指数，多数非洲国家的政局稳定都得到不同程度的改善。[②]但是局部地区和国家的动乱还是时有出现。据2012年发布的《全球国家风险指南》（International Country Risk Guide），综合政治、经济领域的风险，全球有40个存在风险的国家，其中21个国家在非洲，而最具风险的5个国家，

① 关于基础设施的相关材料，均见：IMF，*World Economic and Financial Survey*，*Regional Economic Outlook*：*Sub-Saharan Africa*，pp.42—58.

② IMF，*World Economic and Financial Survey*，*Regional Economic Outlook*：*Sub-Saharan Africa*，p.26.

则全部在非洲。[①]政局动荡对于经济发展带来致命的打击。“阿拉伯之春”虽然过去几年了，但是北非地区仍然没有恢复，埃及、利比亚等国的经济发展尚处恢复之中。此外，这几年在肯尼亚、刚果等国出现的动荡，对于当地经济发展产生了负面影响。

恐怖主义势力有扩展之势。近年来，恐怖主义在非洲大陆有蔓延的趋势。马里的基地组织分支、尼日利亚的“博科圣地”、索马里的“青年党”等经常兴风作浪，而且相互之间的勾结日益紧密。据英国皇家三军研究所分析，从西非到北非再到东非，可能正在形成一条“动荡之弧”。恐怖主义活动对于非洲经济发展环境带来致命冲击。因此，如何合力围剿恐怖主义势力，是非洲国家政府十分棘手的难题。

（二）埃博拉病毒的冲击

西非国家2014年初爆发埃博拉疫情以来，已经遭受巨大人员和经济损失。根据世卫组织2015年3月公布的数字，自埃博拉疫情爆发以来，在西非6国（几内亚、利比里亚、马里、尼日利亚、塞内加尔和塞拉利昂）已经在发现24 143个病例，其中有9 834人死亡。[②]埃博拉病毒的爆发严重地影响了非洲西部，这场流行病已经被认定为是非洲有史以来最严重的疫情。埃博拉一度在几内亚、塞拉利昂以及利比亚十分猖獗，甚至继续跨越国界，进入美国、西班牙等欧美国家。埃博拉病毒对于非洲经济发展带来严重冲击。在10月11日华盛顿的IMF-World Bankd年会上，塞拉利昂财政部长马拉赫（Malah）告诉人们：“塞拉利昂近几年是非洲增长最快的经济体，经济增长率达11.3%。今年5月埃博拉来了，一切都颠倒了。矿业公司减少了生产活动，制造业下降；可可和咖啡占我国农产品出口的90%，现在跌到谷底。因为人们抛弃了农场，人人想逃避埃博拉。基本建设也处于困境，许多承包商

---

① UNECA，*Economic Report on Africa 2015*，p.34.

② WHO，*Ebola virus Disease in West Africa*（*Situation as of 03 March 2015*），http：//www.afro.who.int/en/search.html?searchword = Ebola&ordering = &searchphrase = all.

放弃了建筑工地。我们现在十分孤立，埃博拉扼杀了我们的经济。”① 几内亚总统孔戴日前表示，必须尽一切努力于今年4月中旬，几内亚与捐赠国举行会议之前遏制疫情。几内亚自爆发埃博拉疫情后，采矿业大受影响，许多投资者望而却步。他相信，只要成功遏制疫情，几内亚的经济将重返轨道。世界银行的一份研究报告指出：几内亚受埃博拉的影响，经济增长率将削减一半左右，从4.5%降为2.4%。在塞拉利昂，快速发展的经济受到打击，2013年的经济增长率为11.3%，2014年削减至8%。利比里亚是受埃博拉冲击最大的国家，工、农业和服务业萎缩，市场萧条。商业航班有每周27班次，下降到6班次，宾馆入住率仅10%，报告估计该国经济增长率大幅下降，2015年将出现负增长。②

埃博拉对于西方三国的经济冲击

	2014年GDP（十亿美元）	2014年6月GDP增长（%）	2015年1月GDP增长（%）	GDP损失（百万美元）
几内亚	6.2	4.3	-0.2	540
利比里亚	2.3	6.8	3.0	180
塞拉利昂	5.0	8.9	-2.0	920

资料来源：World Bank.③

（三）世界经济不景气的负面影响

世界经济在2014年依然低迷。美国经济虽然出现复苏的迹象，但是尚不稳定；欧盟陷入金融危机，至今不能自拔；新兴经济体，尤其是金砖国家经济发展速度放缓。

2014年，世界市场上的商品价格出现波动。2014年6月至2015年1月，

① IMF survey，http：//www.imf.org/external/pubs/ft/survey/so/2014/CAR101114B.htm.

② *Ebola：Economic impact could be Devastating*，http：//www.worldbank.org/en/region/afr/publication/ebola-economic-analysis-ebola-long-term-economic-impact-could-be-devastating.

③ *Africa's Pulse*，Apr，2015，Vol.11，p.14.

能源产品平均下降 50%，金属矿产下降 16%，农产品下降近 10%。其中，石油价格下跌了 57%，从每桶 108 美元降至 47 美元，铁矿石下降 47%，铜下降 20%，橡胶下降 24%，棉花、大豆下降 25%。①商品价格的下跌，对于主要依靠出口的非洲国家而言，其冲击是十分严重的。

由于殖民地单一经济结构在非洲国家独立后没有得到根本的改造，因此，一种或者数种农矿初级原料产品的生产和出口，仍然是非洲国家经济生活的重要内容。据统计，在撒哈拉以南非洲的 48 个国家中，有 28 国的 5 种出口商品占其总出口的 50%以上。根据出口商品的类别，作了以下统计：

撒哈拉以南非洲出口商品的集中度（2012 年）

	3 种出口商品占全部贸易的比例（%）	5 种出口商品占全部贸易的比例（%）	3 种商品出口占 GDP 的比例（%）	5 种商品出口占 GDP 的比例（%）
撒哈拉以南非洲国家	68.7	73.9	9.2	11.0
农产品出口国	71.5	78.9	5.7	5.8
金属、矿产出口国	60.7	65.3	12.9	15.4
能源出口国	96.0	96.7	29.6	29.8
其他商品出口国	18.4	18.8	2.6	2.8

资料来源：World Integrated Trade Solution（WITS）Database.②

非洲国家出口商品的跌价，对于非洲国家的经济发展带来了负面影响，尤其是对于石油生产和输出国家，情况更是如此。直接的后果就是收入急剧减少，国家财政形势恶化。在这种形势下，非洲国家的经济形势出现波动。其一，各国央行提高了政策利率，如尼日利亚从 12%提高到 13%；安哥拉提高利率 50 个基点至 9%。其二，对本国货币实行贬值，尼日利亚对本国货币奈拉贬值 8%，至 2015 年初，奈拉（Naira）对美元的汇率下降 20%；安哥拉的货币宽扎（Kwanza）对美元汇率下跌 8%。其他一些国家，如喀麦

① *Africa's Pulse*, Apr, 2015, Vol.11, p.19.

② *Africa's Pulse*, p.27.

隆、乍得、刚果共和国、赤道几内亚和加蓬等，也出现了同样的变化。其三，采取财政紧缩政策，如下降或者取消对于本国居民的燃料补贴和削减公共支出。[①]

（四）新兴经济体发展速度放缓

2014年新兴经济体的经济增长速度继续放缓。在金砖国家中，除了印度，中国、俄罗斯、巴西和南非均出现程度不同的下降。中国的经济增长率从2013年的7.8%降为2014年的7.4%，巴西从2.7%降至0.1%；俄罗斯从2.2%降为1.0%；南非从2.2%降为1.5%。[②]新兴经济体经济发展速度下降，其直接的影响，就是对于非洲商品需求的下降和对非投资的减少。专家们的研究发现，如果新兴经济体经济增长率连续三年下降0.5%，那么撒哈拉以南非洲商品出口将收到的影响是，其三年经济增长累计减少1%。[③]十分明显，新兴经济体，尤其是金砖国家经济增长速度的放缓，直接影响了非洲国家的经济发展。

综上所述，2014年非洲经济发展虽然遭遇了许多困难，但是经济发展的大势依然趋好。值得指出的是，非洲经济发展的一些根本性矛盾，诸如单一经济结构、经济发展客观环境等，尚没有根本解决。因此，在以后的一段时间里，非洲国家将继续在经济转型中发展和前进。

---

① Africa's Pulse，p.26.

② IMF，*World Economic Outlook*，*Uneven Growth*：*Short and Long-Term Factors*，http：//www.imf.org/external/pubs/ft/weo/2015/01/pdf/text.pdf，pp.174—175.

③ IMF，*World Economic and Financial Survey*，*Regional Economic Outlook*：*Sub-Saharan Africa*，p.14.

非洲经济走势与中非经贸合作*

张忠祥

摘要：无论从独立后非洲经济发展的历程来看，还是从近期非洲经济指标来看，非洲经济正处于历史性的上升期，非洲正在成为世界经济增长新的一极。非洲经济继续向好的主要原因有：本土旺盛的消费需求，相对较高的大宗商品价格，得天独厚的人口红利，与新兴经济体日益紧密的经贸合作等。与此同时，还应该看到非洲经济的另外一面，非洲经济增长的不平衡性与脆弱性同时并存，非洲经济的发展没有更多地惠及当地民众，“有增长、少发展”的现象继续存在。因此，非洲国家自主发展意识增强，经济转型正在成为许多非洲国家的必然选择。非洲经济转型对中非经贸合作既是机遇，又是挑战，中国应该早做谋划与应对。

关键词：非洲经济；包容性增长；经济转型；中非合作

作者简介：张忠祥，上海师范大学非洲研究中心副主任，教授，博士生导师

自 2000 年中非合作论坛开启起来，中非关系取得了全面而快速的发展，以中国为首的新兴经济体已经成为非洲经济发展和“非洲复兴”的重要推动

* 本报告得到外交部“中非联合研究交流计划”项目的支持，谨致谢意。

力。与此同时，制约中非经贸合作可持续发展的矛盾与问题也日渐显现，非洲方面对中非关系的评价更加多元，一些非洲国家的精英甚至认同西方对中国“新殖民主义”的指责，非洲当地民众对中国投资和华人商贩也有很多抱怨。这就需要学者对非洲发展大势和中非经贸合作的现状进行深入的研究和理性的思考。本报告在与非方学者充分交换意见的基础上，通过对非洲经济走势和特点的把握，以及中非经贸合作存在问题的剖析，试图提出若干促进中非经贸合作可持续发展的对策建议。

一、非洲经济走势

无论从独立后非洲经济发展的历程来看，还是从近期非洲经济指标来看，非洲经济正处于历史性的上升期。当然，短时间的回落也是可能的，不过发展趋势是继续向好，非洲正在成为世界经济增长新的一极。

（一）非洲经济将继续保持较快发展势头

非洲国家独立之初，在经济建设和社会发展方面取得了不俗的成绩，1960—1970 年国内生产总值年均增长率为 3.8%。然而，到了 20 世纪 70 年代中期，非洲国家经济发展的内部矛盾日益暴露，经济发展逐步放缓，1970—1980 年非洲经济年均增长率为 3.6%。20 世纪 80 年代，非洲经济停滞不前，号称是“失去的十年”。1980—1992 年，非洲经济年均增长率降至 1.8%。①

非洲经济本轮增长开始于 20 世纪 90 年代中叶，至今约有 20 年的时间。进入 21 世纪以来，非洲大陆战争硝烟散去，莫桑比克、安哥拉、塞拉利昂等国步入和平与发展之路，近期虽有科特迪瓦、马里、中非共和国等国出现局部政治动荡，除利比亚以外，未有持续性、高烈度的大规模内战发生。非洲经济增长率明显提升，2000—2012 年非洲经济年均增长率为 5%，撒哈拉以南非洲年均增长率达到 5.6%。②

---

① 舒运国、刘伟才：《20 世纪非洲经济史》，浙江人民出版社 2013 年版，第 113 页。

② African Development Bank Group, *The African Development Report 2012*, Temporary Relocation Agency, 2013, p.6.

根据联合国非洲经济委员会公布的《2013 年年度报告》，2012 年非洲 GDP 增长 5%，全球增长率仅为 2.2%，非洲经济增速高出世界平均水平一倍多。①2013 年非洲经济增长 3.9%，而世界平均增长率仅 2.1%。②2013 年非洲经济增长超过 7%的国家有 11 个，介于 5%和 7%之间的国家有 17 个，也就是说，非洲有 28 个国家经济处于较快的发展，占非洲 54 个国家的 52%。经济增长超过 7%的非洲国家分别是塞拉利昂、乍得、科特迪瓦、刚果（金）、安哥拉、莫桑比克、加纳、利比里亚、埃塞俄比亚、赞比亚、卢旺达和尼日利亚。③

近十年，除 2009 年因国际金融危机而导致传导性经济增速放缓以外，其他年份撒哈拉以南非洲均保持 5%以上的中高经济增速（参见图 1）。

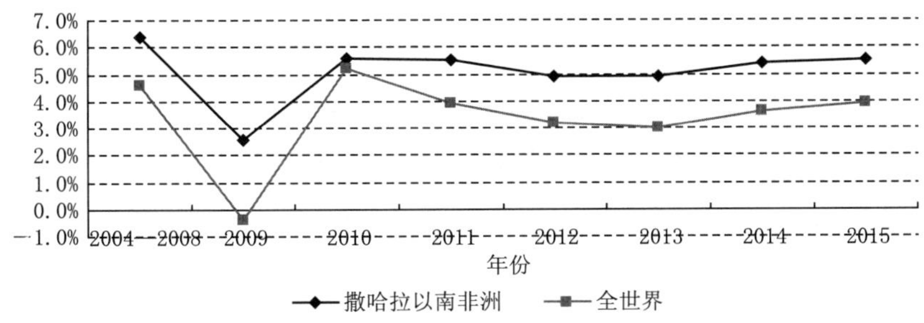

图 1　撒哈拉以南非洲经济增长率

Source：IMF，*Regional Economic Outlook*：*Sub-Sahara Africa*，April 2014，p.2.

无论是非洲本土还是外部世界，都对非洲经济的未来发展看好。非洲开发银行预测，2014 年和 2015 年非洲经济增长率分别为 4.8%和 5.7%，其中，撒哈拉以南非洲增长更快一些，分别为 5.8%和 5.9%。④国际货币基金组织预测，2014 年和 2015 年哈拉以南非洲经济增长率分别为 6.1%和 5.8%。同期，全球经济的增长率预计为 3.7%和 3.9%。⑤非盟经济委员会的报告称，今后一段时间，非洲经济仍将呈快速发展态势。⑥

① UNECA，*Annual Report* 2013，Abidjan，March 2013，p.1.

② 联合国经济及社会理事会：《2013—2014 年非洲经济社会状况概览》，2014 年 4 月。

③ AFDB，OECD，UNDP and UNECA，*African Economic Outlook* 2014，p.5 & p.42.

④ AFDB，OECD，UNDP and UNECA，*African Economic Outlook* 2014，p.42.

⑤ IMF，*World Economic Outlook* 2014，p.2.

⑥ Economic Commission for Africa，African Union，*Economic Report on Africa* 2013，Addis Ababa，2013，p.20.

非洲的中期增长前景强劲，其原因是本土旺盛的消费需求、相对较高的大宗商品价格、得天独厚的人口红利、与新兴经济体日益紧密的贸易和投资关系、基础设施限制因素缓解等。如果从国别层面考察，经济增长的动力源则更加多元，几乎是每个国家都有自己的动力源，甚至同一国家在不同年份的动力源也不尽相同。上述增长动力源有望在未来较长时间继续发挥作用，甚至发挥更大作用，从而保证非洲经济在较长时期延续目前的增长态势，或进入更快速增长周期。

首先，非洲本土旺盛的消费需求。非洲开发银行等机构预测，到 2030 年，非洲绝大部分国家将成为中等收入国家，居民的年消费支出将比现在增加 3 倍以上，达到 2.2 万亿美元。又据麦肯锡全球研究所预测，未来 10 年非洲拥有自由开支能力的家庭将增加 50%，即年收入达到或超过 5 000 美元（按购买力平价计算）的家庭到 2020 年增加到 1.28 亿户，全非居民年消费支出将达到 1.4 万亿美元至 1.8 万亿美元之间。①

其次，相对较高的大宗商品价格。虽然世界经济现阶段仍然低迷，发达经济体还未能走出危机，新兴经济体也面临增长的挑战，可能导致对资源类初级产品的短期需求下降。但长期看，伴随众多发展中国家工业化进程的推进，全球对各种自然资源的需求只会增加不会减少。因此，未来非洲出口的资源类初级产品价格有可能维持其高价位。②另据世界银行预测，非洲目前出口的最主要商品在 2013—2025 年间大多能保持现行价位，只有少数商品价格会小幅下跌：原油将保持在每桶 100 美元上下；铜将保持在每吨 7 000 美元上下；铁矿石将保持在每千吨 140 美元上下；黄金有可能从 2013 年的每盎司 1 500 美元下调到 2025 年的 1 300 美元；可可豆将保持在每公斤 2.22 美元；咖啡将保持在每公斤 3.5 美元上下。③

---

① Mckinsey Global Institute, *Lions on the Move*: *The Progress and Potential of African Economies*, Mckinsey & Company, 2010, pp.22—38.

② 李智彪：《非洲经济增长动力探析》，《西亚非洲》2013 年第 5 期，第 67 页。

③ World Bank, Global Commodity Price Forecast Update, hppt: //www.worldbank.org/prospects/commodities, (2014-06-10).

表 1　世界银行对部分商品价格的预测

商　品	价格单位	2012 年	2013 年	2014 年	2020 年	2025 年
煤	美元/吨	96.4	90.0	91.0	94.9	100
原油	美元/桶	105.0	100.7	99.6	95.8	96.1
铜	美元/吨	7 962	7 100	7 050	6 899	6 800
黄金	美元/盎司	1 670	1 380	1 360	1 325	1 300
铝	美元/吨	2 023	1 900	2 100	2 437	2 700
可可	美分/公斤	239	225	232	225	220
咖啡	美分/公斤	411	315	330	345	350
花生油	美元/吨	2 436	1 900	1 925	1 875	1 850
玉米	美元/吨	298	295	270	240	230
小麦	美元/吨	313	315	310	287	275

Source：World Bank，Development prospects Group，http：//www.worldbank.org/prospects/commodities.

国际市场上大宗商品保持较高价位，对于非洲资源和热带产品生产国是十分有利的，促使非洲国家的财政收入改善，从而有利于经济发展和人民水平的提高。

第三，得天独厚的人口红利。在世界其他地区的人口相继步入老龄化的同时，非洲的人口优势将越来越明显。充足的劳动力市场为非洲经济发展提供了充足的人力资源保证。这种优势还在不断扩大，到 2050 年，非洲将拥有 12 亿个劳动力，这意味着全球每四个工人中就有一个来自非洲，随着非洲年轻人受教育程度不断提高，非洲在全球的劳动力优势将十分突出。[①]

第四，南南合作的推动。进入 21 世纪以来，新兴经济体与非洲的合作迅速发展，成为推动非洲经济发展的重要因素。新兴经济体通过加强对非洲的贸易和投资，帮助非洲国家将资源优势转化为经济优势，促进非洲的经济的发展。例如金砖国家与非洲的贸易额从 2000 年的 223 亿美元增至 2008 年

---

① 易卜拉欣・以实马利・易卜拉欣（南非国际关系与合作部副部长）：《投资非洲：机遇与希望》，http：//www.fmprc.gov.cn/zflt/chn/zjfz/t924026.htm（2014-5-6）.

的 1 660 亿美元[1]，预计 2015 年金砖国家与非洲的贸易将超 5 000 亿美元[2]。金砖国家的投资弥补了非洲资金不足的困境，拉动非洲经济的发展。世界银行的报告《非洲的丝绸之路：中国印度新的经济边疆》一书认为："中国和印度对非洲贸易及投资的兴起，为非洲撒哈拉以南地区发展和融入全球经济带来了难得的机遇。"[3] 非洲开发银行首席经济学家、副行长穆苏里·恩库贝（Mthuli Ncube）认为："随着南方国家作为新的合作伙伴，扮演着更加重要的角色，非洲发展的图景正在发生变化。"[4]

（二）非洲经济发展的不平衡性与脆弱性同时并存

非洲大陆有 54 个国家，由于各国的地理、人口、气候和资源条件不同，经济发展的客观环境各异，加之近年来各国采取的发展战略不尽一致，所以经济发展有快有慢。据统计，2009—2013 年，经济增长最快的 11 国（埃塞俄比亚年均增长 9.4%、利比亚 8.7%、津巴布韦 8.4%、加纳 8.3%、利比里亚 7.8%、卢旺达 7.5%、塞拉利昂 7.4%、尼日利亚 7.0%、莫桑比克 6.8%、坦桑尼亚 6.7%和赞比亚 6.7%），与经济增长最慢的 5 国（南非 2.0%、斯威士兰 2.0%、苏丹1.7%、马达加斯加 0.5%和中非共和国 0.4%）相比，两者之间存在相当大的差距。

从地区来看，也存在较大的差异。2005—2009 年间，东非发展最快，年均经济增长率为 7.1%；西非次之，为 5.7%；中部非洲最慢，也有 4.1%。从 2013 年来看，西非发展最快，为 6.7%；东非次之，为 6.2%；北非最低，仅为 1.9%。北非经济发展受挫，与当地局势不稳密切相关，如"阿拉伯之

---

① Richard Lapper，Ideology is the mortar for Brics' Success，http：//www.ftchinese.com/story1001034667/ce（2013-04-02）.

② Jeremy Stevens，Simon Freemantle，BRICS trade is flourishing，and Africa remains a pivot，http：//research.standardbank.com/Search#/?DocumentType = PDF&Region = africa&Page = 19&Preview = 1671-5e15d65cf1904d22850b65e04864fc94（2013-04-10）.

③ Harry G.Broadman，*Africa's Silk Road*：*China and India's New Economic Frontier*，The World Bank 2007，pp.34—35.

④ Richard Schiere，Leonce Ndikumana and Peter Walkenhorst ed，*China and Africa*：*an Emerging Partnership for Development*? African Development Bank Group 2011，p.iii.

春”爆发的2011年，北非经济增长率由上一年度的4.3%下滑到0.3%，整整损失了4个百分点的增长率。

表2 非洲GDP实际增长率（%）

	2005—2009年	2010年	2011年	2012年	2013年	2014年	2015年
非洲	5.3	5.2	3.6	6.4	3.9	4.8	5.7
撒哈拉以南非洲	5.6	5.6	5.5	4.9	5.0	5.8	5.9
东非	7.1	7.3	6.3	3.9	6.2	6.0	6.2
南部非洲	5.2	3.7	3.9	3.3	3.0	4.0	4.4
西非	5.7	7.1	6.9	6.9	6.7	7.2	7.1
北非	4.9	4.3	0.3	9.4	1.9	3.1	5.5
中部非洲	4.1	5.9	4.4	5.8	3.7	6.2	5.7

注：2014年和2015年为预测值。
Source：Statistics Department，African Development Bank.

非洲经济的脆弱性还表现在容易受突发事件的影响，这也说明非洲经济抗风险能力仍然比较弱。如2014年在西非三国肆虐的埃博拉疫情，已经对当事国的经济产生不利影响。截至2014年9月中旬，西非地区已有5 500人受埃博拉病毒的感染，超过2 500人死亡，实际的情况可能更为严重。2014年9月17日，世界银行报告称：埃博拉疫情对GDP产生的短期影响几内亚为2.1个百分点（增长率从4.5%降至2.4%）；利比亚为3.4个百分点（增长率从5.9%降至2.5%）；塞拉利昂为3.3百分点（增长率从11.3%降至8.0%）。以2014年价格，这一经济损失相当于3.59亿美元。但是，如果埃博拉疫情得不到遏制，仅这三个国家的经济损失估计就会高达8.09亿美元。在疫情最严重的利比里亚，高方案显示2015年经济损失可达11.7个百分点（增长率从6.8%降至－4.9%）。①

① The economic impact of the 2014 Ebola epidemic：short and medium term estimates for Guinea，Liberia，and Sierra Leone，http：//documents. worldbank. org/curated/en/2014/09/20214465/economic-impact-2014-ebola-epidemic-short-medium-term-estimates-guinea-liberia-sierra-leone.

（三）经济转型成为许多非洲国家的必然选择

近年来，随着非洲经济的较快发展，一些结构性的矛盾逐渐暴露出来，影响了非洲经济发展的后劲和人民生活水平的提高，所以，许多非洲国家，包括一些非洲的组织纷纷提出经济结构转型。如非洲开发银行2013年上半年发表《非洲处于转型中心：2013—2022年战略报告》，指出今后10年非洲转型的目标是加速实现经济包容性增长和绿色增长，重点是支持基础设施建设、推动区域一体化、重视技能培训与科技研发等。①

促使非洲国家经济转型的原因主要有以下几个方面：

首先，单一经济结构没有根本性的改变。从整体来看，非洲各国差异性很大，但工业化程度都很低，依旧十分依赖农业生产和初级产品的出口。实际上，非洲近期体现出的经济增长极大程度上归功于高需求带来的大宗货物价格的提高。尤其是石油和天然气的开发吸引了大量外国直接投资，从而刺激经济增长。但是，国内生产总值的总体增长并未引发结构性调整或经济多样化。②如非洲有36个国家，其出口的60%依靠一、两种原料产品，其中13个非洲国家单一产品出口占总出口的75%以上。因此，非洲近年来经济虽然有较快的发展，但制造业在本轮非洲经济增长周期中表现惨淡。据统计，2000年制造业占非洲国内生产总值的比重尚达13.5%，工业制成品出口占非洲商品出口总额的21%；到2011年制造业占国内生产总值的比重降至9.6%，工业制成品出口占非洲商品出口总额的比重降至16%。③

其次，非洲失业率高，人民没有从经济发展中获得多少实惠。由于非洲制造业规模小，吸收劳动力有限，造成大量失业人口，青年人是高失业率的最大受害者，他们最缺钱，又是非洲最大的失业群体。非洲是世界上人口最年轻的大陆，15—24岁人口总数有2亿多。如今，非洲约有4 000万青年人

① AFDB Strategy for 2013-2022-At the Center of Africa's Transformation.

② Frank Youngman, *China and Industrialization In Africa—The Implications For Botswana*, Conference On African Industrialization and China-Africa Cooperation, June 20, 2014.

③ African Development Bank, African Union Commission and UNECA, *African Statistical Yearbook* 2013.

没有工作，占非洲失业总人数的60%。[①]由于高失业率以及分配不公等因素的长期存在，造成非洲贫困化一直没有很好地解决。撒哈拉以南非洲是世界上贫困率最高的地区，虽然从1996年的57.5%，下降到2005年的50.4%，但远远高于世界平均的25.7%的贫困率。1981—2005年的25年间，该地区生活在贫困线以下的人口几乎增加了一倍，从2亿增至3.8亿。[②]

第三，中印崛起对非洲的启示。以中国、印度为代表的金砖国家的崛起，让非洲看到了有别于西方的不同的发展道路，尤其是2008年全球金融危机的爆发，宣告了“华盛顿模式”的失灵。在这种背景下，非洲一些国家先后提出了“向东看”政策。而“向东看”不仅是促进非洲经济转型的原因，而且也是经济转型的主要内容之一。

非洲经济转型的内容十分丰富，笔者认为至少应该包括以下几个方面：

（1）探索适合非洲自己的发展道路。2008年爆发的全球金融危机宣告了西方模式的失灵。埃塞俄比亚前总理梅莱斯称：新自由主义已经死亡，非洲要学习东亚的发展经验，发挥政府在发展经济中的功能，促进非洲的复兴。非洲国家纷纷制定中长期发展战略，发挥政府的领导和调节作用，如南非提出《新增长框架》。该框架旨在提高经济增速、创造就业和实现经济社会均衡发展，主要目标是在2010—2020年10年间创造500万个就业岗位，将失业率从目前的25%降至15%。该框架“将能源、交通、通信、水和住房5个领域作为基础设施投资的关键领域，维持较高的投资水平”。[③]

（2）大力推进工业化，以此带动经济的全面发展。联合国非洲经济委员会和非洲联盟联合发布的《2014年非洲经济报告》指出，工业化是促进非洲经济结构转型和改善人们生活水平的关键。报告呼吁非洲各国通过构建和实施有效的工业化政策，把非洲经济发展战略聚焦于重构工业化。非洲国家还积极经济探索本国工业化建设的方法与路径。比如，建设工业园区是推行

① 何曙荣：《非洲经济发展的新发展及其动力》，《现代国际关系》2014年第1期，第50页。

② 安春英：《非洲的贫困与反贫困问题研究》，中国社会科学出版社2010年版，第52—53页。

③ South Africa Government：*The New Growth Path*：*the Framework*，2011.

工业化的有效手段之一。工业园区是一个国家或区域的政府根据自身经济发展的内在要求，通过行政手段划出一块区域，聚集各种生产要素，在一定空间范围内进行科学整合，提高工业化的集约强度，突出产业特色，优化功能布局，使之成为适应市场竞争和产业升级的现代化产业分工协作生产区。目前，南非已有4个工业区，埃塞俄比亚、肯尼亚、马里也都在积极建设工业园区或特别经济区。以马里为例，政府在首都巴马科郊区建立的工业园区占地200公顷，容纳300多家工业企业。工业园区正在成为兼有工业和贸易功能的发展平台。

（3）加快农业和服务业的发展，推动经济多元化。非洲许多国家是农业国，农业劳动者占总劳动力人数的60%，农业占GDP的25%，[①] 然而粮食不能自给。所以，近年来非洲国家和非盟号召大力发展农业，非盟将2014年定为“农业和食品安全年”。除了农业外，非洲多国还致力于打造服务业等，以带动经济的发展。根据《2014年非洲经济报告》，目前，服务业在非洲已超过工业和农业，成为收入最高的行业。目前，尼日利亚三大产业中涨幅最大的是服务业，总值远超农业和工业产值的总和。此外，电信、信息技术、音乐、网上购物、航空和电影产业等制成品产值呈飙升趋势。非洲服务业的兴起和发展，对于改变非洲国家的单一经济结构，吸引外国投资，扩大就业，推动经济发展，发挥了积极的作用。

（4）基础设施建设成为重点。近年来非洲越来越重视对基础设施的建设，如南非、尼日利亚、肯尼亚等多国已经开始新一轮基础设施的建设。南非设立了总统基础设施协调委员会，并推出有关基础设施建设的“战略综合工程”和“国家基础设施计划”，拟投巨资推动基础设施建设，仅本届政府就已在基础设施建设方面投入了1万亿兰特，约合1 300亿美元[②]。2012年2月，肯尼亚、埃塞俄比亚和南苏丹三国签署了《新拉穆港基础设施建设协议》，该项目包括一条石油管道、一条铁路、一条高速公路以及机场、预计

① *African Economic Outlook 2014*，p.24.

② 《南非基础设施建设商机无限》，http：//finance.ifeng.com/a/20130807/10374399_0.shtml（2014-06-28）。

耗资240亿美元[1]。2013年11月，肯尼亚最大基础设施工程——投资138亿美元的东非铁路正式开工。一体化对跨境基础设施的建设的需求。2012年1月，非盟第18届首脑会议通过了《非洲基础设施发展计划》（PIDA），确定7个跨国跨区的重点项目，加快铁路联通和港口运力建设，以突破制约内部贸易发展的交通瓶颈。

（5）推动非洲一体化，加强区内贸易。由于基础设施的落后，非洲内部贸易的比例一直很低，目前非洲内部贸易占非洲出口总额的比例只有11.5%[2]，大大低于世界的平均水平。近年来，非洲经济一体化进程明显加快。2012年1月，非盟第18届首脑会议不仅推出了2017年前建设非洲洲际自由贸易区的时间表。在非盟承认的8个区域经济一体化组织中，东非共同体（EAC）的一体化进程最快，在2010年已经启动了东非共同市场；东南非共同市场（COMESA）于2009年建立了关税联盟；西非国家经济共同体（ECOWAS）、南部非洲发展共同体（SADC）和中部非洲国家经济共同体（ECCAS）在建立自由贸易区方面取得了进展，并且计划尽快建立关税联盟。其他区域经济一体化组织，即东非政府间发展组织（IGAD）、阿拉伯马格里布联盟（UMA）和萨赫勒—撒哈拉国家共同体（CENSAD）虽然尚没有建立自由贸易区，但是也在经济一体化方面积极探索。

应该清醒地看到，经济转型是一个长期而漫长的过程，不可能一蹴而就。非洲经济转型要坚持因地制宜，不能盲目照搬。如一些贫困的非洲农业国和初级产品出口国，这类国家必须从本国现有条件出发，集中有限资源优先投入农业和农村的发展，发展食品加工、服装、日用工业品、小家电，逐步优化产业结构，切忌盲目赶超。

（四）自主发展意识增强

长期以来，非洲国家发展的理论和实践均受着西方发达国家的主导。近

① Aggrey Mutambo, New Lamu Port infrastructure initiative has potential to improve the economies of East Africa, *CHINAFRICA* Vol.4 April 2012, p.20.

② UNECA, *Annual Report* 2014, p.3.

年来，世界经济形势剧烈动荡，力量对比正发生着巨大改变。美国金融危机持续发酵，欧债危机使欧元区经济发展遭遇困境。新兴经济体发展势头良好，成为世界经济的推动力量。不少非洲政治家和知识分子逐渐认识到，西方发展模式已经失灵，非洲发展道路应该自己确定。如卢旺达总统卡加梅等一批非洲新型领导人认为，非洲必须团结才能提高各方面的竞争力；只有非洲人民享有体面的生活并全面掌握自身的发展进程，非洲才能实现上述目标。[①]在非洲，这种本土创制或内源型发展论正成为共识。[②]

卡加梅所主张走的发展道路，其实是不同于欧美的发展道路，而是更倾向于发展型国家治理（developmental State）。卢旺达国立大学讲师、总统府战略政策组组长简·基蒙约（Jean-Paul Kimonyo）博士认为，卢旺达现在的施政理念从东南亚国家汲取经验，同时，从本土文化中寻找灵感。这些经验包括集中精力搞发展、强调纪律（也许存在“民主赤字”）、强调落实和绩效（总统与各级官员签订年度施政合同，年终据此考核），以及官员换岗也是与社会利益集团“谈判”的需要。[③]

强调自主发展的非洲领导人，除了卢旺达总统卡加梅外，著名的还有埃塞俄比亚前总理梅莱斯和南非总统祖马等人。近年来，津巴布韦、坦桑尼亚、肯尼亚、纳米比亚、南非等国先后提出“向东看”。这种自我觉醒和自我认识的信念正在转化为非洲国家经济发展的指导原则。但是，“向东看”并不是一定采纳了“北京共识”，因为非洲精英不少人提出“基加利共识”胜过“华盛顿共识”和“北京共识”，甚至有的学者强调本国方案，认为非洲各国情况迥异，不宜一概而论。埃塞和卢旺达都有强势政权的历史，其他国家政权一直较弱，有一定的不可比性。因此，很难设计“一个”非洲方案。埃塞、卢旺达和毛里求斯等国不同程度上的成功，恰恰在于是“本国方

---

① Paul Kagame, “Lecture by President Paul Kagame to the Oxford-Cambridge Club of Nigeria”, The New Times, November 12, 2012.

② 李安山：《非洲经济：世界经济危机中的亮点》，《亚非纵横》2013 年第 1 期，第 18—23 页。

③ 舒展：《南非布伦赫斯特基金会 2014 年非洲研讨会纪要》（内部报告）。

案”，而非“非洲方案”。[①]

（五）非洲大陆经济活力和魅力被域外经济体看好，吸引大量外部投资，同时国际竞争加剧

经济大陆经济活力和魅力被域外经济体看好。其一，非洲经济的宏观形势有明显的改善，外债占非洲国内生产总值的比重从2000年的54.5%[②]降至2010年的22.7%；[③]其二，非洲大陆农矿资源再现“亮点”，东非地区的坦桑尼亚、乌干达、肯尼亚莫桑比克等国油气勘探新发现，其丰富的储量吸引跨国公司大量投资；其三，从非洲人口结构看，40%人口在15岁以下，是年轻的大陆，劳动力供给充裕；其四，该地区中产阶层队伍逐渐壮大，全非年收入超过5 000美元的人口现有9 000万，到2020年会增至1.28亿，其消费市场呈扩大之势。西方主流学者认为，“非洲由世界施舍对象成为最佳投资机遇”。[④]由此，无论来自发达经济体的跨国公司，还是中国、印度等发展中

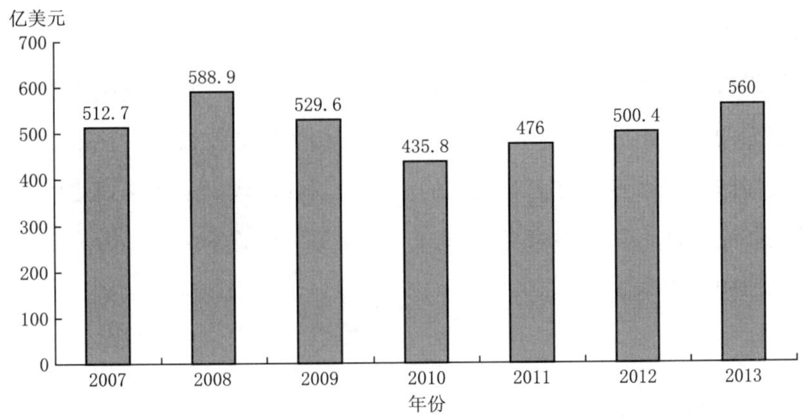

图2　2007—2013年非洲FDI流入额

资料来源：联合国贸发会议（UNCTAD）数据。

---

① 舒展：《南非布伦赫斯特基金会2014年非洲研讨会纪要》（内部报告）。

② 杨宝荣：《非洲负债发展与国际融资环境——兼论金融危机对非洲负债发展的影响》，《西亚非洲》2010年第9期。

③ 联合国经济及社会理事会：《2013—2014年非洲经济社会状况概览》，2014年4月。

④ Norbert Dorr，Susan Lund，and Charles Roxburgh，*The African Miracle：How the world's charity case became its best investment opporturity*，Foreign Policy，December 2010，pp.80—81.

国家都将非洲视为重要的经济合作伙伴和海外投资目的地。非洲吸收外国直接投资从2000年的150亿美元猛增到2008年的588.9亿美元，受全球金融危机的影响，流入非洲的外国直接投资2010年回落到435.8亿美元，但2011年以后继续回升，2013年达到560亿美元。

与此同时，在非洲合作问题上国际竞争加剧。传统大国看到中非合作的巨大成功，纷纷重返非洲，并从策略和理论上诋毁中非合作。2006年北京峰会之后，无端指责中国的新殖民主义论调甚嚣尘上。除了舆论上进行炒作、抹黑中非合作和金砖国家与非洲合作之外，还拿出实际的行动。例如，美国设立非洲司令部，名为反恐，实为针对金砖国家在非洲日益扩大的影响力。法国推出地中海联盟，其目的与此大同小异。为了同金砖国家展开竞争，近年来传统大国加大援非的力度。2013年6月初，第五届非洲开发会议在日本横滨市召开，日本宣布了总额达320亿美元的对非援助计划，其中官方发展援助（ODA）为140亿美元，重点是基础设施建设、人力资源开发以及和平与安全等领域。2014年8月4至6日，首届美国—非洲领导人峰会在华盛顿举行，美国总统奥巴马宣布330亿美元的援非计划，遏制中国在非洲的影响力的意图十分明显。金砖国家是新兴经济体的佼佼者，在推动世界均衡发展和国际体系转型方面有共同的需求。不可否认，金砖国家之间存在着差异性和竞争性，金砖国家与非洲的合作也是一种竞争关系，因为金砖国家有各自的利益诉求。

二、中非经贸合作

中非经贸合作是中非关系的重要内容。不可否认，中非经贸合作取得了巨大成功，以中国为首的新兴经济体已经成为非洲经济发展乃至非洲复兴的重要推动力，非洲增加了选择合作伙伴的机会，国际地位随之提升。但是，同样应该清醒地认识到，中非经贸合作在取得巨大成绩的同时，也存在许多值得进一步关注的问题。只有将这些问题处理好，才能推进中非经贸合作的可持续发展，为构建中非命运共同体奠定基础；否则，中国很可能在非洲无法继续立足。

（一）中非经贸合作的特点

第一，中国新一届领导集体继续重视中非合作。2013 年 3 月，中国国家主席习近平首次出访就访问了坦桑尼亚、南非和刚果（布）三个非洲国家，提出了“中非从来都是命运共同体”的理念，阐述了在新形势下加强中非合作的“真、实、亲、诚”四字箴言。2014 年 5 月，李克强总理对埃塞俄比亚、尼日利亚、安哥拉、肯尼亚非洲四国和非盟总部进行了访问。访非期间，李克强提出了“461”中非合作框架，目的是打造中非合作升级版。

第二，合作规模扩大。纵观中非经贸合作发展轨迹，大致以 10 年为一节点，中非经贸合作实现跨越式发展，中国现已成为非洲重要的经贸合作伙伴。2000—2012 年，中非贸易占非洲对外贸易总额的比重从 3.82% 增加到 16.13%。[①]2013 年，中非贸易再创历史新高，达到 2 102.39 亿美元，同比增长 5.9%。中国对非投资额从 2004 年 3.2 亿美元增加到 2012 年为 25.2 亿美元。[②]目前，中国对非直接投资的存量超过 250 亿美元。2013 年，中国对非新签劳务承包合同额 678.4 亿美元，比上年增长 5.9%；非洲是仅次于亚洲的第二大劳务承包市场，占中国对外劳务承包总额的 1/3。

第三，合作领域拓宽。由传统的农业、采矿业、建筑业等领域，逐步拓展到资源产品加工、制造业、金融业、旅游业、通讯业、航空服务业、批发和零售业、房地产业等，几乎涵盖所有行业部门。

第四，合作主体多元。目前，在非从事经贸合作企业有 2 000 多家，既包括大型国企，也有数量不菲的民企、个体商户进入非洲。

第五，合作方式更加丰富。从原来的商品贸易、援助为主，变成目前兼具工程承包、投资（包括投资、参股、并购等）、服务贸易（包括运输、教育、环境、旅游、金融等产业）等多种经济合作方式。

---

① 中华人民共和国国务院新闻办公室：《中国与非洲的经贸合作》白皮书（2013 年 8 月）。

② 中华人民共和国商务部：《2012 年度中国对外直接投资统计公报》，中国统计出版社 2013 年版，第 35 页。

第六，中非经贸合作是互利共赢的合作。以中国为代表的新兴经济体是推动非洲近些年快速发展的重要因素，中国对非洲经济发展的年贡献率在20%以上，尤其重要的是，中国不附加政治条件的合作模式是非洲平衡传统大国的重要因素，有利于非洲国际地位的提升，推动着非洲的复兴。与此同时，中非经贸合作对中国同样是十分有利的，非洲是中国实施“两种资源、两种市场”和“走出去”战略的重要舞台。

（二）存在的问题

中非经贸合作自中非合作论坛启动以来一直处于快速发展阶段，与此同时，制约双方经贸合作可持续发展的矛盾与问题也日渐涌现。

第一，缺乏战略规划，存在一哄而起、一哄而散的问题。尽管 2006 年中国出台了《中国对非洲政策文件》，三年一届中非合作论坛也会出台合作宣言和行动计划，但总的来看，对非经贸合作缺乏清晰的战略。2014 年 5 月，李克强总理访问非洲，提出“461”框架，这是对今后一段时间中非合作的战略规划和顶层设计，但是具体到涉非企业不一定有自己的战略规划。所以，企业走进非洲具有很大的盲目性，至于个体户更是如此，2013 年加纳对涉嫌非法淘金乱象的集中整治就是这种盲目性的具体表现。当然，在这个过程中，中国公民遭到了巨大的经济损失。

第二，缺乏对非洲的了解，更不了解非洲的变化。相对于中非合作的快速发展，中国学界对非洲的研究明显落后于实践。如对非洲当今的社会思潮、非洲自主发展意识，以及非洲国家所倡导的经济转型缺乏研究，对非洲经济走势的缺乏精准的把握。作为对非经贸合作的主体——企业对非洲也是缺乏调研，而往往把自己在国内的一套做法带到非洲去。针对不同国家的文化差异和风俗习惯，只是简单化的处理，如将中方员工集中居住、集中管理，造成与当地人的隔绝，引起更大的误解。企业在经营的过程中，对非方员工的习俗缺乏必要的尊重，很容易挫伤方员工的工作积极性。

第三，中非经贸合作在总体互利共赢的同时，仍然存在损害非洲利益的现象。其中，最突出的是以下三方面的问题：中国对大多数非洲国家保持的巨额商品贸易顺差，中国以“出口制成品、进口原材料”为主的对非贸易结构不利于非洲自身发展；中国对非投资以资源领域的投资居多，且不少在非中资公司存在劳资纠纷；中国出口的一些低端制成品对部分非洲国家本土制造业（主要是纺织服装业）造成一定冲击，遭到当地业界排斥。

第四，中非双方存在认识上的错位。中国认为对非洲十分有利的合作原则和机制，非方恰恰认为损害了他们自身的利益。就资源换项目而言，中方认为这是有利于非洲国家把资源优势转化为经济优势的好办法和机制，而非洲国家认为这是不平等的，与“殖民主义”无异。来华参加“2014 年非洲法语国家地质矿产部门官员研修班”的部分官员在接受媒体采访时就表示，一些外国企业在他们国家提出或实施的“资源换项目”投资不够公平，本国付出的代价太大，希望来自各国的合作交流能够更加平等。[①]中国政府相关部门应多倾听来自非洲的声音。

对于“授人以渔”，帮助非洲进行能力建设，非洲方面也有微词，认为有居高临下之感，也是不平等的。因为非洲在历史长期遭受殖民主义统治，尤其是 400 多年的黑奴贸易，他们自尊心很强、非常敏感。

第五，中非经贸合作的水平有待提高。中国企业对外大型投资尚不成熟，经验不足，尤其对于外方运营、操作模式不适应。中资企业之间的无序竞争，报价过低，甚至低于成本价，影响到工程质量。钻当地法律空子的现象比比皆是。如 2012 年津巴布韦政府规定投资 50 万美元以上的外国企业需要将 51%产权转给当地人。中国一些企业搞起变通，在当地找一个可靠的非洲朋友，把自己公司 51%的股份转给他，然后，又在另外一个场合将这些股份重新转到自己名下。

第六，在非中资企业的表现不尽如人意，中非经贸合作的舆论环境趋向复杂。非方对中非经贸合作的评价趋向多元，政府层面对此大多持肯定态度，而在受西方影响的精英层面有不少批评，甚至指责中国是所谓的“新殖民主义”。尼日利亚央行行长拉米多·萨努西说：“中国拿走我们的初级商

---

① 非洲国家期待更平等合作，http：//news.xinhuanet.com/world/2014-06/12/c_1111114583.htm。

品，把制成品卖给我们。这也属于殖民主义的性质。”[①]甚至与我们有着传统友谊的非洲国家如坦桑尼亚、赞比亚和津巴布韦的精英同样对中非经贸合作和在非中资企业的形象评价不高。赞比亚律师卡夫拉·穆维西说：“中国的投资并未给当地民众带来好处。津巴布韦法学会法律咨询部主任克莱德文·德兹纳玛瑞拉说：“中国在非洲的投资，不仅待遇低、存在劳资冲突，而且不重视环境保护，开矿后不及时修补，破坏环境。”[②]

中非经贸合作已经到了一个新的发展阶段，由之前量的迅速扩张，到了需要质的提高的新阶段。因此，上述问题应该引起我们高度的重视，并采取积极的应对之策，否则中非经贸合作的可持续发展将会落空。

（三）非洲在中国经济发展进程中的战略地位

非洲不仅是中国外交值得信赖的政治力量，对于中国经济发展也是具有重大的战略地位，事实上，非洲已经为中国经济高速增长作出了相应贡献，成为中国国家战略的一个重要支点。

第一，非洲是中国可持续发展重要的原材料供应地。资源丰富是非洲的最大优势，而中国稀缺的许多资源均可在非洲找到。随着中非关系全方位拓展，非洲作为中国战略资源、原材料来源地的重要地位日益凸显。未来十年或更长的时间，非洲若能继续向中国提供长期、稳定和有效的原材料供应，中国经济才能安全运行。当然，中国也应该在节能和发展新能源方面做出更大的努力。

第二，非洲是中国最具潜力的货物和服务贸易市场。非洲是个拥有 10 亿多人口的大市场，业已成为中国实施市场多元化战略的重要目标。虽然中国已经连续 5 年成为非洲第一大贸易伙伴，但中国在非洲进口中所占的份额不高，且中低端消费品占了相当大的比重。随着非洲经济的持续增长，加之

---

① ［尼日利亚］拉米多·萨努西：非洲须现实地认识与中国的关系，英国《金融时报》网站 2013 年 3 月 11 日。

② 2014 年 9 月 22 日，作者与来自非洲 10 国的 17 名法律界人士座谈，地点：上海师范大学外宾楼 201 室。

消费者阶层的提升，巨大的发展潜能必将强劲释放，中国在非洲中、高端商品市场的拓展空间相当可观。服务贸易将成为中国拓展对非贸易的新增长点和提升经贸合作水平的抓手。

第三，非洲是中国产业转移、升级的重要合作区域。中国正在加快转变发展方式，调整经济结构，大量资金、技术和富余产能要向外转移。而非洲正处于工业化早期，具有承接中国产业转移的原材料优势、劳动力成本优势和市场优势。中非双方在产业转移和承接上具有很强的匹配性，投资合作正在进入重要的时间窗口。未来十年，非洲经济继续保持较快的增长步伐，多数非洲国家将有更多的资金打造制造业这个亮点，承接中国产业转移、升级的能力更强，中非投资合作前景广阔。

三、对策建议

进入21世纪第二个十年，非洲经济仍将保持5%以上的较快增长，其中，资源充裕国家的发展步伐将更快；经济转型成为许多非洲国家的政策选择，经济多元化是这些国家的主要发展目标；区域集团化步伐将全面提速，自主发展能力不断增强。针对非洲经济发展的新走势以及中非经贸合作中存在的问题，特提出以下若干政策建议：

（一）从构建中非命运共同体的高度，加强中非经贸合作的战略规划

中非从来都是命运共同体。共同的历史遭遇、共同的发展任务、共同的战略利益，把中非紧密联系在一起。因此，应该从构建中非命运共同体的战略高度，对中非经贸合作的战略进行系统的谋划。（1）在宏观层面，加强顶层设计，制定中国对非经贸合作战略。李克强总理访非时提出了“461”合作框架，明确了中非在今后一段时间经贸合作的重点，在顶层设计方面迈出了可喜的一步。应该在此基础上，制定更加系统的中长期规划。（2）在中观层面，根据非洲国家资源禀赋、经济发展水平、政府经济发展规划，实现在

产业合作、金融合作、减贫合作、生态环保合作、人文交流合作、和平安全合作六大领域的战略合作。完成非洲大陆地理产业布局，包括确定不同领域的双方合作支点国家，形成非洲大陆的整体规划与布局。（3）在微观层面，引导企业按照政府大思维实施中非经贸合作。同时，企业制定战略要顾及所在国的利益，适应“非洲脚步”，要着眼于长远利益，切忌短期行为。当然，三个层面的规划与实施需要根据具体形势，进行调整与完善。

（二）在重视贸易与援助的同时，增加对非投资，优化中非经贸合作结构

当前，从中非经贸合作三大主体形式看，双方合作以贸易和工程承包为主，投资比重偏小。虽然非洲目前是中国在海外的第四大投资目的地，但据《2012 年度中国对外投资统计公报》数据显示，截至 2012 年底，中国企业对非洲投资存量占全部非洲 FDI 存量的 3.4%，占中国对外直接投资存量的 4.1%。加大对非投资力度，与非洲国家秉承的“投资与贸易、援助相比更重要”理念相一致，符合非洲国家经济发展的利益诉求。

（三）苦练内功并借鉴国外企业的做法，提升中非经贸合作水平

（1）中国对非经济合作项目单体项目多，集成、产业成体系的项目少，例如，在基础设施工程承包项目中，中方一般只承担项目的基建部分，没有涉及项目建成后的运营管理，后期维护较少。在这方面，中方可借鉴国外企业的做法，对非合作项目注重产业上游、中游和下游的一体化运作，从而创造更好的经济效益和社会效益。（2）妥善解决无序竞争，提高企业的国际合作的水平。政府应予以指导，鼓励企业成立同业公会，对企业的经营行为进行约束和规范，以避免因恶性竞争、压低报价对工程质量的影响。（3）近年来，许多非洲国家在制定的经济发展战略中将基础设施、电信、金融、旅游、物流等列为优先发展的产业，中国应凭借比较优势乘势而上，积极开拓非洲服务业市场，缓解商品贸易不平衡。

（四）尊重非洲自主发展，切实做到真诚友好、互利共赢，夯实中非经贸合作的基础

（1）理性看待一些非洲国家的“向东看”战略。“向东看”并不表明非洲国家要走中国的发展道路，主要是这些国家希望加强与中国等东方国家的经贸合作，搭上中国经济快速发展的快车。因此，中国，一方面，应明确表示让非洲国家“搭车”；另一方面，应继续强调尊重非洲国家选择适合自己的发展道路。（2）非洲国家因为长期遭受殖民主义统治，自尊心特别强，因此，在中非经贸合作的过程中，应该更加尊重非洲。在一些具体合作的表达上符合非洲的特点，如不讲“授人以渔”，而是强调向非洲加大技术转让的力度。（3）在合作的过程中切实保护非方利益。李克强总理 2014 年 5 月访非期间提出的中非合作六大工程，是新形势下中非经贸合作的升级版。但在实施六大工程的过程中，也应注意总结经验教训，避免引发新的矛盾。例如，对资源富集但发展资金短缺的贫穷落后国家来说，“资源换项目”之类的合作模式的确是雪中送炭式的经贸合作方式。但是，既然非洲国家对“资源换项目”有很大的意见，那么就应该尊重非洲国家的意愿，可以不搞一揽子项目，而是分两步走，将开发资源和基础设施建设分别实施。

（五）抓住非洲经济转型的先机，早作谋划，将它转化为中非经贸合作新的机遇

（1）针对非洲工业化战略，拟将其与中国产业升级与转移相对接，扩大中非经贸合作区的数量与规模，让更多的中国企业“走出去”。同时，切忌将落后的和高污染的产业转移到非洲。（2）针对非洲经济多元战略，拟深化与非洲在农业和现代服务业领域的合作。中国现代农业和现代服务业都已积累了许多经验，涌现出一批知名企业，可以与非洲国家在发展现代农场、网店和快递等行业开展合作。（3）针对非洲一体化战略，拟与非洲在跨境跨区域的基础设施建设领域开展合作，其中非洲三大网络的建设蕴含着巨大的商机，中非基础设施合作已经有很好的基础，应该从中得到相当大的份额。

(4) 城市化是非洲发展的必然趋势，在城市旧区改造和经营城市方面中国已经积累了丰富的经验，中国可以与非洲分享城市化的经验，并积极参与非洲国家贫民窟的改造和城市基础设施的建设。

（六）多管齐下，切实改变在非中资企业的社会形象，让非洲当地民众得到更多的实惠

(1) 在非中资企业应该自觉遵守当地国家的法律，诚实守信，合法经营，依法纳税，公平竞争，用优质产品和优良服务促进非洲经济发展，造福当地人民；(2) 加快企业本地化进程，尽可能吸纳当地居民就业；尊重当地员工的文化差异、地方风俗和民族习惯，保障当地员工安全、健康条件和相应福利待遇；(3) 重视绿色低碳发展和生态环境保护，防范工业污染，保护当地环境和自然资源，科学、合理、清洁、高效地开发利用资源、能源，在保护中发展，在发展中保护，为实现非洲国家经济社会的可持续发展作出贡献；(4) 加强对当地员工的培训，加大技术转让力度，分享技术与管理经验，增强非洲自我发展能力；(5) 关注当地民生并积极促进相关产业发展。积极参与和支持当地的基础设施建设，在农田水利、道路交通、信息通讯、金融服务等领域加大投入，惠及当地人民；(6) 热心当地的文化教育和医疗卫生事业，积极投身社会公益，协助当地改善学校和医疗设施，提高教育普及率和人民健康水平；(7) 坚持新型义利观，多予少取，先予后取；(8) 加强与当地媒体合作，将在非中资的正面形象及时、准确地反映出来，改变以前“酒好不怕巷子深”和“做好事不留名”的传统观念。

非洲制造业发展与对非投资
——基于“贸易先行、投资跟进”视角的分析

郝　睿　蒲大可　侯金辰

摘要： 非洲制造业发展水平低下，但随着非洲经济持续快速增长，其制造业发展面临前所未有的现实机遇。中国与非洲在制造业方面存在梯次承继关系，对非制造业投资，有助于帮助非洲增强自主发展能力，也有利于促进我国国内经济发展和转型升级。对非制造业投资潜力巨大，但现阶段也存在较多的困难和风险，需要深入研究开展对非产业对接的具体模式和有效途径。本文的分析表明，对相当一部分制造业子行业来说，“贸易先行、投资跟进”是一种可行的合作思路和投资策略。

关键词： 工业化；制造业；非洲；对非投资；贸易派生投资

作者简介： 郝睿，深圳大学教授；蒲大可，中非发展基金；侯金辰，北京语言大学硕士研究生

根据经济发展的一般理论，工业化是经济发展难以回避的阶段，也是发展中国家走向现代化的要义。那些经济起飞的成功案例，几乎都伴随着工业化，特别是制造业生产的扩张。当前，非洲国家普遍谋求工业化，与我国经济结构转型和产业升级形成内在契合。我国先后推出对非“三网一化”、产能合作等战略，未来中国企业“走出去”与非洲国家的工业化已紧密结合在一起。对非制造业投资潜力巨大，但现阶段也存在较多的困难和风险，如何有效地开展对非产业

对接，是需要深入研究的重要课题。本文从贸易派生投资、投资促进贸易的视角，结合中非制造业贸易情况，初步探讨了对非洲特定制造业行业投资的策略。

一、制造业发展：一般规律与非洲现实

（一）全球制造业发展的一般规律

非洲制造业发展水平低下，与其他地区存在明显差距，但差距同时也意味着潜力和空间。近年来，非洲经济已步入起飞轨道，制造业发展正面临着前所未有的现实机遇，制造业吸引的 FDI 流入正在加快。中国与非洲在制造业方面存在梯次承继关系。我国对非制造业投资，应首先考虑市场问题，包括非洲国内市场、区域市场和国际市场；同时，也要考虑配套问题，包括产业链配套、基础设施配套和服务业配套。

发达国家的历史发展经验表明，制造业在经济中的比重随着经济增长呈倒 U 形变化。在经济发展的初级阶段，制造业占 GDP 比重逐渐增大，一般在经济体迈入中等收入阶段时达到 30%—40%的峰值，其后随着经济体不断富裕而逐渐减小。非洲经济中，制造业占比偏低，多数非洲国家制造业也与中国存在梯次承继关系（见图 1）。

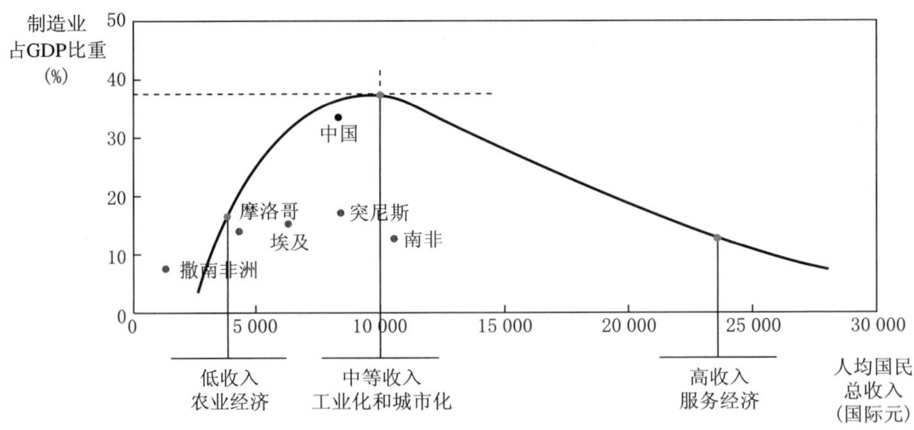

图 1　人均国民收入与制造业占比关系

资料来源：McKinsey.

全球主要国家和地区制造业对就业的贡献也随经济发展水平提高呈现倒U形变化。随着经济发展阶段递升，制造业吸纳就业占总就业比重逐渐上升，峰值一般在25%—35%，其后逐渐下降。而绝大多数非洲国家制造业就业占比不到10%，仍处于随经济水平提高而增长的阶段（见图2）。

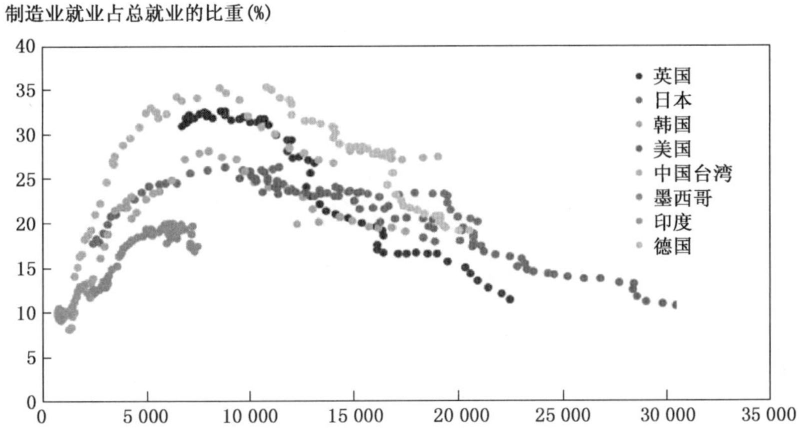

制造业就业占总就业的比重(%)

40
35
30
25
20
15
10
5
0

0　5 000　10 000　15 000　20 000　25 000　30 000　35 000

英国
日本
韩国
美国
中国台湾
墨西哥
印度
德国

图2　全球主要国家和地区制造业占总就业比重与人均国民收入

资料来源：McKinsey.

发达国家与新兴经济体的统计数据显示，制造业对出口贡献巨大，占出口比重都为70%左右（见图3）。但目前非洲制造业产品出口占非洲出口总值的比重仅约为15%，表明非洲制造业仍处在初步发展阶段。

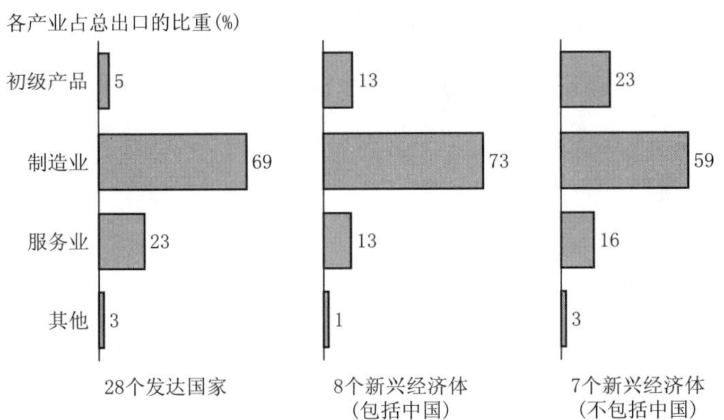

图3　发达国家与新兴经济体各产业占总出口比重

资料来源：McKinsey.

非洲制造业在经济中的比重较低，吸纳就业占总就业比重小，制造业出口占总出口比率远低于发达国家和新兴经济体，制造业基础薄弱。发展制造业可提高非洲经济多样化程度，调整出口结构，促进贸易扩张、经济增长，是绝大多数非洲国家脱贫致富和走向现代化的必由之路。

（二）制造业发展的基本要素

制造业的发展需具备多个产业基本要素。

其一，低成本、技术熟练劳动力是制造业增长的基础。非洲劳动力充裕，目前规模已达4亿，劳动力成本相对较低，未来50年将成为全球最大劳动力市场。但技术熟练劳动力较少，产业竞争力低下。

其二，市场需求为制造业提供发展动力。非洲国内市场相对狭小，市场需求有限，但随着经济快速增长，区域一体化进程加快，未来前景广阔。同时，非洲各国与欧美国家多签有优惠贸易协定，为制造业融入全球市场提供便利，国际市场需求有望快速增长。

其三，有效的交通和物流基础设施为制造业发展提供保障。非洲基础设施薄弱，物流成本较高，不利于商品流通，成为制造业发展的瓶颈。但近年来，非洲国家持续加大基础设施投资，其中交通和物流占到基础设施总投资的40%以上，制造业经营环境逐渐改善。

其四，丰富的自然资源、能源供给和配套产业链支持是制造业发展的重要条件。非洲自然资源丰富，不缺乏制造业所需的基础原料，但电力等能源供应缺口大、不稳定，且成本高企，是制约制造业发展的因素之一。同时，非洲制造业产业链很不完善，产业集群效应弱，需有进一步完善措施。

其五，贴近创新中心提升制造业竞争力。非洲多国的制造业没有进入全球价值链、或处于价值链低端的现实，决定了企业鲜有技术和创新方面的有效投资，非洲制造企业远离创新中心。但近年来外国直接投资非洲金额增长快速，为促进技术扩散和模仿创造了良好条件，哺育当地创新中心的形成。

其六，服务业对制造业起到拉动作用。现代制造业与服务业的分野趋于模糊，制造业离不开服务业的配合支撑，如研发、市场营销、售后、通讯、旅行、物流、银行、IT 等服务，而服务业的繁荣也对制造业提出更多需求。

（三）非洲制造业的发展现状与前景

一般来说，影响制造业发展的宏观经济因素主要包括四个方面：其一，收入水平和发展阶段；其二，国内需求和市场规模；其三，发展战略和产业政策；其四，自然资源禀赋结构。非洲制造业发展水平之所以较为落后，主要源于非洲长期贫困、初始发展条件差，同时，实施了不完全符合实际的产业发展政策，也造成非洲制造业发展的困难，包括 20 世纪六七十年代、八九十年代分别实行的进口替代和结构调整等政策。

当前非洲经济快速增长，城市化进程加快，消费支出提速，各国开始研究制定符合自身禀赋结构和比较优势的工业化政策。在这些有利的宏观因素影响下，制造业发展已开始走上快速发展的轨道。

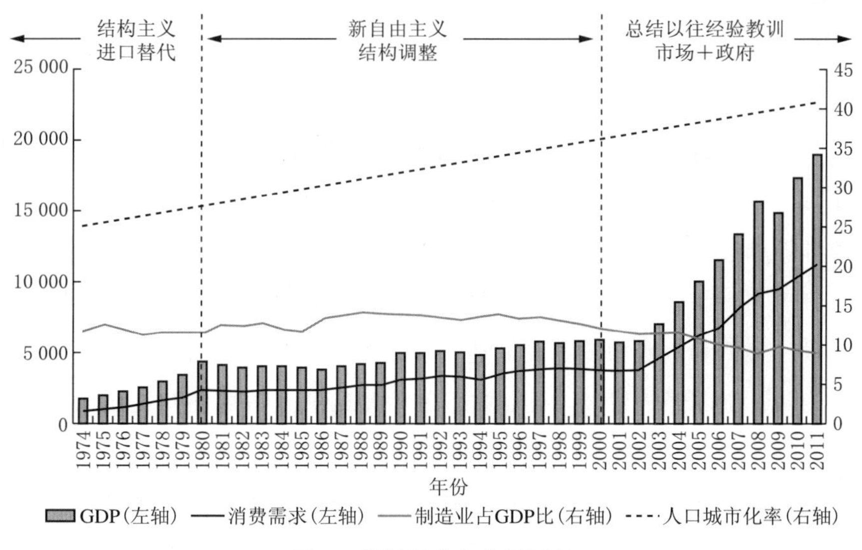

图 4　非洲制造业发展历程

资料来源：作者整理。

1. 非洲制造业发展现状和特点（见表 1）

表 1　非洲制造业统计数据

	2001 年	2006 年	2011 年
非洲制造业增加值占非洲 GDP 比重(%)	12.1	10.1	9.1
非洲制造业增加值占非洲工业增加值比重(%)	35.9	26.8	26.0
非洲制造业增加值占全球制造业增加值比重(%)	1.36	1.46	1.53
非洲制造业出口占全球制造业出口比重(%)	0.69	0.69	0.81
非洲劳动密集型和资源密集型制造业增加值占非洲制造业增加值比重(%)	38.8	28.8	24.6
非洲低技术密集型制造业增加值占非洲制造业增加值比重(%)	12.7	17.9	16.4
非洲中技术密集型制造业增加值占非洲制造业增加值比重(%)	21.3	23.6	25.4
非洲高技术密集型制造业增加值占非洲制造业增加值比重(%)	19.2	20.3	24.7

资料来源:作者计算。

其一，整体规模有限。从制造业的相对规模来看，非洲制造业在 GDP 中所占比重仅为 9.1%，低于世界和发展中地区的平均水平；非洲制造业增加值占全球比重仅为 1.5%。

其二，国别差异显著。非洲各国制造业发展水平和增长速度均存在较大差距，南非、埃及、摩洛哥和突尼斯四国制造业增加值之和就占到非洲制造业增加值总量的 62%，出口占非洲制造业出口总量的 77%。

其三，行业分布不均衡。非洲制造业主要集中在生产率低、附加值低的劳动密集型和资源相关型制造业，且与其他部门联系效应较弱，产品差异性有限。随着经济发展，近年技术密集型制造业占非洲制造业比例有所增加。

其四，主体多为小微企业。非洲制造业企业主体大多为小微企业，技术水平低，研发投入少，并且小微企业之间产业配套能力差，缺乏前后向联系，较少形成上下游产业链，不利于规模效应的发挥和企业竞争力的提高。

2. 非洲国家制造业发展前景

非洲制造业与其发展潜力相比有很大差距。目前，非洲经济已开始走上起飞的轨道，相当一部分国家制造业发展迅速，显示了巨大的发展潜力。

我们选取人均制造业增加值 200 美元、人均制造业增加值增长率 7%作为分界值，将各国制造业水平分为 4 个类别（见图 5）。可以看到，近十年，传统上制造业较发达的非洲国家其制造业增长较快，如南非、突尼斯、摩洛哥、埃及，而纳米比亚、加蓬、安哥拉、博茨瓦纳的制造业发展也令人瞩目；除此之外，相当一部分制造业水平较低的国家其制造业也都获得了快速增长。

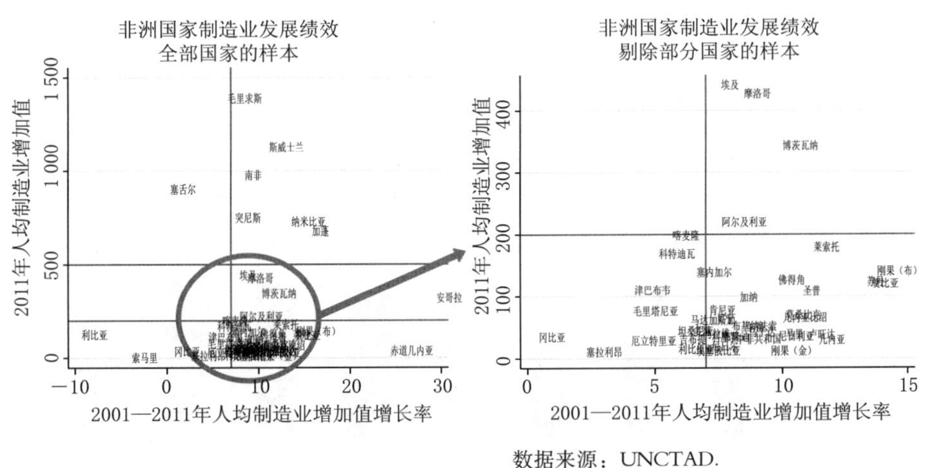

图 5　非洲各国制造业发展绩效

资料来源：UNCTAD.

非洲经济正处于“起飞”前夜，为制造业的快速发展创造了良好的宏观条件。过去十年，非洲城市化率由 36.7%上升为 40.8%，同期中产阶层消费者增长了 60%，目前已达 3.13 亿。未来五年，非洲经济预计继续保持快速增长，非洲各国普遍存在对基础性消费产品、基础性生产材料和机械设备的巨大需求。

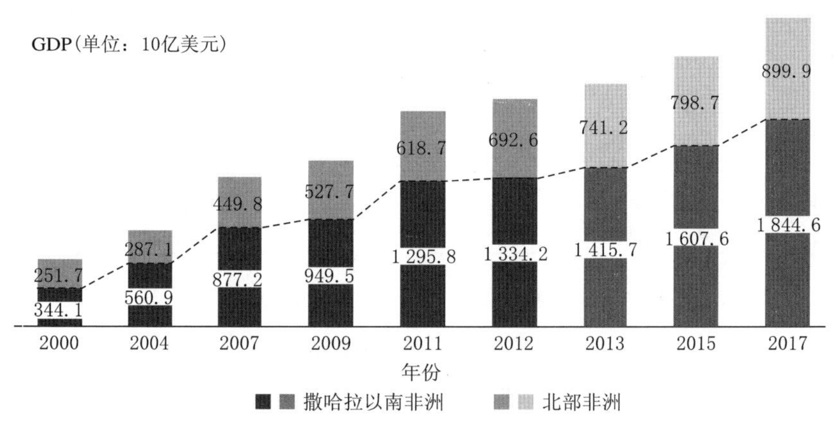

图 6　非洲 GDP 数据及增长率预测

资料来源：安永。

从非洲吸收外资的角度看，近年来，流入非洲的 FDI 持续增加（见表 2）。在世界其他地区 FDI 流入都在减少的情况下，非洲吸引的 FDI 仍保持逆势增长，制造业较发达的几个非洲国家吸引 FDI 项目数也较多，加纳、肯尼亚、坦桑尼亚、莫桑比克、尼日利亚、赞比亚等国的 FDI 流入加速

（见图7）。其中，非洲制造业吸引FDI的速度明显加快。近十年制造业约占非洲绿地FDI项目个数的23.2%和资金数额的30.3%。投向非洲服务业和基础设施领域FDI的增长趋势，对制造业发展有积极的促进作用（见图8）。

表2　2010—2012年世界主要国家、地区FDI流入

单位：亿美元；%

	2010年	2011年	2012年	2011—2012年增长
世　界	13 810	16 042	13 107	-18.3
发达经济体	6 749	8 078	5 489	-32.1
欧　盟	3 580	4 400	2 870	-34.8
美　国	1 979	2 269	1 467	-35.3
澳大利亚	352	658	485	-26.3
日　本	-1.3	-1.8	-0.4	
发展中经济体	6 309	7 027	6 804	-3.2
非　洲	432	434	458	5.5
巴　西	485	667	653	-2.0
中　国	1 147	1 240	1 197	-3.4
印　度	242	316	273	-13.5
俄罗斯	433	529	441	-16.6

资料来源：UNCTAD.

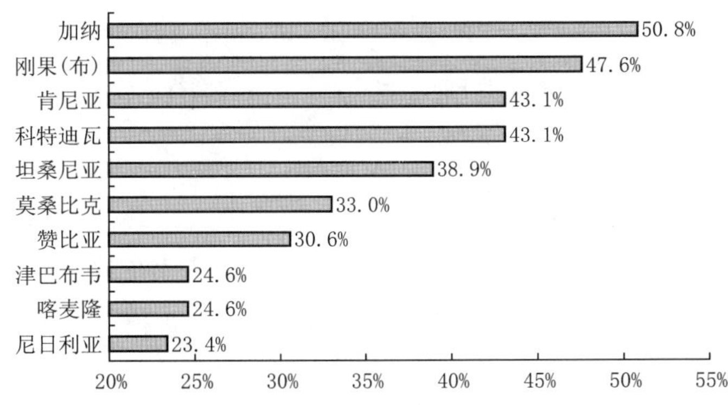

资料来源：Ernst & Young.

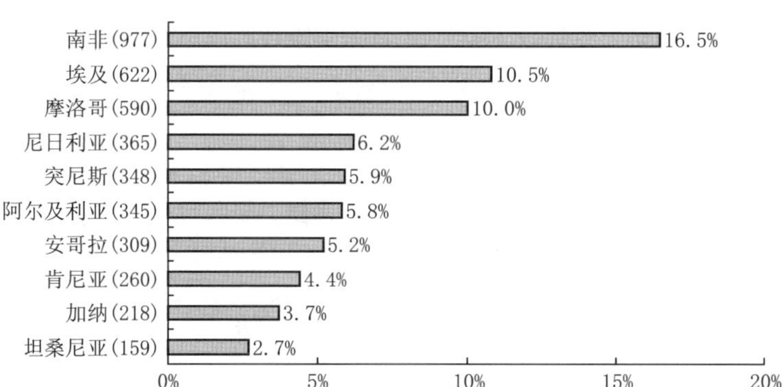

资料来源：Ernst & Young.
注：国家名后括号里的数字为项目个数。

图 7　非洲各国吸引 FDI 项目个数占比及增长率

资料来源：安永。

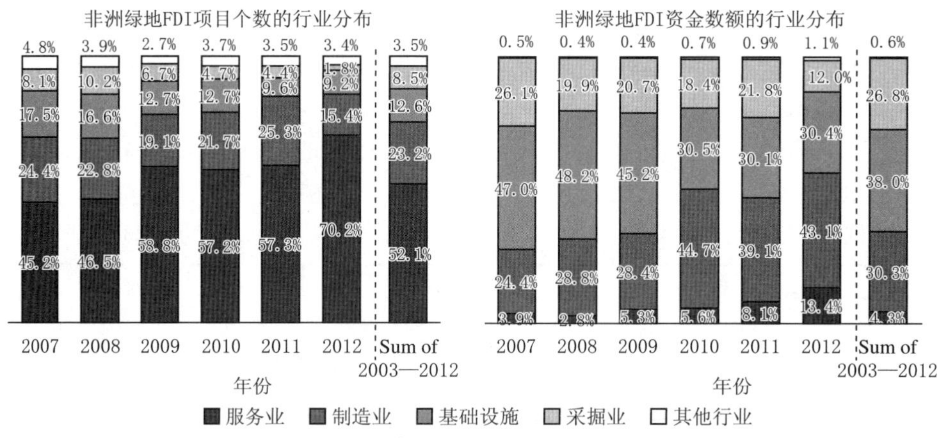

图 8　非洲绿地 FDI 项目个数、资金数额行业分布

资料来源：安永。

3. 非洲制造业发展特点总结

其一，非洲制造业发展的基本面存在缺陷。制造业在对一国的生产、就业和出口都有极为重要的作用，非洲制造业水平低、规模小，这既是初始条件和发展政策的结果，也有产业发展基本要素欠缺的原因，但近些年来诸多方面正在改善，中国与非洲在制造业方面存在梯次承继关系。

其二，非洲制造业具有现实的发展潜力与空间。非洲制造业与其发展潜力相比有很大差距，目前，非洲经济已开始走上起飞轨道，相当一部分国家制造业发展迅速，54个国家中有32个人均制造业增加值近十年平均增速都超过了7%。

其三，国内市场、地区市场、国际市场前景广阔。非洲经济增长、城市化和人口结构的有利变化引致国内对制造业产品的需求稳步上升；区域一体化和区域内贸易的提速为制造业发展创造了更大的地区市场，可由某增长极辐射区域；多数非洲国家与欧美国家签有优惠贸易协定，促进了面向国际市场的当地企业和外来投资。

其四，产业配套、基建配套、服务配套缺一不可。非洲制造业基础薄弱，企业关联小、产业配套差，意味着集群式全产业链投资的必要性；交通、物流、能源等基础设施缺乏，意味着基建与制造业配套的工业园区投资模式是一个好的选项；现代制造业与服务业密不可分，意味着投资制造业时要充分考虑相关服务业的配套。

二、中国对非制造业产品出口的行业格局

中非贸易近年增长迅速，制造业产品占非洲从中国进口商品的大部分，快速增长的制造业贸易蕴含着投资机会。我们的分析表明，从贸易体量和增速的角度，应着重关注塑料、化肥、钢铁制品、建材、橡胶制品、汽车、电信设备、铁路飞机船舶、工程建筑机械、家具、小商品、箱包等行业。此外，对一些增速很快但尚未形成贸易量的行业也应加以提前研判，如肥皂香料、纸制品、木制品、农用机械和拖拉机、卫生和供暖设备等。在此基础上，仔细分析行业特征和非洲国家具体情况，甄别可能由贸易派生本地化生产的行业。

（一）非洲对制造业产品进口依赖严重，中非制造业贸易蕴含投资机会

由于生产能力不足，非洲制造业的产出远远无法满足市场对制造业产品

的需求，每年都要从国际贸易中进口大量的制造业产品，制造业产品进口数量常年占非洲从世界进口商品总量的 60%—70%（见图 9）。2012 年，非洲制造业产品进口规模达到 3 603 亿美元，占全部进口金额的 60.3%。

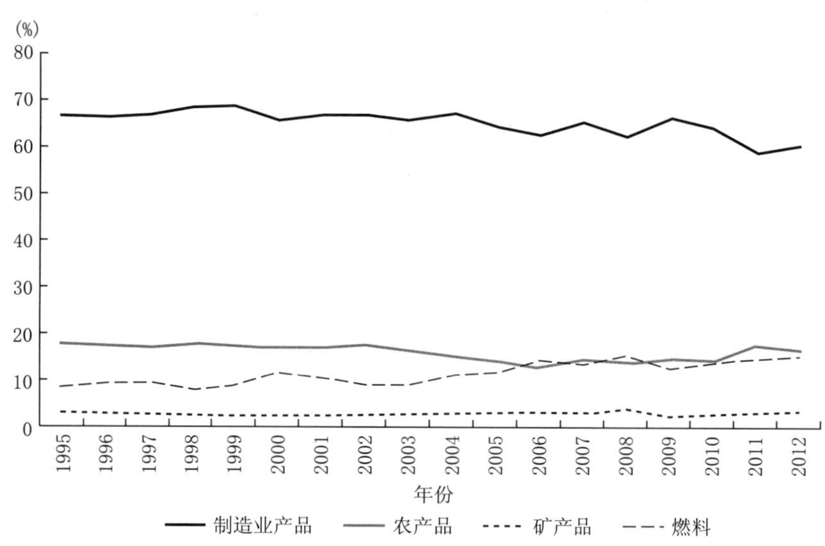

图 9　1995 年以来非洲进口商品结构

资料来源：UNCTAD.

世界对非洲制造业产品出口以汽车（乘用车和货车）及配件、船舶、电话机等电信设备、工程机械设备、药品、钢铁制品等为主（见表 3）。非洲对世界制造业出口则以生铁、化工化肥、服装鞋类、汽车（乘用车和货车）、电缆电机、船舶等为主（见表 4）。

表 3　世界对非洲主要制成品出口（2008—2012 年平均值排序）

排序	制造业产品	金额(亿美元)	占总出口比(%)
1	[781]十人以下客运用机动车	161.77	3.26
2	[793]船舶及浮动装置	149.65	3.01
3	[764]电信设备	122.92	2.48
4	[782]载货用机动车	99.47	2.00
5	[723]工程建筑机械设备	92.40	1.86

（续表）

排序	制造业产品	金额（亿美元）	占总出口比（%）
6	[542]药品（包括兽药）	91.07	1.83
7	[784]车辆配件	74.05	1.49
8	[676]钢铁条材、棒材、角材、型材	61.47	1.24
9	[728]特种工业专用机械设备	60.74	1.22
10	[772]电路开关和联接类电器	55.40	1.12
11	[679]铁或钢管材和中空型材	53.20	1.07
12	[652]棉织物	51.04	1.03
13	[741]加热及冷却设备	44.70	0.90
14	[778]电机及电器	42.92	0.86
15	[716]旋转电动设备及配件	41.85	0.84
16	[743]泵、气体压缩机和风扇	41.81	0.84
17	[792]飞机及配件	41.75	0.84
18	[699]贱金属制品	41.27	0.83
19	[641]纸和纸板	40.75	0.82
20	[691]铁钢铝金属结构	40.04	0.81
21	[752]自动数据处理机及其设备	37.93	0.76
22	[625]橡胶轮胎	37.61	0.76
23	[744]装卸机械及配件	37.22	0.75
24	[653]人造纤维织物	36.84	0.74
25	[874]测量、分析和控制仪器	36.57	0.74
26	[783]人以上客运用机动车	36.51	0.74
27	[773]输送设备	36.47	0.73
28	[713]内燃机及配件	35.70	0.72
29	[893]塑料制品	35.11	0.71
30	[661]石灰、水泥等建筑材料	32.05	0.65

资料来源：UNCTAD.

表 4 非洲对世界主要制成品出口（2008—2012 年平均值排序）

排序	制造业产品	金额（亿美元）	占总出口比（%）
1	[671]生铁、镜铁、铁或钢砂	47.93	0.89
2	[522]无机化学元素、氧化物及卤盐	43.61	0.81
3	[562]化肥	42.46	0.79
4	[845]纺织物制服装	40.25	0.75
5	[781]十人以下客运用机动车	39.16	0.73

（续表）

排序	制造业产品	金额(亿美元)	占总出口比(%)
6	[773]电力输送设备	36.95	0.69
7	[842]纺织物制女装	27.17	0.50
8	[841]纺织物制男装	24.90	0.46
9	[743]泵、气体压缩机和风扇	22.05	0.41
10	[793]船舶及浮动装置	20.82	0.39
11	[782]载货用机动车	18.66	0.35
12	[772]电路开关和联接类电器	14.17	0.26
13	[673]未镀未涂的铁或钢产品	12.96	0.24
14	[661]石灰、水泥等建筑材料	12.76	0.24
15	[851]鞋类	12.51	0.23

资料来源：UNCTAD.

中国对非出口中，制造业产品占绝大部分（见图 10）。2012 年，中国对非出口 852 亿美元，基本上都是制造业产品，且增长速度快，1995—2012 年中国对非制造业产品出口年均增长 23.7%。快速增长的贸易背后蕴含着投资机会。据中国商务部统计，截至 2011 年底，制造业仅占中国对非投资存量

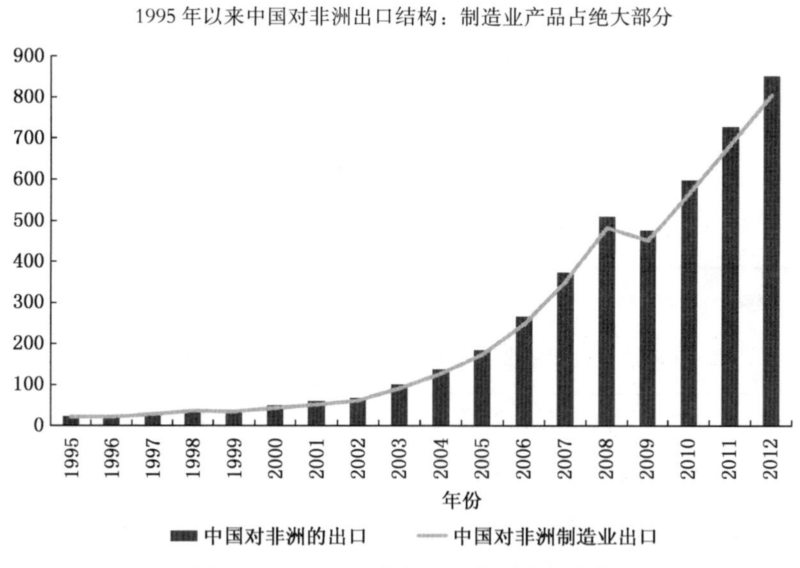

1995 年以来中国对非洲出口结构：制造业产品占绝大部分

900
800
700
600
500
400
300
200
100
0

1995 1996 1997 1998 1999 2000 2001 2002 2003 2004 2005 2006 2007 2008 2009 2010 2011 2012

年份

中国对非洲的出口　中国对非洲制造业出口

图 10　1995 年以来中国对非洲出口结构

资料来源：UNCTAD.

额的约 1/6（据国家发改委统计，这一比例更低）。但制造业投资项目本身具有资金投入规模小的特点，制造业投资项目数量还是可观（见图 11）。受中国国内市场容量有限、部分制造业产能过剩及中非贸易壁垒等影响，近些年中国对非制造业投资项目数明显加速增多，制造业正在成为我国对非投资的重要领域。

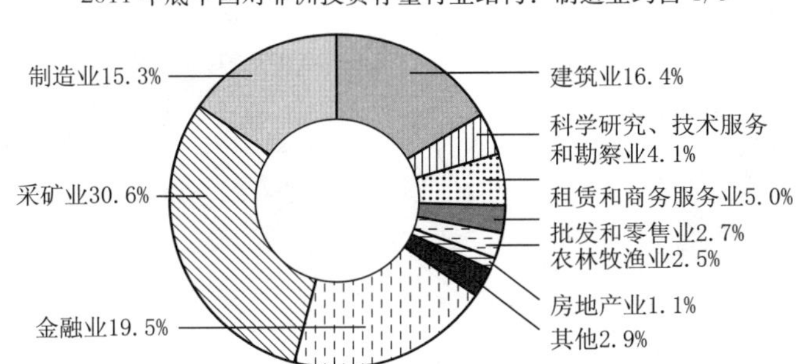

图 11　2011 年中国对非洲投资存量行业结构

资料来源：中国商务部。

（二）中国对非贸易派生的制造业投资分析

为了甄别出可能由贸易派生投资的制造业子行业，我们设计了从总体到细分行业的分析方法。具体来说，我们根据 SITC 行业分类法，将制造业产品分为四大类，即化工产品［SITC 5］、制成品［SITC 6-667-68］、机械和运输设备［SITC 7］以及杂项制品［SITC 8］。先对四大类做总体分析，再逐次分析至两位数和三位数的细分行业。

基于“贸易须达到一定的体量（现在）、增速反映贸易的需求变化（将来）”的思路，我们采用关注出口金额和出口增速、侧重出口金额即现实体量的方法，进行综合分析。其中，为避免某一年数额不能准确反映现实情况，出口金额选取近五年（2008—2012 年）的平均值，出口增速选取近十年（2002—2012 年）的年均增速。另外，鉴于非洲发展水平和制造业能力不平衡、中非之间贸易和投资的整体分析未必与某个具体国家一致，有必要针对具体国别进行个案分析。

1. 中国对非制造业出口格局分析

从总体出口金额来看，中国对非机械和运输设备出口占总对非出口比最大，其次是按原料分类的制成品；从出口增长看，也是这两大类的增速最快（见图 12）。

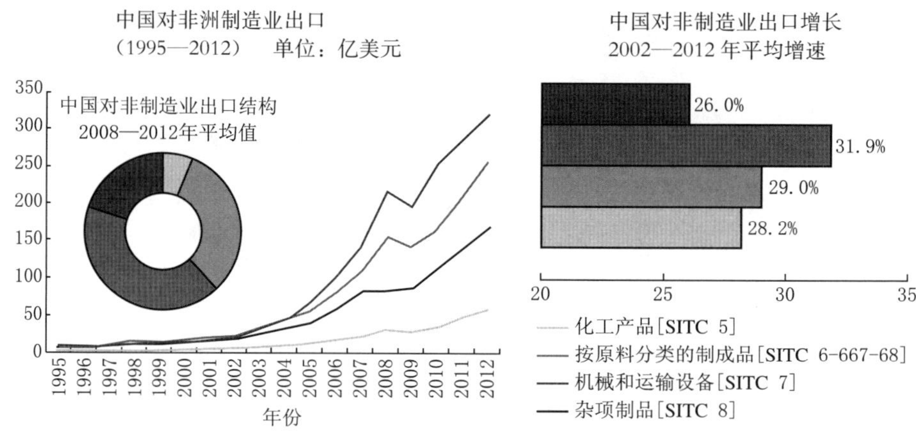

图 12 中国对非洲制造业出口结构及平均增速

资料来源：UNCTAD.

在四大类产品中，化工产品［SITC 5］大类中塑料、化肥类（包括杀虫剂等制剂及淀粉等相关产品）的出口金额大、增速快。香料（包括肥皂等）的量不大，但增速较快。药品出口近十年平均增速为 20.4%，近五年平均值为 5.11 亿美元（见图 13）①。

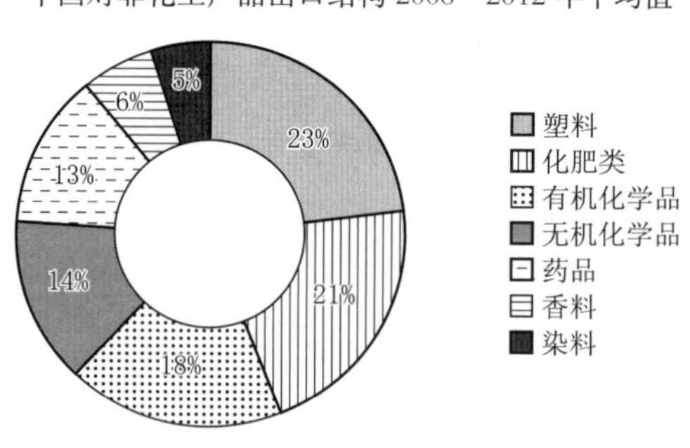

① 合并后化工产品包括：有机化学品［51］、无机化学品［52］、染料［53］、药品［54］、香料［55］、化肥类［56＋59］、塑料［57＋58］。

中国对非化工产品出口格局

按增速排序 2002—2012 年平均增速 单位:%		按金额排序 2008—2012 年平均值 单位:亿美元	
塑　料	44.3	塑　料	9.11
香　料	31.9	化肥类	8.26
化肥类	29.9	有机化学品	6.87
无机化学品	27.2	无机化学品	5.32
有机化学品	26.4	药　品	5.11
药　品	20.4	香　料	2.22
染　料	19.4	染　料	1.99

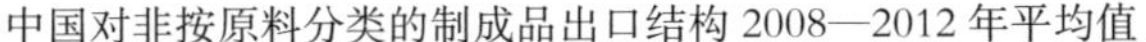

图 13　中国对非化工产品出口结构

资料来源:UNCTAD.

在制成品［SITC 6-667-68］大类中钢铁制品的出口金额较大，增速很快；建材、橡胶制品的出口增速较快，出口金额也较大。纺织、贱金属制品的出口金额很大，增速相对较慢，而纸制品、木制品的出口增速很快，但出口金额相对较小（见图 14）①。

中国对非按原料分类的制成品出口结构 2008—2012 年平均值

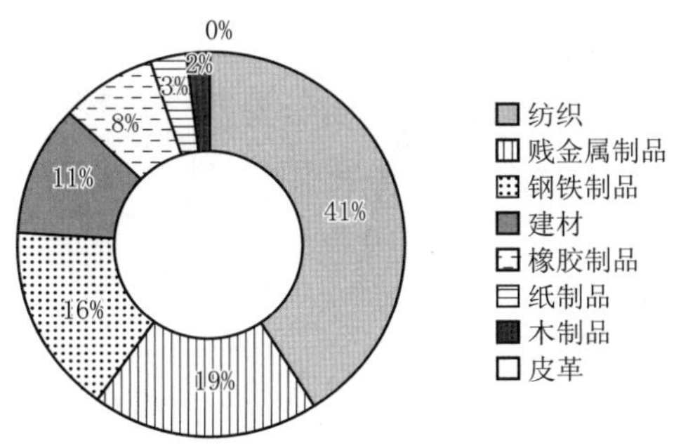

① 按原料分类的制成品包括：皮革［61］、橡胶制品［62］、木制品［63］、纸制品［64］、纺织［65］、建材［66］、钢铁制品［67］、贱金属制品［69］。

中国对非按原料分类的制成品出口格局

按增速排序 2002—2012 年平均增速 单位：%		按金额排序 2008—2012 年平均值 单位：亿美元	
钢铁制品	47.1	纺　织	76.35
纸制品	44.9	贱金属制品	35.82
木制品	42.8	钢铁制品	29.00
建　材	34.2	建　材	20.57
橡胶制品	33.2	橡胶制品	15.31
贱金属制品	27.5	纸制品	4.83
纺　织	24.6	木制品	3.91
皮　革	22.8	皮　革	0.05

图 14　中国对非按原料分类的制成品出口结构

资料来源：UNCTAD.

在机械和运输设备［SITC 7］大类中，汽车、电信录音设备、铁路飞机船舶等运输设备的出口金额很大，增速也很快。家电类的出口增速相对较慢，而出口金额很大。农用机械和拖拉机的出口金额较小，但增速很快（见图 15）①。

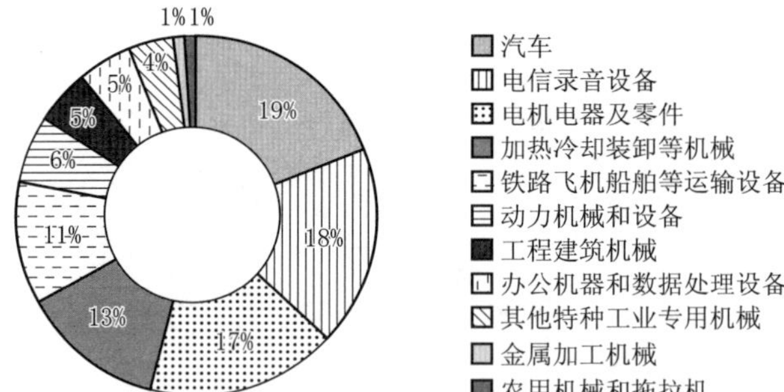

① 合并后机械和运输设备包括：动力机械和设备［71］、农用机械和拖拉机［721＋722］、工程建筑机械［723］、其他特种工业专用机械［72-721-722-723］、金属加工机械［73］、加热冷却装卸等机械［74］、办公机器和数据处理设备［75］、电信录音设备［76］、电机电器及零件［77］、汽车［78］、铁路飞机传播等运输设备［79］。

中国对非机械和运输设备出口格局

按增速排序 2002—2012 年平均增速 单位:%		按金额排序 2008—2012 年平均值 单位:亿美元	
铁路飞机船舶等运输设备	49.8	汽车	47.84
农用机械和拖拉机	39.0	电信录音设备	45.52
工程建筑机械	35.3	电机电器及零件	43.84
汽车	32.6	加热冷却装卸等机械	34.17
电信录音设备	31.9	铁路飞机船舶等运输设备	29.07
办公机器和数据处理设备	31.7	动力机械和设备	14.76
加热冷却装卸等机械	31.2	工程建筑机械	13.45
金属加工机械	30.4	办公机器和数据处理设备	11.36
动力机械和设备	29.7	其他特种工业专用机械	10.34
其他特种工业专用机械	28.7	金属加工机械	2.46
电机电器及零件	27.4	农用机械和拖拉机	1.40

图 15　中国对非机械和运输设备出口结构

资料来源:UNCTAD.

在杂项制品［SITC 8］大类中，家具类、小商品的出口增速最快，出口金额也较大。服装、塑料器具、箱包类的出口金额较大，增速也较快。鞋类的出口金额很大，但增速相对较慢（见图 16）①。

中国对非杂项制品出口结构 2008—2012 年平均值

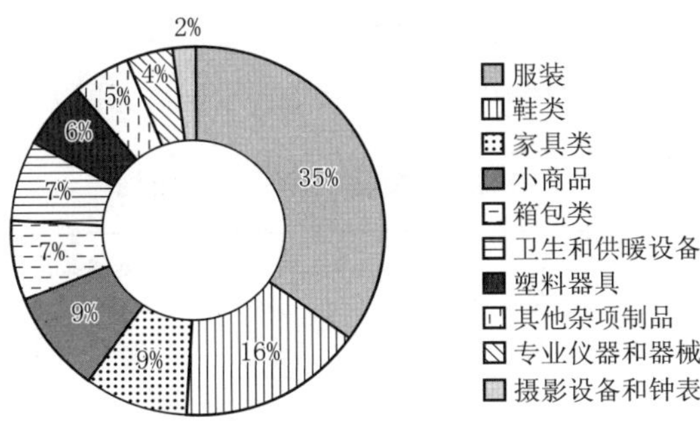

① 合并后杂项制品包括：卫生和供暖设备［81］、家具类［82］、箱包类［83］、服装［84］、鞋类［85］、专业仪器和器械［87］、摄影设备和钟表［88］、塑料器具［893］、小商品［899］、其他杂项制品［89-893-899］。

中国对非杂项制品出口格局

按增速排序 2002—2012 年平均增速 单位:%		按金额排序 2008—2012 年平均值 单位:亿美元	
家具类	47.6	服装	42.03
小商品	29.0	鞋类	19.31
专业仪器和器械	27.2	家具类	10.90
卫生和供暖设备	27.1	小商品	10.70
塑料器具	25.6	箱包类	8.17
箱包类	25.6	卫生和供暖设备	7.60
服装	25.0	塑料器具	7.27
其他杂项制品	24.3	其他杂项制品	6.26
鞋类	22.6	专业仪器和器械	5.16
摄影设备和钟表	21.2	摄影设备和钟表	1.66

图 16　中国对非杂项制品出口结构

资料来源:UNCTAD.

细分产品出口有以下特征（见表 5）：从金额看，中国对非洲出口制造业产品多集中在电信设备、船舶（往往金额大）、纺织服装及鞋类、摩托车和货车、钢铁管材和结构、工程建筑机械等类别，橡胶制品、家具、小商品、家电（包括电池电灯等）的金额也较大。从增速看，多数出口产品的增速都很快，塑料、钢铁制品（特别是压延产品以及条材、棒材、角材、型材等）、乘用车的增速超过 60%，建材（主要是石灰水泥）、船舶铁路设备、医用设备、纸制品、化肥、家具、板材加工等的增速也在 50%左右，反映了非洲旺盛的需求。

表 5　中国对非制造业产品出口结构

按增速排序 2002—2012 年平均增速 单位:%			按金额排序 2008—2012 年平均值 单位:亿美元		
塑　料	[571]	94.2	电信录音设备	[764]	36.05
钢铁制品	[673]	85.3	铁路飞机传播等运输设备	[793]	27.71
钢铁制品	[675]	75.2	纺　织	[652]	24.26
塑　料	[573]	74.9	纺　织	[653]	19.65
塑　料	[574]	74.5	鞋　类	[851]	19.31

（续表）

按增速排序 2002—2012 年平均增速 单位：%			按金额排序 2008—2012 年平均值 单位：亿美元		
钢铁制品	[676]	69.3	汽　车	[785]	16.48
汽　车	[781]	66.7	电机电器及零件	[778]	14.49
塑　料	[572]	64.4	钢铁制品	[679]	13.54
汽　车	[783]	61.3	汽　车	[782]	13.48
钢铁制品	[674]	58.6	工程建筑机械	[723]	13.45
建　材	[661]	55.5	橡胶制品	[625]	13.41
铁路飞机船舶等运输设备	[793]	54.0	家具类	[821]	10.90
电机电器及零件	[774]	53.2	小商品	[899]	10.70
动力机械和设备	[718]	53.0	加热冷却装卸等机械	[741]	10.23
纸制品	[642]	51.3	服　装	[844]	10.09
杂项制品	[897]	49.9	贱金属制品	[691]	9.83
化肥类	[562]	49.3	动力机械和设备	[716]	9.58
铁路飞机船舶等运输设备	[791]	49.1	服　装	[845]	9.23
家具类	[821]	47.6	纺　织	[658]	9.09
木制品	[634]	46.7	电机电器及零件	[775]	9.06

资料来源：UNCTAD.

2. 制造业各子行业的不同特征：麦肯锡的分析框架

麦肯锡根据成本（资本密集、劳动密集、能源密集）、创新（研发强度）、可贸易性（贸易强度、价值强度）三方面六个指标，将制造业分为五类（见图 17）。根据这一分析框架，我们通过对中国对非制造业出口的体量和增速，甄别出当前一些可能由贸易派生投资的制造业子行业。

需要说明的是，对于这些子行业，还要具体分析其行业特征，根据该行业的成本构成、非洲在该行业的全球价值链的位置，以及该行业所面对的当地资源和市场状况，判断其是否具备本地化生产的条件和优势。

3. 案例分析：肯尼亚

根据以上思路，我们分析了肯尼亚制造业的贸易派生投资机会。肯尼亚近年经济持续增长，经济多样化进展显著，国内市场逐步打开。肯尼亚所属的东非共同体是非洲发展最好的区域一体化组织，区内国家经济表现良好，

		研发强度	劳动密集	资本密集	能源密集	贸易强度	价值强度
第I类 全球创新 当地市场	化工产品	25	10	50	5	42	1
	机动车及配件	16	14	32	2	39	8
	其他运输设备	25	19	29	1	42	8
	电机电器	6	17	30	2	46	7
	机械设备	8	18	32	2	48	8
第II类 当地资源 当地加工	橡胶制品、塑料制品	3	21	33	5	21	3
	金属制品	1	23	28	3	14	3
	食品、饮料、烟草	2	23	40	4	15	1
	印刷和出版	2	19	33	3	4	3
第III类 能源密集 资源密集	木制品	1	31	35	7	13	0.5
	成品油、焦炭	1	6	56	10	21	0.4
	纸制品	2	18	37	10	24	1
	矿产制品	3	20	39	11	14	0.1
	贱金属	1	14	41	14	26	1
第IV类 全球技术 创新竞争	计算机和办公设备	25	15	41	1	91	72[7]
	半导体和电子产品	33	15	38	1	60	
	医疗光学精密仪器	35	17	40	1	57	
第V类 劳动密集 全球贸易	纺织、服装、皮革	2	35	31	5	50	5
	家具、饰品、玩具等	2	30	33	1	69	4

图 17　麦肯锡制造业分类法

资料来源：McKinsey.

地区市场规模扩大。肯尼亚与欧美国家签有优惠贸易协定，能够便利地进入欧美市场，国际市场前景广阔。

中国对肯尼亚贸易联系密切，出口较多的有电信设备、服装鞋类、工程机械、橡胶轮胎、小家电小商品、摩托车和货车、箱包、塑料制品等。根据对肯尼亚的生产要素、资源、市场、创新等因素分析表明，可能由贸易派生投资的包括服装鞋类、小家电小商品、箱包、摩托车和货车。

表 6　中国对肯尼亚制造业产品出口结构

按增速排序 2002—2012 年平均增速 单位:%			按金额排序 2008—2012 年平均值 单位:万美元		
飞　机	[792]	44.9	电信设备	[764]	10 989.96
机　床	[731]	43.5	人造纤维织物	[653]	10 275.77
石灰水泥等建材	[661]	31.9	棉织物	[652]	7 575.26

（续表）

按增速排序 2002—2012 年平均增速 单位：%			按金额排序 2008—2012 年平均值 单位：万美元		
动力机械	[718]	29.3	鞋　类	[851]	7 172.61
添加剂	[597]	25.2	工程建筑机械	[723]	6 839.86
钟　表	[885]	25.1	橡胶轮胎	[625]	6 502.04
香料化妆品	[553]	23.5	电池电灯等	[778]	5 503.87
有机化学品	[551]	23.0	摩托车	[785]	4 969.70
其他皮革制品	[612]	22.7	针织物	[655]	4 165.96
船　舶	[793]	22.2	纺织制品	[658]	4 108.19
光学仪器	[871]	21.8	箱包类	[831]	4 081.17
压延合金钢产品	[675]	18.9	小商品	[899]	3 837.42
塑　料	[574]	18.0	贱金属制品	[699]	3 309.67
轴　承	[748]	16.9	货　车	[782]	3 040.14
光学制品	[884]	16.5	塑料制品	[893]	2 963.23

资料来源：UNCTAD.

综上所述，中国对非出口格局对投资有以下启示：

其一，快速增长的贸易蕴含着投资机会。非洲制造业生产能力不足，产出远远无法满足需求，需从国际贸易中进口大量制造业产品，制造业产品占中国对非洲出口量的90%以上，近 20 年中国对非制造业出口年均增长超过20%。受拓展海外市场、解决中国国内产能过剩问题和规避中非贸易壁垒的驱动，制造业正在成为我国对非投资的重要领域。

其二，中国对非出口金额较大的制造业子行业投资潜力较大。出口金额较大的制造业产品包括塑料、化肥、钢铁制品（特别是压延产品以及管材、条材、棒材、角材、型材）、建材（特别是石灰水泥）、橡胶制品、汽车、电信设备、铁路飞机船舶、工程建筑机械、家具、小商品，和箱包等。此外，对一些增速很快但尚未形成贸易量的行业也应加以预研，如肥皂香料、纸制品、木制品、农用机械和拖拉机、卫生和供暖设备等。

其三，甄别可能由贸易派生本地化生产的行业。对中国对非制造业出口体量较大的行业，具体分析其行业特征，根据该行业的成本构成、非洲在该行业的全球价值链的位置，以及该行业所面对的当地资源和市场状况，判断和甄别该行业是否具备本地化生产的条件和优势。

三、对非制造业投资：从贸易到投资

前述分析表明，“贸易先行、投资跟进”可作为一种重要的对非制造业投资策略，其基本思路是贸易派生投资、投资促进贸易。投资的成功离不开市场的扩大，投资开发需要与前端市场结合起来，通过市场销售逐渐延伸到当地制造。从国际经验来看，贸易对于制造业项目具有先导作用，通过贸易拓展渠道和市场，市场成熟时适时启动投资建厂，符合非洲制造业的特点，也符合制造业投资的规律。中非之间通过贸易带动投资、投资促进贸易，一方面，可引导我国部分制造业向非洲转移和消化产能；另一方面，可依托非洲优势资源、开展资源加工项目，扩大和加深相互间的经贸联系。

依托中非贸易合作基础，挖掘生产、贸易和市场建设投资机会，对于贸易优势明显、投资为时尚早的制造业行业/企业，先以“小额投资 + 贸易融资”的方式介入贸易，为后期投资打下基础、培育机会。“贸易先行、投资跟进”的策略具有如下特点与优势：

其一，贸易先行符合制造类企业的国际化规律。制造业企业国际化进程一般分为出口产品、渠道拓展和全球布局（海外设厂）三个阶段（见表 7）。通过介入出口和渠道拓展，有利于引导和支持企业最终过渡到投资设厂阶段。第一阶段以投资出口贸易企业为主，通过提升目标企业对非制造业产品销售额，分享企业利润、获得收益。第二阶段投资非洲市场渠道企业，建设销售渠道，扩大贸易利润，增强软实力。第三阶段在非投资建厂，依托渠道稳健经营，待时机成熟后退出并获得增值回报。

表 7　制造业三个阶段投资特点

	国际贸易（出口）	市场拓展（当地）	海外生产（当地）
投资内容	存货、应收款等流动资产、办公室及设备租用或购置	销售网点建设、售后服务及备件库建设、品牌投入、存货、应收等流动资产投资	工厂建设投资、生产设备购置、存货及应收等流动资产投资
资金来源	银行国际贸易融资、商业信用、资本金投入	资本金、银行流动资金或固定资产贷款、商业信用	资本金、银行固定资产贷款、流动资金贷款、商业信用

（续表）

	国际贸易（出口）	市场拓展（当地）	海外生产（当地）
盈利模式	大宗同质产品通过空间套利获利；品牌产品体现一定溢价。快速周转、薄利多销。	控制销售渠道，赚取流通环节利润和品牌溢价	改变产品形态，获取加工利润
利润构成	内外差价，取决于上下游溢价能力；对进口代理商的谈判	批发零售价差及品牌溢价	生产加工利润
业务特点	投资少、见效快、风险小、但波动性大	投资较大、见效较快，但有一定风险	投资大、见效相对较慢，风险较大
业务开展基础	贸易规模大，贸易利润稳定	持续稳定贸易、品牌突出、下游渠道利润丰厚	本地化优势突出：节约成本（关税、物流、人工等制造成本）、政策优惠（补贴）、品牌建设
可解决的问题	产品进入、规模扩大	树立品牌、提高利润	全球性生产布局，降低成本、提高品牌支持力度，确立长期竞争优势

资料来源：作者整理。

其二，贸易先行符合中国制造业向价值曲线高端延伸的规律。制造业的价值主要体现在前端的研发环节和后端贴近客户的渠道及品牌环节。通过加大产品渠道、品牌方面的投入，能够进一步向制造业价值曲线的高端延伸，提高投资收益率水平（见图 18）。

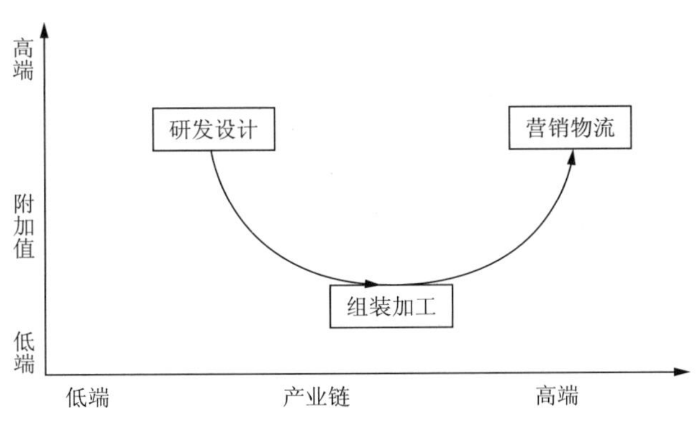

图 18　制造业价值曲线图

资料来源：作者整理。

四、结语

对非制造业投资，不仅有助于帮助非洲增强工业化和自主发展能力、巩固和延伸我国在非洲的利益，也有利于中国产业、装备、技术、标准“走出去”，促进我国国内经济发展和转型升级。随着非洲制造业渐成国际投资热点，同时在落实国家对非“三网一化”和产能合作等重大战略的过程中，需要深入研究对非产业合作特别是制造业投资合作的具体模式和有效途径。本文的分析表明，“贸易先行、投资跟进”是对非制造业投资的一种可行的思路和策略，贸易对于制造业项目具有先导作用，通过贸易拓展渠道和市场，市场成熟时适时启动投资建厂，符合非洲制造业的发展规律，也符合我国制造业向高端延伸的需求。

刚果（布）工业发展报告（2014—2015）*

黄玉沛

摘要： 刚果（布）近年来经济发展迅速，后续发展趋势比较乐观，是非洲国家中为数不多的潜力股。但是，刚果（布）工业[①]发展落后，整体工业化水平较低。就行业而言，刚果（布）工业发展严重依赖石油工业和林业，采矿业、制造业发展相对滞后。就区域而言，刚果（布）采取“向东看”政策，在全国建立了韦索、奥约-奥隆博、布拉柴维尔和黑角四个经济特区，依据各个特区具体行业特点，发展不同类型的产业，并取得了初步成效。中国和刚果（布）经贸合作成就显著，双方工业发展合作潜力巨大。展望未来，刚果（布）在加速工业化的进程中，必须采取多元化的措施，协调各个工业部门的发展。

关键词： 刚果（布）；工业；石油；林业；经济特区

作者简介： 黄玉沛，上海师范大学非洲研究中心，博士研究生

刚果（布）是中部非洲的小国，西邻加蓬，西北部与喀麦隆接壤，北部靠中非共和国，东部以刚果河及其支流乌班吉河为界河与刚果（金）为邻，

* 本文在撰写过程中得到新华社驻布拉柴维尔首席记者刘锴、中国驻刚果（布）大使馆经济商务参赞处刘日东的帮助和支持，特此感谢。

① 本文所指的“工业”是广义范围的产业集合，包括石油加工与冶炼业、采矿业、林业、制造业等产业，上述产业是指采集原料，并把它们加工成产品的工作和过程，工业化以贸易的发展、市场范围的扩大和产权交易制度的完善等为依托。

南部同刚果（金）和安哥拉的飞地卡宾达省相连，西南濒临大西洋。刚果（布）国土面积仅为34.2万平方公里，海岸线长156公里，全国人口约440万（截至2013年底）。[①]作为非洲发展中国家的后起之秀，刚果（布）近年来政局与治安稳定，经济持续稳步增长，后续发展趋势比较乐观，是现阶段非洲国家中为数不多的潜力股。

一、刚果（布）经济发展总体态势

2014—2015年，刚果（布）宏观经济形势总体企稳向好，各项主要经济指标呈现良性发展的态势。刚果（布）政府继续贯彻萨苏总统（Denis Sassou-Nguesso）的“未来之路”计划，努力实施经济多元化方针，在稳定石油产量的同时，大力促进基础设施、工业和绿色经济等领域的发展，经济取得重大成就。随着政府公共投资大幅增加、矿业发展规模扩大，非石油领域的产业市场表现良好。尽管2013年刚果（布）年均经济增长率为3.3%，低于《2012—2016年国家发展规划》[②]制定的8.5%的增速。但是，2014年刚果（布）经济实现了6.0%的增长，2015年和2016年分别有望进一步达到6.8%和7.3%，参见下表：

表1　刚果（布）经济发展相关指标（2013—2015年）　单位：%

经济发展相关指标	2013年	2014年e	2015年p	2016年p
实际GDP增长率	3.3	6.0	6.8	7.3
财政平衡占GDP的比率	8.3	-5.4	-7.0	-2.3

注：根据非洲开发银行统计数据汇总而成；e=估算值；p=预测值。

资料来源：The African Development Bank（AfDB），the OECD Development Centre and the United Nations Development Programme（UNDP），*African Economic Outlook 2015：Regional Development and Spatial Inclusion*，AfDB，OECD，UNDP，2015，p.30.

① The World Bank，“Republic of the Congo”，see http：//www.worldbank.org/en/country/congo.

② 2012年7月刚果（布）议会通过了促进增长、就业和摆脱贫困的《2012—2016国家发展计划》，政府首要任务是通过促进经济增长，创造工作岗位，提高就业，特别是解决年轻人的就业问题。

在中短期内，基于石油产量反弹和部分矿业项目实现投产等利好消息，预计刚果（布）经济将于2014—2019年间实现年均6%的高速增长。[①]在公共投资领域，刚果（布）2014年财政预算公共投资高达2.5万亿非洲法郎（约合50亿美元），同比增长25%，占全年公共支出的71.4%，重点涉及石油、基础设施和矿产领域。

近年来，影响刚果（布）经济发展的主要因素包括以下两大方面：

一方面，刚果（布）经济发展受到国际石油价格波动的影响。2012—2014年，刚果（布）油田产量放缓，石油领域产值年均下降8.2%。受国际石油价格大幅下挫影响，刚果（布）对外贸易进出口总额呈现下降趋势。2014年1月至6月，刚果（布）进出口总额为18 953亿非洲法郎（约37.91亿美元），扣除汇率因素同比下降50.3%。其中，出口11 752.9亿非洲法郎（约23.51亿美元），同比下降63.28%；进口7 200.1亿非洲法郎（约14.4亿美元），增长17.6%。[②]

刚果（布）政府针对石油危机，采取了谨慎的财政政策，注意减支增收，加大风险储备，及时调整了国家财政预算。2014年12月，刚果（布）议会通过了《2015年国家财政预算实施修正法案》，预计2015年度财政收入为72.39亿美元，支出61.39亿美元。其中石油收入为29.2亿美元，占财政收入的40.3%。投资性支出41.25亿美元，主要用于2015年9月4日至17日在刚果（布）举办的“非洲运动会”项目建设[③]和2015年8月15日“国庆日”活动举办地桑加省和布昂扎省城市化建设项目。

另一方面，非石油领域的发展为刚果（布）经济发展增添活力。近年

---

① The African Development Bank（AfDB），the OECD Development Centre and the United Nations Development Programme（UNDP），*African Economic Outlook 2015：Regional Development and Spatial Inclusion*，AfDB，OECD，UNDP，2015，p.30.

② 中国驻刚果（布）大使馆经济商务参赞处：《刚果（布）2014年宏观经济形势概述及中短期研判》，2015-04-01，参见 http：//cg.mofcom.gov.cn/article/sqfb/201504/20150400930258.shtml。

③ 2015年9月4日至17日，刚果（布）将再一次举办非洲运动会，这是刚果（布）在1965年举办首届非洲运动会之后的又一重要非洲体育赛事。刚果（布）政府投入巨额资金，用于体育场馆修建项目和相关基础设施建设，如布拉柴维尔沿河大道拓宽及斜拉桥项目、金德勒高架桥项目、国家2号公路布拉柴维尔以北段拓宽整修项目等。

来，非石油领域的发展在一定程度上弥补了石油减产对刚果（布）经济的影响。尽管石油仍是刚果（布）政府收入的主要来源，但是非石油领域的发展对经济增长的贡献不断增加。在2012—2014年之间，刚果（布）非石油领域年均增长率约8.4%，一是归功于政府在林业、矿业、农业、手工业等领域采取的经济多元化政策，二是应归功于在基础设施领域公共投资的增加。在2012—2014年期间，公共投资已占刚果（布）国内生产总值的近三分之一，这也刺激了私营投资的增加。公共投资为私营投资创造了有利条件和良好的外部环境，私营投资占国内生产总值的比重已从2000—2006年的17.9%，增加到2007—2013年的25.7%。[①]

然而，刚果（布）经济发展也可能存在变数。由于受债务增加、付款体系薄弱、财政执行困难、公共投资消化能力弱、公共支出效率低、汇率波动等因素影响，刚果（布）政府可能会面临财政和金融危机，进而极大影响非石油领域产业的发展前景。刚果（布）国内基础设施和社会领域资源分布不均，大量的社会经济资源仅仅集中在韦索（Ouésso）、奥约-奥隆博（Oyo-Ollombo）、布拉柴维尔（Brazzaville）和黑角（Point-Noire）四大经济特区，其他地区相对不足。刚果（布）人均GDP达到3 200美元，已摆脱“重债穷国”的困局。但是，其经济发展没能带来更多的就业，全国失业率为34%，特别是青年人失业率居高不下，社会贫富的两极分化严重，以货币计算的贫困人口仍达到46.5%，基尼系数达到0.43。另外，2015年，在布拉柴维尔举行的非洲运动会的组织和筹备工作花费可能超出国家财政所能承受的范围之内，政府不得不严重依赖国际贷款来实施主要基础设施项目。

二、刚果（布）工业发展行业现状

目前，刚果（布）整体工业化进程处于初始阶段。刚果（布）经济发展规模和市场容量较为有限，整体工业发展较为落后，在全球产业链中处于边

---

① 中国驻刚果（布）大使馆经济商务参赞处：《世界银行发布第一份刚果（布）财经形势报告》，2014-09-25，参见 http：//www.mofcom.gov.cn/article/i/jyjl/k/201409/20140900743649.shtml。

缘化地位。根据2015年联合国工业发展报告显示，如果按照工业化水平来划分，刚果（布）既非实现工业化的经济体，也非新兴工业经济体，而是属于发展中的工业经济体。工业产值在国内生产总值中仅占比4%，非石油产业占比7%。在全球136个国家的工业竞争力排名中，刚果（布）工业竞争力仅仅排在102位。[①]刚果（布）工业发展的商业环境欠佳，世界银行公布了《2015年世界营商环境报告》，刚果（布）在全球189个国家的营商环境排名中仅列第183位。[②]

表2 刚果（布）工业发展相关指标（2005—2015年）

年　份	GDP年均实际增长率（%）	MVA年均实际增长率（%）	人均MVA（美元）	MVA占GDP的比重（%）	工业竞争力排名
2005—2010	7.08	4.74	84.70	4.37	104
2010—2012	5.43	4.12	89.92	4.47	102
2013—2015	5.37	4.98	97	5.00	102

注：GDP指国内生产总值；MVA指制造业增加值；两者均以2005年不变价格计算。

资料来源：笔者根据联合国工业发展组织相关数据整理而成。参见 http：//www.unido.org/en/resources/statistics/statistical-country-briefs.html，2015-05-15。

（一）石油加工与冶炼业

刚果（布）是中部非洲具有重要地缘位置的国家，拥有储量丰富的石油等碳氢燃料资源。近年来，刚果（布）沿岸近海发现了大量未勘探的油气资源，其中，原油约58亿桶，天然气约133亿立方英尺。受国际油价下降和油田老化影响，2010—2013年刚果（布）石油产量持续下降，由1.14亿桶降为0.88亿桶。但是，受益于莫赫·诺德（Moho Nord）等新油田的开发，

① United Nations Industrial Development Organization，*International Yearbook of Industrial Statistics 2015*，Edward Elgar Publisher，2015，pp.13—15.

② 世界银行《营商环境报告》覆盖了影响企业生命周期的11个领域的监管法规，包括开办企业、办理施工许可证、获得电力、登记产权、获得信贷、保护少数投资者、纳税、跨境贸易、执行合同和解决破产等营商便利度等影响因子。参见 World Bank Group，*Doing Business 2015：Going Beyond Efficiency*，World Bank Group flagship publication.

刚果（布）石油产量开始出现反弹。[①]2014 年石油产量为 0.915 亿桶，同比增长 4%，预计至 2017 年将达到 1.2 亿桶的高点。[②]从中短期视角分析，2013—2016 年刚果（布）石油产量将呈现“先降后恢复”的趋势，石油经济作为刚果（布）经济支柱的格局短期内不会改变，原油出口以及石油加工与冶炼业是推动刚果（布）经济增长的主要动力。

表 3　刚果（布）石油产量相关指标（2012—2014 年） 单位：桶

年　　份	2010 年	2011 年	2012 年	2013 年	2014 年
石油总产量	114 000 000	106 000 000	98 564 332	88 337 906	91 500 000
石油日均产量	312 328	290 410	270 039	242 022	250 685

资料来源：笔者根据刚果（布）石油与天然气部（2014 年 5 月）相关数据整理而成。参见 http：//mhc.cg/le _ ministere _ des _ hydrocarbures/le _ petrole _ congolais.html。

尽管石油资源由刚果（布）国家石油公司统一管理，但是其石油加工与冶炼业的发展受到国际资本的影响。一些大型国际私营企业与刚果（布）政府合作，从事若干油田的勘探和开发，基本上控制了刚果（布）的石油冶炼和加工产业。其中，法国道达尔公司（Total）[③] 控制着刚果（布）60%的石油资源，其他经营石油产业还有意大利的埃尼（Eni）公司[④]和毛雷尔普姆（Maurel & Prom）公司、美国的雪佛龙（Chevron）公司[⑤]和墨菲（Murphy）公司，等等。

---

① 由法国安道尔公司负责的莫赫·诺德（Moho-Nord）特大油田项目，总投资额约为 100 亿美元，项目一期计划将于 2015 年 10 月投产，项目主体计划将于 2016 年 9 月投产，届时刚果将会有新的石油生产来源。中国驻刚果（布）大使馆经济商务参赞处：《道达尔石油公司承诺将增加在刚投资》2016-02-02，参见 http：//cg.mofcom.gov.cn/article/ztdy/201502/201502008-85903.shtml。

② 中国驻刚果（布）大使馆经济商务参赞处：《石油，刚果经济的顶梁柱》，2014-09-29，参见 http：//www.mofcom.gov.cn/article/i/jyjl/k/201409/20140900748606.shtml。

③ 法国道达尔刚果公司正在开发 Moho Bilondo 油田和 Moho Nord 油田，后者储量达 3.25 亿桶，公司准备投资 100 亿美元，预计到 2017 年日产量将达到 14 万桶。

④ 意大利埃尼集团在距刚果（布）海岸线 17 公里的 Nene Marine 区域勘探出重大油气资源，石油储量达 6 亿桶，天然气储量达 200 亿立方米。

⑤ 美国雪佛龙公司计划投资 25 亿美元开采位于刚果（布）和安哥拉交界处的储量约 7 000 万桶的连齐（LIANZI）油田，预计将于 2015 年底投产。

（二）林业

林业是刚果（布）仅次于石油产业的经济支柱。刚果（布）是世界上林业资源最丰富的国家之一，拥有近 2 200 万公顷的原始森林，1 000 万公顷的林地，森林覆盖率为国土面积的 70%，约占非洲大陆森林面积的 10%，森林面积仅次于刚果（金），名列非洲第二。刚果（布）林业资源具有较大的开发潜力，林业潜在产量高达年 200 万立方米。在刚果（布）南部地区有近 2 500 万立方米的木材储量，其中 40%可用于生产各类木制品；北部省份大部分林区尚处于原始状态，拥有近 1.5 亿立方米的木材有待开发。2010 年，刚果（布）林业对国民生产总值的贡献率约为 5.6%，占全国商品出口约 10%的比重。①

刚果（布）主要树种包括桉树、棕榈树、伦巴木、奥库梅木、柚木、桃花心木、沙比利木、巴依亚木等。桉树是刚果（布）主要出产树种。刚果（布）是继巴西之后世界第二大桉树原木出口国，还是世界上第一个把插扦技术运用到桉树培育领域的国家。刚果（布）的棕榈树也负有盛名，北部桑加省和利夸拉省有面积相当可观的天然棕榈林，而已经开采的仅有桑加省的堪德库（Kandeko）和莫可可（Mokeko）棕榈林场，共计约 6 000 公顷，主要出产供当地生产肥皂用的棕榈油。

整体而言，由于受经济基础薄弱，基础设施条件较差等多种因素影响，刚果（布）林业开发较为缓慢，投资林业项目、开展木材贸易存在一定的困难和风险。

首先，林区基础设施发展较为落后。刚果（布）缺少完整的运输网络，大部分林区没有与外界相通的公路，仍然处于原始森林状态，林业开采项目前期投入较多。刚果（布）全国仅有一条刚果大洋铁路，该铁路全长 510 公里，从首都布拉柴维尔到港口城市黑角。由于铁路年久失修，且为单轨铁路，因此运输能力有限，经常发生货物积压的情况。而从布拉柴维尔往北部

① 中国驻刚果（布）大使馆经济商务参赞处：《石油，刚果经济的顶梁柱》，2014-09-29，参见 http：//www.mofcom.gov.cn/article/i/jyjl/k/201409/20140900748606.shtml。

林区则没有公路相通，只能通过内河运输，将木材由阿丽玛河（Alima）河经刚果河运至布拉柴维尔，然后通过铁路运送到黑角港出口。此外，有很大一部分公司通过陆路经喀麦隆城市杜阿拉出口木材，但路线相对比较长。很多木材公司为了解决木材的运输问题，往往不得不出资自行兴建公路，如新加坡的全球之星（Globle Star）公司就计划兴建一条刚果北部林区到加蓬佛朗斯维尔的公路，刚果木材公司（CIB）也已出资兴建了150公里长的刚果—喀麦隆公路。

其次，林业开发经营方式不同。在刚果（布）从事林业开采加工的公司中主要分为外资公司和本地公司两大类。一般外资公司以法国公司为主，规模较大，贸易方式比较正规，可以使用信用证交易，产品供应欧洲市场。而本地公司经营方式单一，大部分公司规模较小，且不采用信用证贸易，其贸易方式是现场看货，当场拍板确定交易数量和金额，并支付三分之一货款作为定金。这类公司一般采用黑角港离岸价，刚果（布）境内运输由其负责，木材到黑角港后买家需支付另三分之一货款，货到目的地后再支付最后的三分之一货款。目前，刚果（布）缺少从事林木良种选育、森林病虫害防治与检疫、森林经营管理及野生植物资源开发利用方面的高级技术应用性专门人才，很难适应大规模林业开发管理的需要。全国大部分林区为原始森林，很大一部分树种因树龄长，材质坚硬，一些普通的砍伐和切割工具很难适应当地的需要，而大部分林业公司均采用意大利生产的价格昂贵的砍伐和切割工具，这无疑增加了部分林业公司的成本投入。

最后，林业开发受当地经营环境制约。在刚果（布）从事林业开采和加工的公司日益增多，但是传统上的林业土地所有权大部分归氏族或村组掌握，林业开发越来越多的受到当地政府的限制。目前，获得刚果（布）政府颁发的木材加工许可证（CTI）的公司有19家，获得林业开采许可证（CEF）的公司有17家，包括法国、马来西亚、利比亚和加纳在刚果（布）当地设立的公司。[①]在外国公司中，荷兰皇家壳牌公司（Shell）是进入刚果

① 中国驻刚果（布）大使馆经济商务参赞处：《刚果（布）林业状况简介》，2002-09-05，参见 http：//cg.mofcom.gov.cn/article/ztdy/200209/20020900039274.shtml。

（布）较早的公司，该公司与刚果（布）政府合资开办了刚果桉树公司（ECO-SA），在主要港口城市黑角附近开采 4.2 万公顷天然桉树林。壳牌公司所占股份达 85%，该公司成立初期经营状况颇佳，出产的桉树原木主要出口到北非、法国、意大利、西班牙和挪威等国家。后来，刚果（布）政府出于增加税收、扩大就业机会、保护环境等方面的考虑，要求所有木材开采公司必须将开采木材的 60%用于当地加工增值，致使刚果桉树公司连续亏损，荷兰皇家壳牌公司不断布退出了刚果桉树公司的股份。

（三）矿业

刚果（布）经济发展过度依赖石油和木材，国内还有大量开发度极低或未开发的矿产资源，政府明确表达了实现工业发展多元化的意愿，逐步加大了矿业领域的开发和投入。然而，矿业是资本密集型和劳动密集型产业，这就需要打破制度环境和自然环境的束缚，应当避免出现某一矿产品部门异常繁荣而导致其他部门衰落的现象，建立适应 21 世纪的新兴工业发展模式，充分利用所有的矿业资源，作为一个产业群整体发展。根据刚果（布）《矿业法》规定，所有矿业企业或组织的行为必须符合矿业部的有关规定，矿产行为分成 5 个阶段：初勘、踏勘、详勘、矿区开发和开采。[①]矿业开发手续较为繁琐，开采矿产资源和化石燃料的资质证较多，主要包括踏勘许可、勘探许可证、手工开采许可、工业开采许可、开采许可证、贵重矿物持有、运输和加工许可等。

近年来，刚果（布）矿业发展取得了一些突破，矿产开发日益成为刚果（布）经济发展的重要引擎。为了促进矿产开采，刚果（布）政府在 2013 年 10 月召开第一届固体矿国际大会，会议认为目前刚果（布）矿产开采面临

① 初勘主要是确认和辨识矿区，包括层系、地貌和绘制地图；踏勘主要是对矿区进行初步探查，寻找矿物迹象；勘探主要是对矿区进行深入勘探以便保证矿产资源或化石燃料发现的延续性，研究开采条件，进而开采矿产；矿区开发主要包括建造与能源、通讯和供应相关的基础设施、安装机器设备、建造办公和居住营房、建造开采矿物基础设施、试开采；开采即采掘出矿产资源或化石燃料提供给使用者，属于商业行为。有关刚果（布）矿业法的规定。参见中国驻刚果（布）大使馆经济商务参赞处：《刚果（布）矿业法》，2014-06-12，参见 http：//cg.mofcom.gov.cn/article/ztdy/200209/20020900039274.shtml。

的最大问题是缺乏运输矿产的公路、铁路等基础设施。为了解决运输问题，刚果（布）政府积极推动黑角矿业港和全国铁路网建设。2014 年 12 月 4 日，刚果（布）工业发展与私营企业促进国务部长伊西多尔·姆武巴（Isidore Mvouba）在首都布拉柴维尔会晤日本化工企业丸红公司（Marubeni）代表，双方签署合作备忘录，将启动一个甲醇生产项目可行性调研。[①]根据刚果（布）2012—2016 五年发展规划，估计在 2016 年矿业对刚果（布）经济贡献率将达到 25%。未来，在解决矿产运输问题的前提下，随着参与刚果（布）矿产开发中资公司的数量越来越多，刚果（布）矿产资源开采将逐步成为拉动经济发展的重要动力。[②]但是，从矿业开发的实际效果分析，2010—2015 年之间，刚果（布）矿业项目虽有所进展，但是由于基础设施问题、矿业规则制度等原因，大多数采矿项目尚未实际投产运营，经济多元化推进状态不甚理想。

表 4 刚果（布）矿业产地和相关经济指标

内　容	产　　地	相关经济指标
铁　矿	雷库木省 Zanaga 地区	储量 68 亿吨，年产量 4 500 万吨
	尼亚里省 Mayoko 地区	储量 25 亿吨，年产量 1 000 万吨
	Mayoko-Moussondji 地区	储量 7.67 亿吨
	Badondo 地区	储量 13—22 亿吨
	桑加省 Mont Avima 地区	储量 6.9 亿吨，年产量 3 500 万吨
	桑加省 Mont Nabeba 地区	储量 17.2 亿吨，年产量 3 500 万吨
	Youkou、Okanabora 和 Oyabi 地区	正在勘探开发中
磷酸盐矿	奎卢省 Hinda 地区	储量 5.31 亿吨
钾盐矿	奎卢省 Mengo 地区	年产量 120 万吨
	Sintoukola 地区	储量 1.5 亿吨
	黑角钾盐外运港口	15 万吨的仓储中心

① 新华社：《两刚财经资讯》（内部交流），第 75 期，第 2—3 页。

② 中国驻刚果（布）大使馆经济商务参赞处：《刚果（布）2013 年经济形势综述及 2014 年经济展望》，2013-12-17，参见 http://cg.mofcom.gov.cn/article/ztdy/201312/20131200428549.shtml。

（续表）

内 容	产 地	相关经济指标
天然气	盆地省 Boundji 地区	正在勘探开发中
铜 矿	布昂扎省 Mindouli-Mpassa 地区	年产量 1 200 万吨
	布昂扎省 MFouati-Bokossongo 地区	年产量 1 200 万吨
锌 矿	布昂扎省 Yanga Koubanza 地区	正在勘探开发中
钻石矿	尼阿里省的 Lepandza、Ngouaka 和 Vourapa 地区	正在勘探开发中
铝土矿	Divenie 地区	正在勘探开发中
锰矿及金矿	桑加省的 Seka 地区	正在勘探开发中

资料来源：笔者根据“勤劳非洲”网站（Africa Diligence）矿业相关数据整理而成。参见 http：//www.congomines.org/category/themes/secteur-minier-intro/legis-miniere/。

（四）制造业

在制造业方面，刚果（布）政府为吸引外商投资建厂，有序地搭建发展平台。2012 年 8 月，政府启动了位于布拉柴维尔市北部郊区的马卢古（MALOUKOU）工业园区项目建设，首批将有生产瓷砖、电缆、PVC 管等在内的 15 家巴西企业落户。2013 年，马来西亚阿塔玛种植（Atama Plantation）公司在刚果（布）橡胶树的种植与加工项目也已经启动，项目前 10 年投资预计为 7.44 亿美元，到 2016 年计划种植棕榈达到 6 000 公顷，最终目标是 18 万公顷，并逐步建立 9 个加工厂，年产 72 万吨棕榈油和 12 万吨棕榈仁油，创造就业 2 万个。同时，马来西亚生态能源公司（Eco-Oil Energie）棕榈种植及加工项目在桑加省举行开工仪式，公司计划投资约 7 亿美元种植 5 万公顷棕榈树，将直接或间接创造 5 000 个就业岗位。[①]除此之外，多利吉水泥厂项目、鲁特特水泥厂扩建项目以及其他新建啤酒厂、饮料加工厂等项目正在有序开展。目前，刚果（布）正在开展的主要制造业项目

① 中国驻刚果（布）大使馆经济商务参赞处：《刚果（布）2013 年经济形势综述及 2014 年经济展望》，2013-12-17，参见 http：//cg.mofcom.gov.cn/article/ztdy/201312/20131200428549.shtml。

可参见表5。

表5 2015年刚果（布）开展的主要制造业项目

序号	项　目　名　称
1	韦索、奥约-奥隆博、布拉柴维尔及黑角四个经济特区
2	马夸（MAKOUA）陶瓷产业园区
3	奎卢省玻璃厂
4	奥约太阳能电池板加工厂
5	马丁古（MADINGOU）石灰石生产厂
6	蒙哥（MENGO）晶体厂
7	马卢古（MALOUKOU）纺织园区
8	桑加省恩贡贝（NGOMBE）及雷库木省马巴提（MAPATI）的锯木厂
9	利库阿拉省贝杜（BETOU）胶合板厂

资料来源：中国驻刚果（布）大使馆经济商务参赞处：《萨苏总统发表2014年刚果（布）国情咨文》，参见 http：//cg.mofcom.gov.cn/article/jmxw/201408/20140800703261.shtml。

整体而言，受电力供应匮乏且成本较高等因素的影响，在2008年至2014年之间，刚果（布）制造业缓慢较为发展。制造业在国内生产总值中的比重从4.1%增长到4.4%，[①] 虽然刚果（布）政府一再宣传要改善投资环境，增加电力供应、改善电力传输、取消了部分进口环节中的税费，但是刚果（布）制造业领域吸引私人投资的数量还是不太理想，相对于其他产业而言，制造业发展仍然较为滞后。

表6 刚果（布）主要制造业活动产值占MVA的比重（2014—2015年）

制造业分类	制造业活动产值占MVA的比重
食品和饮料	75%
木制品（不包括家具）	17%
机器和设备等	8%

注：MVA指制造业增加值，以2005年不变价格计算。

资料来源：根据联合国工业发展组织（UNIDO）相关数据整理而成。参见 http：//www.unido.org/en/resources/statistics/statistical-country-briefs.html。

① 中国驻刚果（布）大使馆经济商务参赞处：《刚果（布）2014年宏观经济形势概述及中短期研判》，2015-04-01，参见 http：//cg.mofcom.gov.cn/article/sqfb/201504/20150400930258.shtml。

（五）其他产业

2014年，刚果（布）的渔业和水产养殖业产值占国民生产总值的2.75%，占第一产业产值的23.6%，同时，在农村人口中吸纳了4.2%的家庭从事这一产业。[①]但是，刚果（布）渔业发展较为缓慢，淡水捕鱼年捕捞量仅为2.9万吨，预计最大捕捞量可达10万吨，海洋捕捞现年捕捞量仅为2万吨，预计最大捕捞量可达8万吨。水产养殖目前仍以小规模池塘养殖为主，主要单位为家庭或小型作坊，该产业有巨大潜力待开发。

此外，刚果（布）农产品加工业发展程度较低，作物种植主要以粮食作物为主（花生、豆角、山药、木薯、香蕉、玉米、土豆等），出口的主要作物有棕榈油、蔗糖、咖啡、可可等。但是，在20世纪90年代初期，可可和咖啡的交易一度停滞。自2012年6月以来，可可的出口得以重新启动，刚果（布）OLAM公司的子公司"刚果林业"投入巨额资金，扩大可可的种植面积。此外，马来西亚瓦松蒙·伯哈德（Wahsoeng Berhad）集团下属企业阿塔玛（ATAMA）种植公司开展了棕榈油加工，项目完成后预计可年产棕榈油72万吨、油棕油12万吨。

三、刚果（布）工业发展地区现状

近年来，刚果（布）积极倡导"向东看"政策，尤其重视学习中国的发展模式，期望通过借鉴中国经济建设的经验实现自身发展。为此，刚果（布）政府于2009年成立了特区部，直属总统府，该部门成立以来，多次派团访问中国、新加坡等国家，寻求工业发展多元化的可操作发展模式。经过前期可行性研究，刚果（布）已经筹建了四个经济特区，分别位于韦索（桑加省首府）、奥约-奥隆博（盆地省及高原省）、布拉柴维尔（首都）和黑角（最大的港口城市）。刚果（布）政府依据各个经济特区具体特点，发展不同

① 中国驻刚果（布）大使馆经济商务参赞处：《石油，刚果经济的顶梁柱》，2014-09-29，参见http：//www.mofcom.gov.cn/article/i/jyjl/k/201409/20140900748606.shtml。

类型的产业。[①]

（一）韦索经济特区

韦索经济特区位于刚果（布）北部地区，毗邻喀麦隆，该经济特区面积达6.452万公顷。该经济特区主要位于刚果盆地西部，盆地地表大部分为黏土覆盖，不仅自然肥力高、农业生产潜力大，而且由于黏土不易透水的特性、植物生长茂密、林业资源丰富。

韦索经济特区依托刚果（布）北部桑加省、利库阿拉省丰富的林业资源，主要发展木材加工业及其衍生的家具和建材业、棕榈林、咖啡和可可种植业，以及以农产品为原材料的农业加工业。预计该经济特区对刚果（布）国内生产总值的贡献在2020年将达3.5亿美元，2030年将增加至7亿美元。该特区有大量未开采的林区、矿区和油区，但是因为缺乏最基本的交通运输设施，导致开发成本过高。

（二）奥约-奥隆博经济特区

奥约-奥隆博经济特区位于刚果（布）东中部地区，面积达76.031 8万公顷。2013年7月6日，刚果（布）政府出台了奥约-奥隆博经济特区可行性研究草案，该经济特区定位为“绿色经济和可持续发展中心”，将以大规模农业、农产品加工业、养殖、木材加工业、渔业等为主，同时，大力发展可再生资源，推动城市工商业发展。刚果（布）政府还在离奥约12公里处的奥隆博兴建国际机场，更使这一区域性国际公路与世界各地直接相连。这条国际公路被称为中非地区的“黄金通道”。

目前，奥约-奥隆博经济特区主要发展食用和非食用农产品加工业、旅游业、金融和商业、林业、水产养殖和冷链、园艺业、养蜂业和农业（可

---

① 奥约-奥隆博和黑角经济特区的可行性研究由新加坡盛邦（SURBANA）和句容（JU-RONG）公司负责实施，布拉柴维尔和黑角经济特区则由法国Quantic公司、贝恩咨询公司、基德律师事务所和艾吉斯（Egis）公司联合实施，这些可行性研究明确了四个经济特区将分别发展的工业产业领域。

可、咖啡、橡胶和棕榈油）等。该经济特区主要有奥博卡捏养牛场、奥约太阳能板厂等产业，将在2032年创造12万个就业岗位，即每年6 500个岗位。该经济特区对刚果（布）国内生产总值的贡献，预计在2032年将达15.28亿美元。[①]目前，特区建设第一期计划投入1 020亿非郎（约2.04亿美元），利用园内1 460公顷土地发展园艺业、物流业和中心区域城市化。为保证特区建设更顺利进行，特区将被划分为若干小区块，通过发展基础设施和工业促进奥约、奥隆博两城市的发展。

（三）布拉柴维尔经济特区

布拉柴维尔经济特区主要包括刚果（布）第一大城市布拉柴维尔及其周边地区。该经济特区是全国的政治、经济和文化中心，人口约137万人，面积达16.41万公顷。该经济特区是联系刚果河与大西洋的枢纽，既是内河港埠，又是刚果（布）大西洋铁路的起点，是喀麦隆、中非共和国甚至乍得等许多进出口物资的中转站。

该经济特区主要发展物流业、建材业（水泥、石子、砖、瓦、板材以及PVC管等）、木薯及甘蔗种植业（用于生产生物燃料）、园艺业以及棕榈油加工等。位于布拉柴维尔市北部郊区的马卢古工业园区正在建设中，已有巴西13家建材企业入驻。预计该经济特区在2020年将创造2.1万就业岗位，2030年将增加至4.3万个。布拉柴维尔经济特区对国内生产总值的贡献在2020年为7亿美元，2030年将达17亿美元，约占目前非石油领域国内生产总值的40%。

（四）黑角经济特区

黑角经济特区包括刚果（布）港口城市黑角及其周边地区，面积达3 150公顷。黑角是刚果（布）的经济首都，也是重要的自治直辖市，人口约50万人。该经济特区主要发展石油冶炼、食品及饮料工业、材料工程、

① 中国驻刚果（布）大使馆经济商务参赞处：《刚果（布）经济特区建设准备工作已完成》，2014-09-04，参见http：//cg.mofcom.gov.cn/article/jmxw/201409/20140900721460.shtml。

化工产业、矿物及非金属产业、木材及其衍生品、塑料产品制造业、造纸及其衍生品、印刷和出版业、玻璃厂、机械设备安装及维护等。2014年刚果（布）国家预算中用于经济特区活动经费原为240亿非洲法郎，后因预算调整，削减至40亿非洲法郎。刚果（布）国家预算从4.192万亿非洲法郎降低至3.932亿非洲法郎。尽管预算减少，但是未来5年，黑角经济特区面临历史性发展机遇，必将为促进刚果（布）工业开发、实现经济多元化奠定基础。

由于黑角自治港无法满足大规模散货运输需要，为促使矿业公司将矿产品运往欧洲和亚洲，刚果（布）政府与中国路桥集团合作，启动了建立黑角矿业港的计划。[①]该矿业港位于黑角自治港北部海岸线附近，设计吞吐能力达1.5亿吨，为满足矿业公司需要，散货设计运输能力将达4 600万吨，其中4 000万吨用于铁矿运输、300万吨用于钾盐运输以及300万吨多用途吞吐设计。考虑到商品进出口需求的迅速增加以及同出口目的地国家船舶停靠能力的差距，矿业港允许停靠最大船舶吨位将达30万吨。根据总体规划，该矿业港总面积9平方公里，拥有31个泊位，包括专用于铁矿、钾盐运输泊位及多功能泊位。矿业港还将建造仓库、贮存和后勤基地、一个钾盐厂、一个铸造厂、一个炼油厂、铁路调度区、贸易区、附属区、一个发电能力达2.664万千万的发电站以及一个食物和水处理中心等。[②]黑角矿业港建成后，大规模散货运输即可实现，这将有利于矿产品的短、中、长期运输贸易，解决刚果（布）进出口的增长需求问题，进一步推动黑角经济特区建设。

四、刚果（布）与中国工业发展合作现状

近年来，中国与刚果（布）政治互信不断加强，高层往来频繁，双方新

---

① 黑角自治港是刚果共和国唯一的海港，亦是中部非洲地区的深水良港，政府有意新建矿业港，将其打造成区域海运货物集散中心。

② 中华人民共和国驻刚果共和国大使馆，《黑角矿业港规划被公布》，2014年1月10日，参见 http：//www.mofcom.gov.cn/article/i/jyjl/k/201401/20140100457189.shtml。

型战略伙伴关系已达到新的水平。事实上，早在中华人民共和国建立初期，中国政府在力所能及的范围内，向刚果（布）提供了一定数量的无偿援助和无息贷款，帮助刚果（布）建成了诸如议会大厦、布旺扎水电站、马桑巴·代巴体育场等一系列项目，为刚果（布）经济发展和社会事业作出了一定贡献。进入 21 世纪以来，中国与刚果（布）经济领域合作成果颇丰。2006 年 6 月两国签署了一揽子合作协议，建立起了团结互助的全面合作伙伴关系。2013 年 3 月，中国国家主席习近平访问刚果（布），为双方合作开启了新的篇章。访问期间，双方签署 11 项合作协议，包括优惠贷款、无息贷款以及无偿援助，为刚果（布）多个项目提供了融资，反过来也使得中资企业受益。2014 年是中国与刚果（布）建交 50 周年，两国半个世纪友好交往的历史再一次得到了集中体现。2014 年 6 月，刚果（布）萨苏总统再次访华，两国元首的成功互访将 50 年来中刚友好交往推向了高潮。2014 年上半年，双边贸易额已达到 30.23 亿美元，在中西非地区排名第二，在整个非洲位列第六。[①]两国在农业、工业、贸易、石油勘探、矿产开发、基础设施建设、环境保护和可持续发展、卫生、教育、文化、体育、党际和民间交往等方面都有着广泛和深入的合作关系。

随着经济快速发展，刚果（布）政府逐步认识到，工业化是实现现代化的重要基础，是促进国家经济结构转型和改善人们生活水平的关键，必须抓住工业发展的新机遇，改变只依靠石油业发展为主的经济结构局面，实现经济转型。近年来，中国经济发展正逐步进入新常态，进一步加快经济发展方式的转变，以结构性改革促进结构性调整，推进体制创新和科技创新。这就迫切需要实现富裕产能转移升级，因而中国和刚果（布）之间具有工业化梯度合作的巨大空间。[②]

在中国与刚果（布）经贸领域的合作中，双方的工业发展合作取得了显

---

① 中华人民共和国驻刚果共和国大使馆：《关键大使在庆祝中华人民共和国成立 65 周年招待会上的讲话》，2014 年 10 月 1 日，参见 http://cg.china-embassy.org/chn/zgzj/zzgx/t1197499.htm。

② 笔者于 2015 年 5 月 6 日，拜见中国驻刚果（布）大使关键先生，他认为中国与刚果（布）工业发展合作潜力广泛，双方可以在水产养殖、农产品种植与加工等领域开展合作。

著成就，主要体现在以下诸多方面。

（一）石油加工与冶炼业

受历史因素影响，刚果（布）石油的开采、加工与冶炼都掌控在西方国家手中，尤以法国、美国和意大利为主。中国企业参与刚果（布）石油开采与冶炼业的企业数量不多，在石油开采领域，有四家代表性的公司，分别为永华石化公司、中国海洋石油有限公司、南方石化集团、中石化江汉油田工程公司。当前，中国企业在刚果（布）石油开采领域的影响力较小，大部分油田项目多属于试生产阶段，尚未进入大规模商业开发阶段。随着中国与刚果（布）在石油领域的合作不断深入，部分中国石油企业在刚果（布）的石油开采开始步入正轨。例如，2014 年 12 月，南方石化佳柔油田获刚果（布）石油部批准试生产，刚果（布）石油部长洛恩巴对佳柔油田南区块前 4 口探井出油及第 5 口勘探井 BAC8 井 chela 层取心见油表示祝贺。[①]

（二）林业

刚果（布）拥有丰富的林业资源，中国与刚果（布）在林业领域的合作较为突出。中资企业获得森林开采面积遥遥领先，共计约 318.2 万公顷。主要的林业公司包括位于奎卢省（Kouilou）的中刚林业公司、位于桑加省（Sangha）的远东林业开采公司、位于西盆地省（Cuvette Quest）的德嘉木业公司、位于利库阿拉省（Likouala）的韦德集团子公司刚果泰诺瑞（Thanry），以及位于盆地省（Cuvette）的王山姆资源和贸易公司。其中，马来西亚曼凡泰（Man Fan Tai）公司和中国海外林业公司合并而成的中刚林业公司成为其中的佼佼者，该公司共持有 4 个林业开发证，分别位于雷库木省和奎卢省。

然而，由于经济基础薄弱，基础设施条件较差，中资企业在刚果（布）投资林业项目或进行木材开采和贸易仍然存在一定的困难和风险。近年来，

---

① 《南方石化佳柔油田获刚果石油部批准试生产》，2014-12-08，参见 http：//www.southernpec.com/sc/News/NewsDetail.asp？ id=623。

随着刚果（布）可开采林业面积逐步减少，政府逐步限制了部分珍贵原木的出口，规定原木总产量的85%需在当地加工。此外，中国企业在林业领域也面临来自马来西亚、黎巴嫩和部分欧洲国家林业公司的竞争。

（三）矿业

刚果（布）有大量尚未开发的矿业资源，政府加速实施了经济发展多元化战略，大力开发矿业资源，因而为中国与刚果（布）矿业合作提供了新机遇。中资企业与刚果（布）的矿业合作领域涵盖金矿、多金属矿、钻石、铁矿、铀矿、钾盐、陶土、采石场等。目前，在刚果（布）全国多个省区，有20多家中资企业正处于矿产勘探和开采阶段，主要包括璐璐矿业、鲁源矿业、希望投资公司、中刚矿业以及葛洲坝集团等。

在诸多矿业投资项目中，就项目规模和进展而言，中国企业投资的蒙哥钾盐项目是在刚果（布）最大的工业生产投资项目，也是非洲最大的钾肥项目。2013年7月，中国春和集团蒙哥钾盐项目举行了开工仪式。该项目位于距刚果（布）黑角市20公里的蒙哥地区，总投资额近14亿美元，项目设计年产量达120万吨，计划于2015年底竣工。该项目的实施为刚果（布）钾盐产业的发展奠定了良好的基础。[①]此外，刚果（布）政府已准备建造黑角矿业港，该项目第一期可行性研究已由中国路桥公司完成，来自尼阿里、桑加和雷库木省的产品亦可通过此港口出口国外。

（四）制造业

刚果（布）制造业发展极为落后，随着中国公司大量进入当地市场，刚果（布）制造业发展逐步振兴。中国与刚果（布）合作投资经营的刚果新水泥公司（Société Nouvelle des Ciments du Congo，SONOCC）[②] 是中刚两国在

---

① 中华人民共和国驻刚果共和国大使馆，《驻刚果（布）大使关键出席蒙哥钾肥项目开工仪式》，2013年7月23日，参见 http：//cg.china-embassy.org/chn/zgzj/jmwl/t1060779.htm。

② “SONOCC”是中国路桥集团与刚果（布）合作成立的刚果新水泥公司的法语简称，它位于刚果（布）布旺扎（Bouenza）省穆夫提（Mfouati）县鲁特特（loutété）镇，距首都布拉柴维尔约300公里。

制造业领域内第一个合资项目。该公司总资本为6 794 780 500非洲法郎（约合1 045万美元），其中，刚果（布）政府出资30亿非洲法郎（约合461万美元），占40%的股份，中国出资37.94亿非洲法郎（约合583万美元），占56%的股份，剩余4%股份将由刚果（布）私营企业参股。2003年，中国路桥集团与刚果（布）共同投资，在原鲁特特（loutété）水泥厂的基础上成立了刚果新水泥公司，进行刚果（布）水泥生产线的恢复重建。2004年4月，重建后的刚果新水泥公司正式投入运营，每年产销水泥量10万吨，所产水泥主要用于刚果（布）首都布拉柴维尔的基础设施建设。目前，刚果新水泥公司正在进行改扩建工程，预计水泥公司每年生产水泥量可高达30万吨。① 作为在刚果（布）当地高效、稳定运营的水泥生产企业，刚果新水泥公司的成立，不仅彻底改变了刚果（布）水泥依赖高价进口的局面，而且通过水泥生产、销售和运输等拉动了水泥公司所在地的交通运输、餐饮和住宿等相关行业的迅速发展，促进了当地居民的就业和地区经济发展，助推了刚果（布）基础设施建设和国家经济的快速发展。

除了刚果新水泥厂之外，中资企业还在位于尼阿里省（Niari）的多利吉市兴建了鑫光国际水泥厂，年生产高质量水泥能力近30万吨，水泥出厂价格适中，未来将对降低刚果（布）市场水泥价格有推动作用。此外，中资企业还在马夸投资建造了建材厂（生产砖、瓷砖和瓦片），在吉利建造了钢筋混凝土厂，在奥约建造了太阳能电池加工厂。

（五）工程承包行业

为了推动加速城市化进程，刚果（布）政府制定了建造众多经济、行政和社会基础设施的公共投资计划。中资企业在刚果（布）总统府负责领土整治与大型工程委员会发起的招投标中是最大的赢家，远超其他国家的企业。这些招投标项目包括水电站、输变电、公路、港口、航空设施、住宅、医院、学校、公共建筑、综合体育场、水厂和供水项目等。为了顺利实施工程

---

① 中国路桥工程有限责任公司：《我们为非洲建设未来——中国路桥刚果新水泥公司发展纪实》，参见 http：//www.crbc.com/site/crbc/zwjgdt/info/2013/1915.html。

项目，中资企业还从中国进口原材料、物资并引入部分人力资源，包括管理人员和工人等。

中资公司和企业在刚果（布）的工程承包行业覆盖面广、涉及领域多、实行多样化经营。例如，中国机械设备工程股份有限公司承建了里韦索水电站输变电工程、吉利水厂项目、布拉柴维尔住房等；威海国际经济技术合作股份有限公司承建了玛雅-玛雅国际机场二期工程、布拉柴维尔住房项目等；中国路桥工程有限责任公司承建了刚果（布）国家二号公路二期、市政道路、奥约职业技术学院以及西比第供水等项目；中国建筑集团负责多利吉至布拉柴维尔公路项目；中国水电集团负责桑加省凯塔公路项目，为非洲运动会而兴建的金特勒综合体育场建设项目；葛洲坝集团负责里韦索水电站建设项目；中江国际集团负责建造西比第总统行宫、奥隆博机场、黑角机场二期项目等。其他中资公司优先参与基础设施建设领域，例如北京建工集团、中国电子设计院、大华工程公司、中地国际公司、北京住总公司等。

（六）其他产业

在农产品加工领域，中国在布拉柴维尔贡贝区修建了中刚农业技术示范中心，向刚果（布）提供农业援助，并开始涉足蔬菜种植与加工业；在医疗领域，除了中国政府援助刚果（布）应对埃博拉疫情医疗物资、提供必要的技术援助外，中国人还经营多家药店和私人诊所；在信息技术产业领域，中国华为科技和中兴科技是刚果（布）主要的电信设备供应商，中国机械设备工程股份有限公司负责修建连接黑角、布拉柴维尔和韦索的全国电信骨干网。在零售领域，中国在首都布拉柴维尔（市中心、文泽区以及巴刚果区）和黑角建造多家中小型超市，命名为亚细亚超市。

五、刚果（布）工业发展机遇、挑战与前景展望

纵观2014年，刚果（布）工业发展在曲折中前进，石油加工与冶炼业开始振兴，矿业和制造业发展潜力巨大，这主要得益于刚果（布）政府实行

财政紧缩政策，控制财政赤字和谨慎增加债务。未来数年，刚果（布）工业发展面临较为有利的外部环境，同时也拥有不少内部利好因素。

一方面，刚果（布）工业发展的外部环境呈现有利趋势。据2015年非洲开发银行、贸易开发会议、联合国非洲经济委员会联合推出的《非洲经济展望》报告称，2015年刚果（布）预计经济增长率将达6.8%，2016年达到7.3%，撒哈拉以南地区经济增长率将从2015年4.6%上升到2016年的5.4%。①世界主要经济体特别是新兴发展中国家经济增长趋稳，对能源和矿产等原材料的需求逐步上升，为依赖出口石油等资源的刚果（布）提供了较为有利的国际环境。

另一方面，刚果（布）工业发展的内生动力不断增强。尽管刚果（布）石油产量暂时下降，但是受益于莫赫·诺德（Moho Nord）等新油田的开发，刚果（布）石油预期探明储量增加，未来石油产量有可能将呈现较大幅度的增长。此外，刚果（布）工业发展多元化政策初现成效，基础设施和矿产开采等领域的投入增长迅速，外商投资的拉动作用明显，公共领域和私营领域的投资双管齐下，整体工业发展趋势比较乐观。

然而，即使未来刚果（布）工业发展走势良好，但其国家经济运行依然较为脆弱，主要体现在以下几个方面：其一，刚果（布）经济对石油依赖过高，而石油产量走势有待观察，国际油价波动对刚果（布）经济影响仍较大；其二，国内可能存在政治风险，2016年刚果（布）将迎来大选，萨苏总统已经连任多届，未来政府权力交接是否顺利，尚待进一步观察；其三，刚果（布）民生有待改善，水电等基本需求无法保障，这成为影响其国家稳定和经济发展的潜在隐患。

历史经验证明，工业发展是推动经济增长的重要途径，通过工业发展可以增加社会就业率，提高人民生活水平。刚果（布）要想真正实现工业化，还有很长的路需要探索，主要体现在以下几个方面：

---

① The African Development Bank（AfDB），the OECD Development Centre and the United Nations Development Programme（UNDP），*African Economic Outlook 2015：Regional Development and Spatial Inclusion*，AfDB，OECD，UNDP，2015，p.30.

首先，采取多元化的工业发展战略。尽管刚果（布）近年来经济发展加快，但是其经济结构过度依赖石油产业，私营部门产值只占国内生产总值的5%[①]，贫困率和失业率居高不下。如果石油价格下跌，石油收入减少，将对刚果（布）经济发展产生重大影响。如前文分析，刚果（布）的矿产资源非常丰富，但是矿业开发极其落后，越来越不能满足其经济可持续增长的需要。因此，必须提高矿业的开发水平。刚果（布）后石油时代经济多元化战略的实施将成为重中之重，政府需要建立石油收入储备金并增加财政收入，以应对石油价格波动和矿产资源可能枯竭所带来的经济风险。此外，在未来的工业发展战略中，必须加强顶层设计，构建和实施有效的工业化政策，推动国家和地区层面的产业政策协调，扭转长期依赖石油资源出口的困境，推动石油加工业、林业、矿业、制造业等部门协调发展，实行多元化的工业发展战略。

其次，大力发展基础设施建设。刚果（布）基础设施建设比较匮乏，电力供应和贸易物流满足不了相应的需求。由于物流成本高、电力供应不足，间接导致国内相关产品价格奇高，这也是制约刚果（布）工业发展的重大障碍之一。据世界银行所做的企业指标调查，超过70%的刚果（布）私营企业认为电力短缺是影响私营领域发展的主要障碍。为此，2014年10月20日，刚果（布）能源和水利部部长亨利·奥塞比（Henri Ossebi）在首都布拉柴维尔会晤美国驻刚果（布）大使斯蒂芬妮·沙利文，双方拟通过“光明非洲”计划，提高刚果（布）供电能力，改善供电状况。[②]鉴于阻碍刚果（布）制造业领域发展的主要因素是电力供应匮乏且成本较高，因此，增加电力供应、改善电力传输、修建国家和跨地区的交通干线、通讯网络等基础设施及社会住房等是解决刚果（布）未来工业发展的重要环节和推动经济多元化的重要举措。

第三，重视与中国的工业合作。近年来，中国工业化发展成绩斐然，其中有不少经验可以与刚果（布）分享。目前，中国正在进行产业结构升级。中国工业正在向高科技和高附加值迈进，需要转移一些劳动力密集型产业，而刚果（布）具有丰富的劳动力资源，而且在价格上具有相当大的竞争力。

---

① 新华社：《两刚财经资讯》（内部交流）第75期，第3页。

② 新华社：《两刚财经资讯》（内部交流）第74期，第3页。

结合中国的发展经验，针对刚果（布）的具体特点，加强工业发展合作是双方未来经济合作的重点。中国和刚果（布）在工业战略导向、制定政策、吸引外资、市场衔接等方面都拥有广阔的交流合作空间。目前，中国和刚果（布）将在建造黑角经济特区和奥约-奥隆博经济特区方面展开广泛的合作，事实上，这种合作也凸显了《中刚一揽子合作框架协议》[①] 在推动刚果（布）工业发展进程中的作用。

第四，加强工业技能人才培训。现阶段，刚果（布）缺少工业发展的专门性技术人才，尤其是石油工业青年工程师人数不足，青年人才的短缺不利于石油产业的可持续发展。目前，全国尚无石油专业学校，也没有企业开设相关培训课程培养年轻人学习石油技术。刚果（布）的年轻人想要成为石油工程师，需要去外国学习，但是费用高昂、周期较长。因此，政府必须普及基础教育和职业教育，加快工业技能人才的培训。2014 年 10 月 21 日，刚果（布）国务部部长兼工业发展与私营企业促进部部长伊西多尔·姆武巴在首都布拉柴维尔会晤新加坡商业考察团，双方商讨合建职业培训中心事宜。[②] 职业培训中心项目的建立，有望加强刚果（布）企业和新加坡企业间交流与合作，协助刚果（布）培养工业技能专门性人才。

最后，强化工业政策的实施和落实。从政策可行性视角出发，工业政策并不是刚果（布）经济发展的灵丹妙药，设计和执行不力的工业政策同样会给国家带来灾难。目前，刚果（布）政府效率较低、政策执行度不高以及各部门存在不同程度的腐败问题，也会成为制约工业发展的重要因素。未来刚果（布）工业发展的成功将主要依赖合适的设计和适合本国国情的灵活运用。如果合适的工业政策管理不善、执行不力，也有可能耗尽刚果（布）有限的工业发展能力。因此，公共部门和私营部门应紧密合作，加强工业政策的落实，包括完善工业投资项目准备和规划、建立完善的公共投资管理体系、运用从税收到出口补贴等各种政策工具，实现工业可持续发展。

---

① 《中刚一揽子合作框架协议》包括贸易（石油）、信贷和九大项目（输变电线路、机场、电信覆盖、公路、水厂、医院等），这成为目前中国和刚果（布）经济贸易关系的主角，直接拉动了双边贸易规模的扩大。

② 新华社：《两刚财经资讯》（内部交流）第 74 期，第 4 页。

尼日利亚工业化进程
——基于工业化策略演变的分析

郑晓霞

摘要：为了实现工业化，自独立以来尼日利亚历届政府就制定并实施不同的工业政策和策略。尼日利亚工业化进程经历了进口替代工业化策略、出口提升策略以及以外国投资为导向的策略。然而，这些策略都没有使尼日利亚的工业化进程获得成功，对国家的经济结构没有产生动态改变，而工业部门，尤其是制造业部门的表现未达到预期设计。2014年，尼日利亚政府发布最新《尼日利亚工业革命计划》，优先发展农业联合部门、固体矿产和金属产业、油气相关产业以及建筑业、轻工业和服务业，并设计相关支撑结构和保障体系，旨在提高尼日利亚工业的竞争力，加快制造业的发展，最终实现工业化目标。

关键词：尼日利亚；工业化；策略

作者简介：郑晓霞，上海师范大学非洲研究中心，博士研究生

联合国秘书长潘基文在2014年非洲工业化日致辞："非洲需要绿色清洁的工业化，所以要越过造成污染的老式工艺阶段并受益于新技术。对非洲而言，包容性和可持续的工业化是迈向持续经济增长、粮食安全和消除贫穷的一个关键台阶。"[①] 2014年5月中国国务院总理李克强访问非盟总部时，中

---

① 联合国网站：《非洲工业化日》，http：//www.un.org/zh/events/africaday/。（上网时间：2015年6月27日）

非双方同意在高速铁路、高速公路和区域航空三大网络及基础设施工业化（三网一化）领域展开合作。2015 年 1 月 27 日，中国与非洲联盟在埃塞俄比亚首都亚的斯亚贝巴非盟总部签署谅解备忘录，以共同推动非洲交通和基础设施“三网一化”的合作。非洲工业化问题再一次成为众人关注的焦点。

工业化和经济发展之间有内在的联系。几乎没有任何国家的发展离得开工业化。同样，在过去二百多年时间里每个经历了生产力和生活水平快速增长的国家都是通过工业化得以实现。[①]在过去三十多年时间里，发展中国家的工业增长一直在加速。东亚的经济奇迹让它们以一代人的时间成为了工业“发电站”，而中国和印度史无前例的工业化步伐让几百万人脱离了贫困。

工业化让世界上发展中地区发生了历史性的转变。工业化爆炸式增长的潜在原因在于与众不同的制造业。自从工业革命以来，制造业一直驱动输出和就业，受机械化的提高所刺激，带来史无前例的收入。收入越高对制造业产品的需求就越大，相对在农业产品上的花费就减少。[②]即使是在非洲内部，也可以这么认为，少数几个有前景的经济体都高度重视工业发展。这些国家包括南非、毛里求斯、博茨瓦纳、埃及、纳米比亚和塞内加尔。毛里求斯就是一个比较突出的例子。作为一个贫穷的以制糖业为主的国家，毛里求斯最终实现经济多样化并让制造业成为国家收入的主要来源。它的人均 GDP 要比撒哈拉以南非洲的人均水平高出几倍。[③]

在过去的五十多年时间里，随着新兴的发展中国家逐步扩大并实现工业的多样化，世界各国的经济结构发生巨大的转变。然而，撒哈拉以南非洲的大部分国家并不属于这个群体。它们的贫困、脆弱和对外来技术的极度依赖性都与制造业的不发达息息相关。尼日利亚也是少数几个在工业上跌宕起伏

---

① Kevin M.Murphy，Andrei Shleifer，Robert W.Vishny，*Industrialization and the big Push*，The Journal of Political Economy，Volume 97，Issue 5（Oct.1989），p.1003.

② UNIDO，*Industrial Development Report 2013*，UNIDO，p.1.

③ Obi Iwuagwu，*Nigeria and the Challenge of Industrial Development*：*The Cluster Strategy*，African Economic History，Volume 37，2009，pp.154—155.

的国家之一。

一、尼日利亚工业化现状

尼日利亚是西非最大的经济实体。2014 年 4 月 6 日，尼利亚统计局（National bureau of Statistics）基调调整后发布的 2013 年国内生产总值（GDP）从原来的 42.40 万亿奈拉调整为 80.22 万亿奈拉（约合 5 099 亿美元）[①]，超过南非 2013 年 GDP 总值的 3 661 亿美元[②]，成为非洲大陆最大的经济体。尽管近年来尼日利亚经济发展迅速，但是它面临的问题仍然非常严峻，如基础设施比较落后、贫富差距较大、腐败严重、依赖石油经济等。

自 1960 年尼日利亚在政治上实现独立以来，经济发展一直是尼日利亚历届政府的首要任务。每届政府都希望尼能拥有一个具有较高可持续增长的工业经济。尼日利亚具有工业化的巨大潜力。毫无疑问，通过快速的工业化而获得经济发展一直是尼各届政府面临的主要挑战。

尽管尼日利亚自 1960 年就获得独立，但是工业化进程一直很慢，工业化程度较低，这对尼日利亚的经济产生了负面影响。实际上大型制造业工厂到 20 世纪 50 年代都是凤毛麟角，唯一具备组织和资助制造活动的是负责进口生产成品的贸易公司和一些海外制造商。但是当时这两个群体都没有意识到要在尼日利亚本土进行生产，导致尼日利亚的制造业一直被边缘化，从 1982 年制造业占经济总量达到巅峰状态的 7.83%后就一直呈现总体下滑趋势。

图 1 显示自 1982 年以来制造业在尼日利亚 GDP 中所占比例的总体下滑趋势，一直到 2003 年以后才有所缓慢增长。

---

① National Statistics Bureau：http：//www. nigerianstat. gov. ng/nbslibrary/economic-statistics/gross-domestic-product。（上网时间：2015 年 5 月 31 日）

② World Bank：http：//data.worldbank.org/country/south-africa。（上网时间：2015 年 5 月 31 日）

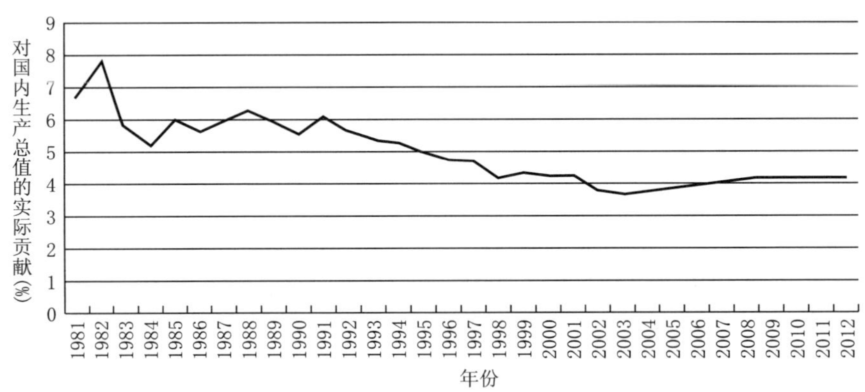

图 1　1981—2012 年制造业所占 GDP 比例

资料来源：National Bureau of Statistics（NBS）：*Nigerian Manufacturing Sector*.

从发展历程来看，尼日利亚工业部门的状况令人担忧。例如，2000 年制造业附加值在 GDP 中的比例约占 5%，低于 1960 年独立时的比例，使尼日利亚成为当时世界上工业化程度最低的 20 个国家之一。在石油繁荣期（1973—1981）工业化急速增长，制造业占 GDP 的 11%，然后出乎预料的骤降，到 2000 年制造业几乎只占 5%。制造业出口在总出口中只有 0.4%，而工业制成品的进口占 GDP 的 15%或总进口的 60%之多。①

表 1 显示 2000 年和 2013 年在所选的几个新兴体经济国家中，尼日利亚的工业和制造业在 GDP 中所占份额位居末尾，而农业所占份额排名却位居榜首。相比较，印度尼西亚和中国的工业和制造排名最高，2013 年分别为 46%和 44%；制造业方面 2013 年排名最高的是中国和韩国，分别为 32%和 31%；说明尼日利亚制造业在世界范围内不具备竞争力。

比较其他部门，2013—2014 年工业部门的发展相对更不稳定，部分原因是由于电力表现疲软以及主要制造产品的进口额度上升。2014 年的增长率反映出 2013 年工业增长的大起大落。工业部门最大的组成部分仍然是原

① L.N.Chete，J.O.Adeoti，F.M.Adeyinka，and O.Ogundele，*Industrial development and growth in Nigeria：Lessons and challenges*，*Learning to Compete*（*Working Paper No.8*），The Brookings Institution，2010—2012，p.5.

表 1　世界各国 GDP 结构　　　　单位：%

国　家	GDP 总量 ($ Billion)		农业		工业		制造业		服务业	
年　份	2000	2013	2000	2013	2000	2013	2000	2013	2000	2013
博茨瓦纳	5.8	14.8	3	3	51	37	6	6	46	61
巴　西	644.7	2 245.7	6	6	28	25	17	13	67	69
中　国	1 198.5	9 240.3	15	10	46	44	32	32	39	46
埃　及	99.8	272	17	15	33	39	19	16	50	46
加　纳	5	48.1	39	22	28	29	10	6	32	50
印　度	476.6	1 875.1	23	18	26	31	15	17	51	51
印度尼西亚	165	868.3	16	14	46	46	28	24	38	40
韩　国	561.6	1 304.6	4	2	38	39	29	31	58	59
马来西亚	93.8	313.2	9	9	48	41	31	24	43	50
墨西哥	683.6	1 260.9	4	3	35	35	20	18	62	62
尼日利亚	1.8	7.4	38	37	18	19	7	6	44	43
南　非	136.4	366.1	3	2	32	30	19	13	65	68

资料来源：World Bank：World Development Indicators：Structure of output.

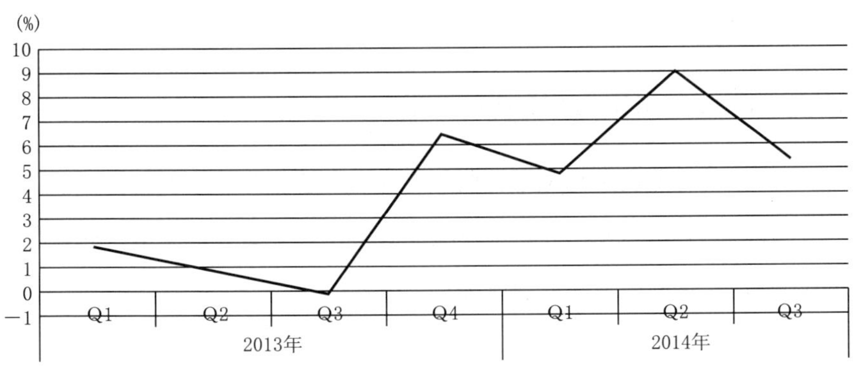

图 2　2013—2014 年尼日利亚工业增长率

资料来源：National Bureau of Statistics：Nigeria in 2014：Economic Review and 2015—2017 Outlook.

油和天然气。第二大主要组成部分有食品、饮料和烟草，在 2014 年第一、二、三季度分别占 17.72%、18.21% 和 19.10%。制造业在第一季度占 14.85%，到第二、三季度分别为 16.66% 和 13.71%。出人意料的是第四大组成部分：纺织、服装和鞋类是这一时期正增长的主要推动力，同比年增长率为 34.49%。原油和汽油的增长加重，特别是在第一、四季度，但是同比 2013 年呈负增长。建筑业也是工业增长的主要推动力，第一季度同比年增长率 17.88%，第二、三季度下降到 10.70% 和 1.32%。①尽管如此，工业占 GDP 总量并不算高。2014 年四个季度里工业分别占 27.36%、25.96%、24.20% 和 22.66%。2014 年工业占 GDP 总量为 24.93。2015 年第一季度，工业总量占 GDP 的 25.65%。②

尽管政府在工业部门进行巨额投资并制定各种政策计划，工业化一直是尼日利亚历届政府的主要任务，但成效不大。据 2014 年联合国工业发展报告，按照国家工业化达到的水平为标准，非洲大陆只有毛里求斯、南非和突尼斯三国成为"新兴工业经济体"，其他的五十多个国家均为"发展中工业经济体"和"不发达工业经济体"。③是什么造成了尼日利亚工业化的举步维艰？工业化的前景在哪里？回顾尼日利亚的工业化进程，我们不难发现造成今天这一局面的各种原因所在。

二、尼日利亚工业化进程的历史回顾

一个国家的工业政策是刺激和调节工业发展进程的动态工具。自独立以来，为了使国家经济多样化并让工业在经济增长中发挥引擎作用，尼日利亚各届政府采取了不同的工业发展政策。

---

① National Bureau of Statistics: *Nigeria in 2014: Economic Review and 2015—2017 Outlook*, January 28th, 2015, NBS, p.11.

② 以上数据整理自 National Bureau of Statistics 2014—2015 的 GDP 季度报告。

③ UNIDO, *Industrial Develpment Report 2014*, Vienna: 2014, p.32.

（一）进口替代工业化策略

在 1960 年独立伊始以及其后的十多年时间里，农业是尼日利亚经济的支柱，为民众提供食物和就业，为初始的工业提供原材料并提供大量的政府和外汇收入。随着石油的发现和开采以及形成规模化出口，农业逐渐减弱而原油取而代之成为收入和出口创汇的主要来源。民族主义统治者在第一个全国发展计划（the First National Development Plan）时期（1962—1968 年）开始激进地实施进口替代工业化策略（Import Substitution Industrialization，以下简称 ISI），并一直持续到 1985 年。ISI 通常被认为是向内看的工业化策略，指的是在本土为国内市场生产工业化产品。它包括原材料加工以及在本土建立工厂生产最初从国外进口的一些特定的工业产品，以此降低或停止从国外进口此产品的比例。为了启动本土工业并使之生存下去，国家需要采取关税保护、进口限额、外汇管制等措施让国外进口产品提高价格，以此保护本土工业免受外国产品竞争的冲击。尼日利亚采取 ISI 策略的目的是通过增加生产本土产品而降低进口额度，以此减少对外部的依赖，节约外汇，创造有利的贸易差达到收支平衡，鼓励科技发展以及创造就业。①

ISI 实施总共经历四个阶段。第一阶段集中于基础性易耗消费品的生产，如纺织、食品和药品；第二阶段专注于更复杂的产品——耐用消费品，如炊具、收音机、电视、机动车等；第三阶段着重提高石化、铝和钢等中间体工业以及大范围的为消费品产业服务的零部件和构件的生产；第四阶段，旨在通过资本货物的生产工业促进国内科技的发展。②在此政策的主导下，尼日利亚共经历了四个全国发展计划（National Development Plan）。

ISI 四阶段，国内科技发展没有得以很好完成。一方面，ISI 在执行过程

① Egwaikhide，1997；Busari，D.T.，2005，转引自 Udo N.Ekpo，Udo N.Ekpo，*Nigeria Industrial Policies and Industrial Sector Performance*：*Analytical Exploration*，ISOR Journal of Economics and Finance，Volume 3，Issue 4，(May-Jun. 2014)，p.3.

② Udo N.Ekpo，*Nigeria Industrial Policies and Industrial Sector Performance*：*Analytical Exploration*，IOSR Journal of Economics and Finance，Volume 3，Issue 4（May-Jun. 2014），p.3.

中执行者忽略了管理新兴工业部门的许多因素，尤其是技术转让或引进；另一方面，国际政治不允许发展中国家，包括尼日利亚在内，获取高端技术，以此让发展中国家保持对国外制造商品的进口依赖。①

尽管制造业的生产能力在ISI执行期间得以提高，但是并没有给尼日利亚工业带来大跃进式的发展，因为它过多投入到消费产品的生产而不是能促进技术进步的资本货物的生产。许多人认为ISI导致高额进口账单和破坏性供给瓶颈，使当地生产成本上升，进一步让工业失去与进口商品的竞争力。②

（二）结构调整计划下的出口提升策略

为了获得更多尤其是来自非石油资源的外汇来满足国家不断上升的进口账单、外部债务、政府财政责任以及社会经济职责的迫切需求，尼日利亚于1986年7月开始了结构调整计划（Stuctural Adjustment Programme，以下简称SAP，主要集中在1986—1993年），并最终引导尼日利亚工业政策从ISI策略向出口提升工业化（Export promotion industrialization，以下称EPI）策略转变。

大部分非洲国家都实施过SAP策略，这是由世界银行和国际货币基金组织IMF发起的经济“万能药”。SPA有关工业部分的目标：鼓励加快发展和使用当地原材料和半成品的投入而不是依赖进口；发展并利用当地技术；最大化发展制造业的附加值；促进出口为导向的工业；通过鼓励私营中小型工业创造就业；消除阻碍工业发展的瓶颈和限制，包括基础设施、人力和行政缺陷；解除控制以支持本土和国外投资③

出口提升策略（EPI）被认为是外向型工业化策略，包括以出口为目的

① Udo N.Ekpo，*Nigeria Industrial Policies and Industrial Sector Performance：Analytical Exploration*，IOSR Journal of Economics and Finance，Volume 3，Issue 4（May-Jun. 2014），p.3.

② Obi Iwuagwu，*Nigeria and the Challenge of Industrial Development：The Cluster Strategy*，African Economic History，Volume 37，2009，p.158.

③ Uzochukwu Amakom，*Post Independence Nigeria and Industrialisation Strategies：Four and Half Erratic Decades*，SSRN Working Paper Series，September 2008，p.7.

在国内生产成品。为了获得更多外汇以及提高经常账户收支额度，政府努力通过出口刺激和其他方式来扩大国家的出口额。受许多新的工业化国家或地区如中国香港、中国台湾、韩国、新加坡等工业化进程，尤其是轻工业产品的生产和出口的成功所刺激，包括尼日利亚在内的许多国家都采取了这一策略。

出口导向的工业化政策的目标是为了更大范围内加快尼日利亚工业发展的步伐。在 SAP 的引导下尼日利亚政府制定了一揽子的激励措施、计划和项目来促进贸易和工业。这些提升措施包括制造业保税计划、退税计划、出口加工区、高度保护主义和分散的关税制度以及其他进口限制措施，以此来保护“新生工业”。①

值得注意的是，所有这些措施都是在 SPA 的总体框架下进行。SAP 在某种程度上促进了工业部门的发展。例如，产能利用率从 1986 年底的 30%上升到 1987 年中的 36.7%，1990 年和 1991 年分别上升到 40.3%和 42%。②

但是很多专家认为这些鼓励措施的数量和策略与实际的作用呈逆相关，进一步恶化尼日利亚工业本身已经困难重重的状况。与最终被废止的 ISI 策略相似，EPI 策略也是极度依赖国外技术和输入。原材料、机器、零部件等都是以高价从国外进口，这必然导致生产成本上升，价格上涨，在国内国际市场上都没有竞争力。同时，尼日利亚 EPI 政策的实施还受到工业化国家的强烈阻挠，利用关税、限额和其他的市场壁垒阻止发展中国家的工业产品大规模进入它们的本国市场。

（三）以私有化和外国投资为导向的工业化策略

经过多年的军事独裁（1966—1979 年，1983—1999 年，除了中间极短暂的 1993 年 8 月至 11 月临时平民政府），与其他发展中经济体相比，尼日

---

① Soludo et al 2003，*Nigeria：Macroeconomic Assessment and Agenda for Reforms*，USAID：http://pdf.usaid.gov/pdf_docs/pnadm601.pdf，P111.（上网时间 2015 年 6 月 8 日）

② Dickson ‘Dare Ajayi，*Recent Trends and Patterns in Nigeria’s Industrial Development*，Africa Development XXXII：2（2007），p.144.

利亚的人类发展指标低于世界平均值。尼日利亚严重依赖石油出口业，导致国家易受石油价格波动的影响。不稳定的财政支出使国家的宏观经济情况不稳，不利的经济环境阻碍了私人投资，政府支出上升，失业率和国债飙高，通货膨胀率上升。1998 年世界石油价格暴跌，紧跟着石油收入下降了 1/3，进一步恶化了尼日利亚已经非常艰难的经济情况。1999 年，民选政府开始执政。奥巴桑乔（Olusegun Obasanjo）总统在第二个任期的时候（2003—2007）开始了基于本土策略的综合经济改革——国家经济复苏和发展策略（National Economic Empowerment and Development Strategy，以下简称 NEEDS）。NEEDS 计划强调私营部门发展对创造财富和减少贫困的重要性。该计划的目标主要集中在四个方面：宏观经济改革、结构改革、公共部分改革以及制度和政府管理改革。①

NEEDS 力图在私人投资方面促进经济增长，因此，它强调私营为主导、市场为导向，竞争为动力的经济变革。该政策以出口引导的经济增长代替以前的进口替代策略，号召政府和私人部门抓住区域经济组织和双边以及国际贸易所给予的机会来促进出口。②这使尼日利亚工业化政策开始了以外国私人投资为导向的工业化策略（Foreign Private Investment led Industrialization，以下简称 FPII）。自从 20 世纪 80 年代以来，外国投资额在世界范围内急速增长。尼日利亚成为过去十几年来持续接受外国直接投资最多的三大国之一，尼日利亚政府付出大量的努力吸引外国投资商。③

政府在消除管制、私有化和商业化方面的政策变得更有活力。为了解决工业中缺乏资本的常态，尼日利亚政府于 2000 年成立了工业银行（Bank of Industry，由国家经济建设基金会、尼日利亚工商银行和尼日利亚工业开发银行等合并创建而成）作为尼日利亚主要的开发金融机构给企业提供长期贷

---

① Ngozi Okonjo-Iweala，et al，*Nigeria's Economic Reforms：Progress and Challenges*，The Brookings Institution，Washington，DC，March 2007，p.7.

② Moses Akpobasah，*Development Strategy for Nigeria*，At a 2-day Nigeria meeting organized by the overseas development institute，London，16—17 June，2004，p.5.

③ Tokunbo S.OSINUBI，et al，*FOREIGN PRIVATE INVESTMENT AND ECONOMIC GROWTH IN NIGERIA*，Review of Economic & Business Studies，Volume 3，Issue 1，June 2010，pp.106—107.

款、股权融资和技术支持。作为工业银行的补充，2000 年制定了中小型工业股份投资计划（Small and Medium Enterprises Equity Investment Scheme），目标是帮助 60%的计划资金投入核心产业部门。同时，还成立了尼日利亚农业、合作和农村开发银行（Nigerian Agricultural，Cooperative and Rural Development Bank），通过给农业和农业联盟工业提供中长期资金以帮助获取主要的工业输入。此外，政府通过尼日利亚中央银行（Central Bank of Nigeria）说服各商业银行在把每年利润的 10%作为提升中小型企业的股份基金。

基于以上政策的实施，最明显的获益在于外国私人投资出现净增长。但是由于国内存在各种问题，如武装叛乱、政治暴动、洪灾泛滥等，阻碍了进一步的外资流入并危害到政策的实施。制造业表现虚弱，主要由于缺乏关键的基础设施如电力、交通等，导致的生产成本高，企业利润下降；同时，机器、零部件、原材料和技术也依赖进口。

三、尼日利亚最新工业政策——《尼日利亚工业革命计划》

2014 年 2 月，尼日利亚发布了《尼日利亚工业革命计划（Nigeria Industrial Revolution Plan，以下简称 NIRP）》和《国家企业开发项目（National Enterprise Development Programme，一下简称 NEDEP）》，其内在理念是建立起尼日利亚工业竞争性的优势，扩大工业范围并加速制造业的发展，其目的是为尼日利亚工业、微型和中小型企业的发展开创新的时代。

NIRP 的出台是与国家宏观经济发展计划结合在一起。2009 年，尼日利亚总统公布了 2020 年国家愿景战略目标（Nigeria Vision 20：2020）。该愿景目标预定到 2020 年尼日利亚将成为世界上最大的 20 个经济体之一，巩固其在非洲的领导地位并在全球经济和政治领域发挥重大作用。愿景确定了 7 个实现目标的参数，分别是宏观经济、农业、健康、制造业、基础设施、教育和政策。[①]因

① Nigeria's Vision 2020（ECONOMIC TRANSFORMATION BLUEPRINT）& NTWGs Induction Program，Accenture，April 2009，p.5.

此，NIRP的出台刚好符合愿景目标中加快发展尼日利亚制造业的要求。同时，NIRP也在其他如农业、基础设施和教育等领域给愿景目标提供支持。为了吸引投资和振兴制造业，2010年尼日利亚政府发布了《2010—2020年制造业发展规划》，并动用12.9亿美元的干预基金，对国家确定的“先锋产业”给予政策优惠。NIRP恰好与该发展规划接轨。

NIRP由联邦工业、贸易和投资部（Feral Ministry of Industry，Trade and Investment）制定，是尼日利亚第一个战略性、综合性的工业化指导方针。乔纳森（Goodluck Jonahtan）总统在发布会上把NIRP描述为是最宏大和综合性的指导方针，认为它将会改变国家的工业规模，促进技术开发，提高就业以及外汇储备。他在发布会上强调：“NIRP是我们国家工业化项目的旗帜。它将加快工业化进程，促进所有的经济增长，创造就业，改变尼日利亚的商业环境并将阻止由于进口我们本该本土生产的产品而导致的外汇枯竭。”[①] 乔纳森总统希望NIRP将解决工业化发展的主要障碍，改善国家的投资环境并打造尼日利亚制造。

（一）NIRP的特点

NIRP借鉴中国、巴西等工业化的经验，具有以下特点：[②]

（1）战略性。NIRP确定了尼日利亚在全球和区域中具有相对优势的产业集群。这些产业将成为推动尼日利亚工业化的中流砥柱，包括农业综合企业/农业联盟部门、固体矿产和金属、与油气相关的制造业、建筑、轻工业和服务业。

（2）整体性。NIRP使用综合框架评估工业部门的需求。该综合框架采用“群集方法（Cluster approach）”以确保工业所需的一切因素都被考虑在内。这些因素包括相互关联的企业、供应商、需求方、销售渠道、根本的基础设施、政策以及使工业成功的各种条件。

---

① Nigeria Newspaper：This Day Live，http：//www.thisdaylive.com/articles/jonathan-launches-industrial-revolution-plan-nedep/171228/，Feb 12，2014.（上网时间：2015年5月26日）

② Nigeria Industrial Revolution Plan，NIRP-Release 1.0，January 2014，pp.21—22.

（3）综合性。NIRP 支持相关的其他政策和发展计划。它与尼日利亚的贸易政策（Nigeria's Trade Policy）、联邦政府的部长级计划，包括但不局限于天然气总体规划（Gas Master Plan）、基础设施总体规划（Infrastructure Master Plan）、农业转型计划（Agriculture Transformation Agenda）、国家航空战略（National Aviation Strategy）、矿业战略（Mining Strategy）、科学技术计划（Science & Technology Plan）和交通战略（Transportation Strategy）接轨。工业的本质能把一个国家所有资源的各个方面都集中在一起。这样NIRP 就确认并建立起自身的执行机制。

（4）专注于执行力。尼日利亚以往工业化计划的失败，主要在于没有充分的执行力和强有力的管理结构。NIRP 既有明确的目标，又设定了问责制。NIRP 把标准的结果评估与工作计划结合在一起，以确保决策者能评估政策选择将导致的结果并在所提出的建议下决定什么时候进行调整或继续该政策。

（5）建立机构。NIRP 的核心就是建立强有力的机构在中长期里维持工业化的发展。工业化要求透明度和持续性，因此机构必须广泛建设而不是选择性建设，因为薄弱的机构会拖后腿。因此，NIRP 会涉及与工业相关的机构改革。

（二）NIRP 优先发展的部门

NIRP 基于经济影响、创造就业、为尼日利亚开创新的非石油出口市场等潜力方面对各部门进行评估，决定优先发展四个已经具备相对优势的产业群。这些战略性产业的选定是基于它们已经为生产能力的快速扩张做好准备，在区域与全球竞争中具有一定的优势。

1. 农业综合企业和农业联合部门（Agribusiness & Agro Allied）

尼日利亚丰富的农业生态体系为生产和增长提供了巨大的潜力。尼日利亚 92.3 万平方公里的土地上超过 90%为可开垦土地；在 40%已开垦土地中，只有 10%得到适当开垦①。NIRP 在此方面的目标是最大化获取国家农业资

① Nigeria Industrial Revolution Plan，NIRP-Release 1.0，January 2014，p.33.

源的利益，建立一个端对端的综合农业价值链，增加本土生产以满足本土需求，降低国家对加工食品的进口依赖。尼日利亚正在实施的农业转型计划（Nigeria Agriculture Transformation Agenda）是农业部的旗舰项目，旨在增加农业输出以满足工业需求。NIRP与农业转型计划相结合，将扩建中下游的加工能力，以确保这些农业产品的附加值。

在农业联盟工业化中，NIRP初步的重点放在以下部门：①

（1）食品加工（饮料和包装食品）。NIRP在食品加工方面的主要任务包括大型买家计划（Bulk Buyer Schemes）——帮助发展私人企业领导的企业聚合和农业产品的巨型买家，以此在小农和大型工业加工商之间搭建桥梁；提高农业投入的工业标准——NIRP将帮助在农业产品与大型工业间建立联系，制定制造业所需的可接受的农业等级、标准和规格；修建运输通道——NIRP将组织股东联合管理并确定使用者对这些交通的需求。首批确认的运输通道包括拉各斯—阿布贾—卡诺、拉各斯—贝宁—埃努古—哈科特港、贝宁—阿布贾—卡诺、哈科特港—埃努古—马库迪、卡齐纳—卡诺—迈杜古里等。

（2）制糖。尼日利亚制糖业总体计划（Nigerian Sugar Master Plan，以下简称NSMP）作为NIRP的一个组成部分，将实施以下任务：为蔗糖生产指定场所——尼日利亚制糖业总体计划在尼日利亚不同省份指定制糖场所；关税和激励一揽子方案——NSMP提出一个关税和激励方案来吸引新的投资商进入，同时鼓励从甘蔗到原糖生产的向后整合；为合同种植计划（Outgrower Schemes）提供资本融资——所有准备提供承购的制糖公司将通过周转性贷款得到高达50%的经费；使用单数位融资机制——使用糖税（Sugar Levy）作为资金杠杆来减低制糖业投资者的借贷资金成本。

（3）棕榈油加工。NIRP在第一阶段的任务包括促进棕榈制造商加快整合和规模；提供专门的设备融资；提高独立的中小型棕榈加工厂的能力和标准。

① Nigeria Industrial Revolution Plan，NIRP-Release 1.0，January 2014，pp.33—41.

（4）可可加工。与农业部合作增加可可豆的产量；促进可可仓储投资，为第三方仓储和存货管理机制鼓励公私部门投资；明确并促进公私部门介入关键的乡村道路基础设施建设；重新审核尼日利亚出口扩大补贴机制以确保国内加工有足够的可可豆供应。

（5）皮革和皮革制品。NIRP 将帮助逐步扩大私人拥有的畜牧场或为大量的小型牧人建立放牧场；提高兽皮、剥皮和制革厂的技术标准；与主要的省和当地政府合作，对当地制革厂的设备升级以及对他们的生产商业化；制定出口标准和引入国际市场的知识。

（6）橡胶制品。NIRP 在第一阶段将与农业部合作，增加生橡胶的产量；统一价格结构；重新审核出口激励机制。

（7）纺织和服装。政府帮助发展电力供应；提高棉花供应；帮助棉农提高皮棉标准；确保政府提供专门基金对设备进行升级。

2. 固体矿产和金属

尼日利亚矿产十分丰富、分布范围较广，现已勘探出 40 多个有高容量的固体矿产能支撑大规模的中下游工业活动。尼日利亚的金属矿产有金、银、铜铁、铅、锌、钨、锡、铌、钽等及各种宝石①。尼日利亚的采矿工业还处在刚刚起步阶段，为了弥补采矿业方面的弱势，尼日利亚工业主要集中在下游的加工活动，通过进口半成品加工原料，然后在本国加工成成品，例如冷轧钢操作。

为了工业发展，NIRP 首先扩大现有的下游加工规模以及提高装配能力，然后帮助逐步整合到中上游加工活动。在固体矿产和金属行业的工业化中，NIRP 最初将从关注以下部门开始：水泥、自动装配、铝和化学制品。②

（1）水泥。NIRP 关注的范围包括采石、熟料生产、磨碎、包装、分配和出口。NIRP 将与尼日利亚铁路公司和尼日利亚海事管理机构一起开发除公路以外的运输系统以帮助降低成本；引导更多的投资商进入水泥行业；建

① 张骥远：《尼日利亚矿产地质特征及分布规律简析》，《矿产勘查》2010 年第 3 期，第 183 页。

② Nigeria Industrial Revolution Plan，NIRP-Release 1.0，January 2014，pp.42—47.

立高级的公/私跨界贸易委员会帮助解决邻近国家设置的非关税壁垒；尼日利亚水泥的价格目前在全球排在最贵价格之一，NIRP 将帮助降低生产价格；增加当地对水泥的需求。

（2）汽车装配。NIRP 主要关注尼日利亚的汽车装备和零件生产。NIRP 的行动计划包括采用财政和非财政措施来促进汽车生产部门的发展；发展现有的汽车供应商园区并创建新的园区；主要通过增加政府和私营部门对当地组装汽车的采购来增加当地对日尼利亚制造的汽车的赞助；与国际技术机构合作，在尼日利亚建立世界级的汽车技术中心；整合汽车登记体系，建立反汽车走私措施；提高投资，至少引入 5 家国际初始设备制造商进入尼日利亚。

（3）铝。NIRP 的行动计划包括对现有的铝的关税体系重新审核以防止漏洞并确保对所有类别的铝成品征收足够的关税；重新审核产品标准；重新审核出口原铝材料的激励措施。

（4）基本金属/钢。NIRP 将促进对大型下游轧钢厂的投资；使用国际测量标准与矿产部一起勘探重要的矿床；重新审核出口原钢的限制措施并确保它们严格执行；建立中长期计划使新的钢企进入尼日利亚地缘政治区里特定的钢企集群和区域（工业城市）周边的市场。

3. 石油和天然气相关产业

尼日尔三角洲盆地是世界上最大的富含油气区之一，位于大西洋的几内亚湾内，是正在发展中的中、新生代大型三角洲。尼日利亚拥有尼日尔三角洲 96%的油气总资源量，并且该国已发现的油气资源也全部集中在该盆地。尼日利亚于 1956 年在该盆地发现首个油田，1958 年开始商业性生产，1973 年石油产量突破 1 亿吨，此后石油年产量基本上稳定在 1 亿吨。该国是非洲第一、世界第十二大产油国。[①]根据《BP 世界能源统计》的最新数据，截至 2013 年底，尼日利亚原油剩余可采储量 371bbl，位居非洲第 2 位、世界第 11 位；日产量 232.2bbl，位居非洲第 1 位、世界第 12 位。截至 2013 年底，尼日利亚天然气剩余可采储量为 5.1 万亿立方米，居非洲第一位、世界第九

① 曹海红：《尼日利亚油气勘探开发前景分析》，《当代石油石化》2010 年第 7 期，第 41 页。

位。2013年，尼日利亚天然气总产量为361亿立方米。[①]据估计，尼日尔三角洲盆地还有约171万亿立方米的天然气资源量有待发现，尼日利亚天然气的勘探开发前景广阔。石油天然气行业是尼日利亚国民经济的支柱，占尼日利亚政府收入的60%—70%，占外汇收入的95%，但是它对国家GDP的贡献率却不到15%。[②]目前，尼日利亚主要出口原油和天然气，同时进口增值的石油基础产品。由于国家进口化肥、石油产品（柴油、喷气燃料、燃料油等）并向其他国家出口原材料，尼日利亚失去了大量的外汇，使尼日利亚经济没有从油气行业获得最大利益。

利用石油和天然气部门，例如，通过重点投资石油化工、甲醇、化肥、炼油厂以及其他基于天然气的加工行为而让尼日利亚实现工业化的机会非常大。尼日利亚需要建设石化产业来创造更多的财富和就业。NIRP提出将让石化下游部门对经济增长作出贡献，每年额外贡献10—160亿美元。配套的措施有：[③]

（1）发展石化工业城市。NIRP支持发展天然气工业城市/工业园区，为与石化相关制造业的汇集需求和管理中心服务。NIRP将设计成工产业集群，建立共享基础设施为这些工业城市收集、处理和供应天然气，而制造业工厂在工业城市里利用这些输入原料进行进一步加工。这些工厂的类型和设施将包括石油化工厂、化肥厂、甲醇厂、炼油厂、大容量储存器、装配、港口/码头等。

（2）为天然气制造业设定国内供应义务一致准则。NIRP将与石油资源部一起制定精简的准则来决定哪些类型的天然气制造业行为符合国内供应义务（Domestic Supply Obligations）。在这些准则下，尼日利亚的天然气生产商、投资商、制造商将清楚哪些行为满足国内供应义务的期望，进而能更好地支持把天然气供应给关键的制造业项目。

（3）提高投资和赞助。NIRP将帮助把国际和国内资金投资到认定的部门——石油化工、甲醇、化肥、炼油厂。NIRP将有计划地把最大最可靠的国际（和国内）投资者导向不同的部门。为了实现NIRP的目标，这些部门

① BP Statistical Review of World Energy，June 2014，pp.6—22.

② Nigeria Industrial Revolution Plan，NIRP-Release 1.0，January 2014，p.48.

③ Nigeria Industrial Revolution Plan，NIRP-Release 1.0，January 2014，pp.48—50.

并不要求拿到多少数量的合同，而是在一些投资帮助下扩大规模。尼日利亚需要一些转型投资使这些领域提升产能。

（4）建立尼日利亚石化工业发展委员会。该委员会将与工业、贸易和投资部以及石油资源部共同管理，并由相关的政府机构，如交通部、尼日利亚港务局、相关省政府、主要的私人部门股东等组成。

（5）在非洲中西部为尼日利亚石化产品开拓区域市场。NIRP 将与其他部门合作一起为尼日利亚石化产品开发和实施一个针对非洲中西部的市场准入战略。该区域市场战略是让尼日利亚成为在中西部非洲石油化工产品、甲醇、化肥、精炼石油的首选供应商。

（6）资本流通。NIRP 将利用工业化基金平台（Industrialization Funding Vehicle）和工业银行（Bank of Industry）给转型的下游加工工厂提供风险资本、结构化的承保产品以及长期的债务。基于不同企业的需求，NIRP 将在主权国、国际发展机构和私人企业之间重新分担风险，为项目发展流通更多资本。

4. 建筑业、轻工业和服务业

尼日利亚拥有 1.73 亿人口，是非洲最大的国家，占西非总人口的47%。[①] 尼日利亚的建筑业、轻工业和服务业就是建立在巨大的人口优势上。巨大的人口一方面提供巨大的消费需求，另一方面又给人口密集型产业提供劳动力。

表 2　金砖国家与尼日利亚劳动力人口（2010—2013 年）

国　家	2010 年	2011 年	2012 年	2013 年
中　国	774 172 295	782 422 530	787 632 272	793 307 655
俄罗斯	76 318 532	76 904 174	76 872 229	76 977 332
巴　西	101 813 317	103 193 816	104 745 358	106 169 639
印　度	466 390 538	469 805 046	472 125 599	481 235 954
南　非	18 314 581	18 617 605	19 107 707	19 527 957
尼日利亚	49 706 564	51 192 657	52 642 336	54 196 350

资料来源：World Bank：Work force，total.

① The World Bank，*Nigeria Overview*，http：//www.worldbank.org/en/country/nigeria/overview（上网时间：2015 年 6 月 15 日）。

从表2中可以看出，相对经济迅猛增长的金砖国家，尼日利亚的劳动力人口优势显而易见。尼日利亚人口基数大，在世界人口排名中位于第七位；劳动力人口潜力巨大，从2010年的约4 971万上涨到2014年的约7 293万[①]。这对到尼日利亚投资的国际以及本土企业的无疑是个有利因素。

据尼日利亚国家统计局统计，2010—2013年，家庭最终消费支出、一般政府最终消费支出以及GDP最终支出一直呈上涨趋势。家庭最终消费支出从2010年的36.4亿奈拉逐年上升，到2013年为58.1亿奈拉，GDP最终支出从2010年的55亿奈拉上升到2013年的81亿奈拉。[②]

表3　家庭最终消费支出占GDP比例　　单位：%

国　家	2010年	2011年	2012年	2013年
中　国	34.7	35.9	34.8	34.1
俄罗斯	50.6	48.4	49.1	52.0
巴　西	59.6	60.3	62.6	62.6
印　度	56.4	56.4	59.5	59.2
南　非	59.0	60.0	61.2	61.9
尼日利亚	66.1	65.4	58.4	72.1

注：居民最终消费支出是指居民购买的所有货物和服务的市场价值。不包括购买住房的支出，但包括业主自住房屋的估算租金。也包括为取得许可证和执照向政府支付的费用。此处，居民消费支出包括为居民服务的非营利机构的支出，无论国家是否另行公布。

资料来源：World Bank：Data.

从表3数据中我们可以看出，与金砖国家相比，尼日利亚家庭消费占GDP的比重相当大，说明个人消费需求和消费能力不断上涨。家庭最终消费支出与私人投资都是拉动经济的主要因素，而两者之间又相辅相成、互相促进。家庭最终消费支出越多，吸引的投资就越多，反之，投资增加又能拉动就业，使居民收入上涨，进一步促进消费。过去十几年来，受巨大人口和

① Nigeria National Bureau of Statistics（NSB）：*LABOUR PRODUCTIVITY IN NIGERIA（2010—2014）—A SHORT ANALYSIS*，NSB.

② NATIONAL BUREAU OF STATISTICS：Nigerian Gross Domestic Product（rebasing）Report（expenditure approach）Final 2010-13，NBS.

工资上涨的推动，尼日利亚消费者给投资商创造了巨大商机。尼日利亚也首次成为投资商进入非洲的第一个跳板。

基于以上考虑，NIRP最初的重点放在建筑业（主要关注住宅供应）、轻工业（生活消费品和家庭用品）和服务业方面。

（1）建筑业——住房（供应）。尼日利亚是非洲人口第一大国。尼日利亚公共工程部部长麦克·欧诺雷麦芒称，目前尼日利亚仍存在着约1 700万套的住房缺口。根据尼政府近期公布的数据显示，填补这一缺口需要至少3 613亿美元的资金支持，以期届时住房率达到25%。①尽管尼日利亚是非洲最大的经济体之一，但是尼日利亚的住房和建筑业却只占GDP的3.1%。②随着尼日利亚人口的不断增长以及居民不断涌向城市，对经济住房（affordable housing）的需求越来越大。

尼日利亚政府承诺将采取行动将住房部门作为国家发展的基石和中心，从而优先关注该国住房不足和贫民窟快速扩张带来的挑战。副总统穆罕默德·纳马迪·桑博在2013年10月21日至23日于首都阿布贾举行的第一届全国住房和贫民窟峰会上亦表示，为了确保所有关键利益相关方能够积极参与此重要进程，国家已经转变了住房政策的推力方向，使有利于私营部门和其他利益相关方群体能够更有效地参与进来。③NIRP将与联邦住房部和省住房部一起解决中低收入阶层住房的投资和发展，住房的价位包括最低500万奈拉（约3万美元），到最高价格的2 500万奈拉（约16万美元）。这将是产业化规模的住房发展以及城镇化发展。大规模的住房供应项目需要行业规则，要求在合理的时间内和特定的价格指标内建造具有一定数量、达到确切质量标准的住房。其最终目标是促进私营主导的大规模的住房项目，预期每

---

① 中华人民共和国驻刚果（布）大使馆经济商务参赞处：《非洲房屋建设及公共工程市场呈跨越式发展势头》，http：//cg.mofcom.gov.cn/article/jmxw/201401/20140100457193.shtml。（上网时间：2015年6月24日）

② Global Property Guide，*Wealthy mansions abound in Nigeria*，*while the poor go without housing*，http：//www.globalpropertyguide.com/Africa/Nigeria.（上网时间：2015年6月23日）

③ UN-HABITAT：《尼日利亚政府在全国住房和贫民窟峰会上阐述新的运行框架》，http：//cn.unhabitat.org/content.asp?cid=75110&catid=5&typeid=6&subMenuId=0。（上网时间：2015年6月24日）

个发展期能建成上百或上千单元的住房，使之成为经济增长的有力驱动。①

尼日利亚住房行业面临的困境有：建筑材料和建造工程的成本很高；拿地成本，特别是城市地区的土地成本很高，基础设施建设不足，具体表现为道路交通差、污水排放处理不当以及电力紧缺等；建筑/建造行业缺乏技术，大量的建房工程依靠来自西非其他国家的建筑工人；抵押贷款体系发展落后，没有足够的市场流动性和市场深度；市场上的房屋设计和产品类型非常有限；大规模项目缺乏信誉俱佳的赞助商；等等。②

NIRP 采取的行动项目包括：③

其一，在尼日利亚每个省筹划最大的保障性住房项目。NIRP 将开发并持续性发展保障性住房项目，这些项目将与各省政府合作。

其二，投资环境（产权/土地登记）。NIRP 将介入产权登记。

其三，提高国内建筑技术。基于建筑业能创造就业和刺激当地住房/建筑产业以满足巨大的住房缺口，建筑/住房产业将成为国家工业技术发展项目（National Industrial Skills development project）的优先考虑。

其四，帮助尼日利亚有信誉的开发商与国际开发商之间建立合作。尼日利亚将引入国际尖端的房地产开发商（如巴西、中国、南非、印度等），并帮助与当地开发商建立合作以提高标准和进行技术转让。

其五，帮助大型房产开发商和省政府之间签订特殊的开发协议。NIRP 将以“城镇规模发展”为基点，制定一个标准的，被国际认可的项目开发协议，以支持尼日利亚大规模的住房项目。

（2）轻工业。随着过去几年尼日利亚中产阶级的增长，对轻工业品的需求也不断增加。南非标准银行（Standard Bank）于 2014 年 8 月发布的有关撒哈拉以南非洲中产阶级增长的报告里提到，尼日利亚是非洲大陆上新资产阶级家庭增长的领头军，预计在接下来的 16 年里增长 760 万。2010—2014 年间尼日利亚中产阶级增长了 600%，到 2014 年中产阶级家庭达到 410 万，占

---

① Nigeria Industrial Revolution Plan，NIRP-Release 1.0，January 2014，p.52.

② Nigeria Industrial Revolution Plan，NIRP-Release 1.0，January 2014，pp.52—53.

③ Nigeria Industrial Revolution Plan，NIRP-Release 1.0，January 2014，p.53.

所有人口的11%。[①]Renaissance Capial对尼日利亚做过一次调查，发现中产阶级的标志——大型家用电器所有权仍然很低：只有42%的人口拥有冰箱，8%的人拥有洗衣机。20%—25%的应试者计划在12个月内购买微波炉、洗衣机、洗碗机。而另外的20%—25%的人计划在五年内购买以上产品。尼日利亚中产阶级对消费品的需求量很大。问题的关键不在于消费者的购买资金不足，而是国家的生产力无法满足现有消费者需求。[②]目前一些家用电子产品的生产商已经在尼日利亚建立工厂，主要负责组装如空调、冰箱和电视机等设备。尼日利亚巨大的人口和快速增长的中产阶级形成了对这些家用产品的巨大需求，有利于使尼日利亚成为西非市场的轴心。但是，尼日利亚的轻工业面临以下困难：来自进口产品的竞争；一些原材料（如电子产品）需要进口，导致生产成本上升；轻工业/消费品制造业的特点是要满足消费者不断变化的需求，当地行业需要不断开发市场、研究和开发能力才能在国际竞争中处于不败之地；消费者和家居用品需要创建强势品牌，需要知识产权的保护。[③]

NIRP第一阶段的行动包括：[④]

其一，产品标准化。NIRP将与尼日利亚标准组织（Standards Organization of Nigeria）一起确定尼日利亚某些产品的生产标准与国际基准的差距。NIRP将制定“质量提升计划”，与当地排名前十名的每种产品类型的生产商合作以确立产品质量和标准。

其二，详细列出并广泛发布特定进口产品的预期技术标准。这将确保低质量的产品不能以侵害当地产业为代价而任意倾销到国内。

其三，价值链伙伴关系。NIRP将制定价值链伙伴关系把尼日利亚中大型企业与微、小、中型企业联系在一起。这将帮助微、小、中型企业集中在特定的产品/服务，并与更大型的企业合作，在它们的价值链内把目前进口

---

① Standard Bank, *Rise of the middle class in sub-Saharan Africa*, http: //www.blog.standardbank.com/node/6142.（上网时间：2015年6月25日）

② Renaissance Capital, *A Survey of the Nigerian Middle Class*, September 26, 2011, Renaissance Capital, p.8.

③④ Nigeria Industrial Revolution Plan, NIRP-Release 1.0, January 2014, p.54.

的产品国产化。

其四，知识产权和品牌化。NIRP 将帮助把知识产权和商标管理整合成一个具有明确职责的部门。NIRP 也将与战略伙伴国家一起提高在专利方面的合作。

(3) 服务业。过去几年尼日利亚政府缺乏宏观的支持服务业发展的政策。据估计，近 30%—35%的服务业就业都与工业和制造业相关。因此，工业与服务业相辅形成，互为发展。[①]近年来，尼日利亚服务业发展迅猛。经济构成中，服务业地位凸显。基调调整后，农业、工业和服务业占 2013 年 GDP 比重分别为 22%、26.1%和 51.9%，服务业上升明显。NIRP 对服务业最迫切的关注包括正式零售业、公路货运、客服中心、共享服务中心和工程技术服务。这些服务支持和帮助工业增长。正式零售业提供分配渠道，帮助把工业产品送达消费者手里；公路货运尤其关键，因为它直接影响生产商的进出货运；客服中心提供重要的业务基础，帮助公司直接联系顾客以及获得反馈；共享服务中心是支持工业的后勤操作平台；工程技术服务为其他部门的发展提供基础技术服务。NIRP 对服务业的范围将会再评审并逐步扩大。[②]

NIRP 采取的行动包括：[③]

其一，发展尼日利亚服务中心和科技城。通过促使国内外对技术园区的投资，NIRP 将大力支持现有的以及新兴的科技园区/科技城。NIRP 将使行政程序制度化（如企业注册、纳税等），并在园区内创建一站式服务。支持还包括为在科技园内落户的信誉良好的服务商提供流动资金。NIRP 将确认世界顶尖的 20 家客服和共享服务的企业，并让这些企业就特定的服务项目在尼日利亚科技村里落户。NIRP 将与通信科技部紧密合作，确保科技村享受优先的、高速的通信服务。

其二，与尼日利亚高校建立战略性的“服务中心”合作伙伴。尼日利亚高校已经提供基本的物质基础设施来支持国内有活力的服务中心。NIRP 将让处于地缘政治区内的高校参与到计划实施过程中。

---

①② Nigeria Industrial Revolution Plan，NIRP-Release 1.0，January 2014，p.55.

③ Nigeria Industrial Revolution Plan，NIRP-Release 1.0，January 2014，pp.55—56.

其三，一揽子激励计划。NIRP 将制定一揽子激励计划促使大规模的投资进入到特定的服务部门。

其四，技术发展。为复杂度不那么高的服务岗位开展快速培训课程（6—8 周）训练基本所需的技能。课程授课可以在科技园或者合作大学里进行。

其五，力图让大公司在尼日利亚设立后勤中心。从全球来看，跨国公司会把它们内部后勤和事务处理功能中心设定在特定国家。NIRP 将制定策略性计划让这些重要的公司和跨国公司在尼日利亚设立有组织的服务中心。

其六，运输通道管理（公路运输）。NIRP 将组织政府部门对主要运输通道进行管理，公私部门联合集中解决出现的问题。

其七，正式零售商组织。工业部门需要一个发展良好的正式零售业（如标准商城），将产品充分分配到消费者手中。良好的零售业能减少假冒伪劣产品，并能较好获得消费者反馈。NIRP 将帮助建立零售商组织和集团。

其八，产权获取和注册（零售）。

（三）NIRP 的支撑结构和保障体系

任何国家的制造行业都需要有一套基本的保障体系才能提高竞争力，以及确保长期的可持续性。NIRP 除了特别发展以上提到的各个部门外，它也将关注行业总体竞争力涉及范围更广的一些问题，这将会对整个尼日利亚的所有部门产生溢出效应。NIRP 的保障体系将会在 NIRP 所关注的部门以及其他国家部门之间产生交叉效果。

1. NIRP 的支撑结构

（1）NIRP 的保障体系包括基础设施、技术、投资环境、创新、标准制定、当地资助和金融等。这些控制杆将确保尼日利亚的制造业与其他发达的和主要的新兴市场相比具有成本上的竞争力，尤其是在中低端技术产品方面。①

① Nigeria Industrial Revolution Plan，NIRP-Release 1.0，January 2014，p.57.

（2）同时，NIRP并不是一个单打独斗的计划。它确保所制定的计划与国家其他的经济发展计划相结合。这些经济计划包括：愿景和宏观经济政策类的国家发展计划，如2020年愿景（Vision 2020）和转型计划（Transformation Agenda）；给工业提供原材料的国家发展计划，如农业转型计划、固体矿产策略、天然气总体计划等；为工业繁荣提供必备资产和基础设施的国家发展计划，如电力部门改革规划、交通部门改革等；国家贸易政策；国家微、小、中型企业政策。①

（3）NIRP将制定一个兼容并蓄的制度上和实施上的框架来支持项目的执行。实施结构将包括以下职责利益相关方：联邦工业、贸易和投资部（Federal Ministry of Industry，Trade and Investments），联邦政府部门和机构（Federal Government MDAs，以下简称MDAs），私营部门个体工商业者，私营部门机构，开发机构以及省工商部门。

2. 执行模式的指导方针②

（1）季度目标——NIRP的执行将以季度计划目标为基础。

（2）详细追踪新的投资和发展——NIRP将基于指定的公司、工厂发展和投资流向为基础控制和衡量是否成功的指标。

（3）决策层——每个决定或审批都将在三个层面下进行：需要三个以上联邦政府部门和机构行动的将由总统做出决定；少于三个MDAs的，由指导委员会（Steering committee）做出决定；本质上没有交叉或能由一个MDA解决的运作决策由项目办公室（Project Office）负责。

（4）NIRP发布——基于执行过程中的经验教训以及新的信息，NIRP文件在形式上每年进行更新。

四、尼日利亚工业化发展的挑战

以快速增长的工业化来促进经济发展，一直是尼日利亚独立以来历届政

① Nigeria Industrial Revolution Plan，NIRP-Release 1.0，January 2014，p.84.

② Nigeria Industrial Revolution Plan，NIRP-Release 1.0，January 2014，p.92.

府的关注焦点。过去的五十多年来，尼日利亚制定并实施了大量的工业政策和工业战略。但是，从尼工业化的历史进程来看，这些工业政策要么没有得以很好执行，要么在执行过程中就被夭折。从2013年工业占GDP总量在世界几个新兴经济国家中排名情况来看，尼日利亚的工业化道路仍然任重而道远。

总体上看，尼日利亚政局总体保持稳定，民主进程持续推进，但政治制度的稳定性稍差。尼日利亚的内部安全目前是个大问题。尼日利亚种族和宗教冲突不断，北部伊斯兰教地区恐怖爆炸事件愈演愈烈，南部产油区安全形势趋紧，国家安全长期受到威胁。局部动荡、恐怖袭击已经成为尼日利亚社会常态，严重影响尼日利亚自身利益和内外形象。这对尼日利亚的投资环境造成极其恶劣的影响。同时，尼日利亚腐败问题根深蒂固。根据透明国际的调查，尼日利亚的CPI（清廉）指数得分较低，在世界各国中2012年排名139、2013年排名144、2014年排名136。尼日利亚的贫富差距悬殊，失业率居高不下。根据2015年第一季度的统计，在尼日利亚劳动力人口中，15—24岁的劳动力人口失业或未充分就业的人数达44.3%，而25—24岁的失业或未充分就业的人口达25.9%。[①]这必然造成恶性犯罪案件频发、社会治安混乱。尽管尼日利亚有合理的法律和机构进行反腐，但是最大的挑战在于制定出战略性的行动计划来处理腐败的根本原因。尼日利亚是西非最大经济体，自然资源丰富，经济潜力巨大，经常账户长期盈余，外债水平较低，对外支付较有保障。但是，尼日利亚经济发展也面临较多瓶颈：尼日利亚基础设施落后，电力供应严重不足，在尼日利亚的商业环境中，电力一直是最大的短板，目前估计只达到国家电力需求的20%；政府财政支出能力受限于公共服务薄弱、联邦与地方政府之间的博弈等问题，公共投资严重不足；行政效率不高；政府为弥补赤字而大量发债造成了市场挤出效应，银行间拆放利率和公开市场回购利率被不断推高，私人贷款和融资愈发困难。尼日利亚营商环境略高于撒哈拉以南非洲平均水平，但近年来未有实质性改善，反映出该国

① National Bureau of Statistics, *UNEMPLOYMENT/ UNDER-EMPLOYMENT WATCH Q1*, 2015 MAY.

市场化改革和政府治理改良的推进较为艰难。这些都成为尼日利亚工业化进程中亟待解决的问题，否则会成为发展的绊脚石。

毫无疑问，尼日利亚应该有一个全面、集中的产业路线图来改善国家的工业、投资环境和促进当地产品的生产和投资。目前，当地工业面临许多约束，使其很难在非洲和全球与其他国家的产品进行有效竞争。2014 年，尼日利亚政府发布的工业革命计划由尼联工商和投资部开发设计，并得到政府其他机构和私营部门的支持。NIRP 是一个旨在快速提高工业生产能力和竞争力的五年计划。该计划的最终目标就是为了增加竞争力，这是尼日利亚制造业生存并繁荣的唯一方法。然而，现在谈新计划的优劣还为时过早。事实上，尼日利亚政府从来不缺好政策。问题的关键是如何让这些政策得以落实。为了获得成功，政策的推力应能解决困扰工业部门和阻碍它发挥预期作用的限制，而不应让政策沦为政府获取选票的口号。

南非工业发展报告

崔文星

摘要：工业政策是南非发展战略的一个重要组成部分。本文首先对南非工业总体情况进行了介绍，其次对南非工业发展历史进行了回顾、分析了南非工业发展的局限与机遇、阐述了南非对工业化的战略规划和考察了南非2013—2014年工业政策行动计划的业绩亮点，最后分析了2014/15—2016/17工业政策行动计划中的主要干预措施。

关键词：南非；工业化；工业发展

作者简介：崔文星，复旦大学金砖国家研究中心，博士后

南非属于中等收入的发展中国家，也是非洲经济最发达的国家。南非自然资源十分丰富，金融、法律体系比较完善，通讯、交通、能源等基础设施良好。矿业、制造业、农业和服务业均较发达，是经济四大支柱。受国际金融危机影响，南非2008年经济增速放缓，同比增长下滑至3.2%；2009年为－1.5%，一度陷入衰退。2010年以来，祖马政府围绕解决贫困、失业和贫富悬殊等社会问题，相继推出“新增长路线”和《2030年国家发展规划》，以强化政府宏观调控为主要手段，加快推进经济社会转型。2010—2014年经济增长率为3.0%、3.2%、2.2%、2.2%、1.5%。[1]目前，南非政府正在重点

① 关于南非国内生产总值年增长率数据参见世界银行网站数据，http：//data.worldbank.org/indicator/NY.GDP.MKTP.KD.ZG？page=1。（2015年7月7日访问）

实施“工业政策行动计划”和“基础设施发展计划”，旨在促进南非高附加值和劳动密集型制造业发展，改变经济增长过度依赖原材料和初级产品出口的现状，加快铁路、公路、水电、物流等基础设施建设。

一、南非工业情况简介

（一）南非工业概况

制造业、建筑业、能源业和矿业是南非工业四大部门。制造业门类齐全、技术先进，产值约占国内生产总值的17.2%，主要产品有钢铁、金属制品、化工、运输设备、机器制造、食品加工、纺织、服装等。钢铁工业是南非制造业的支柱，拥有六大钢铁联合公司、130多家钢铁企业。近年来，纺织、服装等缺乏竞争力的行业萎缩，汽车制造等新兴出口产业发展较快。由于南非加快实施2010年世界杯足球赛场馆建设及房地产开发热，南非建筑业发展较快，但设备陈旧、技术工人缺乏等问题比较突出。南非能源工业基础雄厚，技术较先进。电力工业较发达，发电量占全非洲的三分之二，其中约92%为火力发电。近年来，由于电力生产和管理滞后等原因，全国性电力短缺现象严重。开普敦库贝赫（Koeberg）核电站是非洲大陆唯一的核电站。此外，南非萨索尔（SASOL）公司的煤合成燃油及天然气合成燃油技术商业化水平居世界领先地位。南非矿业历史悠久，具有完备的现代矿业体系和先进的开采冶炼技术，是南非经济的支柱。矿产品是出口的重要构成部分，2012年矿产品出口额约占出口总额38%。南非是世界上重要的黄金、铂族金属和铬生产国和出口国。钻石产量约占世界的9%。[①]

（二）南非对实现工业化条件的看法

在南非看来，实现国家经济工业化并非只是工业领域的事情，而需要很

① 《南非国家概况》，外交部网站，http：//www.fmprc.gov.cn/mfa_chn/gjhdq_603914/gj_603916/fz_605026/1206_605994/。（更新时间：2015年3月）

多其他政策领域的配合。南非认为，为使本国在工业化道路上顺利前行，政府应当同时在以下四个政策领域为其提供条件。首先，工业化需要有稳定的宏观经济环境与良好的监管框架，这样才能使投资者更好地制定投资计划。其次，工业化需要教育与技能的支持。在日益全球化的经济中，工业生产所需的能力日益复杂。南非需要使更多的中学毕业生有机会进入大学学习，并加强高等教育机构与工业部门的联系。再次，工业化需要有良好的传统与现代基础设施的支持。传统基础设施主要指生产与货物运输所需的交通、电力和水资源等。现代基础设施则指电话、卫星通讯、互联网等。最后，工业化需要创新与技术的支持。工业化是一个从使用现有技术到实现国内技术创新与开发的过程。①

二、南非 1994 年后的工业发展道路

（一）南非 1994 年前的工业经济：停滞与危机

在 20 世纪 90 年代初期，南非面临着经济危机。国内生产总值与投资率下降，1990—1992 年国内生产总值呈现负增长（依次为 - 0.3%、- 1.0% 和 - 2.1%②）；商品与服务出口波动，有时甚至是负增长，而且出口高度集中于矿产品；汇率被高估；关税政策与工业激励计划对国内工业进行不加选择地保护；种族隔离政策使大量人口被排除在经济活动之外，这一方面导致了高失业率，另一方面也造成生产水平低下和产品缺乏竞争力。认识到这些挑战，南非内部逐渐形成共识，不能再对国内经济进行不加鉴别地保护。南非应当融入全球经济，使工业生产更多地面向出口并使出口产品多样化。鉴于上面所提到的危机，在种族隔离制度结束后，南非将工业与贸易政策的重点

① Department of Trade and Industry of South Africa, *A National Industrial Policy Framework*, pp.15—16.

② 世界银行网站：http：//data.worldbank.org/indicator/NY.GDP.MKTP.KD.ZG?page = 4。（2015 年 7 月 9 日访问）

放在遏制和扭转工业下滑。

（二）1994 年以来的工业发展措施：重组

自 1994 年以来，南非经济已经历了相当大的重组，特别是宏观经济的稳定和向世界贸易开放。诸如通货膨胀和财政赤字之类的宏观经济变量已经稳定下来，汇率转向由市场决定。1993 年，南非向世界贸易组织靠拢，后来又与欧盟和南部非洲发展共同体（Southern African Development Community，SADC）进行自由贸易区谈判，南非逐渐走向贸易自由化。为改变工业生产和出口过于集中在矿业部门的现状，南非通过“汽车工业发展计划”（the Motor Industry Development Programme，MIDP）和“关税减免额度认证计划”（Duty Credit Certificate Scheme，DCCS），分别对汽车工业和服装纺织工业进行支持。种族隔离制度加剧了白人与黑人之间的贫富差距，也使地区发展失衡。南非推出多项政策来促进“黑人经济赋权计划”（Black Economic Empowerment，BEE）的实施，并通过“空间发展倡议”（the Spatial Development Initiative，SDIs）促进在那些有着内在经济潜力但却被种族隔离政府所忽视地区的投资。中小企业在吸纳劳动力方面发挥着重要作用，在这段时期南非还通过各种措施加大对中小企业的扶持力度。

三、南非工业发展的局限与机遇

在经历二十年的经济重组后，南非工业发展有很多机遇，但也面临着相当的挑战。

（一）南非工业发展的阻碍因素

南非工业发展的空间受到一系列因素的限制。首先，南非是一个中等规模的中等收入国家，其国内市场相对狭小；严重的贫困和不平等限制了国内购买力；地处非洲大陆南端，与欧美高收入国家和中国、印度、巴西等高增长国家距离遥远，这增加了南非与这些市场的交通运输成本。其次，作为资源密集型的经济体，南非容易受到大宗商品国际价格波动的影响。目前大宗商品高价在很大程度上是受中国与印度等新兴经济体国内需求的驱动，这些经济体的国内需求变化会对南非经济发展将产生重要影响。再次，南非的制成品生产和出口面临激烈的国际竞争。在贸易与投资自由化的大趋势下，国际投资者会选择生产成本最低的国家进行投资建厂，而在生产和运输成本方面，南非并不占据优势。在国际市场上，欧美占据着高端产品市场，中国和印度等国在中低档产品方面占据优势，这使得南非的制成品出口面临着激烈的国际竞争。最后，作为世贸组织成员的南非还与很多国家签署了双边贸易协定，这都使得它更加难以利用关税壁垒来保护本国制造业。

（二）南非工业发展的机遇

南非工业发展虽然面临着上面提到的一些不利因素，但也有很多促进南非工业化的机遇。首先，虽然总体来说南非乃至整个非洲地区经济发展都受到本地购买力低的限制，但南非本国以及不少非洲国家的经济增长也为南非实行进口替代政策提供了潜在机会。其次，南非有多种多样的自然资源，这为它发展劳动密集型和高附加值的工业提供了基础。这包括多种矿产资源、相对廉价电力的持续生产能力、多种农业可能性、陆地面积广阔以及内在的生物多样性。虽然资源丰富并不能自动得出南非的产品会更加多样化并沿着价值链向上走，但基于成本优势和现有能力，南非在很多领域存在着机会。再次，由于全球经济中的技术和其他变化，全球增长的新领域常会出现或被创造出来。这为新产品和服务的发展提供了新的可能性。那些能尽早发现这些趋势的国家和企业在新市场中就会具备先发优势，例如，电子产品在过去二十多年中的爆炸式增长。还有，以其原有工业优势为基础，南非已经在一些领域居于领先地位，例如与采矿、化工、农业、能源、国防和航天工业有关的部门。而且，南非在非洲地区也具有先发优势，南非已经是其他非洲国家很多产品和服务的主要出口商。再者，虽然存在着质量与价格问题，但南非已经有相对完善的基础设施，包括广泛的运输网络、信息和通信基础设施以及高度发达的金融和银行系统。最后，南非贸易与工业部乃至整个种族隔离制度后的南非政府在过去的二十年中已经加强或建设了一系列机构或制度，为更为积极的工业政策奠定了基础。其包括：开发银行和工业融资基础设施，税收管理基础设施，竞争管理机构，科学委员会，标准、质量保证、认证和计量基础设施，制造业咨询中心，特定行业的监管机构，以及通过集群系统（cluster system）改善政府间协调。①

四、南非对工业化的战略规划

在过去的二三十年中，有一批发展中国家实现了工业化，成为新兴工业化国家。南非在对制定本国工业化战略过程中，十分重视从其他新兴工业化国家吸取经验。

（一）新兴工业化国家的发展经验

鉴于经济过于依赖矿产品与农业对工业化的不利影响，南非重点扶持非传统贸易品与服务产业，从而实现经济的多元化。在 20 世纪八九十年代，“华盛顿共识”在经济领域居于正统地位，它主张国家应固守自己的传统优势，主要以现有的自然资源条件为基础。只要价格合理这些优势就会被释放出来。因此，宏观经济稳定与贸易自由化是所有国家发展战略的主要支柱，不管它们各自的禀赋、经历与发展水平有何差异。然而，经验与历史证据却与这一观点发生冲突。首先，那些不加批判地拥抱“华盛顿共识”的国家，其增长与发展成果却令人失望。其次，那些没有盲从这一路线的新兴工业化国家却呈现出最高水平的经济发展。这意味着在制定工业化战略时要考虑阻碍一国发展的特定因素，而不是采用“一刀切”的政策模式。当然，这并不是说“华盛顿共识”的所有方面都是错误的。可持续工业政策的一个重要前提，是稳定的、运转良好的宏观经济政策和有利于投资者的商业环境。新兴工业化国家的经验表明，发展中国家并不一定只是对全球力量进行被动回

① Department of Trade and Industry of South Africa，*A National Industrial Policy Framework*，p.28.

应，它们可以通过对工业经济进行有目的干预，在参与全球劳动分工方面制定自己的战略。这些来自新兴工业化国家的证据，以及最近的理论发展，引发了南非对工业政策设计最佳实践原则的思考。

（二）南非工业化战略的原则

借鉴新兴工业化国家的发展经验并对南非在结束种族隔离制度后的发展进行总结，南非认为本国工业政策的设计与实施需遵循下面几个原则。首先，工业政策的总体思路应基于对微观经济、部门、地域以及企业层面上增长与就业所面临阻碍因素的识别，而不是采用“一刀切”的政策模式。其次，需要通过各种方式来确定跨部门与部门发展中所面临的限制与机遇。这一“自我发现”（self-discovery）的过程需要政府与私营部门及其他利益攸关方进行合作，特别是在部门领域。对部门的研究与分析能力需要加强，以确保这些过程的质量和可靠性。再次，通过对这些限制与机遇的识别，政府可以在财政年度制定跨部门或部门的“重点行动计划”（Key Action Plans，KAPs）。“重点行动计划”需要有充足的人力与财政资源支持，以确保这些计划的规模足以实现经济结构转变的目的。最后，在适当的情况下，工业融资应当个性化，面向特定的限制因素与机遇，而不是笼统地补贴某个部门或活动，当然这些做法应当与世界贸易组织的规则相符。

（三）南非工业化的战略规划

通过对自身工业经济的限制因素和面临机遇的分析，南非把工业发展战略的重点放在以下三个领域：适当成本竞争力的生产基地；通过产业升级转向高附加值生产；使历史上被排斥的人口和地区更多地融入正规经济。在这一思想的指导下，南非对其工业化战略进一步细化，主要体现为以下几个方面的战略：

1. 部门战略

正如上面所说，南非需要使其经济多元化——特别是发展更能吸收劳动力和有更高附加值的贸易品与服务。其他国家发展的证据和南非本国的经济发展历程都表明，这一过程不会自动出现，因此需要有目的的干预。通过调查研究，南非确定了五个具有多元化潜力的部门集群：(1) 以自然资源为基础的部门。南非矿产和植物资源丰富，再加上廉价的电力和大量的国家支持，这使得南非在一系列资源加工行业具有明显的比较优势。(2) 中等技术部门（包括下游选矿）。南非经济中的一些中等技术行业雇用大量人员并具备显著的发展前景。这些部门包括金属加工、机械设备、化工塑料、造纸和纸浆，以及如石油和天然气这样的新兴行业。这些部门中有不少可以发挥南非的自然资源禀赋。(3) 先进制造业。中高等技术产品在全球贸易中占据统治地位，南非致力于增强自身在全球价值链分工中的竞争力。这些部门包括汽车、航空航天、电子和核能。这些部门常常受外商投资者驱动，他们拥有相关的专有知识并常常将零部件的生产转包出去。然而，南非已经或正在某些领域开发自己的专有技术，如矿业资本品与核能。(4) 劳动密集型产业。这些行业通常可以雇用大量的低技术劳动力并为小生产者提供机会。它们横跨经济的第一、第二和第三部门，包括农业、林业、渔业、矿业的某些部分、服装与纺织、鞋类、食品、饮料和家具等领域的活动。(5) 流通服务业。在部门发展中，服务业的重要性不应被忽视。服务业在吸纳劳动力和增加附加值方面都扮演着重要角色。虽然相对来说具有更加技术密集型的特点，有些服务业部门比制造业部门能够吸纳更多的劳动力。具有发展前景的服务业包括业务流程外包（BPO），信息通信技术服务，工程、建筑和采矿服务以及电影。这些部门面临的挑战，主要包括宽带的使用和成本以及技术和教育的发展。

2. 产业融资

政府可以使用一系列工具来帮助目标的实现，这些工具包括监管政策的变化、技能发展、提供基础设施、资助科研、贸易政策和产业融资。产业融资将是有效实施“重点行动计划”（KAPs）的一个极为重要的组成部分。它常常被用来协助处理工业化过程中的固有限制。因为工业化在本质上是一个充满风险的过程，新的实体和活动常常处于资金短缺的状态。南非为产业融资设定了一些核心原则，主要包括产业融资必须将重点放在支持新兴产品与服务，特别是非传统贸易品与服务；融资应尽可能产生溢出效应和示范效应；接受融资的公司必须达到可衡量的基准。总的来看，产业融资涉及以下五个方面：投资（包括特定的部门计划）、产业升级（包括工业基础设施）、创新和科技、贸易便利化和中小企业（包括合作经营）。南非在为产业提供融资方面有着发达的基础设施。这包括由贸易与工业部、科技部和实业发展总公司（Industrial Development Corporation）所监管的方案。

3. 贸易政策

国际经验表明，如果贸易政策被融入经济发展战略并得到积极工业政策的支持，好的贸易改革项目能够为实现可持续经济增长与增强国际竞争力作出重要贡献。贸易政策已经为南非的经济增长作出了积极贡献，但是与其他类似经济体相比，南非的贸易表现还有待改善。改善非传统出口表现（特别是更为尖端和附加值更高的产品）是南非工业政策的重要目标。世界贸易组织是发展中国家改善贸易与发展的一个非常重要的国际机制，其制定的规则增强了可预测性及进入全球市场的安全性。世界贸易组织减少（但并未消除）经济大国的单边行为。现有规则在很大程度上反映的是体系中大国的利益，在过去的几个谈判回合中主要是工业化国家在对规则进行界定。现有协定表现出相当的失衡、不平等和缺陷，损害了发展中国家的发展利益。在此背景下，南非希望通过参与多哈回合加强多边贸易体系，解决失衡问题并促进发展。在这方面，南非寻求四个关键的谈判结果：（1）发展中国家出口的新市场准入；（2）消除工业国家对低效农业生产者的补贴，这种做法阻碍了发展中国家的出口增长；（3）对损害发展中国家利益的规则进行重新设计；（4）设计新的规则，确保发展中国家实现发展目标时具有足够的灵活性。①

4. 工业化所需的技术与教育

任何工业政策要想取得成功，技能与教育体系都是一个基本的支柱。目前南非工业政策与技能和教育体系之间的融合度还不够，因此两者之间的整合需要进一步加强。从中长期来看，教育体系与工业政策之间的相互协调应

① Department of Trade and Industry of South Africa, *A National Industrial Policy Framework*, p.42.

该加强。工业化要取得成功，一个重要的要求是要有足够数量接受过高等教育的人，特别是在科学与工程领域。南非近期的增长则凸显了此方面的不足。对大学毕业生的需求，又进一步要求要有更多的人能够从中学毕业，并获取进入大学学习的资格。此外，还需要加强高等教育机构与工业企业的合作。

5. 竞争政策和部门监管

从原料到运输及电信服务，工业化进程需要有效和符合成本效益的投入。情景分析表明，不管是在公共领域还是在私人领域，有些部门的市场力量缺乏竞争力。因此，更强大的竞争立法和制度以及特定的公共事业监管在1998年落实到位。1998年《竞争法案》（Competition Act）在两个目标之间达成平衡。一方面，它认识到需要在经济中促进更高程度的竞争，以促进中小企业、历史上的弱势群体和外国直接投资的进入。另一方面，它也强调，某些行业需要实现最小程度的经济规模以具有全球竞争力。①与对更广泛竞争政策关系密切相关的是进口平价定价（import parity pricing，IPP）的具体实践。一些部门监管已经到位，以监督特定行业（如能源与电信）的定价行为。

6. 充分利用公共开支

南非经济的一个主要弱点，是新基础设施的建设和现有基础设施的维护不足。南非在实施大规模计划对基础设施进行建设或升级，而且在诸如住房之类的领域也有着广泛的开支计划。此种公共开支会为经济注入大量投资。这些投资会产生两种可能的影响。首先，一种投资效应，会为国内企业作为供应商参与各种公共开支项目提供机会。其次，较为长期的竞争力效果，特别是当过时的交通基础设施得到升级时会改善制造业部门的竞争基础。从长远来看，公共开支帮助企业提高竞争力还有利于它们获得出口市场并走出国门。

7. 产业升级

企业层面的证据表明，是企业投资于非价格战略、升级其工业能力并在营业额和就业增长方面表现卓越。这些战略包括设备投资、提高技能以及提

① *Competition Act*，1998. http：//www.acts.co.za/competition-act-1998/.（2015年7月13日访问）

升它们的物流能力。随着制造业的某些部分越来越商品化，特别是由于全球贸易自由化及来自中国和印度公司的压力，南非认为本国工业正受到“竞争挤压”（competitiveness squeeze）。为避免恶性价格竞争，工业升级是一个合乎逻辑的考虑。因此，南非认为有必要制定一个战略计划，对产业升级的各个方面进行重点支持。这些支持措施可以采取多种形式，但通常都有溢出和示范两种效应。产业升级计划的第一个要素是“卓越制造计划”（Manufacturing Excellence Programme）。该计划旨在为各种企业层面的努力提供支持，包括产品、流程和价值链升级。产业升级的第二个组成部分是支持它的技术基础设施。技术基础设施具有公益性质，个别企业无法或不愿对其进行投资，但是它对整个行业都有相当大的技术溢出效应。鉴于关税在世界贸易中所扮演的角色在逐渐下降，非关税壁垒作为贸易壁垒其作用在不断增强，尤其是涉及标准和诸如动植物卫生检疫、技术和环境标准之类的非关税壁垒。因此，产业升级计划的第三个部分是国家标准、质量保证、认证和计量（SQAM）等技术基础设施。健全的SQAM系统可以通过两种相关的方式发挥战略性作用：一是通过帮助企业采用并达到必要的标准，以向日益苛刻的国外市场出口；二是确保低质量的进口不会削弱制造业的生产基础。

8. 创新与技术

作为一个中等收入的发展中国家，南非需要在创新与技术能力方面加大投资。鉴于风险性与长期性，市场对创新与技术方面的投资存在顾虑。因此，政府需要在这一领域加大支持。南非拥有一些技术和能力，可以缩小与一系列技术先进的发达国家和发展中国家的差距。虽然有困难、风险大、成本高，南非认为需要开发国内技术并把它们推向市场。在这方面，南非已经做了大量工作，如对全球技术发展趋势进行跟踪并确定南非可以在哪些领域发展专利技术，在哪些领域应着重于技术转让、采纳和适应。南非科技部的“国家研发战略”（National Research and Development Strategy）为技术干预设定了总体框架。①

---

① The Government of the Republic of South Africa, *South Africa's National Research and Development Strategy*, August 2002. http://www.esastap.org.za/download/sa_natrdstrat_aug2002.pdf.（2015年7月14日访问）

9. 空间与工业基础设施

不论是在传统聚集区还是在有经济潜力的欠发达地区，提供工业基础设施都是促进产业集聚的一个重要方式。迄今对工业基础设施的支持在很大程度上被限制在工业开发区（Industrial Development Zones），各市可以通过"关键基础设施项目"（Critical Infrastructure Programme，CIP）获得支持。[①] 规划适当的工业基础设施在促进新的经济活动中发挥着基础性作用。它支持企业集群利用现有资源，如港口、机场、电信基础设施、大学等。企业汇聚并举行相关活动可以提升效率和产生学习效果。工业基础设施项目需要支持多种类型的基础设施，如工业开发区、工业园区、高新技术产业和科技园区等。

10. 对小企业的融资与服务

南非对小企业的支持从供、需两方面开展，即从供的方面对小企业进行融资与技术支持，从需的方面为小企业创造市场机会。自 1994 年以来，南非对小企业发展给予很大的关注，这反映在"小企业发展综合战略"[②]（Integrated Small Enterprise Development Strategy）的制定上。然而，对小企业的融资与支持服务尚未完全满足小企业的需求。南非尚需加大扶持力度，进一步促进小企业的发展。

11. 利用赋权促进增长与就业

自 1994 年非国大（ANC）执政后，结束了南非长达 38 年的殖民统治和 46 年的种族隔离历史。非国大致力于提高黑人等社会弱势群体在社会经济中的地位和实力，促进黑人渐渐融入主体社会并逐步掌控经济，缩小黑人与白人之间的贫富差距。"黑人经济振兴政策"就是在此背景下产生。通过加大政策倾斜力度，该政策鼓励黑人发展中小型企业，积极参与国家大型企业

① The Department of Trade and Industry，"Critical Infrastructure Programme"，https：//www.thedti.gov.za/financial_assistance/financial_incentive.jsp?id=3&subthemeid=26.（2015 年 7 月 14 日访问）

② Department of Trade and Industry of South Africa，"Integrated Strategy on the Promotion of Entrepreneurship and Small Enterprises"，2005. https：//www.thedti.gov.za/sme_development/docs/strategy.pdf.（2015 年 7 月 14 日访问）

的发展，对各企业黑人持股比例、参与管理程度和接受技能培训等设定硬性目标，以期全面提高黑人经济地位。[①]该政策有助于黑人经济状况的改善，使黑人中产阶级的人数增加。但也有很多对此政策的批评，例如南非团结工会（Solidarity）认为，南非政府推行的黑人经济振兴政策对经济发展、族群平等以及黑人社会地位一点帮助都没有，能够从中获得好处的，只有那些拥有政治地位或有政治关系的少数黑人。[②]

12. 地区与非洲工业和贸易框架

南非经济的命运与非洲大陆其他地区有着千丝万缕的联系。因此，南非有兴趣在该大陆促进更高水平的工业化和经济一体化。由于地理上接近和在非洲环境中运作的经验，与非洲之外的其他力量相比，南非具有相当的先发优势。在促进非洲工业化方面，重点一直放在贸易上，特别是市场准入问题。然而，对证据的仔细检查表明，主要的制约因素在非洲经济的供给方面，既在生产能力方面，也在基础设施方面。非洲大陆日益增加的政治稳定性已经促进了一系列非洲国家的快速增长，虽然基数很低。南非希望利用增长给大陆带来的机遇，促进非洲的工业化和经济一体化。

13. 协调、能力与组织

“国家工业政策框架”的成功实施需要一系列政府部门之间的协调以及政府部门内适当的组织与能力。对于“经济、投资与就业集群”（the Economic，Investment and Employment Cluster，EIEC）来说尤其如此。需要对三个领域给予特别注意：（1）国家层面上政府内部的协调。目前，已有系统对工作在类似领域的集群部门进行协调。政府内部的核心集群有经济、投资与就业集群，治理与管理集群，司法、预防犯罪和安全集群，社会集群。（2）次国家层面的政府内部协调。大量的工业政策工作是在次国家一级展开。各省甚至某些都市已经制定了区域增长与发展战略，有些甚至制定了自

① 《南非黑人经济振兴政策（BEE）》，中华人民共和国驻南非共和国大使馆经济商务参赞处网站。http：//za. mofcom. gov. cn/aarticle/ddgk/zwjingji/201112/20111207894258. html.（2015 年 7 月 14 日访问）

② 《BEE 政策让南非黑人更贫穷》，南非华人网，2013 年 4 月 26 日。http：//www.sa-cnet.net/content/2013/0425/37749.html.（2015 年 7 月 14 日访问）

己的工业战略。这些区域行为体也是政府内部协调的重要对象。(3) 贸易与工业部内部的组织与能力建设。尽管需要在政府内部加强对国家工业政策框架的执行能力，贸易与工业部也需要列出一些自己应当采取的行动。

五、南非 2013—2014 年工业政策行动计划的业绩亮点

（一）横向亮点

1. 基础设施和产业融资

在本届政府过去的五年中，已经有 1 万亿兰特被用于基础设施投资。实业发展总公司加大了对青年创业的资助，总额达到 27 亿兰特。在过去的四年中，实业发展总公司已将 450 亿兰特投资于股权或贷款，帮助在制造业、基础设施开发、绿色经济和服务业创造新的工作机会。自从 2012 年 5 月成立以来，“制造业竞争力提升计划”（Manufacturing Competitiveness Enhancement Programme，MCEP）已为 413 个实体拨款，28 亿兰特已被用来支持制造商。“制造业投资项目”（Manufacturing Investment Programme，MIP）创设于 2008 年，它已经批准了 1 856 个项目，总激励价值为 49 亿兰特。2013 年 4 月 3 号，南非贸易与工业部推出一个新的发展计划“国家出口发展计划”（National Exporter Development Program，NEDP），旨在通过确定关键产品和市场以及技术提升、知识共享和支持，加强南非出口商参与全球竞争的意愿。该计划旨在促进南非速度慢于预期的出口和欠发达的出口商基础。①

2. 经济特区和工业发展

2013 年 8 月，国民议会和省贸易与工业事务委员会全国理事会（National Council of Provinces Trade and Industry Portfolio Committees）核准了一项立法，使工业开发区毕业为经济特区。2013 年总统祖马推出了萨尔达尼亚湾工业开发区（the Saldanha Bay IDZ）。除了增加就业岗位外，它有

① Department of Trade and Industry of South Africa，*Industrial Policy Action Plan 2014/15—2016/17*，2014，p.33.

望在接下来的25年中吸引93亿兰特的外商直接投资。[①]

3. 公共采购

政府目前正在使用指定/本地含量、国家工业参与计划（National Industrial Participation Programme，NIPP）和竞争性供应商发展计划（the Competitive Supplier Development Programme，CSDP），作为不同的采购杠杆利用支出来开发新的工业和技术能力。

4. 发展贸易政策

2013年8月，南非税务局（South African Revenue Services，SARS）启用了新的自动化海关管理系统，使用单一分布式处理引擎对所有进出口报关进行集中结算。据报道，该系统被证明非常成功。自从引入该系统以来，它已经处理了近3.9万个进口报关和5.5万多个出口报关。[②]预计它还会大大减少在边防站的延误。《法定计量法案》（Legal Metrology Bill）已在议会通过。该法案的目的在于促进公平贸易、工业化以及加强对环境与公共健康和安全的保护。其主要措施是扩大和加强贸易计量及实施法定计量，保护消费者免受不准确的度量，并支持本地的工业竞争力。

5. 竞争政策

2013年，“竞争委员会”（the Competition Commission）对15家大型建筑公司共罚款14.6亿兰特，因为它们在2006年至2011年签订的项目中串通投标。竞争事务法庭（the Competition Tribunal）证实电信集团Telkom和竞争委员会之间已经达成和解。Telkom公司承认反竞争行为，并同意三年支付罚款2亿兰特。[③]

（二）部门亮点

1. 汽车工业

2013年4月到12月，22个汽车投资计划（Automotive Investment

① Department of Trade and Industry of South Africa，*Industrial Policy Action Plan 2014/15—2016/17*，2014，p.34.

②③ Department of Trade and Industry of South Africa，*Industrial Policy Action Plan 2014/15—2016/17*，2014，p.35.

Scheme，AIS）项目被批准，总投资额约 62 亿兰特，预期会创造 711 万个新工作岗位。与环境事务部协作，贸易与工业部发起了电动汽车产业路线图倡议，希望通过几项战略性新技术措施的应用来发展南非本地的电动汽车行业。①

2. 金属加工、资本与轨道交通设备

2014 年 3 月 17 日，公用事业运输 Transnet 公司给私家制造商 500 亿兰特的合同，用以制造 1 064 台机车，这会创造或保留约 3 万个工作机会。2013 年 9 月 18 日，豪登省铸造培训中心被成功发起，这将有助于该行业铸造学徒计划的实施。②

3. 航空航天和国防

欧洲飞机制造商空中客车军机公司（Airbus Military）是空中客车集团的一部分。它在 2013 年宣布，已经给予南非航天企业 Aerosud 公司 A400M 运输机的主要部件合同。一个为期十年价值数十亿兰特的 Armscor 合同将会见证国有的 Denel 公司为南非国防军制造 200 多辆装甲车，这预计会显著改变南非的国防工业。

4. 绿色工业

经过首轮的 28 个竞标，“可再生能源独立电力生产商采购”（Renewable Energy Independent Power Producer Procurement）已经取得显著进展，在第二轮中能源部批准了 19 个投标。太阳能光伏行业占了 9 个投标（风能 7 个，小水电 2 个），聚光太阳能发电占了 1 个。实业发展公司（IDC）批准了价值 38 亿兰特的 43 个绿色工业项目进行融资。更多的资金将会投向风电生产、太阳能光伏结构和光伏板组件。③

5. 服装、纺织、皮革和鞋类

总体而言，“服装和纺织竞争力计划”（the Clothing and Textile Competi-

---

①② Department of Trade and Industry of South Africa，*Industrial Policy Action Plan 2014/15—2016/17*，2014，p.36.

③ Department of Trade and Industry of South Africa，*Industrial Policy Action Plan 2014/15—2016/17*，2014，p.37.

tiveness Programme，CTCP）的推出稳定了该部门。在“竞争力提升计划”（the Competitiveness Improvement Programme）下共收到 44 个申请，总值 6.45 亿兰特，其中 7 770 万兰特已经拨付。在“生产激励计划”（the Production Incentive Programme）下至今已有 777 项批准，总价值 22 亿兰特。自成立以来，已保留了 63 311 个工作岗位，创造了 8 459 个新工作岗位。尽管有激烈的国际竞争和非法进口的持续威胁，在南非市场上销售的当地生产的服装比例一直保持在 25%至 30%之间，同时总消费需求在过去的 10 年中稳步增长。①

6. 农产品加工和生物燃料

农产品加工部门的一些大公司制定了联合行动计划，以促进投资和促进产品与出口目的地多样化。部分是由于这些干预措施和激励支持，一些子部门的新增投资显著，例如，饲料、大豆加工、食品加工、饮料及水果与蔬菜加工。南非还发起“吃得好，吃得安全”（Eat Well，Eat Safe）运动，强调购买本地、优质、安全产品的好处。迄今，能源部已经为七家生物燃料制造商颁发了许可证，第八家仍在办理过程中。制造商分布在四个省份：夸祖鲁—纳塔尔、东开普省、自由州和豪登省。这些生产者将使用甘蔗、甜菜、芸苔油、高粱和大豆作为原料。这有望在这几个省份的农业部门促进就业。

六、南非 2014/2015—2016/2017 年工业政策行动计划中的主要干预措施

（一）横向干预

1. 公共采购

公共采购占发达国家和发展中国家经济相当大的一部分，其对 GDP 的贡献通常在 15%至 25%之间。在南非“新增长路径”（the New Growth

① Department of Trade and Industry of South Africa，*Industrial Policy Action Plan 2014/15—2016/17*，2014，p.38.

Path，NGP）和“工业政策行动计划”（Industrial Policy Action Plan，IPAP）中，公共采购是重点工业杠杆之一。它也是实现政府工作重点，支持可持续经济增长所需的社会、经济和环境效益的重要政策工具。在南非，一些优先领域正被纳入政府采购的政策和程序。其中包括支持和加强小型和新兴企业、鼓励新产品和服务的商业化、促进可持续发展的绿色经济。南非正在加强所有公共部门采购和供应商开发工具的使用，特别是“指定”（Designations）、“竞争的供应商开发计划” （the Competitive Supplier Development Programme，CSDP）、纳入诸如“可再生独立发电商采购计划”（the Renewable independent Powers Producers Procurement Programme）之类大型项目的强制国产化条款。

表 1　南非指定本地生产的行业、部门和子部门名单①

行业/部门/子部门	本地含量的最低门槛
公交车（车身）	80%
纺织，服装，皮革和鞋类	100%
电力塔	100%
罐装/加工蔬菜	80%
轨道车辆	65%
医药产品（口服固体制剂招标）	招标量的 73%
电视数字化迁移机顶盒	30%
家具 办公家具 学校家具 底座和床垫	85% 100% 90%
电力和电信电缆	90%
太阳能热水器（集热器和储水箱）	70%

2. 产业融资

在之前的“工业政策行动计划”中，有关工业融资的很多问题仍然困扰

① Department of Trade and Industry of South Africa，*Industrial Policy Action Plan 2014/15—2016/17*，2014，p.42.

着整个经济，特别是制造业部门。融资的可用性、成本和期限方面仍然是制造业投资可行性的主要决定因素。更为具体地看，研究表明：（1）与其主要贸易伙伴和可比的中等收入发展中国家相比，南非的资本成本太高，而且贷款期限太短；（2）近期的私人信贷投放主要是以债务驱动的消费形式出现，其中大部分刺激了进口；（3）用于投资的信贷一直高度集中于消费驱动的服务行业，在较小的程度上用于资本和能源密集型产业；（4）没有实质性股权的新进入者需要宽限期以经过一个或多个生产周期，产生必要的流动性以使其能够偿还资金；（5）流动资金对一个公司的经营业绩至关重要。企业规模越小，流动资金负担对公司业绩的影响越大；（6）私人部门的风险资本市场在南非还很薄弱。因此，从事制造业活动的企业通常需要具有下列特征的融资工具：更长的融资期限、允许宽限期、较低的利息率、流动资金资助的有效机制。①

3. 发展贸易政策

通过维护与改善强制性标准和法规，技术基础设施的制度框架对工业发展进行支持。这要求有认可的检测、校准、检验、认证和验证服务作为合规的证据。这种能力是任何具有竞争力的现代经济不可或缺的组成部分。在工业中实行准确和国际公认的测量标准，是在国际贸易领域具有竞争力的一个重要因素。每一批货物都要遵守法规、标准和其他规格或标签要求。发展世界一流的检测、校准和认证能力对复苏和扩大制造业具有重要价值，同时也能广泛地促进社会效益。增强技术基础设施的战略主旨是为了进一步促进国内的工业发展，南非致力于扩大规模的优先领域包括绿色工业、农产品加工、金属加工、铁路运输设备、先进制造业和服装、纺织品与鞋类生产。相关的主要技术基础设施机构，包括南非国家认证体系（the South African National Accreditation System，SANAS）、国家强制性规范监管机构（National Regulator for Compulsory Specifications，NRCS）、南非标准局（South African Bureau of Standards，SABS）和南非国家计量院（the National Metrology Insti-

① Department of Trade and Industry of South Africa，*Industrial Policy Action Plan 2014/15—2016/17*，2014，pp.45—46.

tute of South Africa，NMISA)。这些机构在遏制各种形式的海关欺诈、非法进口、有害的不合标准的产品、走私和低报方面也非常重要。

4. 竞争政策

之前的几次“工业政策行动计划”已经谈到南非经济的很多部门由少数企业主导，缺乏有效竞争这一问题。回报更多的是来自这些公司继承的历史地位，而不是其努力与创新。更具体而言，当反竞争行为涉及下游吸收劳动力的活动，这就会直接影响到就业。反竞争行为也对低收入家庭有严重的不良影响，因为它会导致基本消费品不必要的高价。在战略商品与服务方面，负责监管的主要是一个依法建立的“行业监管机构”（Sector Regulator)。南非在竞争政策领域的主要行动计划包括：(1) 加强竞争政策的执行。该计划旨在对特定制造业与服务业部门积极开展综合调查，以提高合规性和降低经济反垄断行为。(2) 确保竞争结果。这一干预将重点放在通过调查的结果显示反竞争行为的经济影响。这需要严格监督对企业处罚条件的遵守情况。它也可能涉及利用各种政府支持来鼓励竞争行为。

5. 创新与技术

科学、技术和创新被认为是长期经济增长的主要驱动力，有效利用知识的能力已经成为竞争优势、财富创造和提高生活质量的一个主要来源。各国政府日益认识到创新在促进经济增长和应对社会与环境挑战方面所具备的潜力，并将其放在政策议程的重要位置。在国家和国际政策领域，创新的重要性不断得到加强。例如，经济合作与发展组织的“创新战略”（Innovation Strategy)①、欧盟委员会的“创新联盟”（Innovation Union）概念②以及南非自己的十年计划“迈向知识经济的创新”（Innovation towards a knowledge-based economy)③。数十年的研究表明，创新是长期繁荣最重要的驱动力，创

① 参见经合组织网站，http：//www.oecd.org/site/innovationstrategy/。(2015 年 7 月 17 日访问)

② 参见欧盟委员会网站，http：//ec.europa.eu/research/innovation-union/index _ en.cfm。(2015 年 7 月 17 日访问)

③ South African Journal of Science 2012，Vol.108，Issue7/8. http：//www.sajs.co.za/issue/2012/108/7-8/july-august-2012.（2015 年 7 月 17 日访问）

新型企业能够创造更多的就业机会而且成长得更快。最近的“创新调查”（Innovation Survey）数据发现有65.4%的南非公司参与创新活动，但只有27.2%的企业能够成功把他们的创新推向市场。[①]

南非在该领域的主要行动计划包括：（1）知识密集型领域大型研发计划。南非制定了“新兴产业行动计划”（the Emerging Industries Action Plan，EIAP）。该计划旨在提供一个正式的平台：反思和提升政府主导的对新产业发展进行支持的科技计划；在正规部门之间的协调和各种计划恰当部署方面进行援助。（2）加强创新型企业和高科技中小企业的参与。该研究旨在探讨如何缩小开发和工业生产之间的差距。（3）技术商业化战略。技术商业化被理解为将新产品或新的生产方法引入市场的过程。（4）协调创新支持计划。南非有着很强的科技能力与发展良好的科技创新制度框架，然而，政府、企业、学术界与市民社会之间的协调却不够。虽然有着无数的创新支持计划，但是这些计划的效率却因为重叠与分散而受到影响。

6. 经济特区与工业发展

经济特区是支持工业与经济长期发展的重要工具。南非贸易与工业部旨在通过建立一系列的经济特区为发展融资机构、国内投资和战略产业发展创造有利环境，从而促进就业和经济增长。经济特区的工业生产主要是重点支持高附加值产品的生产。南非经济特区的发展既有机遇，也面临着挑战。机遇主要有外国与国内投资的增加、产品产量增加并促进高附加值产品的增加、创造就业岗位、技术与技能的转移、工业发展的地区性扩展等。面临的限制因素则包括能源的供应与获得；战略性制造业部门生产技术不足，以及开发和管理经济特区的经验不足；港口效率低下，尤其是集装箱码头产能限制；欠发达的基础设施，包括铁路分支线、道路、供电、供水；物流成本高；复杂的监管和政府间的整合。南非在该领域的主要行动计划包括：（1）通过经济特区建立产业集群。（2）执行经济特区法案建议。经济特区法案旨在为经济特区提供指定、开发、促进、运行和管理方面的指导。（3）经

① Department of Trade and Industry of South Africa，*Industrial Policy Action Plan 2014/15—2016/17*，2014，p.57.

济特区能力建设计划。这是一个与经济特区相关的技能开发计划。

7. 地区一体化

近年来，很多非洲国家居于世界经济增长最快的经济体之列，一些国家自 2000 年以来年增长率达到 5%甚至更高。这一增长的主要来源仍然是农业生产的扩展、服务业的活力增长以及石油生产和矿物出口的增加。尽管有些估计认为到 2015 年会有 2 亿非洲人进入消费品市场，但事实仍然是非洲还在用低价的大宗商品来换取高价的制成品。这使非洲大陆在整体上仍然处于全球供应链的底端，严重依赖大宗商品生产和未经选矿的出口，这使得产品附加值少，前后部门之间的联系也不紧密。南非认为地区一体化是解决这一问题的一个有效途径，可以使非洲在全球价值链中的位置向上提升。更强大的地区市场对非洲工业化非常重要。在过去的一年中，南非与南部非洲发展共同体的其他成员国一起制定议程促进地区增长和贸易多样化。南非在地区一体化领域的主要行动计划包括：（1）区域经济共同体工作计划；（2）跨境基础设施和部门发展；（3）技术援助以促进最佳实践和建设能力的共享；（4）在标准、质量保证、计量和认证合作等技术基础设施方面进行合作。

（二）部门干预

1. 服装、纺织、皮革和鞋类

自从 2009 年推出“服装和纺织品竞争力方案”（the Clothing and Textiles Competitive Programme，CTCP）以来，尽管面临持续的挑战和威胁，但该方案还是对南非的服装、纺织、皮革和鞋类部门产生了显著的积极影响。CTCP 被细分为“生产激励方案”（the Production Incentive Programme）和“竞争力提升计划”（the Competitiveness Improvement Programme）。这些计划在实施四年后对上述四个部门起到了相当的稳定作用，并创造了大量工作机会。CTCP 在最初设计的时候其实只是为了应对远东非法进入的商品所带来的压力，阻止这一部门的迅速衰落。在其运行的四年中创造了 12 680 个体面的工作机会，同一时期 4 356 人失去工作，因此净增工作机会 8 324 个。至今，政府为 CTCP 项目提供的可用资金达到 24.88 亿兰特，批准了 688 项交易，362 个公司得到显著支持。[①]

这一产业所面临的不利因素包括：（1）货币高估与持续波动的周期反复；（2）“多种纤维协定”（Multi-fibre Agreement）期满以来全球进口量持续激增；（3）非法进口和欺诈性低报；（4）对“原产国”标签法例的遵守不足；（5）能够接替年老行政人员和高级管理人员的技能人才缺乏；（6）关于创新、研究和发展的历史赤字。该部门的主要机会是通过实施一系列干预措施提高全球竞争力，从而夺回更大的国内市场份额。其主要行动计划包括：（1）服装、纺织品、鞋类及皮革竞争力计划。该计划将使该行业在国内和出口市场与国际竞争者进行持续有效的竞争。（2）非法进口项目。该计划旨在进一步打击那些不断涌入该国的非法进口。（3）技能开发项目。该项目将与高等教育与培训部一起合作。（4）稀有皮革集群。该方案的主要成果将是改变服装行业，使本土服装技术具备全球竞争力并建立亚麻服装制造业的竞争力。

2. 汽车工业

汽车生产部门仍是大多数经济体的重要部分，这主要是它能将几个行业联系起来并为经济发展提供动能。汽车生产涉及范围广泛的工业活动，该部门在南非是领先的制造行业，2013 年占其 GDP 近 7%。截至 2013 年年底，近 10 万人受雇于汽车及零部件的制造，另有 20 万人受雇于零售和修理。2013 年的汽车总产量大约是 55 万辆。在南非也有大量的进口汽车产品，这导致 2012 年 492 亿兰特的贸易赤字。南非在汽车工业的主要行动计划包括：（1）对“汽车生产发展计划”（the Automotive Production Development Programme，APDP）进行审查——轻型汽车审查；（2）竞争力提升计划——在汽车供应商中推广采用基本操作标准。

3. 金属加工、资本与轨道交通设备

这些行业处于经济发展的中心，因为它们生产整个经济所使用的产品、应用和服务。这包括基础设施项目、建筑、一般工程、矿山、汽车和包装。金属制造、资本和铁路运输设备集群构成工业化道路的重要组成部分，是制

① Department of Trade and Industry of South Africa，*Industrial Policy Action Plan 2014/15—2016/17*，2014，p.69.

造业整体竞争力的关键驱动因素。在这个集群中的行业有相当不同和不平衡的特征。例如，南非在诸如矿山设备和结构钢领域有发达的专营能力，而在诸如铸造和模具行业则在停滞或下降。南非在此领域的主要行动计划包括：(1) 充分利用政府的资本和运营开支计划，以及在私营部门推动国产化。(2) 全国模具举措（National Tooling Initiative)。这是贸易与工业部和模具行业之间的一个联合项目。该倡议包括旨在改造南非模具制造行业的计划，致力于在南非增加模具行业的人力资本和竞争力。(3) 全国铸造技术网（National Foundry Technology Network)。这是一个铸造行业支持倡议。它的主要目标是通过适当的技能培训、技术转让和国家最先进技术的扩散来促进铸造业的振兴。

4. 选矿（上游和下游)

南非面临的一个挑战是从矿业和资源开采型经济向制造业、增值和创造就业型经济的转变。下游和上游选矿已被确定为南非工业化推动力的一个重要“支柱”。这样做的目的是为了在出口之前使国内矿产品有更多的附加值，以从国家剩余的矿产资源中提取更大的经济价值和就业机会，同时，使用矿物部门的需求来发展采矿投入产业（资本货物、消耗品和服务)。尽管南非有着丰富的矿产资源，但下游和上游选矿还没有完全达到其经济潜力，主要是由于主要价值链中的结构状况。贸易与工业部已经完成了一个研究项目，该项目分析了四个关键价值链（有色金属，聚合物，钛、铂族金属）中向后和向前选矿的潜力，并制定战略增加矿业投入（资本货物、消费品和服务）的本地化。下一阶段是要进行高层次的分析并确定选定价值链中有潜力的主要项目。2014/2015 年工业政策行动计划将专注于铁矿石/钢铁、聚合物和钛价值链，以及利用国家关税促进选矿业发展。

5. 农产品加工

农产品加工已被确认为具有实现“国家发展计划”（the National Development Plan，NDP）和“新增长路径”（the New Growth Path，NGP）中所设定一些宏观经济目标的潜力。农产品加工行业的一个重要特点是其与上游和下游之间的强大联系。从上游来看，该部门与多种养殖模式和产品的初级农业部门相联系。从下游来看，农产品加工品还可以通过再进一步加工，附加更多价值并通过批发和零售进入市场，再进入各种餐厅、酒吧和快餐店等。与农业的联系使该部门对创造就业和消除贫困至关重要。尽管有2008年国际金融危机的持续连锁反应，食品加工子行业继续表现出韧性，认识南非国内制造业部门中吸纳就业人口最多的部门之一——2013年第三季度提供了207 893个工作岗位。[①]为了数据的连续性，农产品加工部门在进行数据统计时仅划分为食品加工和饮料制造两个子行业。南非在此部门中的主要行动计划包括：（1）新兴肉鸡生产的发展。促进新兴家禽生产者进入主流肉鸡价值链以发展国内产业并提高其竞争力。（2）发展小型干磨和湿磨工业。这一干预将有利于小规模的玉米磨坊进入南非市场。预计此类磨坊在农村地区将具备特别的竞争力，那里的运输和物流成本提高了基本食品的价格。（3）提高水果和蔬菜罐头行业的生产效率。（4）食品加工行业技能计划。设立学徒计划，提高年轻人技能为其进入食品加工劳动力市场做好准备。（5）工业木薯淀粉商品化。增加木薯工业中的淀粉生产，以取代淀粉进口并为国内经济创造就业机会。（6）促进水产养殖中的公共和私人投资。

6. 林业、木材、纸张、纸浆和家具

（1）锯木部门。纸浆和造纸行业在南非林业部门中居于主导地位，锯木行业是第二大产业。锯木行业为诸如家具制造之类的加工行业供应木材和木材产品。全国大约有200家锯木厂，主要集中在夸祖鲁纳塔尔省、东开普省、姆普马兰加省和林波波省。锯木业属于劳动密集型行业，该部门是农村地区就业的主要来源，具有较高的乘数效应。该部门在为增值产品提供原材料方面扮演着重要角色，这些产品包括家具部件、低成本的房屋构件、门、窗、窗框及类似的建筑产品。因此，它的竞争力影响着许多下游产业。该行业发展面临着一些阻碍因素。首先，原材料的短缺。林业是高度垂直整合的行业。大公司从它们自己的种植园获得原材料，而锯磨和家具行业的中小企业则受限于与农业、林业与渔业部（Department of Agriculture，Forestry and

① Department of Trade and Industry of South Africa，*Industrial Policy Action Plan 2014/15—2016/17*，2014，p.84.

Fisheries，DAFF）和南非林业公司（South African Forestry Company，SAFCOL）的短期供应合同，这使得它们极易遭受经常性的供应短缺。其次，低回收率。锯木行业的特点是许多小公司在使用过时和低效的加工设备。这导致了低回收率和宝贵资源的浪费。考虑到原木成本达到锯木厂总成本的50%，这成为一个重要的限制因素。提高锯木厂的回收率将显著提高该部门的竞争力。因此，南非在该行业推出的一个重要行动计划，是通过技术升级帮助中小型锯木厂提高生产效率。

（2）家具制造。家具业目前拥有员工约2.9万人，注册机构2 200家，涉及家具、床上用品和室内装饰的生产。家具业是劳动密集型行业，对制造业GDP的贡献为0.95%，对制造业就业的贡献为1.6%。①家具行业在创造就业方面有着很大潜力，特别是在贫困的农村地区。但这需要在集群发展的框架内进行系统的干预以对技术进行升级并加强创新，以提高生产力和竞争力。集群化发展是通过共享基础设施、共享和降低投入成本以及更好地进行信息交流来实现规模经济的明显路径。一旦得到注资并升级技术，集群企业将能够更好地进入新市场。该行业所面临的障碍主要包括：技能缺乏，特别是像设计这样高水平技能的缺乏；缺少支持产业增长的研发；大量进口产品的竞争；小企业原材料供应不稳；等等。针对这些限制因素，南非提出了“家具设计项目”（Furniture Design Program）和“家具集群发展”（Furniture Cluster Development）计划。

7. 塑料

在整个塑料价值链中，南非塑料行业发展很好，符合本地和出口市场的需求。这是一个不断增长的市场。一般来说，塑料的主要市场在包装、建筑和汽车行业。其他使用某些形式塑料产品的产业还包括农业、纺织、电器、电子和机械工程等。大量价格低廉的低附加值塑料产品的进口导致很多国家塑料产业的重组或崩溃。其结果是，一些公司把生产工厂迁往成本更低的国家，而这些公司的母国却成为塑料制品进口国。在该领域，南非采取的主要

① Department of Trade and Industry of South Africa，*Industrial Policy Action Plan 2014/15—2016/17*，2014，p.89.

行动是打击非法进口和支持本地生产。

8. 业务流程服务

业务流程服务（the Business Process Services）涉及将部分必要但非核心的流程承包给第三方。离岸描述了对此种业务流程的重新定位，将会计、客服和后台进程等服务承包给其他国家。因此，离岸外包不仅是由外方提供服务，而是涉及跨国合作。南非积极抓住日益增长的离岸外包机会，成功利用诸如适当的基础设施、狭窄的时区差（特别是对欧盟国家）和合适的技能（文化方面的兼容性、语言和措辞能力）等国内属性。

9. 文化与创意产业

对于那些寻求经济多样化并进入世界经济中最具活力的行业之一的发展中国家来说，创意产业具有巨大的潜力。南非早已确定文化与创意产业对经济与社会发展的重要意义。然而，南非的创意经济长期以来一直为进口所主导。这对本地创意工业的发展及其相关的服务与就业都有着直接的影响。这一领域的子部门包括音乐、电影和工艺品等。南非在上述三个子部门都有相关的行动计划用来促进本地产业的发展。

10. 绿色工业

在过去的几十年中，南非工业部门的发展主要是使用廉价的煤炭和电力资源。目前，南非能源供应的约 85%来自于化石燃料，85%的电力是由燃煤发电厂产生，这使其成为世界上碳强度（化石燃料消耗占能源消耗的百分比）最高的国家之一。重工业或能源密集型行业对南非制造业净值输出的贡献约为 60%。在南非，矿产和能源综合体（the Minerals and Energy Complex，MEC）占国内总产量的约 20%，如果运输和存储也包含进来，这一贡献率将达到约 30%。再次，如果包括运输和存储，MEC 对出口的贡献率约为 70%，雇用了 150 万工人。MEC 部门还与经济中其他制造业部门有着错综复杂的联系。这使南非面临的挑战进一步复杂化，因为这使南非成为世界上能源强度（能源总消耗与 GDP 的比率）最高的经济体之一。[①]为了实

① Department of Trade and Industry of South Africa，*Industrial Policy Action Plan 2014/15—2016/17*，2014，p.110.

现政府的减排目标，环境事务部在 2013 年委托进行了一项“温室气体减排潜力分析”（Greenhouse Gas Mitigation Potential Analysis）。通过识别和分析减排方案，这一研究的总体目标是在主要经济部门为温室气体减排提出一套可行的建议，这些部门包括能源、交通运输、工业、废弃物和农业、林业和其他土地利用。

南非政府已经推出了可再生能源计划，目标是在确保能源未来的同时限制温室气体排放并减少失业。2011 年，“可再生能源独立电力生产商采购计划”（the Renewable Energy Independent Power Producer Procurement Programme，REIPPPP）揭开序幕，政府宣布到 2016 年将采购 3 725 兆瓦的可再生能源。在第一轮招标中，28 家首选投标人被选出来供应 1 416 兆瓦，2012 年又有 19 个投标人被选出来再供应 1 044 兆瓦。这一承诺为可再生能源的本地发展开辟了机会。若干显著投资被用来开发可再生能源组件的本土制造能力。[①] 与绿色经济相关的其他举措，还包括开发本地风能和太阳能产业、太阳能光伏板的指定、碳税和温室气体减排、水资源管理与循环、废弃物管理与回收产业战略等。

11. 造船及相关服务行业

南非造船部门已开发出在帆船多体船双体船方面的特定实力，一些南非公司被视为全球领导者。南非公司还发展了特定船只的制造能力，如消防船及石油和天然气部门的船员运输艇。同时，也出现了动力双体船生产的多样化。南非造船业拥有良好的品质和客户，与发达国家制造商相比起劳动力成本也具有竞争力。因此，南非造船业在劳动密集型工序上具有竞争优势，如船体建造。南非在造船业的主要行动计划，包括造船技能开发计划、组件轮船/造船/维修集群、产业标准与资格认证。

12. 先进制造业

先进制造业已被全球公认为逆转去工业化和创造体面、生产性、高新就业岗位的非常重要的途径。将新老知识和技术进行组合被越来越多地视为在

---

① Department of Trade and Industry of South Africa, *Industrial Policy Action Plan 2014/15—2016/17*, 2014, p.112.

制造业部门补充传统因素（劳动力、材料、资本货物、能源等）提升制造业技术水平的方式。这些都可以在智库报告及制造业政策文件中找到证据，它们都认识到人才驱动的创新和技术改进是全球制造业竞争力的主要驱动力。南非大学和科学中心在先进材料工业有着卓越的研究，在特定制造业集群中南非具有相当的国际竞争力。从研究衍生的知识向先进材料商业化的迈进极为重要，特别是在纳米材料、复合材料、用于医疗的智能纺织品、建筑工业等领域。南非在这一领域的不利因素，包括工程师不足、先进材料使用的国内市场狭小、创新商业化缓慢等。因此，南非的行动计划非常重视新技术的商业化。

13. 南非软件业

南非软件业在某些领域具有全球竞争力。这些主要包括软硬件定制开发。为了帮助创造软件技能与能力开发的基础，“信息和通信技术研发和创新路线图”（the ICT R&D and Innovation Roadmap）被制订出来并于2012年在内阁通过。该路线图确定了几个垂直的信息和通信技术的市场机会。先进的软件开发能力将是支持这些举措的重要前提。提升南非的电脑软件生产能力是其重要的战略优先事项。如果南非软件开发商能够具有全球竞争力，他们将不仅在服务本地市场方面具备显著潜力，也可能会将市场扩展到欧洲、北美和亚洲等地。南非在该领域的主要行动计划是“软件开发过程改进计划”（Software Development Process Improvement Programme），用来提高南非软件的质量。

14. 家用电器

南非国内家用电器行业被分割为大家电和小家电。大型家电制造商占80%的国内市场份额。直到最近，主要的生产商还是Defy家电和惠而浦（Whirlpool）。但是近来又有三个主要的新进入者。国内家电生产传统上集中在制冷和烹饪器具，占销售额的63%。目前，家电行业的就业人数约为3 000人。受中等收入家庭和公共电气化项目的驱动，总体而言，家电部门出现了稳步增长。据预测，未来的增长潜力在于炉具、微波炉和电磁炉，以满足较为低端的需求。南非制定了家电出口战略，并通过技术升级促进国内家电生产竞争力。

七、结语

通过上面对南非工业政策的考察我们可以看出，南非极为重视本国工业化的实现。通过一系列的战略框架、行动计划等干预措施，促进本国的工业发展。在南非的工业化战略中，能够吸收劳动力和促进本国国际竞争力的行业与部门被给予特别的重视。在南非的工业发展战略文件中，中国被多次提及，但主要是以南非竞争者的身份出现。南非认为中国制成品的大量出口一方面抢夺了南非市场、压缩了南非本国工业的生产空间，另一方面也影响了南非的工业制成品出口。南非在众多部门制定了发展战略与干预措施，很多设定的目标看起来过于雄心勃勃，而过多的战略发展重点也许意味着没有真正的发展重点。总之，对南非工业发展政策的考察，有利于我们了解南非的发展理念，有利于我们制定与调整与南非的发展合作政策。

坦桑尼亚探索工业化自主之路述评

卢海生

摘要：坦桑尼亚自独立后开始了自主的工业化进程，目前已走过半个多世纪的道路。尼雷尔时期的工业化，基本奉行社会主义工业化模式，虽然有较多失误，但也有成绩和经验。尼雷尔以后的时代，坦桑尼亚进行经济改革，工业化遵循市场经济道路，取得有目共睹的成效，但总体看，工业化并未能取得突破进展，仍在初期阶段和较低水平，任重道远。

关键词：非洲；坦桑尼亚；工业化

作者简介：卢海生，华东师范大学非洲研究所，讲师

自18世纪后半叶英国工业革命后，工业化一直被认为是一国开发经济、富民强国的唯一模式和必由之路。二百五十多年间，世界范围内多次掀起工业化浪潮。实现工业化，几乎是所有民族国家孜孜以求的目标，也被看成是在这个工业化铁流滚滚向前的世界上立足和发展的必要条件。作为一个经济和社会发展落后的非洲国家，坦桑尼亚曾先后是德国和英国的殖民地，于20世纪60年代初获得独立后，开始了真正的工业化进程——非洲人自主的工业化过程。这个过程迄今已经走过整整半个世纪，在开始的时候似乎一切顺利，但紧接着所经历的道路可谓艰难曲折，甚至一度陷入绝境。后经过积极努力调整虽然开始稳步发展，但收效远不能令人满意。独立之初，坦桑尼亚

是世界上最穷困的国家之一；而目前，它仍然是世界上最贫穷的国家之一，在工业化之路上蹒跚而行。坦桑尼亚实现工业化仍将是一个任重道远的过程，对坦桑尼亚人来说，除了智慧和信心之外，毅力和耐心方面也是个考验。本文粗浅论及的是：坦桑尼亚的工业化是在怎样的背景下展开的？其工业化经历了怎样的道路和波折？尼雷尔时期的工业化是完全失败的吗？如果一个时期的失败并不意味着此路永远不通，那么又有哪些教训和经验足资汲取？

一、坦桑尼亚工业化的背景

和许多非洲国家一样，坦桑尼亚的工业发展起步于殖民地时代。但殖民地时代的工业，集中于农产品加工和食品加工，服务于殖民当局和宗主国攫取工业原料的需要，是畸形的殖民地农矿产品出口贸易的附属。[①]笔者认为这样的工业发展并非真正意义上的工业化。所谓“经济发展优先于非洲人的需要和取得他们的同意”，[②] 是一种典型的殖民地工业化思维，与绝大多数非洲人的福祉背道而驰。真正的工业化应该是一个获得独立和主权的国家，自主地开发民族经济和现代产业，实现国民经济结构性的转变（由农业主导变成工业主导）、最终惠及民生的行为。20 世纪 60 年代初期，坦桑尼亚从英国获得政治独立，为了进一步实现民族国家在经济上的独立自主，以及尽快地改善人民生活、改变社会长期贫困落后的局面，在尼雷尔总统和坦盟领导下，开始大力发展民族工业，这才是真正意义上的坦桑尼亚工业化的开始。

坦桑尼亚和大多数非洲国家开展工业化的经济、社会、政治背景，和历史上西欧、北美国家、俄国、日本以及其他亚洲国家、拉丁美洲国家的工业化背景都很不同。就外部环境而言，困难远远大于机遇。这里是世界上最后被工业革命的浪潮席卷的地方，距离英国工业革命已经 200 年；当时欧美发

① M.S.Silver *The Growth of Manufacturing Industry in Tanzania*：*An Economic History*，Westview Press/Boulder and London，1984，p.309.

② 伊-基曼博、阿·特穆：《坦桑尼亚史》（下册），商务印书馆 1973 年版，第 396 页。

达工业化国家已经处于第三次工业革命中。一些亚洲和拉美国家的工业化也早非洲国家一步开始。这样，从全球格局的角度来看，留给坦桑尼亚等非洲国家的工业化空间已经不多。早就形成并固化的世界经济和贸易格局，对坦桑尼亚这样处于外围和边缘的非洲国家十分不利。它被迫在“出口原料、进口成品”的道路上继续走下去。“从殖民时代因袭下来的……国际经济关系，不能战胜自独立以来一直存在的欠发达状态。建立这些制度和关系是为了满足外国人的利益而不是本国人的利益。如今，这些制度和关系的作用依然如故。结果，尽管赢得了政治独立，但经济依附和经济剥削依然存在。”① 坦桑尼亚等非洲国家工业化不是没有任何机遇，但无疑困难重重。

而就自身条件来说，也很不乐观。首先，坦桑尼亚的经济基础十分薄弱。这表现于许多方面。坦桑尼亚殖民地时代遗留的工业遗产，即便和肯尼亚等其他东非国家比，都是很少的。第二次世界大战为非洲殖民地的工业发展创造了空间，但即便如此，第二次世界大战结束时候，坦噶尼喀也仅有183 家规模很小的农产品加工厂。②一张“1920—1948 年坦桑尼亚大陆主要进口货物”的清单，可以从反面清晰地反映坦桑尼亚大陆工业状况。纺织品、食品和饮料、车辆、润滑剂和燃料、机械、钢铁材料、药品和化工产品、轮胎、管材、建筑材料，甚至纸张、陶器、玻璃器皿、麻袋和皮革，都在主要进口货物之列。③这种严重的经济依赖和依附，完全是殖民主义政策造成的。独立前夕的 1961 年，坦桑尼亚大陆制造业产值仅占国内生产总值的 3.6%（产值 695.8 万英镑），而农业产值要占到国内生产总值的 59%。④整个工业领域里的工人只有 2.2 万。⑤此外，坦桑尼亚的农业和商业也处于落后状态。农

① 斯塔夫里阿诺斯：《全球分裂：第三世界的历史进程》（下册），商务印书馆 1993 年版，第 730 页。

② C.E.Barker，M.R.Bhagaven，P.V.Mitschke-Collande and D.V.Wield *African Industrialization：Technology and Change in Tanzania*. Gower Publishing Company，1986. p.45.

③ M.S.Silver *The Growth of Manufacturing Industry in Tanzania：An Economic History*，Westview Press/Boulder and London，1984，p.37.

④ M.S.Silver *The Growth of Manufacturing Industry in Tanzania：An Economic History*，Westview Press/Boulder and London，1984，p.72.

⑤ 裴善勤编著：《坦桑尼亚》，社会科学文献出版社 2008 年版，第 257 页。

业是第一大产业，但除了外国人（欧洲人和亚洲人）经营的农场或者种植园以外，其他都是本土非洲农民的经营，完全属于自然经济和落后的传统小农生产、经营。最好的土地用来种植剑麻、棉花、咖啡、可可、茶叶等经济作物，满足国外市场需要，同本国的国计民生没有直接关系。农产品的出口也十分单一，主要是未加工的剑麻、原棉和咖啡，三种作物占据国内生产总值的54%。[①]商业无论对外贸易还是对内贸易，基本控制在欧洲人、阿拉伯人和印度移民手。从历史上看，凡是成功启动工业革命的国家，都有相对来说发达和比较发达的农业和商业作为基础支撑。农业生产效率提高，才有更多的劳动力转移至工业。农业是食物和其他原料的来源，还产生资金的积累。农业生产本身也是一种消费，为加工和制造业创造需求和市场。商业在各种产业之间起到联系和沟通的作用。除了像农业一样产生资金积累以外，商业还培养金钱和财富观念，引导消费，逐渐改变人们的生活方式。这些都是坦桑尼亚等非洲传统社会所缺乏的，但也是工业化所必需的。独立之初，坦桑尼亚在能源、交通运输、通讯等基础设施方面比较落后，有些领域几乎是空白。工农业等生产领域，技术化程度很低。高级和中级管理、技术人员毋庸论及，就连普通劳动力也显得不足。人力资源匮乏长期困扰非洲一些国家。早在19世纪末，当英国人决定在东非修建铁路的时候，遇到的很大困难之一就是劳动力问题。当地非洲人连使用镐头和铁锹的经验都没有。[②]到独立前夕，虽然有一定进步，但未能有根本改观，人力资源匮乏依然是制约坦桑尼亚工业化的因素。

其次，坦桑尼亚和其他许多非洲国家一样，社会发展落后。在东非几个国家中，坦桑尼亚部族最多，总共一千多万人口中，有123个部族。[③]虽然坦桑尼亚部族之间矛盾不像有些非洲国家那样尖锐，但是毕竟由于部族众多，

① 尼雷尔：《尼雷尔文选》（第三卷），王丽娟、聂莹、王磊译，舒运国译校，华东师范大学出版社2014年版，第198页。

② 佐伊·马什、C·W·金斯诺斯：《东非史简编》，伍彤之译，上海人民出版社1974年版，第293页。

③ 尼雷尔：《尼雷尔文选》（第三卷），王丽娟、聂莹、王磊译，舒运国译校，华东师范大学出版社2014年版，第201页。

整个国家的社会结构松散，组织化程度很低，政府的社会动员能力以及民众的社会一致行动能力都大打折扣。而自近代在西方国家地区兴起的工业，看似平淡无奇，其实是建立在一定文明阶段的社会组织和社会结构基础上的。“所谓大工业，首先必须将其理解为一种组织、一种生产制度。”① 可见发展工业，一定的劳动组织和纪律是必不可少的。此外，非洲传统的生活方式和价值观念，和西方文化所推崇的“产业精神”，也有一定的距离。20 世纪初期，欧洲殖民者就觉得：“非洲人不愿意改变世世代代的积习。老的生活方式满足了大多数人的需要，他们看不出有什么理由要加以改变。很多欧洲人对此感到震惊，因为他们是来自这样的国家，那里食物来之不易，而衣着又是必不可少的。因此，他们认为当然大多数人必须依靠劳动谋生。”② 其实，经历约半个世纪，情况必然有所改观。但长期养成的社会习俗和生活习惯，非是短时间里就能彻底改观的。1967 年，尼雷尔总统曾经谈道：“我们在殖民主义和资本主义环境下成长，这意味着我们将把从前养成的不良习惯带入新社会。我们亟需接受社会主义教育来改掉不良习惯。”③ 但是实际上，坦桑尼亚在前殖民主义和资本主义的环境中成长的时期更长，在更加顽固的传统文化当中，存在一些对于实现工业化更加不利的因素。1968 年，在为中国援建的友谊纺织厂举行开业典礼时，尼雷尔总统讲话中一再要求坦桑尼亚工人要“勤奋守纪”。④其实毋庸讳言，非洲国家原先多处于文明发展的初期阶段，在很短时间里被挟裹着卷入工业化浪潮。这就意味着，在短时间里要实现的不仅是生产的转换、经济的转换，更是文化和文明的跨越和转换。从财富观念到科学技术素养、从劳动习惯到工业生产中的工作纪律，都存在一个养成问题。资料显示，1965—1972 年间，坦桑尼亚制造业中劳动生产率低而

---

① 保尔·芒图：《十八世纪产业革命：英国近代大工业初期的概况》，杨人楩译，商务印书馆 1983 年版，第 9 页。

② 佐伊·马什、C·W·金斯诺斯：《东非史简编》，伍彤之译，上海人民出版社 1974 年版，第 318 页。

③ 尼雷尔：《尼雷尔文选》（第三卷），王丽娟、聂莹、王磊译，舒运国译校，华东师范大学出版社 2014 年版，第 212 页。

④ 尼雷尔：《尼雷尔文选》（第三卷），王丽娟、聂莹、王磊译，舒运国译校，华东师范大学出版社 2014 年版，第 38 页。

且不稳定，多次波动。[①]劳动生产率也取决于多种因素，但和劳动力自身素质有很大关系，是毫无疑问的。

再者，坦桑尼亚和多数非洲国家一样，20 世纪 60 年代在开始工业化的时候，确切地说是在选择发展民族经济和现代化道路的时候，还承受着很大的政治压力。由于在 19 世纪末戴着西方殖民者强加在他们身上的枷锁进入现代世界，长期在经济上被剥削和压榨，在政治上饱受欺凌，非洲独立国家对原宗主国不同程度怀有抵制情绪。此外，他们还急于要控制和掌握自己经济命脉。[②]如尼雷尔那样的政治家，基本可以左右国家的方针政策和道路，对西方国家资本主义发展道路极不认同。作为世界工业化浪潮最后波及的地方，国家积弱、人民贫困，也让非洲第一代的政治领袖感觉责任重大，这促使他们奋发有为，但也会让他们产生盲目和急躁。在 20 世纪 60 年代及以后一段时间里，非洲大陆处于政治化和革命化的浓厚氛围，许多非洲国家都在政治独立以后选择了社会主义发展道路，并非偶然。坦桑尼亚 20 世纪六七十年代大力推行国有化和集体化政策，原因之一是尼雷尔担心社会贫富分化。他看到，“一小部分人利用了国家的资金和技术资源，为自己谋取利益。国家开始产生了一批经济和社会精英，他们首先关心的是他们自己和家人的利益，而不是社会大众的生活水平。一个真正的社会等级体系正在形成”[③]。这种担心必然产生在政策上盲目地排斥私人经济和私营企业的做法。事实上，像坦桑尼亚这样发展落后的国家，正需要有一个时期的私营经济的大发展作为财富基础、产业基础和社会基础。私人经济带来社会分化，但这是财富积累所必需的代价。财富之水如果达不到一定的深度，就难以承载工业化之舟。所以，坦桑尼亚工业化的政治革命背景是双重的。一方面是，摆脱了殖民统治，获得了政治上的独立自主，自己掌握自己的命运，这是一个巨大的民主成果，它赋予工业化以民族和民主的意义。但是另外一方面，非洲独

---

① M.S.Silver *The Growth of Manufacturing Industry in Tanzania*: *An Economic History*, Westview Press/Boulder and London, 1984, p.160.

② 舒运国、刘伟才：《20 世纪非洲经济史》，浙江人民出版社 2013 年版，第 80 页。

③ 尼雷尔：《尼雷尔文选》（第三卷），王丽娟、聂莹、王磊译，舒运国译校，华东师范大学出版社 2014 年版，第 207 页。

立既然在政治上是反西方的，这很容易导致他们在经济领域——工业化的道路上反西方（主要是市场经济和私有制）。其实，这两者可以分开。尤其对坦桑尼亚等非洲国家，私人经济和资本主义是绕不开的。企图将在原始文明基础上的村社共同体和工业化条件下的社会主义对接，已经证明是一种幻想。不顾国情和社会发展阶段，急于搞社会主义的国有化和国营化，结果是欲速而不达。

二、尼雷尔时期的坦桑尼亚工业化

坦桑尼亚工业化的进程，可以区分为明显不同的两个时期：尼雷尔时期和后尼雷尔时期。尼雷尔总统自独立后执政 25 年（1961—1985），推行的是社会主义工业化模式。国家全面参与工业化，从投资控股，到直接投资建厂，到最后进行大规模国有化，全面负责进行工业化的动员、组织和领导工作。金融机构、贸易公司、企业、农场国有化和国营化，生产实行计划化。"进口替代"是坦桑尼亚国家工业化的战略政策。后来，又提出"基础工业战略"（即 BIS）[①]。总的来看，这个时期有比较严重的失误和挫折，但也取得了不可否认的成绩，不能简单贬为"失败的发展道路"。[②]尤其考虑，非洲国家工业化对外部依赖性都很强，这是长期的殖民地经济造成的，也是很长一个时期难以改变的。尤其尼雷尔执政后期，国际经济环境恶化，对坦桑尼亚这样一个经济基础薄弱、经济实力很差的国家来说，几乎是不可抗拒的。

尼雷尔时期的工业化又可以分成三个阶段。1961—1967 年为第一阶段，是坦桑尼亚自主的工业化起步阶段。这个阶段执行了一个"三年经济发展计划"（1961—1963）和"第一个五年计划"（1964—1968）。虽然尼雷尔早就确定坦桑尼亚要走社会主义工业化道路，但独立之初并没有急于搞社会主

---

① C.E.Barker，M.R.Bhagaven，P.V.Mitschke-Collande and D.V.Wield *African Industrialization：Technology and Change in Tanzania*. Gower Publishing Company，1986，p.178.

② 陈令霞、张静芬：《东非三国——缔造民族国家的里程》，四川人民出版社 2002 年版，第 168—184 页。

义。政府实行“自由垦牧”的经济政策，扶持小农、发展农业，鼓励私人投资，进行基础设施建设，意在为工业化开展打下基础。这个时期，国家开始发展“进口替代”工业，注重发展日常消费品生产。同时，实行出口原料的加工和保护贸易政策。由于独立的时候，几乎整个国民经济特别是工业部门完全掌握在外国人之手，是“非民族性”的，政府在政策导向上实行发展民族资本、限制外国资本，即所谓“非洲化”政策。这一时期，坦桑尼亚民族工业顺利起步，工业化势头总体比较好。据统计，1961—1966 年间，工业产值年均增长 13%，工业产值占 GDP 比重从 3.4%提升到 8.1%。①制造业雇用工人 1961 年 19 755 人，占全体雇用者的 4.6%；1965 年增加到 25 729 人，占比达到 7.7%。②这反映出制造业相当快速的发展。这个时期值得注意的是，国内外私人投资也有发展。如 1962 年的美英烟草公司、当地亚洲人的炼铝厂、意大利一家石油公司和坦桑尼亚政府合资开办炼油厂。一批新工厂建立起来，多在轻工业领域，纺织、制鞋、制革、造纸、农产品加工以及木材加工。国家参与工业的规模起初很小，后来呈现不断扩大，但政策比较慎重、稳妥，措施具有针对性且比较得力。这个阶段坦桑尼亚粮食自给有余，以及对外贸易的顺差，都形成对工业化的有力支持。

1967—1976 年，是尼雷尔时期工业化的第二阶段。1967 年，尼雷尔总统发表《阿鲁沙宣言》，标志坦桑尼亚正式进入社会主义工业化阶段。在这个阶段，政府执行了“第二个五年计划”（1969—1973）以及“三年临时调整计划”（1974—1976）。政府首先将银行等金融机构、进出口贸易公司收归国有，还对关乎国计民生的重大工厂企业实行国有化。对轻工业如剑麻加工厂、卷烟厂、皮鞋厂、酿酒厂、炼油厂和采矿企业征购一半以上的股份，实行合营。国家经济发展计划对进口替代工业实行优先发展政策，政府重点投资于日常生产和生活必需品的制造。这个时期，国营企业已经占了整个坦桑尼亚经济、特别是工业领域的主导地位。这个阶段，处于国民经济和工业核

① 裴善勤编著：《坦桑尼亚》，社会科学文献出版社 2008 年版，第 200 页。

② M.S.Silver *The Growth of Manufacturing Industry in Tanzania*：*An Economic History*，Westview Press/Boulder and London，1984，p.170.

心的制造业，雇用工人数量翻了一番多，达到1972年的58 496人。[1]第二个五年计划期间，坦桑尼亚现代制造业部门生产也得到很大扩展，炼油、水泥、机械、纺织企业纷纷建立，过去那种靠棉纱和食品加工支撑门面的制造业，为之一变。[2]农村则实行集体化运动，即“乌贾马运动”。乌贾马运动试图克服非洲农村人口分散、低组织化、结构松散和效率低下的问题，以集中的、组织化的、紧凑和高效的农村和农业，配合工业化。

但这个阶段的国有化政策过于激进和急躁。国营工厂和国营农场，不仅因为管理不善降低了生产效率，也排斥了外资和打击私人资本，这对于缺乏管理和缺乏资金的非洲国家来说，都是不利的。乌贾马运动人为地建立不切合实际的农村行政单位——“乌贾马村”，对于农村和农业都造成了很大伤害（1967—1976年间农业增长率降至2.8%），累及刚刚起步的工业化，也是必然的。这个期间农业的不振，也导致出现外贸逆差并不断扩大，对工业发展造成重大影响。“二五”计划期间，GDP增率回落到4.8%。工业增长速度也明显放慢，工业化发展的困难次第开始出现——粮食进口、外贸逆差、财政赤字、通货膨胀。

虽然推迟了“第三个五年计划”的执行，代之以“临时调整”，但这并不意味着社会主义工业化大方针的改变。相反，坦桑尼亚政府朝着社会主义工业化发展的方向和措施更明确。1975年，坦桑尼亚政府制定了一个为期20年的《长期工业发展计划（1975—1995）》，提出基础工业发展的战略，意在加快实现经济结构转变。发展计划除了规定继续发展进口替代工业外，还提出发展农产品主要是经济作物的加工工业；允许私人投资于矿产资源部门，建立独资或者合资新型矿业。但是，这个长期计划真正强调的是重工业的发展在工业化进程的作用。它提出，加强生产资料（资本货物）的生产，是扩大再生产的前提；重化工业还可以使得国民经济各个部门的链接更加紧密，减少对外部经济依赖性；还可以最大限度地利用本地资源，满足绝大多

---

① M.S.Silver *The Growth of Manufacturing Industry in Tanzania*：*An Economic History*，Westview Press/Boulder and London，1984，p.170.

② Ibid.，p.140.

数坦桑尼亚人的最基本的生活需要。这个工业发展战略，和以前的“加工出口”、“进口替代”战略，有了不同。一些人认为，长期计划的战略和当时苏联、中国的工业化战略是一样的，信奉“农业为基础，工业为先导，重工业是重中之重”[①]。

长期战略出于经济安全考虑而想加强经济独立。事实上，早在 1971 年的一个报告中，尼雷尔就注意到要加强经济的独立性。“我们不可能不受世界市场的影响，但……世界经济状况日益不景气，我们有责任采取适当的行动，将我们的优势最大化，尽量弥补我们的劣势。因此，我们通过国有化政策，逐步增强经济的独立性。”这个阶段，坦桑尼亚工业发展的计划化和国家强硬参与，有值得肯定的地方。如农业基础设施修建，钢铁、机械制造、汽车等重工业建立，对于一个致力于发展民族经济、实现工业化和现代化的欠发达国家来说，是非常必要的。

1977—1986 年是尼雷尔总统执政的最后十年，先后执行了被推迟的“第三个五年计划”（1977—1981）和“第四个五年计划”（“四五”计划后来由于经济困难而被一个临时调整计划取代）。“三五”计划期间，政策上优先发展工业，包括钢铁、化工、机械工业，表明政府在长期计划中所表达的努力实现工业化和经济独立的目标和决心不变。开始允许和支持私人投资中小企业，说明尼雷尔政府已经开始面对现实，做出灵活变通，让私人资本为社会主义工业化所用。但是这个阶段，工业化的外部条件很差。坦桑尼亚工业化对外部资金依赖严重，欧美国家处于严重的经济“滞涨”时期，国际市场石油价格上涨，坦桑尼亚农业遭受旱灾，与邻国乌干达的战争，使得外援减少、外汇枯竭。东共体解体，也对经济趋向恶化有一定的影响。坦桑尼亚工业化或许可能由于政策调整出现新生机，但最终由于各种外部因素导致整个经济形势的不断恶化，完全陷入困境。

“四五”计划（1981—1985）只执行了两年，就难以为继，不得不代之以一个为期三年的结构调整计划。该计划接受了国际货币基金组织的建议，

① C.E.Barker，M.R.Bhagaven，P.V.Mitschke-Collande and D.V.Wield *African Industrialization：Technology and Change in Tanzania*. Gower Publishing Company，1986，p.179.

采取多项措施挽救经济危局，如提高农产品收购价格刺激农业生产；鼓励国内外私人投资于农业和基础工业；争取多样化的外部资金援助。此外，加强企业管理、精简政府机关。但是调整计划收效不大。尼雷尔执政最后的十年间，坦桑尼亚工业产值不断下降。自 1980 年开始工业连续 7 年减产，产值回退到 20 世纪 70 年代初期的水平。[①]外贸逆差、财政赤字和债务负担，使得国家无钱进口必要的工业原料、机械零部件；加上电力、供水不足，工业的开工率从 1976 年的 69%下降到 1986 年的仅 30%左右。[②]坦桑尼亚这个时期工业化的严重受挫，集中反映出一点：非洲国家政治独立后，实现经济独立的道路将是漫长的。要实现经济独立，必须搞工业化（特别是重工业化）。然而自身经济基础过于薄弱，进行工业化的时候，对外部环境的依赖性十分严重。正是感觉到过于对外依赖的危险，使得它们太急于实现民族经济的独立，这种操之过急其实损害了工业化，也最终让经济独立遥遥无期。

然而总体来看，尼雷尔时期工业化还是取得不少成绩。例如，农业基础设施兴建，重工业的建立，进口替代工业形成了一定的规模。服装、纺织、制鞋等基本满足国内需要。制糖业完全满足国内市场需求。其他轻工业领域也实现了长足进步。1982 年，坦桑尼亚工业产值占国内生产总值的 15%，工业就业人口达到了 12.9 万。[③]另外，尼雷尔工业化时期，坦桑尼亚在其他领域，如健康、医疗、教育等社会和人文方面，也取得一定的进步。

三、后尼雷尔时期的坦桑尼亚工业化

1985 年姆维尼执政，是后尼雷尔时代工业化的开始。后尼雷尔时代的工业化基本上是循着市场经济的道路进行。这个时期分别经历了姆维尼、姆卡帕和基奎特执政的阶段。第一个阶段，即姆维尼执政时期（1986—1995），西方国家经济政策的大气候，对非洲国家工业化政策产生很大影响。姆维尼

---

①② 裴善勤编著：《坦桑尼亚》，社会科学文献出版社 2008 年版，第 203 页。

③ 裴善勤编著：《坦桑尼亚》，社会科学文献出版社 2008 年版，第 259 页。

执行的“自由主义工业化”政策包括：取消农村集体化和乌贾马村、发展小农经济、支持私营农场；整顿国营企业，鼓励个体经营。1986 年 8 月，接受国际货币基金组织贷款条件，实行结构调整，制定“三年经济恢复计划”（1986—1988）。通过货币贬值增加出口、吸引外资；提高农产品价格刺激农民积极性。压缩政府开支和货币供应量以遏制通货膨胀。工业领域里，不新建项目，致力于恢复重要工业企业生产。加强国营企业管理，自负盈亏，提高工业开工率。资金方面，通过国际货币基金组织和世界银行的牵头，落实了许多贷款和赠款项目。这个阶段的调整扭转了经济下滑的局面，开始了缓慢的回升。

第二个经济恢复计划（1989—1991）加速经济结构调整，使得国民经济继续向市场经济转化。调整收到了效果，其间，GDP 增长平均达到 4.83%，通货膨胀有所下降。紧接着，第三个经济恢复计划（1992—1994）出台，提出重点发展农业、交通和社会服务部门；工业领域加强自力更生，减少对外依赖。但是，内外贸易和投资上过度的开放和自由，加上监管不力，致使国家税收减少，通货膨胀反弹，出现经济困境。姆维尼主张多元化以发展私有经济，提倡自由化以吸引外资，这个时期的工业化实际上被新自由主义主导。但是，新自由主义对坦桑尼亚来说，不尽符合国情，如自由贸易无疑损害自己弱小民族工业。而盲目参与国际分工，反而招致工业化水平倒退，造成国民经济严重的滞涨。

1995 年 10 月，姆卡帕继任坦桑尼亚总统，这是后尼雷尔时代工业化的第二个阶段。继续坚持经济自由化、市场化和私营化，是改革的大方向。政府出台不少促进工业发展的政策和法规。1996 年制定《工业可持续发展政策（1996—2020）》。次年，议会通过新的投资法，对工业投资实行更多更大的政策优惠。21 世纪前夕，坦桑尼亚政府在远景规划中提出，在 2025 年前，争取把坦桑尼亚建成一个半工业化国家，将工业产值提高到国内生产总值的 40%。[①]远景规划还明确，私营经济部门在发展经济中起主导作用，以

① 裴善勤编著：《坦桑尼亚》，社会科学文献出版社 2008 年版，第 261 页。

市场为导向，以市场竞争为动力。政府建立了出口加工区、工业园区；鼓励中小企业发展，专门建立发展银行为其发展进行融资。

姆卡帕政府为了争取更多国际援助，制定“加强经济结构调整计划”（1995—1997），实际上是经济改革以来的第四个经济恢复计划。其内容包括：优先发展农业，放开农产品市场；加强基础设施建设；对国营企业进行私有化改造；加强金融部门改革，以改善投资环境；等等。

改革吸引了外国资本投资和本国私人投资不断增加。企业私营化速度很快。1997 年底，400 家国营企业中，一半以上成为私人企业或者合资企业。私营与合资经营使企业获得动力与活力，经济得到恢复和发展。第二个加强结构调整计划期间（1998—2000），继续了私营化和市场化政策，各经济领域完全对私营经济开放，对国内外私人投资实行更加优惠的政策。1997 年以后，坦桑尼亚私人投资猛增，外国直接投资更是增加明显。由于政府重视，坦桑尼亚旅游业和矿业这个时期得到很大发展，与农业一起成为赚取外汇的部门。世纪之交，坦桑尼亚经济完全走出低谷，进入相对比较平稳的发展时期。政府自 2001 年开始执行《减贫和发展计划》，更加务实的政策带来全面发展。国内生产总值增速由 1996 年的 4.2% 提高到 2004 年的 6.7%。2004 年，坦桑尼亚启动第二个减贫和发展计划。2005 年，基奎特总统执政后，基本延续两位前任的市场化改革，坦桑尼亚经济发展和工业化，都取得了有目共睹的成绩。2008 年，坦桑尼亚制造业增长 8.5%，对国内生产总值贡献 9.1%。①不过，同样明显的是，自由主义主导的改革已经在时间长度上超过尼雷尔的工业化，达到将近三十年。总体来看，情况没有取得根本性改观。坦桑尼亚经济在结构上仍一如既往，工业化仍然在比较低的水平徘徊。

四、坦桑尼亚工业化道路的反思

坦桑尼亚自主的工业化已经走过五十多年。其中，以国营经济和计划经

① Stephen M.Kapunda *Trade, Industrial Policy and Development in the Era of Globalization in Africa: The Case of Botswana and Tanzania*. from T.Moyo (ed.) Trade and Industrial Development in Africa: Rethinking Strategy and Policy, p.57.

济为主的社会主义工业化二十五年，私有化、市场化和多元化的改革也持续了三十年。至少到目前为止，两者都没有让坦桑尼亚在工业化的道路上取得突破性进展。对于坦桑尼亚这样一个在非洲国家中也属贫穷和落后的国家，自然留下很多遗憾。但是，每个非洲国家都有自己的特点，没有一个现成的万应药方和一劳永逸的解决方案，所以，探索是必要的，而且可能永远都需要。找到适合自己国情特点的工业化发展道路，是不容易的。要勇于实践、勇于试验，也需要静心地总结和思考。应该说，坦桑尼亚工业化走过了艰难曲折的道路，正走在充满希望的道路上。其有以下几个值得思考和把握的问题：

首先，建立一个相对比较完整的，也是自主的、独立的国民经济体系，无论如何是非常必要的，应该继续毫不动摇地坚持。坦桑尼亚经济基础薄弱，殖民地时代留下的工业遗产很少、水平很低。在世界分工和经济贸易格局中，处于边缘的不利地位。政治独立后，坦桑尼亚一直追求经济独立；其工业化的目的，某种意义上也在于此。但是毋庸讳言，坦桑尼亚和许多非洲国家一样，从来没有实现过真正的经济独立。在工业化过程中，除了自身有政策失误，也几次受到外部国际环境的不利影响。把自己封闭起来当然没有出路，但是对于落后国家来说，工业化起步的时候，注意保持经济的独立和相对适度的隔离是必要的。因为发达国家可以承受的风险和冲击，对弱小国家可能是灾难性的。这样，尼雷尔时期坦桑尼亚政府制定的长期规划，即1975—1995 年的基础工业战略，方向上是正确的，相对于进口替代战略，也是一个进步。这个规划提出："建立机电、冶金、机械制造工业，以实现自力更生，并为本国钢铁工业拓展本土市场。""建立基础工业，特别是钢铁、煤炭、化学、建材工业"。"在区、镇和乡村建立中小规模的工业，生产基本必需品供当地居民就地消费，形成工业本身的传播和扩展。"[①] 惜乎这个计划先是因受经济恶化干扰被推迟，后来在 1995 年结构调整的时候，因思路完

---

① Stephen M.Kapunda *Trade，Industrial Policy and Development in the Era of Globalization in Africa：The Case of Botswana and Tanzania*. from T.Moyo（ed.）Trade and Industrial Development in Africa：Rethinking Strategy and Policy，p.56.

全与自由化改革对立而被废弃。工业化应该融入世界，不能闭门造车，但拥有一个经济上独立自主的地位，更利于参与国际分工和国际贸易。

其次，工业化在坚持搞市场化道路的时候，注意国家和政府的角色作用。国家和政府由人主导，政策、战略制定会有错误，但市场力量也不是万能的。市场有时候也是浑浑噩噩的力量，起破坏作用。政府必要时要纠正和调节市场天然作用。如在自由投资环境下，私人投资和外国资金会涌向短期利大部门，如轻工业消费，或利润较多的矿产，但制造业特别是重工业发展，只能依赖国家。此外，如健康、教育、人力资源培训，对工业化来说非常重要，坦桑尼亚在这方面非常落后，但没有直接经济效益，私人资本一般不愿意投入，而国家义不容辞。国家对幼稚期的民族工业进行保护、促进，限制市场的开放，也一直是非常重要的。①其他如产业发展中的规划、协调和服务、监督、管理，都是政府职责。总之，自 19 世纪以来，后起的工业化国家如德国、俄国、日本，政府促进工业化效果是巨大的，运作的空间也是巨大的。而自独立前夕到新世纪初期，坦桑尼亚经济发展速度很慢，1960—2002 年平均国内生产总值增速 3.3%。②政府一个时期的政策失误，不能成为它免除促进工业化责任和义务的理由。虽然国家不宜直接介入和从事企业的经营，但政府提高自身效率，提高决策水平，提高引导和监管水平，应该在工业化过程发挥积极主动的促进作用。

再次，坦桑尼亚工业化要注重以发展产业为主，产业经营主体多元化。说到非洲工业化的落后，可以看到各种现象，发现各种问题，找出各种原因，洋洋大观。但产业不健全，产业能力不足，则是根本的。对于国民经济和国计民生来说，产业为实，余者多虚。对坦桑尼亚等非洲国家，尤其如此。因为其国民经济自独立以来其实一直没有摆脱单一经济结构，工业化和经济发展一直是初级资源依赖型的。尼雷尔时期的长期工业规划提到，充分利用本土资源，就地生产，就地消费，是有针对性的。这样可以提高产业能

---

① T.Moyo（ed.）*Trade and Industrial Development in Africa*：*Rethinking Strategy and Policy*. p.341.

② UNECA *Economic Report on Africa*，*2010*，p.123.

力，也适当降低工业化成本。产业能力自然包括农业的产业化。非洲国家必须明白，对于它们来说，农业是确确实实的基础，无论对国民经济、国计民生还是工业化，都是全方位支撑性的。在确保农业为自己立足的基础上，提高制造业能力。20 世纪 80 年代初期，非洲在世界制造业增加值中仅占 1%；[①] 但是 2013 年，退步到 0.45%。从“无工业化”局面，被挤入“去工业化”的困境，对致力于工业化的非洲来说，是难以接受的。非洲国家不要被许多眼花缭乱的项目打扰，也不用被五花八门的建议左右，要以我为主，为我所用，坚持不懈提高产业能力。生产力水平有梯次，是普遍现象。产业经营主体多元化是必需的。在工业化过程中，国家、集体、私人的积极性都要得到发挥。大企业要有，中小企业乃至微型企业更要有，历史上许多国家的工业化浪潮，最初是由涓涓细流汇集的。

复次，私营经济和社会发展目标的协调问题。正如前文所提及，尼雷尔时期的国有化和社会主义，是出于害怕社会贫富分化的心态。尼雷尔坚持，社会发展必须让所有非洲人收益，特别是普通的非洲人，而不是“小部分受过教育的人居高位、拿高薪”。[②]这完全没有错。但是，没有足够的社会分化，也是不能积累足够的社会财富，以便让社会发展、人人受益，这是一个客观的发展法则。坦桑尼亚和其他非洲国家，一方面，深受过殖民剥削和压迫；另一方面，民族的私人经济没有很好地发展和积累过。私人牟利的愿望一直是经济发展的冲动，对此应该鼓励而不是害怕。当然国家也要行使好责任，保障多数人从私营经济中受益而不是受害。国家可以把私人经济纳入自己的工业化发展战略。另外，国家应通过发展福利和教育，而不是搞国营经济来保障社会公平。坦桑尼亚要大胆发展私人经济，为国民经济和工业化注入活力。

最后，工业化的自主发展，说到底是自立发展。自立发展，一是非洲国

---

① C.E.Barker，M.R.Bhagaven，P.V.Mitschke-Collande and D.V.Wield *African Industrialization：Technology and Change in Tanzania*. Gower Publishing Company，1986，p.1.

② 尼雷尔：《尼雷尔文选》（第三卷），王丽娟、聂莹、王磊译，舒运国译校，华东师范大学出版社 2014 年版，第 207 页。

家要依靠自己的力量，当然也利用外资和外援；二是选择符合自己实际情况的工业化道路。例如，制造业的技术水平，当然不是越高越好。非洲国家底子薄弱，决定它们不宜选择成本太高的工业化。坦桑尼亚的工业化，最终目标当然是实现经济结构的重大转换，但目前还是要最大限度地满足国内绝大多数人的基本生活需求。昂贵的工业化（可能表现在某些领域里的一些严格的产品标准），是不符合非洲国情的。当然，工业化长远看也不能长期停留低端，要循序渐进，积累提高。

中国企业加速与推进非洲工业化进程中的反思与经验

——以南非调研为案例

张　哲　赵桂芝

摘要：南非是非洲大陆基础设施较完善、工业化程度较高的国家，尽管近些年经济增长速度较低，但其较完善的工业体系是非洲任何一个国家不可替代与比拟的。中国自1998年与南非建交以来，就一直积极发展与南非经经贸关系。2009年，中国超越美国成为南非最大贸易伙伴至今。伴随双方贸易额的持续增长，中国对南非的投资也全面展开，涉及矿业、交通运输、通信、金融服务、食品、烟草、化工、工业设备、建筑等多个领域，而这些投资项目为南非创造了多个就业机会。本文以南非实地调研为基础，以各个不同行业的案例来展示中国企业在南非投资状况及实际经营中如何更有效地本地化经营来适应南非市场，在南非当下经济发展较缓时期，进一步加速与推进南非的工业化进程。

关键词：中国企业；南非；非洲工业化进程

作者简介：张哲，浙江师范大学非洲研究院，副教授；赵桂芝，浙江师范大学非洲研究院，硕士研究生

一、中国企业在南非投资调研案例

（一）金融业：中国建设银行约翰内斯堡分行

南非法律、会计体系在全球排名第十，金融行业监管严格，所有的外资分行都按子行对待，要求有注册资本金，资本充足率要求在8%—12%之间。尽管金融行业监管严格，金融创新少，但金融市场相对平稳。目前，中国工商银行、中国银行、中国建设银行在南非都有相关金融业务的投资。

2007年中国工商银行以560万美元收购了南非标准银行20%的股份，因双方签署的排他性业务，工行在南非不再直接从事金融业务，而是通过南非标行开展业务。目前，在南非直接开展金融业务的只有建行和中行，两家均在2000年在南非成立了分行。

中国建设银行自2000年进入南非市场，业务发展很快，目前，在15家外资银行中，排名前五。建行在南非的业务高度本地化。第一，客户的本地化，除服务来南非投资的中国企业，大部分的客户都是南非本地企业；第二，业务占比的本地化；第三，员工的本地化。目前，建行现有员工中，10人为中国人，其余都为当地员工，约占总员工数的85%；第四，与南非银团FIRST RAND结成战略伙伴关系。与FIRST RAND旗下的FNB开展私人业务；与RMB开展对公业务；与WES做汽车贷款业务。因此，建行在2014年荣获南非中国经贸协会频发的经济贡献奖。同时，在社会责任方面，主要有以下几个方面，一是挽救稀有动物，由建行员工自筹资金；二是建行捐助当地孤儿院；三是资助残疾儿童表演团到中国演出。建行除了服务在南非当地注册的中资企业，如中车、海信、宝钢、中远洋，还服务整个撒哈拉以南的非洲国家，如赞比亚的中有色、刚果（金）的中铁资源、纳米比亚的中广合（铀矿开采，投资20亿美元）。

此外，中国进出口银行和中国国家开发银行在南非也都各自派有工作人员，但因其都是国家政策性银行，执行国家战略，因此在南非没有设立分行机构。中国进出口银行在南非当地注册，在东南非有代理处，不做业务；中国国家开发银行在南非当地不注册，在非洲国家派工作组，也不承接业务。

（二）交通运输设备制造业：一汽南非（FAW）

一汽南非是一汽南非投资有限公司的子公司，是由一汽进出口公司（占股52%）、中非基金（占股45%），以及南非当地一家企业（占股3%），于2010年共同出资成立的。

一汽南非最早于1994年就在约翰内斯堡建立了组装厂，年组装卡车300台。2012年2月，一汽南非与南非政府签订在非东开普省曼德拉湾市库哈经济开发区设厂生产卡车的合作协议，成为第一家入住库哈工业区的汽车企业。一汽南非在库哈工业区占地8.7万平方米，投资4 000万美元，新厂区包括拆装流水线、部件合成工作坊、喷漆车间、产品展示馆和员工培训中心，年设计产量为5 000台/年（其中2 000台南非本地销售，3 000台将出口到其他非洲国家），以中卡和准重卡为主，同时建有约翰内斯堡、开普敦、德班3家4S店，在南非境内拥有24家销售代理和10家服务代理，遍布南非主要城市。

目前，一汽南非厂区拥有员工70人左右，除厂长、生产主管、财务主管、技术监管主管和一名翻译外，其余人员大部分为南非本地员工，还有少数员工为刚果（金）或津巴布韦人。一汽南非在管理理念上，是用当地的管理团队来管理当地员工，避免由于文化等差异带来中方员工在与当地员工沟通时产生的信息无效或偏差。

一汽南非一直致力于解决当地就业问题，除本身厂区雇用当地员工外，在建厂的时候也是交于南非当地建筑公司WBHO承接，而没有把厂区土建的主体交于在基础设施建设方面有优势的中国建筑公司。由此可以看出，一汽南非在解决南非高失业问题及促进当地经济发展方面所作出的贡献。

此外，一汽南非非洲重视企业文化与社会责任。一汽南非公司目前员工220人，95%是南非本地员工，构成也是多样，白人、黑人，南非人、当地华人，等等。针对于此，公司提出了“尊重、沟通、协力、规则”的工作准则，将不同肤色、不同语言、不同文化背景的员工凝聚起来，形成合力和统一的公司意志。另外，还针对公司的华裔员工群体，建立了华裔员工周学习会制度，其目的就是增强团结、增长知识，提高融入与企业管理能力。

同时，一汽南非在企业的加班管理和信息共享方面也有很好的经验。在加班方面，一汽南非给各级经理提出了“遵守劳动法、保障员工身体健康、降低生产成本”的加班管理原则。通过大家的努力，在产销量提升的情况下，2014 年比 2013 年降低了加班费三分之二以上，劳动生产率大幅提高，与此同时，把节约下来的加班费的一部分以奖金的形式分季度对员工进行了激励，收到了比较好的效果。而在企业信息的收集共享方面，其建立了产销数据手机短信息日发布制、日报制、月报制和其他信息的定期发布制，通过信息的发布共享，使得公司上下在信息透明状态下工作，增强了他们的工作热情和责任意识，使得工作效率、工作质量大有改善。与此同时，一汽南非还完善公司的会议体制，建立了公司月度经理会、安全会、产销平衡会、经济分析会等。通过公司会议体制的完善，理顺了公司各项业务的主线和工作节奏，使得各部门的工作变得更加轻松有序。

目前，一汽南非新厂区装配的第一批卡车已于 2014 年 7 月 10 日下线，该厂区市场范围辐射南部及东部非洲近十个国家。

（三）农机制造业：中国一拖南非公司（YTO）

中国一拖南非公司是中非重工（CAMACO）的子公司，而中非重工是由中非基金（持股 45%）和中国一拖集团有限公司 TYO（持股 55%）于 2009 年 8 月共同出资建立的合资公司，其主要业务是以农业机械和工程机械为主的装配、销售和综合服务为主。

南非农机市场是以南非商业化农场为背景的前提下，发展起来的一个成熟市场，所有的产品使用欧标认证体系，而且在种族隔离期间，南非农机设备并未得到发展，南非农机设备一直是靠进口，因此，其进口关税维持在零关税。

中国一拖南非公司在进入南非市场时，选择与当地一家企业 VB 合作开拓南非市场，VB 在南非从事农机设备已有三十年的经验，有利于中国一拖南非公司的农机设备借助于 VB 的销售渠道进入南非市场。目前，中国一拖南非公司在南非有 30 多个经商销，2014 年市场占有率为 5%，在同行中排名第六，前五名为世界五大农机公司。中国一拖南非公司中方员工只有两名，其余 50 多名员工全部为南非当地人，其中，黑人等有色人为 30 人左右；同时，一拖又为 30 多个经销商间接提供就业机会。

中国一拖南非公司的农机设备以质量好、操作简单、价格便宜让南非市场接纳的同时，也非常重视售后服务，其经营理念是售后服务体系是产品在一个新市场的立足根本，因此“售后服务连锁化”是面向南非以及东南非市场提供的。

而服务标准（三包服务政策、配件价格等）是我们国内企业出去投资时，需要反思的问题，面对不同国家的市场，服务标准不应具备中国特色，而要依据投资国的要求制订符合投资国消费及维修习惯的服务标准，这样才能让投资国消费者有信心消费我们提供的产品。

一方面，通过提高质量与加强售后服务；另一方面，依靠像在市场营销方面有经验和优势的当地经销商打开和发展当地市场，对企业长期生存和发展十分重要。

（四）化肥行业：山东瑞星（PROFERT）

山东瑞星化工有限公司是以尿素、医药原料、生物化工、有机化工为主业的国内民营企业。2013 年，山东瑞星派人员考察南非的化肥市场，恰逢南非一家保险公司要卖掉手中所持有的南非 PROFERT 公司的 PE 股权，因此，2014 年 5 月山东瑞星出资约 2 680 万美元购买了南非 PROFERT 公司 55%股权，并在西北省设立了化肥搅拌厂。目前，南非公司员工有近 900 人，只有财务总监一人是中国人。其是南非化肥市场第二大供应商，同时向周边国家出口化肥。

（五）通讯行业：中兴南非（ZTE）

2002 年，中兴在南非设办事处。2006 年 2 月，成立中兴南非，主要从事通讯行业设备提供服务，公司全资子公司中兴香港持有中兴南非 100%的股权。

中兴南非在南非市场主要有三块业务。第一，与当地主要运营商合作 Vodacom、MTN、CELL C 合作，开拓南非市场。第二，行业解决方案（政府企业网），如信息化办公、企业宽带、无线热点等。与 Pinnacle Africa 的合作，迅速拓展了南非政企业网市场。第三，终端服务。

南非《广义基础上的黑人经济振兴法案》（BROAD-BASED BLACK ECONOMIC EMPOWERMENT ACT，即 B-BBEE 法案）及其实施细则通过法律的形式对各企业黑人持股比例、参与管理程度和接受技能培训等设定硬性目标，督促企业向有能力的黑人出让股份，以期全面提高黑人经济地位。根据 B-BBEE 法案及其实施细则，南非贸易与工业部对在南非从事通讯行业的企业的一项基本要求为黑人股东在该企业中必须至少持有 30%的股权。中兴南非拟引进符合 B-BBEE 法案要求的且非为公司关联方的黑人股东以现金方式，交易完成后，中兴香港持有中兴南非约 70%的股权，拟引进的黑人股东持有中兴南非约 30%的股权。目前，中兴香港及中兴南非正在积极联络、洽谈符合条件且有合作意向的黑人股东。

南非足球世界杯期间，中兴通讯还联合国内著名电视脱口秀栏目《天天向上》发起了慈善活动，为约翰内斯堡一家孤儿院的儿童捐赠了物资钱款以及中兴通讯的手机产品，让当地儿童获得了来自地球另一端的无私关爱。同时，将用镜头带领中国观众走进中兴通讯员工在南非的工作和生活。中兴通讯长期以来致力于慈善事业以回报社会。多年来，中兴通讯在全球牵头和组织了很多企业社会责任活动，包括为南非和埃塞俄比亚偏远地区的学校、医院免费赠送电脑，以期增强和完善教育及医疗保健系统。

（六）家用电器行业：海信南非分公司

南非市场是海信在海外第二大投资市场（第一为美国）。1996 年海信以销售进入南非市场，2001 年购买韩国大宇在比勒陀利亚的代工厂。南非工厂是海信在海外的第一个工厂。2012 年，海信又购买了索尼在南非西开普省的 Atlatis 代工厂（此项目也是习近平主席签署的中南合作项目之一），2013 年 6 月正式投产，2014 年海信的销售额超越 LG，占南非家电市场的 20%，仅次于三星。目前，海信南非新工厂为海信、中非基金、南非贸工部三家共同持股。该厂为组装厂，80%—90% 的原料靠进口，工厂有工人约 420 人，中国人为 30 人左右，如果加上当地销售人员，南非当地员工占总员工的 90%。而当地人工资水平比较高，相同工种高于国内水平，工人实行月薪制。目前，此厂年产电视机 40 万台、冰箱 20 万台，所产冰箱还不能完全满足南非市场，有部分需要国内进口。

海信南非公司在当地非常注重售后服务，其在南非的家电实行的是四年质保，而同为家电行业的三星是两年质保。目前，在 PE、德班、约堡、开普敦有四家维修网点。

海信南非公司尊重当地文化，工厂的员工有上下午茶时间，每次 15 分钟。同时，也重视企业社会责任：支持创新；热心公益事业，去当地孤儿院慰问；是联合国环境署合作伙伴，参加动物保护活动；节能降耗，扶持教育。

（七）电力行业：龙源电力

龙源电力是中国国电的子公司。2013 年 8 月，中标南非 REIPP 的风力发电项目，预计投资 50 亿兰特。龙源电力是此项目的独立开发商，预计 2—3 年建成发电。目前，龙源电力持投 60%，当地南非人持股 40%，由一家白人公司、两家黑人公司分别持有股份。全部土建及基础设施工程交由南非建筑公司施工。目前，项目在进一步实施中。

（八）新能源行业：金科太阳能

金科太阳能是国内做新能源的上市公司，2011 年其以贸易的形式进入南非市场，恰逢南非政府推新能源计划（REIPP），为了更好地做设备供应商，2014年在西开普EPPING工业园区投资设厂。目前，有中国员工6人，雇用当地员工250人，其中，管理层有两名当地员工，主管有5名当地员工。其员工薪酬高于国内员工，一般可拿到6 000—1万兰特，员工实行三班倒作业。金科持有南非公司全部股份。

二、中国企业投资南非市场时可借鉴的经验

（一）进入当地市场时，积极寻找合适的合作伙伴

如前案例所示，山东瑞星是通过购买的方式来完成自己的投资，早在购买前就认可了所购买的公司，在购买后依靠现有的公司来进行生产和销售，规避了进入新市场时所面临的各种风险。同样，中国一拖也是依靠寻找合作伙伴完成自己在南非市场的销售。中兴南非和建行约翰内斯堡分行也是在业务开展中积极与当地经销商合作，稳定和扩大自己的经营业务。

中国企业在南非的合作方

企业名称	成立时间	在南非当地的合作方
一汽南非	2012年	AA
海信南非	2012年	南非贸工部
中兴南非	2006年	Vodacom、MTN、CELL C、Pinnacle Africa
金科科技	2014年8月	—
建行南非约堡分行	2000年	FIRSTRAND
山东瑞星	2014年5月	PROFERT
中国一拖南非	2009年	VB Agri

（二）产品及服务的本地化

在南非投资的中国企业无论是所生产的产品或是提供的服务都趋于本地

化。以一汽南非为例。首先，在产品的本地化方面，一汽南非依据南非的气候环境、公路条件、用户习惯等有别于国内，从产品设计生产本身到销售、服务都实行本地化的需求习惯。比如，最基本的车辆都是右舵驾驶，高温高速的环境给发动机散热、橡胶件、塑料件抗老化等提出了更高的要求，还研究客户的驾驶习惯，等等。因此，一汽南非的产品都是在产品本地化的原则下，经过多年经验积累不断改进而逐步满足市场要求。其次，南非用户消费大多是分期付款，初期为中国品牌汽车贷款的银行很少，一汽南非就尝试自己开展汽车信贷业务等，随着销量和品牌知名度的上升及市场的培育，现在大部分银行已经为一汽南非客户提供信贷服务了。无论产品本身还是在销售市场开拓上，一汽南非都深入地做好了本地化工作。

（三）员工的本地化

在被调研的中国企业在南非投资时，均实现了雇员的本地化。一方面，由于2004年南非颁发的《黑人经济振兴法案》对企业用工要求越来到越严格；另一方面，也是由于南非在种族隔离期间，自身的工业体系相对完善，产业工人的人数有一定规模，中国企业在当地雇用后，稍加培训就可以上岗。在销售环节上，由于面对的是当地市场，所以员工的本地化率更高一些。

中国企业雇用南非当地员工人数占总雇用人数的比例

企业名称	企业性质	中国员工人数	当地员工人数	当地员工占总员工比例(%)
一汽南非	汽车制造行业	5	70	93.3
海信南非	家电制造行业	30	420	93.3
中兴南非	通讯行业	75	350	82.3
金科太阳能科技	新能源行业	6	250	97.7
建行南非约堡分行	金融业行业	10	56	85
山东瑞星	化肥行业	1	900	99.9
中国一拖南非	农机设备行业	2	50	96

南非失业率已多年徘徊在25%的高位，其中，青年人的失业率更是高达35%，南非的高失业率需要通过创造更多的就业机会来改善。而中国企业在南非的投资，不仅推动其工业化进程，更为南非创造了更多的就业机会，为稳定南非经济发展作出了巨大的贡献。

但在南非的华人商铺，尤其是小的商铺在雇用员工方面存在一定的问题。这些小的商铺一般雇用员工时更倾向于雇用外来移民，一是由于外来移民在薪酬上的要求低于本国人；二是这些商铺往往不给外来移民交相应的社会保险，所以用工成本低；三是这些商铺的老板往往认为雇用外来移民会更安全，因为这些外来移民往往在当地没有亲缘关系，发生里应外合的偷盗行为或会减少。但是这种用工模式，往往会在排外风潮中受到冲击和损失。当地人会认为你的投资没有给他们创造就业机会，而扩大排外范围，最终使这些商铺遭受抢劫和损失。因此，这些散落在南非各个层面的小商铺，在雇用工人时，应优先考虑雇用当地人，增进与当地社会的融洽度，从而也有利于自身被当地社会接受。否则，外国人的商铺又雇用外国人工作，这本身就会使自身处在一个被排斥的社会中，引发当地人的不满，从而在排外风潮中遭受到冲击与损失。以 2015 年 3 月份的南非排外风潮来看，尽管排外的主体不是华人，但有以上雇工倾向的商铺更容易在排外风潮中受到袭击。

（四）管理的本地化

中国企业用当地的管理团队来管理当地员工，避免由于文化等差异带来中方员工在与当地员工沟通时发出的信息无效或偏差。相对本国人，中国人就是实实在在的老外，做事就要融入当地社会、当地文化，充分依靠当地员工。尤其是生产制造的企业，如一汽南非、海信南非等都雇用当地管理人员对一线员工进行管理，因为南非工会的力量特别强，常常因为薪酬及待遇问题，发生罢工事件。雇用当地的管理人员可以有效在罢工事件发生前，及时了解工人的要求及进行合理沟通，避免罢工给企业带来的损失；同时，在与工人谈判时，也避免由于文化语言方面的差异，带来双方的误解而达不成协议。在高层管理中，中国企业也聘用当地员工，这样有利于利用这些员工的人脉关系在当地开展业务及熟悉市场。

（五）企业注重安全管理

在国外投资，安全是一个企业首要保证和解决的问题。一汽南非把安全管理作为一切管理工作的入口，通过环境改善、员工教育，营造职场安全环境、提高员工的安全意识。2014 年，全年没有发生等级以上的安全伤害事件。同样，企业的加班管理对一个企业的管理来说，也一个需要考虑的重要标准，一汽南非给各级经理提出了“遵守劳动法、保障员工身体健康、降低生产成本”的加班管理原则。在产销量提升的情况下，2014 年比 2013 年降低了加班费三分之二以上，劳动生产率大幅提高；与此同时，把节约下来的加班费的一部分以奖金的形式分季度对员工进行了激励，收到了比较好的效果。

（六）注重售后服务

中国投资南非的制造企业不仅在产品设计上力求适合当地市场，对产品的售后服务也非常重视，在提升产品质量的同时，着重在服务水平上下功夫。一汽南非的卡车实行三年三十万公里的保用政策；同时，和 AA 合作，24 小时售后服务支持。通过完善产品系列，为客户提供卡车的一站式供应机制，开发满足客户的个性化需求，以及提供内部汽车融资信贷等等，在南非及周边国家的市场树立了比较好的形象，赢得了客户信赖。已经有一些大的物流、建筑公司开始使用一汽南非卡车，而且部分是卖掉现有的欧洲品牌车辆，来购置一汽南非车辆。除莫桑比克和马拉维在开发中外，其网络已覆盖所有东南部非洲国家。

（七）积极融入当地社会，参与公益活动，履行企业社会责任

中国企业在南非都积极履行自己的社会责任。在推进产品营销、品牌营销的同时，积极推进企业融入当地社会的工作，尤其是大企业不分国有企业和民营企业都做得较好，小企业由于自身发展资金问题及在履行社会责任意

识方面不是太强，所参与公益活动较少。其主要有以下几个方面：一是挽救与保护稀有动物；二是捐助当地孤儿院、学校；三是资助残疾儿童表演团到中国演出；三是节能减排；四是扶持教育；五是与国际组织合作，进行环境方面的治理与保护；六是建立了社会责任基金。例如，一汽南非先后捐助库哈开发区的六所小学，并组织邀请在校学生到工厂参观活动；2014 年 9 月，哈里史密斯地区遭受了火灾，一汽南非通过当地的代理商对受灾的民众进行了资助等，以此提高中国企业的形象。

中国企业所参与南非的公益活动

企业名称	参与南非的公益活动
一汽南非	建立了社会责任基金、捐助库哈开发区的六所小学、对哈里史密斯地区受灾的民众进行了资助
海信南非	慰问孤儿院、动物保护活动、节能降耗、扶持教育
中兴南非	联合国内著名电视脱口秀栏目《天天向上》发起了慈善活动，为约翰内斯堡一家孤儿院的儿童捐赠了钱款以及中兴通讯的手机产品等物资。
建行南非约堡分行	挽救稀有动物、捐助孤儿院、资助残疾儿童表演团到中国演出
山东瑞星	资助社区学校
中国一拖南非	捐助社区

三、结语

在国家鼓励企业“走出去”，和当前“一带一路”项下带动的国际产能和装备制造走出去战略的影响下，越来越多的中国企业开始到非洲投资。本文以在南非实际调研为基础，通过对先期投资的企业进行经验总结，可以让后期去南非投资的企业能够更快地选择投资方向和适应南非的市场，加快中南之间的产业对接、转移与升级。

而且，中国企业到非洲投资时，不论在哪一个国家都一定要先了解投资国的基本政治、经济、文化等概况；在此基础上，再了解当地市场需求，按照市场真实有效的需求进行投资，而且在整个投资经营过程中，信任是非常重要的。我们不要自觉不自觉地按照中国方式解决非洲问题，一定要和对方保持有效地沟通。中国帮助非洲工业化，一定要了解非洲需要什么，真正实现中非之间的产业合作。这一过程绝不是我们把自己过剩或需要升级的产业外推的过程，而是了解非洲需要什么，帮助非洲形成自己特色的完整工业体系，把附加值留在非洲的过程；而在这一过程中，才会出现双赢的结局。

非洲发展新伙伴计划：出台、实践与前景

杨　敬

摘要：20世纪末，非洲一系列发展计划相继失败，经济发展迟缓。进入了21世纪，非洲领导人不断探索新的发展计划，最终“非洲发展新伙伴计划”出台，成为非洲联盟21世纪非洲发展的愿景蓝图和综合战略框架。本文回顾了“非洲发展新伙伴计划”制定的历史背景和出台过程，分析了《非洲发展新伙伴计划》框架文件的主要内容和“非洲发展新伙伴计划”的六个主体领域，梳理了“非洲发展新伙伴计划”的发展历程及其组织架构从双层到四层的变化。该计划是非洲国家坚持集体自力更生的表现，但其实施受到非洲大陆内部和国际社会诸多因素的影响，非洲国家应当继续坚持“联合自强、自主发展”战略，深化实施主体领域的方案和计划，不断开辟国际合作新路径。

关键词：发展计划；非洲发展新伙伴计划；非洲

作者简介：杨敬，上海师范大学非洲研究中心，博士研究生

《非洲发展新伙伴计划》（*the New Partnership for Africa's Development*，*NEPAD*）①

---

① 非洲发展新伙伴计划在本文中有两层含义：一是作为该计划的框架文件，在本文中写作《非洲发展新伙伴计划》，以下简称《新伙伴计划》；二是作为非洲的整体发展战略，在本文中写作“非洲发展新伙伴计划”，以下简称“新伙伴计划”。

是由非洲自主制定的一个全面规划非洲政治、经济和社会发展目标的蓝图，旨在解决非洲大陆面临的贫困加剧、经济落后和被边缘化等问题。2008 年，“新伙伴计划”组织机构正式并入非洲联盟（African Union，AU），成为非洲联盟的一个重要组成部分。时至今日，“新伙伴计划”已经走过了 13 个年头，其方案、计划和项目经历了不断的扩充和细化，其组织架构也较最初制定之时有所变化。

一、非洲发展新伙伴计划的出台

作为人类摇篮的非洲大陆在近代深深蒙受了殖民主义带来的创伤，伴随着非洲大陆的解放和民族独立，非洲人民越来越希望按照自己的意志规划非洲大陆的发展蓝图。非洲国家独立之初，就在泛非主义影响下，进行发展民族经济的尝试。20 世纪 80 年代的经济危机和结构调整方案的失败，激发非洲领导人制定了一系列的发展计划。面对 20 世纪末令人悲观的现实，非洲进入了 21 世纪，“非洲复兴”思想出现，非洲领导人不断探索新的发展计划，最终“新伙伴计划”出台，并为非洲统一组织（非洲联盟的前身）所采纳，成为 21 世纪非洲发展的愿景蓝图和综合战略框架。

（一）非洲国家独立之初建立民族经济的尝试

20 世纪 60 年代，非洲国家在获得政治独立之后所面临的经济形势依然严峻：长期的殖民统治使非洲成为世界上生产力水平最低和经济最落后的地区，单一经济结构使非洲的经济严重依赖宗主国市场，西方资本对非洲国家经济命脉的控制使非洲国家难以独立发展经济。各个非洲国家都开始根据自身的历史传统和现实状况作出决策，寻找发展道路。

一部分非洲国家出于对宗主国的抵触情绪，加之曾获得过社会主义国家的帮助，选择了走社会主义道路，如加纳、几内亚和坦桑尼亚等国。据统计，从 20 世纪 50 年代起陆陆续续有多达 23 个[①]非洲国家宣布实行社会主

① 唐大盾等：《非洲社会主义：历史·理论·实践》，世界知识出版社 1988 年版，第 31—32 页。

义。也有一部分国家领导人从他们与西方国家存在着密切联系的客观情况出发，开始在资本主义、自由主义和市场经济等原则的指导下发展本国经济，如科特迪瓦和博茨瓦纳等国。还有一些非洲国家则选择走介于社会主义和资本主义之间的道路，施行混合经济，如喀麦隆、马里、加蓬、卢旺达和布隆迪等国。独立之后，非洲国家在经济发展方面选择的道路和模式各异，有的学习苏联和中国，走社会主义道路；有的套用了原宗主国的经济发展模式，走市场经济道路。但是非洲社会主义并不是真正的社会主义，所谓的“市场经济”也不是真正的资本主义。非洲国家独立之初套用的外部模式，其实质都是非洲民族主义，真正的目标是发展非洲民族经济，实现政治独立和经济解放。他们也必须承认现实：任何一个非洲国家的单一实力都非常薄弱，进行国家间的合作、在区域实行经济一体化是一条可能的出路。

19 世纪后期产生的泛非主义是非洲大陆的民族主义，它强调非洲大陆的整体独立和发展，在实践中就演变成了非洲大陆一体化的重要推动力。“而泛非主义的影响，殖民时期形成的国家间、区域层面的联系又正好为此提供了条件。”[①] 所以，非洲各国在独立之初，在各自尝试发展民族经济的探索时，一些国家也开始了经济一体化的初步探索。1958 年，非洲几个国家在恩克鲁玛的倡导下先后组织成立了加纳-几内亚联盟和加纳-几内亚-马里联盟。1961 年，加纳、几内亚和马里等国形成了“卡萨布兰卡集团”，而一些前殖民地、尼日利亚、埃塞俄比亚、利比亚等国则形成了“蒙罗维亚集团”。虽然非洲各独立国家在许多方面存在着不同程度的分歧，但是在恩克鲁玛、塞古·杜尔、莫迪博·凯塔、海尔·塞拉西等领导人和政治家的推动下，1963 年在亚的斯亚贝巴召开的各国首脑会议上建立了非洲统一组织。[②] 从此以后，一些国家间的或者区域性的一体化运动和组织也逐渐开始发展起来。总体而言，由于经济状况的差异、内部矛盾的复杂和政治倒台频仍等原因，非洲国家独立之初的一些经济一体化的尝试并没有取得太大的成绩。

---

① 舒运国、刘伟才：《20 世纪非洲经济史》，浙江人民出版社 2013 年版，第 100 页。

② 舒运国、刘伟才：《20 世纪非洲经济史》，第 102 页。

（二）非洲国家结构调整时期前后的发展计划

非洲国家独立之初，经济发展的良好势头仅维持了十几年；到了20世纪70年代以后，经济发展中的各种问题逐渐积累和暴露，非洲国家开始出现经济危机：整体的经济形势逆转；进出口贸易大幅下降；债台高筑、债务缠身，财政形势恶化；对外部援助的依赖加深，成为经济生活中不可或缺的重要基础；农业生产萎靡不振，粮食日益依赖进口；国有企业面临困境；自然灾害加重了经济危机。[①]非洲国家的社会、政治和经济生活都陷入困境，甚至有些国家还深受政治不稳定、军事政变、一党专政、独裁和“冷战”政治的强烈影响。于是，非洲国家开始对以往的政策进行反思和调整，开始尝试结合非洲国家的国情制定经济改革和结构调整的方案的探索。同时，非洲严峻的经济形势也引起了国际社会的注意。

非洲统一组织、联合国非洲经济委员会、非洲开发银行和非洲国家政府观点基本一致，它们从新结构主义经济学的角度分析，认为殖民统治的恶果和国际经济旧秩序是造成非洲经济危机的主要原因，通过非洲国家走独立自主和集体自力更生道路才能加速经济发展和解决危机。1979年7月，非洲统一组织国家元首和政府首脑会议通过了《关于为建立国际经济新秩序而在社会和经济发展中实现国家和集体的自力更生的纲领和措施的蒙罗维亚宣言》（简称《蒙罗维亚宣言》）。1980年4月，为了具体贯彻和落实《蒙罗维亚宣言》，非洲统一组织召开了经济特别首脑会议，通过了《拉各斯行动计划》（The Lagos Plan of Action for the Economic Development of Africa 1980—2000）及其总体安排《拉各斯最后行动方案》（the Final Act of Lagos）。《拉各斯行动计划》强调在社会经济发展中采用集体自力更生、自主发展以及经济合作的发展战略：“在社会经济发展中，采用集体自力更生”，“达到不断提高的自给自足”。

世界银行、国际货币基金组织和西方国家政府的观点则相反，他们从新

① 舒运国：《失败的改革——20世纪撒哈拉以南非洲国家结构调整整体评述》，吉林人民出版社2004年版，第31—46页。

古典主义的角度分析，认为危机主要是由于非洲国家政府的经济发展决策失误造成的，非洲国家只有实施经济结构调整才能走出危机。1979 年，世界银行回应非洲地府负责人的请求时发表了题为《撒哈拉以南非洲加速发展的行动纲领》的报告，即《伯格报告》，分析了不利于非洲经济发展的若干结构性因素（内部因素），进而批评了非洲国家的经济发展政策。世界银行在 20 世纪 70 年代末就将农业、粮食和能源三个领域确定为非洲 80 年代的发展重点，并于 80 年代初、中分别设置“结构调整贷款”和“部门调整贷款”，给非洲国家的经济结构调整予以财政支持。由于世界银行、国际货币基金组织与西方国家的贷款和经济援助与实施结构调整方案直接挂钩，许多非洲国家为了获得财政支持，就接受了贷款和援助，开始了结构调整方案的进程。20 世纪 80 年代，参与结构调整方案的国家有 20 多个；90 年代初，达到了 30 多个。[①]由于结构性调整方案是以西方发达国家成熟的市场经济为参照标准，并且带有强制性，所以虽然它的出现具有历史上的必然性和内容上的可能性，但并不完全符合非洲的现实，最终在非洲失败了。

即便是在结构调整的进程中，非洲国家希望走独立自主和集体自力更生道路的立场仍旧一如既往。1985 年 7 月非洲统一组织第 21 届首脑会议召开，再次讨论了非洲面临的经济形势和应当采取的相应对策，并通过了《1986—1990 年非洲经济复兴优先方案》（Africa's Priority Programme for Economic Recovery 1986—1990，APPER），重申《拉各斯行动计划》的指导方针和长期目标，并认为非洲国家有必要进行经济结构的调整，以经济改革的形式来推动经济的发展。1989 年，非洲经济委员会制定了《替代结构调整计划的非洲方案》（The African Alternative Framework to Structural Adjustment Programme for Socio-Economic Recovery and Transformation，AAF-SAP），从经济结构、社会政治结构、政治环境和国民经济管理这四个方面剖析了非洲不发达的原因。该方案把持续改善人民的生活水平和保障人民所有方面的福利作为非洲的最终发展目标，“只有通过实现具有自我持续能力的发展”[②] 才能实

① R.Lensink，*Structural Adjustment in Sub-Sahara Africa*，London：Longman，1996，pp.65—66.

② 葛佶主编：《简明非洲百科全书》，中国社会科学出版社 2002 年版，第 784—788 页。

现，所以一定要对不合理的经济结构进行调整和改造。非洲国家提出的方案实际上反映了非洲国家的呼声，是非洲国家历经一定改革实践后所提出的发展设想。但最终由于资金不足问题，由于世界银行、国际货币基金组织和西方国家的否定，无法实践。

步入了 20 世纪 90 年代以后，非洲国家又相继制定了几个发展计划：1990 年的《关于公众参与发展和改革的非洲宪章》（The African Charter for Popular Participation for Development），1991 年的《阿布贾条约》（the Abuja Treaty）和 1995 年的《开罗行动议程》（the Cairo Agenda），等等。这些发展计划由于缺乏财政支持等各方面因素的影响，最终也都是无疾而终。

（三）“非洲复兴”思想与《非洲发展新伙伴计划》的出台

结构调整计划并没有使非洲经济形势出现彻底的改变，至 20 世纪 90 年代，经济全球化进入一个高潮，非洲却被日益边缘化：只生产初级原料产品和单一的经济结构使非洲在世界经济中充当着依附者的角色；人才匮乏、基础设施落后和局势动荡妨碍外资的引进；90 年代以后，外部援助呈下降趋势；在既有的国际政治和经济秩序中缺少发言权，使融入全球化的进程充满险阻。因此，国际社会出现了所谓的“非洲悲观主义”论调，认为非洲无力管理自己的国家和经济，将会长期处于政治危机、经济停滞和社会发展缓慢的状态。

恰恰在此时，非洲大陆出现了一种与之截然相反的观点——“非洲复兴”思想（Africa Renaisance）。1994 年，南非前总统曼德拉在突尼斯举行的非洲统一组织峰会上首次提出这种思想。在此后的几年中，曼德拉的继任者姆贝基开始大力倡导和宣传“非洲复兴”思想这一概念，并期且不断丰富其意义和内涵。姆贝基认为，“非洲复兴”思想是建立在非洲人民对非洲大陆文化的自豪感和自信心上的，是建立在非洲人民对非洲未来的期待和信心上的，“非洲复兴”的目标是实现非洲大陆的发展和繁荣，使非洲大陆在国际事务中的地位得到提升，其实现的关键是在非洲大陆建立起合理的国家政治体系，建立起高效的政府，同时实现经济发展、建立现代经济。他还大力提倡非洲大陆进行合作，推进非洲一体化进程，实现非洲经济发展，完成地区安全、和平、稳定和发展的目标，最终实现非洲复兴。这一思想“虽然是姆贝基提出的，但是代表了大多数非洲领导人的想法”，“是非洲领导人为克服危机而提出的一种战略”，“他要求非洲领导人再次高举泛非主义的旗帜，力图利用泛非主义解决非洲面临的经济困难”。[①]这一思想在20世纪末被提出来，实际上就要求非洲国家和非洲大陆在面对被边缘化危险的时候，团结起来、自强发展，实行集体自力更生，增强整个大陆的政治能力、经济实力和国际影响力。

在“非洲复兴”思想的指导下，姆贝基代表非洲几个国家在2001年的瑞士达沃斯世纪经济论坛上正式提出“非洲千年复兴计划”（Millennium Africa Recovery Plan，MPA）。一时间，这一计划引起了世界的广泛关注。该计划是非洲统一组织委托南非、尼日利亚和阿尔及利亚三国共同起草的，因而称得上是非洲根据自己的实际情况，依靠非洲人民自己的智慧制定的，可以说它是“非洲力图主宰自己命运的一个宣言”，“一个真正属于非洲自己的计划”。[②]“非洲千年复兴计划”表示，非洲需要世界的合作与援助，但真正改变非洲命运的只能是非洲人民自己，非洲各国政府必须承担起非洲可持续发展的责任，不能把希望寄托在外部援助上，非洲国家必须改善自身的管理能力，实行民主。这一计划明确地向世界传达了非洲要求自立自强的信息。

2001年1月，非洲法语国家领导人会议在喀麦隆举行。塞内加尔总统阿卜杜拉耶·瓦德（Abdoulaye Wade）在这次会议上提出了《欧米茄计划》（Omega Plan）。后来，《非洲千年复兴计划》和《欧米茄计划》合并产生了一个新的倡议，称为《新非洲倡议》（New African Initiative，NAI）。这三个倡议有着共同的诉求提升非洲发展的速度和影响。

2001年7月，非洲统一组织第37届首脑峰会在赞比亚首都卢萨卡举行，会议宣言中接受《新非洲倡议》为加速非洲复兴的综合全面性社会经济发展

① 舒运国：《失败的改革——20世纪撒哈拉以南非洲国家结构调整整体评述》，第154—155页。

② 舒运国：《失败的改革——20世纪撒哈拉以南非洲国家结构调整整体评述》，第115页。

方案。[①]卢萨卡会议也商定建立首脑执行委员会（Heads of State and Government Implementation Committee，HSGIC）来统筹这个计划。[②]2001 年 10 月 23 日，在尼日利亚阿布贾举行了首脑执行委员会第一次会议，将《新非洲倡议》正式更名为《非洲发展新伙伴计划》，并建立了非洲发展新伙伴计划指导委员会（NEPAD Steering Committee）和非洲发展新伙伴计划秘书处（NEPAD Secretariat）来协调和管理首脑执行委员会的活动。“新伙伴计划”的首要目标是消除贫困、促进可持续发展和全球化下的非洲边缘化。特别是非洲消除贫困的这个目标，致力于实现联合国千年发展目标（Millennium Development Goals，MDGs）。[③]

“新伙伴计划”的主要目标是减少贫困、使非洲走上可持续发展道路、遏止非洲边缘化和赋予妇女权力。自颁布以来，“新伙伴计划”在非洲内部和北方国家被广为宣传。现在“新伙伴计划”被所有北方国家、国际经济组织和联合国等国际政府组织认可为非洲的发展战略。普遍认为，支持非洲发展的措施可以通过“新伙伴计划”机制得到最好地施行。因此，新伙伴计划进程不仅逐渐被非洲国家和区域经济组织所认可，也被非洲的发展伙伴视为非洲发展的框架机制。

（四）《非洲发展新伙伴计划》出台的历史必然性

《非洲发展新伙伴计划》的提出并不是偶然的，它是非洲各国相继独立以来，非洲人民在非洲领导人的带领下不断探索非洲大陆发展道路的结果，

---

① Terry M.Mays，Mark W.DeLancey，*Historical Dictionary of International Organizations in Sub-Saharan Africa*，U.S.A：Scarecrow Press，2002.

② *Implementation Committee of Heads of State and Government on the New Partnership for Africa's Development*（*NEPAD*），Abuja，Nigeria，23 October，2001，http：//www.au2002.gov.za/docs/key_oau/hsic1.htm，accessed 16 December 2014.

③ 2000 年联合国千年首脑会议上提出的八项国际发展目标，并在联合国千年宣言中正式做出的一项承诺，所有 189 个联合国成员国（现为 193 个）以及至少 23 个国际组织承诺将帮助在 2015 年前实现以下发展目标：消灭极端贫穷和饥饿；实现普及初等教育；促进两性平等并赋予妇女权力；降低儿童死亡率；改善产妇保健；与艾滋病毒/艾滋病、疟疾以及其他疾病对抗；确保环境的可持续能力；全球合作促进发展。

是非洲国家领导人在面对全球化压力，以泛非主义思想为引导，在总结历史经验的基础上提出的。

《新伙伴计划》的提出是对非洲独立以来寻求发展道路的历史经验的总结。任何发展道路，尤其是经济发展道路的探索，都需要一定的时间。非洲各国独立之初，由于内外局势的困扰，急于寻求有效的发展道路，却没能探索出正确的方向，非洲统一组织也没能在经济发展问题上达成统一意见。经历了经济情况的起伏和各种计划、方案的失败，最终非洲领导人总结了以往探索的经验，相对统一地达成了共识，提出了《新伙伴计划》。

《新伙伴计划》实质上是以泛非主义为指导。泛非主义既是一种思想理论，又是一场政治运动，它对非洲近现代历史产生了不可比拟的影响。泛非主义的首要目标是“取得黑人的平等与自由”、“非洲大陆的独立”，最终目标是实现“非洲大陆的统一”[①]。在非洲大陆获得独立后，非洲领导人在泛非主义思想的指引下，继续探索社会经济发展道路，《新伙伴计划》的指导思想“非洲复兴思想”正可以溯源到泛非主义思想。

《新伙伴计划》是非洲领导人面对全球化和非洲边缘化的压力而提出的。20世纪末，结构调整计划并没有彻底改变非洲的经济形势，其他的发展计划也未能实施。而此时放眼世界，经济全球化则进入了一个高潮，曾与非洲命运相似的亚洲地区经济发展迅速，而非洲面临的是日益被边缘化的困局。国际社会甚至还出现了所谓的“非洲悲观主义”论调，认为非洲无力管理自己的国家和经济，将会长期处于政治危机、经济停滞和社会发展缓慢的状态。面对这种局面，非洲领导人不得不迫于压力加紧探索发展道路。

二、非洲发展新伙伴计划的内容

（一）《非洲发展新伙伴计划》框架文件的主要内容

从《非洲发展新伙伴计划》的框架文件来看，其核心目标是要结束非洲

---

① 舒运国：《泛非主义史：1900—2002年》，商务印书馆2013年版，第4页。

的落后状况、实现非洲复兴、争取非洲在经济全球化中的有利地位，避免出现被进一步边缘化的局面。整个框架文件分为八个部分，即“导言”“当今世界中的非洲：贫困和繁荣之间”“非洲领导人的新政治意愿”“对非洲人民的呼吁”“行动方案：21 世纪实现可持续发展的战略”“新型全球伙伴关系”“《非洲发展新伙伴计划》的实施”和“结语”。①

第一部分“导言”。表明《新伙伴计划》既是非洲领导人的誓言，也是非洲人民的需要。

第二部分“当今世界中的非洲：贫困和繁荣之间”。非洲是世界的资源基地，但却经历了历史上的苦难，在全球化进程中面临着被边缘化的问题，希望国际社会能创造一个公平合理的环境，使非洲可以有效地参与全球的经济和政治生活。

第三部分“非洲领导人的新政治意愿”。非洲领导人将共同担负起如下责任：在次区域和大陆层面加强冲突预防、管理和解决的机制，并保证这些机制被用于恢复和维护和平；通过在各国和各区域制定问责制、透明性和参与式管理的标准，推进和保障民主、人权；恢复和保持宏观经济稳定，尤其是通过给财政和货币政策制定合适的标准和目标来实现，并且通过引进合适的制度架构来达到这些标准；为金融市场和审查私营企业、公营部门制定透明的法律法规框架；振兴和扩大教育、技术培训和卫生服务的提供，高度重视解决艾滋病、疟疾和其他传染病的问题；通过加强妇女在教育和培训领域内的能力、改善妇女获得信贷的途径、保证妇女在非洲国家政治、经济生活中的参与来增强她们在社会和经济发展中的作用；构建非洲国家制定和执行法律体系、维持法律和秩序的能力；推动基础设施建设、农业发展及农业多样化，加强农产品工业和制造业发展，满足国内外市场需求。

第四部分“对非洲人民的呼吁”。只有非洲人民以各种形式联合起来，承认《新伙伴计划》，它才能取得成功。

第五部分“行动方案：21 世纪实现可持续发展的战略”。这一部分是该

---

① *The New Partnership for Africa's Development*, Abuja, Nigeria, October 2001.

计划的重点和主体部分，规定了非洲大陆发展的长远目标、具体目标、预期成果、可持续发展的条件、优先发展的领域和资源调动等内容。

长远目标是：在非洲消除贫困，使非洲国家各自地或集体地走上可持续增长和发展的道路，阻止非洲在全球化进程中被边缘化；促进妇女在所有活动中的作用。

具体目标是：在未来15年，实现并维持国内生产总值年均增长率超过7%；确保非洲大陆实现确定的国际发展目标（International Development Goals）：到2015年极端贫困人口比例减少一半；到2015年所有适龄儿童入读小学；到2015在中小学教育入学中消除性别差异，在实现两性平等、赋予妇女权利方面取得进展；1990—2015年婴儿和儿童死亡率降低2/3；1990—2015年产妇死亡率降低3/4；到2015年实现为所有有需要的人提供生育卫生服务，到2015年实现可持续发展的国家战略，以便在2015年前扭转环境资源损失的形势。

预期成果是：经济增长和发展，增加就业；减少贫困和不平等；生产活动多元化，增强国际竞争力，增加出口；增强非洲一体化。

可持续发展的条件包括：和平、安全、民主和政治管理措施、经济和企业管理措施。

优先发展的领域：消除基础设施方面的差距（能源、交通、水资源、清洁饮用水、信息和通信技术）；人力资源发展措施（减贫、教育、遏制人才外流、保健），包括扭转“人才流失”（Brain Drain）；农业；环境；文化（土著文化保护）；科学和技术平台的构建；资本流动（国内资本积累、减免债务、海外发展援助改革、鼓励私人资本投资）；生产多样化（农业、矿业、制造业、旅游业、服务业、促进非洲出口、消除非关税壁垒）等。这些优先部门几乎涵盖了非洲大陆整个经济、社会发展的诸多部门和领域，但却缺乏明确清晰的重点，亟须找出优先发展的重中之重。

资源调动方面包括：资本流动措施和市场准入措施。在资金来源上，要增加国内储蓄，改进公共税收制度，以争取非洲大陆以外的资金为主；希望减免非洲重债穷国的债务，依靠吸收外国官方发展援助以解决中短期资金需求，吸引国外私人资本流入作为筹措长期资金的来源。

第六部分“新型全球伙伴关系”。非洲注重加强非洲内部的伙伴关系，致力于发展和加强“南南伙伴关系”，同时，要发展新型国际伙伴关系，与工业化国家和多边组织建立新型伙伴关系。

第七部分“《新伙伴计划》的实施”。创始国领导人认识到计划实施的顺序性和先后性，倡议同发展伙伴合作优先实施以下方面的计划：传染病，包括艾滋病、疟疾和结核病；信息和通讯技术；债务减免；市场准入。同时，对优先领域采取的措施进行评估。规定了非洲发展新伙伴计划的管理机制来推动其实施进程。

第八部分结语。希望这一系伙伴计划将给贫弱的非洲新一代“确定21世纪是非洲的世纪”之希望。

（二）非洲发展新伙伴计划的主体领域

2010年2月，非洲联盟第14届首脑会议决定将“新伙伴计划”的组织机构进行调整，并将其整体并入非洲联盟，建立新伙伴计划规划与协调署（NEPAD Planning and Coordinating Agency，NPCA），作为非洲联盟的一个技术部门以取代先前的新伙伴计划秘书处，因而“新伙伴计划”的工作重点也随着组织机构的变迁而进行了调整，确立了在六个主体领域方面的具体方案和计划。这六个主体领域是：农业与粮食安全、气候变化与国家资源管理、区域一体化与基础设施建设、人类发展、经济与企业管理，以及跨领域议题（包括性别、发展能力和信息通讯技术）。

1. 农业与粮食安全

非洲国家自取得独立地位至今已经有半个多世纪了，但由于农业增长跟不上人口增长的速度，因此，长期以来许多非洲国家仍旧面临严重的粮食短缺问题，每年需要花费巨资从国外进口粮食。此外，粮食短缺还往往造成一些国家政治不稳定等其他社会问题。“新伙伴计划”坚持发展要以农业为主导，以此促进非洲国家经济增长。新伙伴计划规划和协调署的目标是要确保小农户获得更好的市场准入、资金和技术支持，使他们增加收入、脱离贫困。

“新伙伴计划”的农业方案以《非洲农业发展综合方案》（Comprehensive Africa Agriculture Development Programme，CAADP）为指导框架。该方案将农业的关键参与者——如非洲领导人、政策制定者、科学家、合作伙伴和农民汇集起来，激发非洲大陆的农业增长和可持续发展。该方案的目标是每年至少提高6%的非洲农业生产力，要求各国承诺至少10%的国家财政预算用于农业。从2003年起，30个国家已经签署了《非洲农业发展综合方案》，其中有8个国家超过了10%的国家财政预算投入目标。

2. 气候变化与国家资源管理

气候变化和环境退化是影响整个非洲可持续发展、生物多样性、粮食安全和稳定的一个关键挑战，污染、土壤质量退化、沙漠化和较差的空气质量威胁着非洲大陆人民的生存和未来，解决环境问题是实现其他方面可持续增长和发展的前提。“新伙伴计划”的气候变化和国家资源管理方案协调和宣传区域性和国家性的环境方案。

“新伙伴计划”在这一领域的目标是，将所有相关的区域性和大陆性参与者汇集起来，在应对气候变化威胁的问题上相互协调、知识共享、彼此勉励，帮助各国将应对气候变化融入到国家发展进程的议题中去。该领域聚焦于三个关键方面：环境、能源和水。在环境方面，主要内容是沙漠化防治、湿地保护、外来入侵物种防治、沿海管理、全球变暖、跨境保护区、环境治理和融资。在能源方面，非常重视整个非洲大陆能源产量的提升。在水资源方面，主要解决非洲大陆水资源管理领域所面临的诸多挑战，其中旱灾、水灾和气候变化所带来的威胁是亟待解决的三个问题。

3. 区域一体化与基础设施建设

国家间贸易和区域间合作是建立一个更加强大和更加可持续发展的非洲经济体的关键部分。“新伙伴计划”在区域一体化领域，通过协调、宣传和引导各国更好地进行贸易、资源共享和建设互利的基础设施发挥作用。

“新伙伴计划”在该领域的目标是，通过弥合技术设施建设的鸿沟来推进区域经济一体化。因为没有充足可靠的基础设施就没有贸易，就没有实质性的发展。

该领域聚焦于发动能够推动实现计划和进行改革的政治意愿，包括协调监管体系；建立区域合作的有利环境；推进私营部门、基础设施机构和区域经济共同体之间的伙伴关系；建立统筹和监管基础设施发展的机构；创造知识和网络共享的区域性机遇。

4. 人类发展

“新伙伴计划”的一个基本目标是争取非洲大陆的经济发展和消除贫困，这可以通过联系人类发展的关键领域实现，这些领域包括教育、科学技术和医疗。

“新伙伴计划”的人类发展工作旨在：促进普及基本的、价格合理的药品和疫苗；在卫生、教育和科技领域克服人力资源短缺问题；支持并监督伙伴关系以确保非洲的卫生、教育和科学发展议程由非洲大陆内部决策和推动；推进相关框架、报告、调查结果对国家和区域发展战略的指导；促进形成建立和强化区域知识网络的伙伴关系。

5. 经济与企业管理

“新伙伴计划”认为只有在好的经济和企业治理环境下其他方案才能够实施。非洲国家在实现区域经济共同体的共同经济标准上仍存在巨大困难，这与经济和企业管理有着密切关系。非洲各国面临通货膨胀、债务占国内生产总值的比率和预算赤字占国内生产总值的比率过高，“新伙伴计划”机构支持成员国和区域经济组织为解决这些问题所进行的努力。

该领域的目标是，重点加强成员国内部联系以确保良好的企业治理和发展方案管理的能力；支持发展技术采购流程；加强监督和控制方案、项目的能力；支持企业加强执行旗舰方案和项目能力的努力；推进商业发展的有利环境和经济活动的有效监管框架；推行企业责任制度；赋予侨民权利、创造条件，使他们在发展、民主、防止冲突和冲突后重建过程中发挥积极作用；推进支持可持续发展的宏观经济政策；支持实施全面、透明和预见性的政府政策；推行健全的公共财产管理。

6. 跨领域议题

所谓“跨领域问题”，主要是指私营部门参与、性别赋权问题、发展能力和信息通讯技术问题。私营部门参与“新伙伴计划”方案和计划至关重要，因为私营部门的资金、技术可以支持新伙伴计划项目。能力发展也是其中的一个重要问题，2010 年至 2013 年新伙伴计划规划与协调署把大量的注意力集中在这一方面。性别赋权对“新伙伴计划”至关重要。性别赋权以在非洲大陆增强妇女作用和扩大妇女权利为目标，“新伙伴计划”正在探寻进行社会性别主流化[①]和妇女赋权的整体性方法，并将其融入到“新伙伴计划”方案和进程中去。信息通讯技术是影响“新伙伴计划”全局工作的另一领域。信息通讯技术领域的工作以新伙伴计划的《电子非洲方案》为指导，设想使非洲成为一个具有全球竞争力的数字社会。

该领域的总体目标是为支持非洲消除贫困和社会经济发展的工作创造有利的环境。“新伙伴计划”致力于：促使私营部门参与“新伙伴计划”方案和项目；支持旨在赋予非洲妇女权力、提高她们生活水平的活动；找到创新、适当和有效的办法解决能力发展的问题，这种解决方案要考虑到当地需要、优先事项和背景；积极实现跨部门倡议，以便信息通讯技术植根于“新伙伴计划”工作，并成为非洲发展的“排头兵”。

三、非洲发展新伙伴计划组织架构的变迁

伴随 2001 年《新伙伴计划》框架文件的颁布，相应的新伙伴组织机构

① 1995 年在北京举行的联合国第四届世界妇女问题国际会议通过的《行动纲领》明确了社会性别主流化，并将以此作为提高两性平等的一项全球性策略。这一概念强调，我们必须确保两性平等是一切经济社会发展领域的首要目标。1997 年 6 月，联合国经济及社会理事会给社会性别主流化社会性别主流化下了定义，其内容如下：“所谓社会性别主流化是指在各个领域和各个层面上评估所有有计划的行动（包括立法、政策、方案）对男女双方的不同含义。作为一种策略方法，它使男女双方的关注和经验成为设计、实施、监督和评判政治、经济和社会领域所有政策方案的有机组成部分，从而使男女双方受益均等，不再有不平等发生。纳入主流的最终目标是实现男女平等。”当男女有一方处在极其不利的位置时，主流化就会成为有性别区分的活动和平等权利行动。有性别区分的干预对象可以全部是女性，或男女都有，或全部是男性，使他们有能力参与发展活动，并从中获益。这只是必要的临时措施，来消除过去性别歧视所带来的直接和间接的影响。See http：//www. un. org/chinese/esa/women/mainstreaming. htm, accessed 16 December 2014.

成立，来协调和实施“新伙伴计划”的各方面关系和具体内容。“新伙伴计划”在组织机构变迁方面先后经历了两个发展阶段①。第一阶段，从2001年《新伙伴计划》框架文件颁布到2010年2月非洲联盟第14届首脑会议召开前，称之为“双层组织机构阶段”。在这一阶段，新伙伴计划机构与非洲联盟平行存在，其管理架构也非常简单，是由首脑执行委员会及其下属的指导委员（NEPAD Steering Committee）会和秘书处（NEPAD Secretariat）两个层级构成。第二个阶段，从2010年2月非洲联盟第14届首脑会议召开至今，称之为“四层组织机构阶段”。2010年2月非洲联盟第14届首脑会议决定将“新伙伴计划”的组织机构纳入非洲联盟，建立新伙伴计划规划与协调署（NEPAD Planning and Coordinating Agency/NEPAD Agency，NPCA）。该署作为非洲联盟的一个技术部门以取代先前的新伙伴计划秘书处，“新伙伴计划”的组织架构变为由非洲联盟大会（The Assembly of the African Union）、非洲发展新伙伴计划首脑决策委员会（NEPAD Heads of State and Government Orientation Committee，HSGOC）、非洲发展新伙伴计划指导委员会和非洲发展新伙伴计划规划与协调署四个层级组成。

“新伙伴计划”组织架构的变迁实质上顺应了《新伙伴计划》逐步开展实施和发展变化的要求，也是“新伙伴计划”逐步发展的体现。“新伙伴计划”组织机构的变迁，充分反映了“新伙伴计划”的发展变化，组织架构由简单松散到逐步缜密完整不仅适应了该计划在内容上不断丰富的要求，而且体现出该计划在管理能力和执行能力上的不断提升。

（一）双层组织机构阶段（2001年10月—2010年2月）

2001年10月23日，新伙伴计划首脑执行委员会第一次会议在尼日利亚阿布贾举行。此次会议将《新非洲倡议》正式更名为《非洲发展新伙伴计划》，并建立了新伙伴计划指导委员会和新伙伴计划秘书处来协调和管理首脑执行委员会的活动。

---

① 关于两个发展阶段的划分，参见汪津生：《“非洲发展新伙伴计划”十年回眸》，《国际资料信息》2012年第2期。

直到2010年2月非洲联盟第14届首脑会议召开前，非洲发展新伙伴计划一直维持着这种双层组架构，如图1所示。

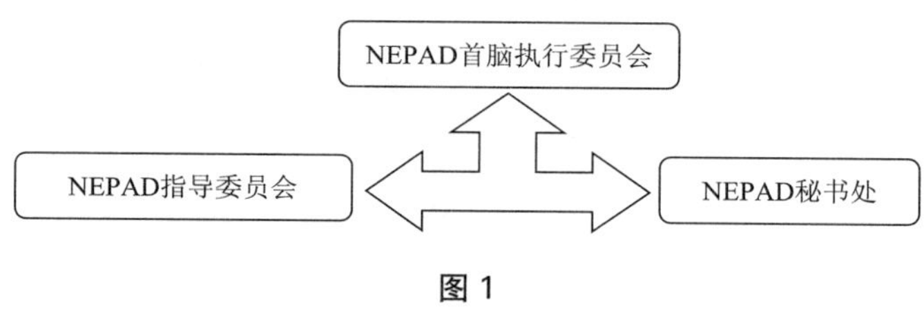

图1

首脑执行委员会是“新伙伴计划”的最高决策机构，由15位国家首脑组成。这15位国家首脑中有5名来自“新伙伴计划”的创始成员国（南非、尼日利亚、阿尔及利亚、塞内加尔和埃及），其他10位则按每个地区（即北非、南非、东非、西非、中非）2名的原则从整个非洲选出。首脑执行委员会的职能主要有三项：第一，发现和确定在整个非洲需要调查、规划和管理的战略性问题；第二，建立相应机制审查既定的目标，并确保遵守既定的标准；第三，审查以往决策执行的进展情况，并采取合理的措施来解决相关问题和延误。①

指导委员会对“新伙伴计划”已经确定的方案和项目提供技术支持和指导，开发出相应的参考条款。

秘书处则主要负责日常事务的处理。

（二）四层组织机构阶段（2010年2月至今）

2010年2月，非洲联盟第14次首脑会议在埃塞俄比亚的亚的斯亚贝巴举行。为了使非洲发展新伙伴计划与非洲联盟的架构和进程相一致，这次会议将新伙伴计划秘书处变更为一个执行机构——非洲发展新伙伴计划规划与协调署，这样就加强了“新伙伴计划”方案的执行力。②与此同时，新伙伴计

---

① *The New Partnership for Africa's Development*, Abuja, Nigeria, October 2001, pp.57—58., http://ww.dfa.gov.za/au.nepad/nepad.pdf, accessed 16 December 2014.

② Decisions, *Declarations and Resolutions*, *Assembly of the African Union Fourteenth Ordinary Session*, Addis Ababa, Ethiopia, 31 January-2 February 2010, accessed 16 December 2014.

划首脑执行委员会变更为非洲发展新伙伴计划首脑决策委员会。另外，非洲联盟大会还授权非洲联盟委员会对新伙伴计划规划与协调署行使监督权。从此，“新伙伴计划”正式并入非洲联盟，成为非洲联盟的一个技术机构（a technical body of the African Union）。

这一个阶段，新伙伴计划形成了四层组织架构，如图 2 所示。

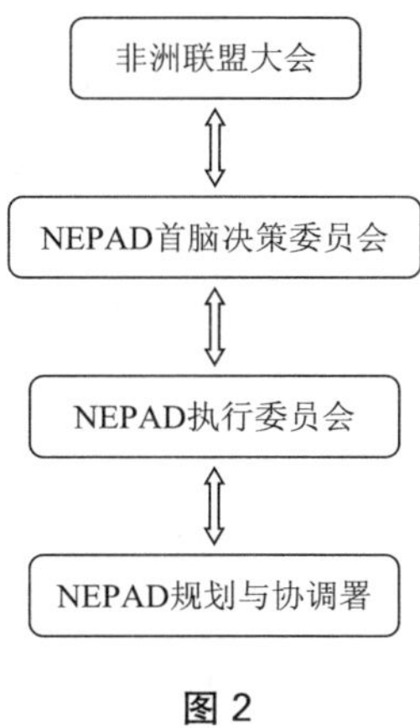

图 2

非洲联盟大会是第一层级，居于首要地位。“新伙伴计划”的组织机构并入了非洲联盟，成为其重要的组成部分，因此，不仅“新伙伴计划”的方案和项目都必须要符合联盟的总体规划，而且还要接受非洲联盟的直接管辖。另外，非洲联盟大会有权审议新伙伴计划首脑决策委员会主席提供的活动报告和相关建议。

新伙伴计划首脑决策委员会是第二层级，它的前身就是新伙伴计划首脑执行委员会。与双层组织架构下的首脑执行委员会相比，首脑决策委员会有了许多的变化：第一，成员的规模扩大。为了增加新伙伴计划的包容性、鼓励更多国家加入首脑决策委员会，非洲联盟大会决定把首脑执行委员会的成员由原来 15 名发展为现在的 20 名，从而扩大了原来的首脑执行委员会的规模。第二，在选举程序也发生了变化。除了创始五国是永久成员外，另外 15 个成员国的资格两年一选。第三，非洲联盟委员会主席可以直接参加首脑决策委员会的峰会。除此之外还规定，如果非洲联盟委员会主席的所在国不是首脑决策委员会成员的话，可以将该国纳入首脑决策委员会中，非洲联盟委员会主席任期届满时才取消其所在国的委员资格。截至2013年8月，首脑决策委员会成员国组成情况参见表1。

表1　首脑决策委员会成员国组成情况

阿尔及利亚	贝　宁	喀麦隆
乍得（新）	刚果（布）	埃　及
埃塞俄比亚	加　蓬	毛里塔尼亚（新）
利比亚	马拉维	马　里
尼日利亚	卢旺达	塞内加尔
南　非	苏　丹	坦桑尼亚（新）
乌干达（新）	赞比亚（新）	津巴布韦（新）

资料来源：非洲发展新伙伴计划官方网站。①

新伙伴计划指导委员会居于第三层次。它主要负责为“新伙伴计划”已经确定的发展方案和项目制定相应的参考条款，同时也负责监督新伙伴计划规划与协调署的工作和方案性活动。按照规定，指导委员会一般每年召开四次会议，每季度召开一次会议。指导委员会也为新伙伴计划规划与协调署提供政策上的指导和战略上的建议。因此，“该机构的一个主要特点是它代表首脑决策委员会的利益和要求，是其一个延伸性的政策机构，是一个将首脑决策委员会的政策与决定转化为具体行动的介质机构，处于首脑决策委员会和第四级的规划与协调署之间，具有明显的承上启下功能”②。指导委员会的成员构成，主要是首脑决策委员会首脑们推荐的个人代表（the Personal Representatives），由这些个人代表组成指导委员会。目前，指导委员会共有25名成员组成，在这其中新伙伴计划创始成员国各有2名代表，其他经选举产生的15国各有1名代表。召开会议时，除了上述成员出席外，8个非洲联盟

① http：//www.nepad.org/hsgoc-0，accessed 10 March 2015.

② 汪津生：《“非洲发展新伙伴计划”十年回眸》，《国际资料信息》2012年第2期。

认可的区域经济共同体（Regional Economic Communities，RECs）[①]、非洲开发银行（the African Development Bank，AFDB）、联合国开发计划署（United Nations Development Programme，UNDP）、联合国非洲问题特别顾问办公室（UN Office of Special Adviser on Africa，UN-OSAA）和联合国非洲经济委员会（the UN Economic Commission for Africa，UN-ECA）也可派遣代表参加会议。

新伙伴计划规划与协调署（也可称为 NEPAD Agency，即“新伙伴计划机构”）是第四层级，它的前身是新伙伴计划秘书处。为了建立一个更集中执行权力的机构，2010 年 2 月非洲联盟在第 14 届首脑会议上正式将“新伙伴计划”纳入非洲联盟的架构和进程，将新伙伴计划秘书处变更为新伙伴计划规划与协调署。在非洲联盟以往的历史和组织架构中，这是第一次用设立新机构机构的方式来制度化一个非洲区域性倡议。新伙伴计划规划与协调署是非洲联盟执行“新伙伴计划”发展议程的制度化工具。作为非洲联盟指定的技术机构，新伙伴计划规划与协调署核心任务是促进与协调非洲区域性和洲际性的优先发展项目和规划的实施、推动建立伙伴关系、配置资源，以及进行发展问题的研究等。

新伙伴计划规划与协调署的议程包括提升非洲各国推动非洲大陆经济发展进程的能力和促进建立刺激私营部门参与可持续增长和发展的有利环境，其中也包括实施执行投资方案和项目。新伙伴计划规划与协调署通过在现有的支持新伙伴计划进程的技术资源中建立制度化的关联和分支来对非洲发展进程产生作用和干预。在对新伙伴计划规划与协调署的支持中，新伙伴计划方案的核心执行者是非洲联盟成员国、区域性组织（特别是区域经济共同体）和多边或双边发展机构。新伙伴计划规划与协调署调动专业知识和资源支持创造财富、促进社会经济发展的投资方案的形成与设计，致力于成为一个不断学习和以成果为导向的机构。为了倡导和推动非洲联盟对非洲大陆发

---

① 其分别是西非国家经济共同体（ECOWAS）、中非国家经济共同体（ECCAS）、东非共同体（EAC）、萨赫勒撒哈拉国家共同体（CEN—SAD）、南部非洲发展共同体（SADC）、阿拉伯马格里布联盟（AMU/UMA）、东南非共同市场（COMESA）和东非政府间发展组织（IGAD）。

展进程的自主权和领导权，“新伙伴计划”机构在执行“新伙伴计划”方案时积极与非洲和全球的利益相关者，特别是民间组织建立更加密切的、利益驱动的伙伴关系。

新伙伴计划规划与协调署的目标是：强化区域一体化和非洲大陆一体化以促进非洲经济的可持续增长和发展；增强成员国和非洲区域经济共同体监督和评估“新伙伴计划”方案执行的能力；通过高质量的部门和跨部门方案与行之有效的增长战略和减贫方案，加速非洲发展目标的实现；培养非洲在各方面积极参与世界舞台所需的执行能力；新伙伴计划规划与协调署成为全非洲的发展知识中枢；将更好地实现非洲联盟和“新伙伴计划”的发展目标，非洲及其发展伙伴建立起基于平等、相互尊重、相互负责和反应迅速的伙伴关系；以及使民间团体和私人部门成为非洲发展进程中不可分割的一部分。

（三）从双层组织架构到四层组织架构变化的意义

非洲发展新伙伴计划由双层组织架构（首脑执行委员 + 指导委员会/秘书处）到四层组织架构（非洲联盟大会 + 首脑决策委员会 + 指导委员会 + 规划与协调署）的变化，不仅仅是单纯组织结构上的变化，这种变化实际上有着多的内涵和意义。

第一，“新伙伴计划”性质的变化。在双层组织阶段时期，《新伙伴计划》是作为一个非洲的总体发展战略方案和倡议而存在的，“新伙伴计划”的组织机构是平行于非洲联盟而存在的。进入四层组织架构时期“新伙伴计划”组织机构被并入非洲联盟，成为非洲联盟的一个重要组成部分。此时的“新伙伴计划”就具有了双重性质——既是一个非洲的发展战略方案，又是一个非洲联盟的技术机构。

第二，与非洲联盟关系的变化。在双层组织阶段，虽然《非洲发展新伙伴计划》与非洲联盟的宗旨、目标和原则相契合，并为非洲联盟采纳，成为非洲联盟的一个重要发展方案，但是归根到底作为一个发展战略它还是外在于非洲联盟而存在的。进入四层组织阶段，“新伙伴计划”组织机构被纳入非洲联盟架构，直接受非洲联盟管辖，规划与协调署成为非洲联盟的一个技术机构，非洲联盟大会成为最高层级，对其有监督权。因此，非洲发展新伙伴计划内化于非洲联盟的架构了。

第三，执行力的变化。在双层组织阶段，新伙伴计划的执行力比较差，虽然启用了非洲互查机制，但是计划本身没有强制约束力，成员国的参与比较自由。进入四层组织阶段后，新伙伴计划成为了非洲联盟的一部分，有了非洲联盟机构的支持，其计划执行的强制力大大提升了，特别是规划与协调署较原来的秘书处有更集中的权力和执行力。

第四，"新伙伴计划"本身内容的变化。在双层组织架构阶段，《非洲发展新伙伴计划》框架文件虽然规定了优先发展的领域，但是仍旧分散杂乱，重点不明确。进入四层组织架构阶段后，新伙伴计划的组织机构纳入非洲联盟，新伙伴计划规划与协调署成为非洲联盟的一个技术部门，进而确定了农业与粮食安全、气候变化与国家资源管理、区域一体化与基础设施建设、人类发展、经济与企业管理和跨领域议题（包括性别、发展能力和信息通讯技术）这六个主题领域，使计划的着眼点和施力点更加集中，有的放矢。

四、非洲发展新伙伴计划的实践

（一）总体目标的实践情况

《新伙伴计划》框架文件已经规定了非洲发展的长远目标是：在非洲消除贫困，使非洲国家各自地或集体地走上可持续增长和发展的道路，阻止非洲在全球化进程中被边缘化；促进妇女在所有活动中的作用。其具体目标是：在未来 15 年，实现并维持国内生产总值年均增长率超过 7%，以及确保非洲大陆实现既定的国际发展目标——到 2015 年极端贫困人口比例减少一半；到 2015 年所有适龄儿童入读小学；到 2015 在中小学教育入学中消除性别差异，在实现两性平等、赋予妇女权利方面取得进展；1990—2015 年婴儿和儿童死亡率降低 2/3；1990—2015 年产妇死亡率降低 3/4；到 2015 年实现为所有有需要的人提供生育卫生服务，到 2015 年实现可持续发展的国家战略，以便在 2015 年前扭转环境资源损失的形势。

2014 年 8 月非洲开发银行集团与联合国开发计划署公布了《2014 年非洲经济概览：全球价值链与非洲工业化》（*African Economic Outlook 2014：Global Value Chains and Africa's Industrialisation*，下简称《概览》），对非洲 2014 年及其以往的经济社会发展状况进行了总结。《概览》称“非洲经济和社会形势在稳步发展，预示非洲有良好的近期前景”，“非洲的宏观经济前景依然有利”，“外部资金流入和税收收入继续是非洲发展的重要贡献因素”，“非洲贸易绩效近年来得到改善”，“非洲人力资源发展条件总体正在改善，但一些国家仍然滞后”，“加强非洲各国的政治及经济治理，将大大有助于减少经济和社会不公程度”。[①]

《新伙伴计划》框架文件的一个总体指标性发展目标是实现并维持国内生产总值年均增长率超过 7%。在“新伙伴计划”制定之初，很多学者认为 7%的发展目标不切实际，可能难以实现。《概览》中梳理了 2002—2015 年的非洲经济增长情况，如图 3 所示。[②]

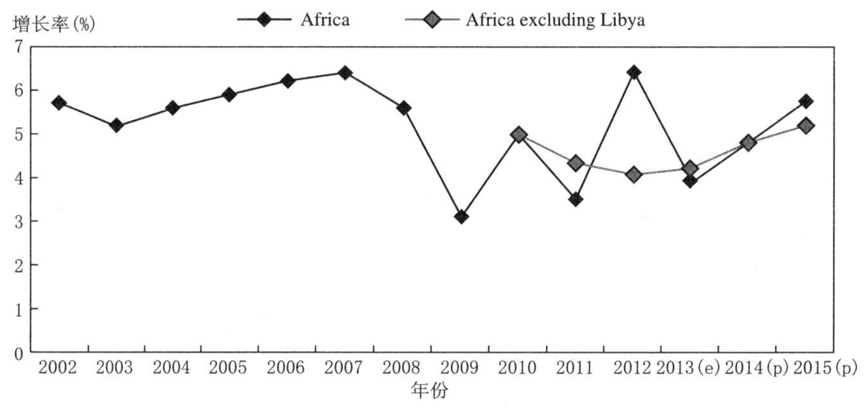

图 3

注：e-estimates，代表估计值；p-projections，代表推测值。

资料来源：《2014 年非洲经济概览：全球价值链与非洲工业化》（*African Economic Outlook 2014：Global Value Chains and Africa's Industrialisation*）。

---

① AFDB, OECD, UNDP, *African Economic Outlook 2014：Global Value Chains and Africa's Industrialisation*, *Summary in Chinese*, See http：//www.oecd-ilibrary.org/development/african-economic-outlook-2014/summary/chinese _ aeo-2014-sum-zh, pdf.

② AFDB, OECD, UNDP, *African Economic Outlook 2014：Global Value Chains and Africa's Industrialisation*, OECD Publishing, 2014.

从图3中可以看出，虽然2002—2015年非洲的经济增长率颇高，但事实上并没有达到2001年《新伙伴计划》框架文件所设定的7%的发展目标。

在减贫问题上，依照千年发展目标和《新伙伴计划》框架文件的设定，非洲的贫困人口应当不断减少。《概览》中指出，中非、东非、南部非洲和西非四个地区的极端贫困（每天不足1.25美元）人口比例从1990年的56.5%下降到了2010年的48.5%。但是由于减贫速度迟缓，过去20年此四个地区极端贫困人口的实际数量从2.897亿上升到了4.138亿。在实现减贫目标上，有些国家已经达到了目标，如喀麦隆、埃及、几内亚和突尼斯等国；一些国家也即将达到目标，如塞内加尔、冈比亚、加纳、马里、毛里求斯、尼日尔、南非、斯威士兰和乌干达等国；但是，还有些国家则远远落后，如科特迪瓦，肯尼亚，马达加斯加，摩洛哥和尼日利亚等国。①

减贫事业的发展和居民收入的增加，相应地推动了教育的发展、医疗卫生条件的进步和死亡率的下降。

在妇女赋权问题上，非洲取得了长足的进步。例如，在政治参与方面，过去十年撒哈拉以南非洲是唯一一个女议员成倍增长的次区域，卢旺达则成为世界上女议员比率最高的国家②；在教育获得方面，女童的失学率大大降低，虽然在撒哈拉以南非洲超过一半的失学儿童仍然是女童，但是其数量从2000年的2 400万下降到了2013年的900万③。到2012年，近半的非洲国家已经实现了小学入学的性别平等。

从《概览》提供的资料数据分析，对比《新伙伴计划》框架文件最初设定的目标，我们发现：无论是在经济增长率、国内生产总值等宏观目标方面，还是减贫、教育、卫生医疗和妇女赋权等微观目标方面，虽然非洲已经取得了很大的发展和进步，但是并没有完全达到《新伙伴计划》框架文件最初设定的目标。究其原因，一方面，正如许多学者所言，有些目标最初的设

① AFDB, OECD, UNDP, *African Economic Outlook 2014: Global Value Chains and Africa's Industrialisation*, OECD Publishing, 2014, pp.90—91.

②③ AFDB, OECD, UNDP, *African Economic Outlook 2014: Global Value Chains and Africa's Industrialisation*, OECD Publishing, 2014, p.95.

定就不切实际；另一方面，要实现这些目标，还应寻找更加具有实效性、具体性的方法。

（二）主体领域的实践情况

除了《新伙伴计划》框架文件设定的发展目标外，对于“新伙伴计划”的执行情况，我们还可以从它的六个主体性领域来具体考察。

1. 农业与粮食安全

“新伙伴计划”在农业和粮食安全领域取得的成效主要体现在《非洲农业发展综合方案》及其补充方案的实施情况上。

2007年，卢旺达第一个签署了《非洲农业发展综合方案》，截止到2011年共有二十六个国家签署了这一方案，将其纳入本国的农业发展议程：贝宁、布基纳法索、布隆迪、佛得角、科特迪瓦、埃塞俄比亚、冈比亚、加纳、几内亚、肯尼亚、利比里亚、马拉维、马里、尼日尔、尼日利亚、卢旺达、塞内加尔、塞拉利昂、斯威士兰、坦桑尼亚、多哥、刚果（金）、坦桑尼亚、几内亚比绍、乌干达和民主刚果共和国。2003年非洲国家的元首在莫桑比克举行会议，承诺2008年以前将把10%的国家预算用于农业领域，到目前为止，布基纳法索、埃塞俄比亚、加纳、几内亚、马拉维、马里、尼日尔和塞内加尔已超过这一目标，大多数国家也取得了重大进展。迄今，安哥拉、厄立特里亚、埃塞俄比亚、布基纳法索、刚果、冈比亚、几内亚比绍、尼日利亚、塞内加尔和坦桑尼亚共和国九国也已超过《非洲农业发展综合方案》中提到的6%的农业增长目标，另外四国也取得了5%—6%的增长。[①]

在《非洲农业发展综合方案》的补充方案中，《非洲土地方案》（TerrAfrica programme），利用资金在撒哈拉以南非洲扩大可持续土地管理——近10亿美元用于二十七个国家；《肥料支持方案》（*Fertilizer Support Programme*），促进非洲的肥料生产、销售、采购和使用——该方案共有3 500万美元的专项拨款；《非洲渔业伙伴关系》（*Partnership for African Fisheries*，

① http：//www.nepad.org/foodsecurity/agriculture/about，accessed 16 December 2014.

PAF），改善非洲渔业的持续性和回报——《非洲渔业伙伴关系》主办了第一届非洲渔业和水产养殖部长会议（Conference on African Ministers of Fisheries and Aquaculture，CAMFA）；《非洲生物科学倡议》（*African Biosciences Initiative*，*ABI*），连续五年利用生物应用技术提高农业生产率——该倡议有 1 190 万美元的专项拨款；《新伙伴计划泛非木薯倡议》（*NEPAD Pan-Africa Cassava Initiative*，*NPACI*），将木薯国家的农业研究和区域倡议联系起来——该倡议也有 120 万美元以上的专项资金。[①]

2. 气候变化与国家资源管理

"新伙伴计划"在气候变化与国家资源管理领域取得的成效主要体现在环境、能源和水资源三个关键性领域。

在环境领域，当前的计划有"刚果森林盆地聚合计划""非洲广泛人力和资源能力建设方案：适应与缓解""撒哈拉沙漠绿色长城倡议""降低灾害风险方案"等[②]。能源领域的目标是 2040 年前，在《非洲基础设施发展方案》框架下形成一系列具体项目。[③]能源发展的重点是生物能、太阳能发电、跨境能源贸易、主要能源利益相关者之间的沟通机制建设、利用天然气和煤发电等。水资源领域的目标是根据"非洲水愿景"计划框架形成的 2025 年的发展战略图[④]进行发展，但是目前没有可靠的数据显示其已经取得的成果。

3. 区域一体化与基础设施建设

"新伙伴计划"在区域一体化与基础设施建设领域取得的成效主要体现在推进区域一体化和大陆一体化的倡议上：《非洲联盟/新伙伴计划——非洲行动计划 2010—2015》（the AU/NEPAD African Action Plan 2010—2015，AAP），涵盖八十个非洲区域和大陆一体化的旗舰项目和方案；《新伙伴计划短期行动计划》（NEPAD's Short Term Action Plan，STAP），2002 年设立，用

---

① http：//www.nepad.org/foodsecurity，accessed 16 December 2014.

② http：//nepad.org/climatechangeandsustainabledevelopment/climatechange/about，accessed 16 December 2014.

③ http：//nepad.org/climatechangeandsustainabledevelopment/energy，accessed 16 December 2014.

④ http：//nepad.org/climatechangeandsustainabledevelopment/water，accessed 16 December 2014.

于解决特殊的基础设施发展问题；《新伙伴计划基础设施项目筹备资金》（*the NEPAD Infrastructure Project Preparation Facility*，*IPPF*），由非洲开发银行管理，支持发展高质量的基础设施建设提案，到 2007 年该基金有大约 30 个项目，价值 5 000 万美元；《非洲基础设施发展方案》，制定区域性和大陆性的基础设施建设政策，建立战略实施的优先发展方案和提案；基础设施问题高级别小组委员会（High Level Sub-Committee on Infrastructure），2010 年 7 月在非洲联盟首脑会议上建立，肩负着优先发展和强化高质量基础设施建设项目的任务；《基础设施战略行动计划》（*The Infrastructure Strategic Action Plan*，*ISAP*）；《电子非洲方案》负责协调处理与信息通讯技术相关的活动。①

4. 人类发展

“新伙伴计划”在人类发展领域取得的成效主要体现在教育、卫生和科学技术三个方面②。

在教育方面，新伙伴计划致力于在非洲实现《全民教育》（*Education for All*，EFA）。该方案是在非洲联盟非洲教育第二个十年规划（Second Decade of Education for Africa，2006—2015）和联合国千年发展目标的框架下制定的。在卫生方面，新伙伴计划在卫生领域致力于对医疗进行积极干预以实现千年发展目标。“新伙伴计划”2011 年 11 月提出“归零”战略，即从 2011 年的世界艾滋病日（12 月 1 日）起到 2015 年，非洲将要实现零艾滋病毒新感染、零歧视和零艾滋病相关死亡的宏伟目标。在科学技术方面，新伙伴计划努力建立和强化像非洲数学研究网（Africa Mathematics Institutes Network）③和非洲生物安全网（African Bio-safety Network）④这样的网络。“新伙伴计划”也负责进行科学技术调查、出版和推广科学技术框架和报告，推动社会经济议题的研究，以及科学技术领域的能力建设。

---

① http：//nepad.org/regionalintegrationandinfrastructure，accessed 16 December 2014.

② http：//nepad.org/humancapitaldevelopment，accessed 16 December 2014.

③ http：//www.idrc.ca/EN/Programs/Science _ and _ Innovation/AIMS/Pages/default.aspx，accessed 16 December 2014.

④ http：//www.nepadbiosafety.net/，accessed 16 December 2014.

5. 经济与企业管理

"新伙伴计划"在经济与企业管理领域取得的成果主要体现在非洲互查机制（African Peer Review Mechanism，APRM）上，这一机制是围绕经济和企业管理方案的目标而展开的。非洲互查机制的主要目标是通过在查找缺失和评估能力建设等分享经验和成功范例，加速实施能够促进政治稳定、经济高速增长、可持续发展和次区域及大陆一体化的政策原则和实践。①非洲互查机制程序要求非洲国家在四个方面达到标准：民主和政治管理、经济治理和管理、公司治理和社会经济发展。②按照非洲互查机制的规定，53 个非洲联盟的成员国都有权自愿加入该机制。加入非洲互查机制的成员国必须公开其在政府管理、经济政策和人权等方面的信息，并且按照既定标准接受其他成员国的审查和评估。如果通过审查，某个成员国没有达到既定标准，非洲互查机制的相关专门机构就会对该国提出具体建议，并且要求该国在此方面进行改革。如果该国仍无法达到既定标准，就不能像其他新伙伴计划成员国一样从计划中受益。

非洲互查机制的管理体制包括非洲大陆、成员国内部和国际战略合作伙伴三个层面。在整个非洲大陆层面看，非洲互查机制有三个管理层级：非洲互查论坛（APR Forum），是非洲互查机制的最高决策机构，是由加入非洲互查机制的各国领导人组成的委员会；非洲互查小组（APR Panel），负责依照独立、专业和公信的原则实施非洲互查机制程序，同时有权选拔和任命负责审查各国的非洲互查特派团（APR Mission Teams）；非洲互查秘书处（APR Secretariat），负责为非洲互查机制提供技术、协调和行政服务。成员国内部的管理体制为四个层级：核心机构（Focal Points），一国一旦加入非洲互查机制，就要尽快建立核心机构，负责在国内建立实施机制的领导层、推进自我评估进程和非洲互查小组建立联系；国家委员会或国家理事会（National Commission/National Governing Council，NC/NGC），为一国实施非洲互查机制制定战略政策方向，而且必须由成员是代表公众利益的市民；

① 非洲互查机制官网，http：//aprm-au.org/mission，accessed 10 March 2015。

② 非洲互查机制官网，http：//aprm-au.org/thematical-areas，accessed 10 March 2015。

国家非洲互查机制秘书处（National APR Secretariat），为国家委员会或国家理事会提供技术支持和行政服务；技术调查机构（Technical Research Institutions，TRIs），这一机构主要负责对非洲互查机制进行问卷调查。在国际领域，非洲互查机制的战略合作伙伴有非洲开发银行、联合国非洲经济委员会和联合国发展计划非洲区域局。①这样一来，非洲互查机制就从内而外、从上到下地形成了一个成员国、大陆和国际领域相互贯通的管理体制。

非洲互查机制文件确立了审查过程的五个步骤。第一步，自我审查（self-assessment）和国家支援团（country support mission）访问。非洲互查秘书处派遣由指定的知名人士带领的支援团出访参与国，确保参与国对非洲互查的规则、进程和原则有普遍的了解。支援团负责联络参与国的核心机构，组织工作会议，并且建立相关技术小组。该知名人士就各国审查团的形式与相关参与国政府签订《理解备忘录》。然后，参与国在非洲互查调查问卷基础上开始撰写《自我评估报告》（self-assessment report）。针对在《自我评估报告》中发现的问题，形成行动计划（plan of action）以解决问题。行动计划应当以现存的政治、方案和项目为基础。《自我评估报告》应当有所有相关利益者的参与，包括民众、民间组织和政府部门。第二步，各国审查团（country review mission）。参与过提交《自我评估报告》的草案后，由同一知名人士带领各国审查团出访该国，进行广泛磋商、理清所有需要讨论的问题、促进全国共识的形成。各国审查团由非洲互查秘书处代表和非洲互查机制伙伴机构组成。第三步，《各国审查报告》（Country Review Report）和行动计划的修订。各国审查团以出访期间收集的信息和非洲互查秘书处制定的事项报告为基础，起草《各国审查报告》，并与参与国政府分享。该国根据《自我评估报告》和《各国审查报告》，最终修正其行动计划，概述执行的政策和做法。第四步，执行相互审查。各国审查团知名人士和参与国首脑在非洲互查论坛上向其他参与国领导人分别陈述《各国审查报告》和行动计划，以供商讨。第五步，公开报告和行动计划。非洲互查论坛考察过报告后提交

① 非洲互查机制官网，http://aprm-au.org/management-structure，accessed 10 March 2015。

非洲联盟峰会，然后向公众开放。

2002年11月3日，新伙伴计划首脑会议在尼日利亚首都阿布贾结束，与会的17个非洲国家中有12个国家[①]签署共同声明同意建立非洲互查机制。[②]非洲互查机制是一项非洲内部的自我评估机制，也是“新伙伴计划”的配套计划；它要求非洲国家互相评估和监督实施“新伙伴计划”，特别注重落实良政、政策透明化、提高信誉度和保护人权等。

表2 非洲互查机制相互审查的主要领域和核心目标

主要领域	核心目标	主要领域	核心目标
经济治理与管理	加强宏观调控，维持可持续发展； 实施透明、可预见和合理的经济政策； 提供健全的公共资金管理； 反对经济腐败； 加速区域联合	民主与善治	减少并防止冲突的发生； 立宪民主； 保护人权； 防止集权； 完善公务员体制； 反对政治腐败； 保护儿童权益； 保护弱势群体的权益
社会经济发展	自信与自立的发展； 加速社会经济发展来消减贫困； 加强关键社会发展领域的政策力度； 实现性别平等； 鼓励广泛参与	企业治理	为经济实体提供一个稳定的环境； 确保企业尊重人权、履行社会责任和保护环境； 提高商业诚信； 确保企业以公平、公正的方式运作

资料来源：欧玲湘、梁益坚：《软压力视角下的“非洲国家相互审查机制”》，《西亚非洲》2009年第1期。

2004年2月，20多个加入“新伙伴计划”的非洲国家元首和政府首脑在卢旺达首都基加利举行首届“非洲互查机制”论坛，正式启动了“新伙伴计划”框架内的“非洲互查机制”。在这届论坛上，与会代表就如何对首批接受互查的肯尼亚、加纳、毛里求斯和卢旺达进行检查和评估达成了一致意

---

① 这些国家是阿尔及利亚、安哥拉、刚果（金）、埃及、埃塞俄比亚、加纳、马里、毛里求斯、莫桑比克、尼日利亚、卢旺达和南非。

② 李文飞：《非洲12国将建立伙伴审查制度》，《人民日报》2002年11月5日。

见。论坛还决定，在 2006 年 3 月以前完成对已加入互查机制的 16 个国家的检查和评估，其中包括南非、尼日利亚、埃塞俄比亚和肯尼亚等一些在非洲有着重要影响的国家。[①]

2006 年 1 月至 2011 年 1 月，已有 14 个成员国进行了审查：加纳、卢旺达、肯尼亚、南非、阿尔及利亚、贝宁、乌干达、尼日利亚、布基纳法索、马里、莫桑比克、莱索托、毛里求斯和埃塞俄比亚。[②]

6. 跨领域议题

“新伙伴计划”在跨领域议题领域取得的成果主要体现在性别、信息通讯技术和发展能力三个方面。

女性问题也是“新伙伴计划”的一项重要工作。2007 年，“新伙伴计划”与西班牙政府签订备忘录，决定成立“新伙伴计划—西班牙基金”帮助非洲消除贫困，并向非洲妇女提供资金和技术支持。协议规定西班牙提供 5 000 万欧元，协议有效期五年。西班牙基金支持的重点领域包括教育、健康、经济结构的调整以及女性的社会和政治参与。2008 年 4 月，新伙伴计划指导委员会召开会议，决定向 23 个撒哈拉以南非洲国家的 46 个妇女问题类项目提供资金支持。截至 2011 年 11 月，这些项目总体上进展顺利，其中 25 个项目已经结项，18 个正在进行，1 个项目终止，还有 2 个项目前景不明朗。此外，西班牙基金还针对非洲女性企业家偏少的状况，提出了“非洲女性企业家孵化器计划”（*Business Incubator for African Women Entrepre-neurs*，*BIAWE*）。在信息与通信技术领域，“新伙伴计划”正在积极实施电子非洲方案[③]，目标是促使非洲各社会部门广泛应用信息和通信技术，开发各种电子服务，以促进非洲成长为一个具有全球竞争力的数字化社会。该方案决定和欧洲国家合作，拟从南非沿非洲西海岸至欧洲共同建设一条海底电缆，将沿岸非洲国家连接起来。目前，双方已签署了谅解备忘录。还有一项陆地网络计划，意图

① http：//www.china.com.cn/chinese/HIAW/842937.htm，accessed 10 March 2015.

② http：//nepad. org/economicandcorporategovernance/african-peer-review-mechanism/about，accessed 16 December 2014.

③ http：//nepad.org/regionalintegrationandinfrastructure/infrastructure/ict，accessed 16 December 2014.

将每一非洲国家和其邻国连接起来。将两个项目连接起来，以实现“新伙伴计划”把整个非洲大陆用网络连接起来的想法。此外，电子非洲方案还有一个重点计划即《电子学校计划》（E-Schools），这一计划旨在加强非洲中小学的信息与通信知识的教学水平，使学生掌握该领域的知识和技能，为他们未来自信和有效地应对全球信息社会和知识经济的挑战创造条件。目前，已有16个非洲国家和一些私营公司签署了建设电子学校示范项目的备忘录，截至2011年11月，在非洲大陆已建设了80多所示范性电子学校。在发展能力方面，“新伙伴计划”制定了《新伙伴计划能力发展倡议》，并在加纳、肯尼亚、卢旺达和乌干达等国得到践行。①

7. 新型伙伴关系

《非洲发展新伙伴计划》框架文件第六部分是“新型全球伙伴关系”，这一部分强调非洲除了注重加强内部的伙伴关系，还致力于发展和加强“南南伙伴关系”，同时寻求与工业化国家和多边组织建立新型伙伴关系。这种新型伙伴关系基于信任、平等和相互尊重的原则，目的是消除长期以来形成的捐赠者—受捐者的关系，形成一种双方相互负有义务和责任的关系②。这种伙伴关系要符合非洲联盟的发展愿景和具体战略。

在2004年至2008年期间，为了加强合作和巩固发展的成果，非洲与世界其他国家形成了一系列创造性的伙伴关系，其中包括非洲—南美伙伴关系、非洲—印度伙伴关系和非洲—土耳其伙伴关系。在同一期间，非洲和其传统伙伴之间的合作得到了重新定义和加强，其中包括非洲—欧洲伙伴关系、中国非洲合作论坛和以日本为首的东京非洲发展国际会议。

目前来看，非洲大陆作为一个统一的整体，其伙伴关系主要分为三大类：大陆与大陆之间的伙伴关系，大陆与国家之间的伙伴关系，潜在的伙伴关系。③大陆与大陆之间的伙伴关系包括非洲与阿拉伯世界的伙伴关系、非洲与欧洲（欧洲联盟）的伙伴关系、非洲与南美的伙伴关系（非洲—南美峰

① http：//www. nepad. org/crosscuttingissues/capacitydevelopment，accessed 16 December 2014.

②③ http：//www.au.int/en/partnerships，accessed 16 December 2014.

会）和亚非次区域组织会议。大陆与国家之间的伙伴关系有非洲与印度伙伴关系、非洲与土耳其伙伴关系、中非合作论坛、非洲与美国伙伴关系（《非洲增长与机会法案》）、非洲与日本伙伴关系（东京非洲发展国际会议）、非洲与法国伙伴关系和非洲与韩国伙伴关系；前景中的的伙伴关系，包括非洲与加勒比地区伙伴关系、非洲—伊朗论坛和非洲与澳大利亚伙伴关系。[①]

（三）案例分析：非洲互查机制（APRM）在阿尔及利亚的施行

1. 非洲互查机制在阿尔及利亚的施行进程

阿尔及利亚位于非洲西北部，是非洲第二大国，1962 年独立，目前经济规模居于非洲第四位。20 世纪 80 年代后期，阿尔及利亚由于经济状况的恶化和外部民主化浪潮的影响，出现了严重的政治危机和社会危机。伊斯兰原教旨主义借机膨胀，演变成恐怖主义对抗当局，造成安全形势恶化。90 年代，在当局围剿打击和宽大招安的双重压力下，恐怖分子纷纷放下武器。

阿尔及利亚一贯是给周统一组织和非洲联盟形成的推动者，它作为非洲发展新伙伴计划的创始国之一在非洲建立起了有效的外交。从 1999 年在阿尔及尔举行的非洲统一组织峰会提出新伙伴计划，到 2001 年在卢萨卡举行的第 37 届非洲统一组织峰会颁布新伙伴计划，阿尔及利亚总统布特弗利卡与尼日利亚总统奥巴桑乔、塞内加尔总统韦德、南非总统姆贝基和埃及总统穆巴拉克一起一贯地支持这一计划。

阿尔及利亚也是 2003 年 3 月 9 日第一批签字参加非洲互查机制的国家，2004 年 11 月承办了非洲互查论坛第二次峰会，在会上宣布愿意接受相互审查，并任命分管非洲和马格里布事务的外交部副部长为“焦点”[②]（Focal Foint，核心机构）。[③]因此，阿尔及利亚外交部北非事务部长梅萨海尔（Ab-

① http：//www.au.int/en/partnerships，accessed 16 December 2014.

② 直译为“焦点”，实际指一个国家为了施行非洲互查机制而在本国设立的核心机构，负责在国内建立实施非洲互查机制的领导层、推进自我评估进程和非洲互查小组建立联系。

③ “*Algeria joins African Peer review mechanism*”，Panapress dispatch of 21 november 2004. Available in english at http：//62.210.150.98/dossindexlat.asp?code = eng018.

delkader Messahel）被任命为总负责人，充当“核心机构”的角色，并相应地成为了全国理事会的一员。他的责任是协调各方面的利益关系、组织建立全国理事会、统筹非洲互查机制在阿尔及利亚执行的进程。

按照非洲互查机制的步骤，应当由国家当局建立全国理事会，实行自我评价进程。2005 年 12 月，默罕迈德·乌叶海亚（Ahmed Ouyahia）代表阿尔及利亚总统正式建立了全国理事会，总部设在阿尔及尔。但当时却没有明确的法律和文件规定全国理事会的使命和任务，只有乌叶海亚在成立典礼上的演讲作为依据。①国家理事会由 100 名成员组成，但全国理事会并未公开成员的官方名单②，因而我们也无从完整地考证理事会成员的身份、来自何种性质的机构。全国理事会下设了一个行政委员会，充当执行和指导机构，并且负责协调全体成员的工作。行政委员会由一个主席和四个分管不同具体领域③的副主席组成，其他理事会成员则隶属于其中某一个主题小组。全国理事会下还设立了一个通讯组（Communications unit），主要负责与媒体对接，也包括为全国理事会设计标识、标语和建立网页等。关于全国理事会的资金来源，以往学者的研究表明，主要来自政府的资金，并没有自己独立的预算④。

2005 年 7 月，在阿尔及利亚全国理事会建立四个月之后，非洲互查秘书处支援团第一次出访阿尔及利亚。这次支援团由玛丽-安洁利克·萨瓦内（Marie-Angélique Savané）率领，还包括其他八名成员。他们此次出访的目的主要是使阿尔及利亚颁布自我评价进程，与当局在主要问题上形成普遍理解，并于 2005 年 7 月 23 日与阿尔及利亚政府签订了《相互理解备忘录》。

撰写《自我评估报告》的工作要以非洲互查秘书处提供的调查问卷为基础。《自我评估报告》要经过三个阶段的准备：首先，技术支持机构国家经济和社会委员会兑国家统计委员会提供的数据进行数据处理，形成最初版的

---

①② Mouloud Boumghar, *The APRM in Algeria: a critical assessment*, Africa Governance Monitoring and Advocacy Project, 2009, p.9.

③ 这四个领域分别是：民主和政治管理、经济治理和管理、公司治理和社会经济发展。

④ Mouloud Boumghar, *The APRM in Algeria: a critical assessment*, Africa Governance Monitoring and Advocacy Project, 2009, p.13.

报告；第二步，全国寻访，走访阿尔及利亚各行省，了解政府、民众、民间社会等利益相关者的观点，将其综合进自我评估报告；最后，进行数据和资料整合，最终形成《自我评估报告》的草案。阿尔及利亚的技术调查机构主要有四个：人口与发展研究中心，负责民主和政治管理主题；发展应用经济学中心，主要负责经济管理和治理主题；特莱姆森大学，主要致力于企业治理主题；社会文化人类学研究中心，主要负责社会经济发展主题。四个技术调查机构分工合作、相互配合，其调查研究额的结果为《自我评估报告》提供了有效的资料。

各国审查团的工作是分两步进行：2006 年 11 月 10 日至 12 月 5 日，非洲互查机制各国审查团来访，咨询了阿尔及尔和全国各省政府部门和民间社会。国家审查团要求就《国家自我评估报告》中不足的地方进行了民意测验和调查。几个月后，2007 年 3 月，各国审查团再次返回阿尔及利亚聆听修改后的、详尽的《自我评价报告》的陈述。

2007 年 7 月 1 日，非洲互查机制论坛第七次峰会在加纳的阿克拉举行，萨瓦内女士在此次会议上陈述了《各国审查报告》。在陈述中，她强调“阿尔及利亚提交的《自我评估报告》达到了非洲联盟的标准和信誉”。①这基本标志着阿尔及利亚通过了非洲互查机制的审查。在对阿尔及利亚《自我评估报告》表示认可的同时，萨内瓦女士也提出了阿尔及利亚面临的 10 点“挑战”：现代化和改革；性别平等问题和社会文化惯性；青年失业问题；环境和区域发展不平衡；扩大经济增长和经济部门多样化；控制通货膨胀；赋予社会和经济利益相关者权力；贪腐败问题；加速结构性改革；面向就业的培训。

最终，阿尔及利亚于 2009 年第一季度在外交部网站公布了法文与英文的《关于国家管理行动方案进程的报告》（*the Progress report on the implementation of the national Programme of Action on Governance*）。2014 年 1 月 29 日，总理艾哈迈德·乌叶海亚（Ahmed Ouyahia）在非洲互查机制论坛第十七次峰会上陈述

① Mouloud Boumghar, *The APRM in Algeria: a critical assessment*, Africa Governance Monitoring and Advocacy Project, 2009, p.22.

了《关于国家管理行动方案进程的第二次报告》，高度强调妇女地位、青年政策和方案、应对失业问题的重大进展。

2. 非洲互查机制在阿尔及利亚施行情况的分析

从阿尔及利亚执行非洲互查机制的过程，及其《自我评估报告》和《各国审查报告》，我们可以发现：首先，非洲互查机制在阿尔及利亚的执行过程基本符合非洲互查机制最初设立的步骤、程序和原则，基本达到了预期的目的，证明了非洲互查机制的可行性；第二，阿尔及利亚在执行非洲互查机制时还存在一些问题，如透明性不足、民主性不足，一些会议的内容没有向公众公开，全国理事会成员名单没有公开，对民间社会和普通民众的关注较少。第三，《自我评估报告》和《各国审查报告》发现和提出的很多问题都值得阿尔及利亚关注，解决好这些问题才能更好地促进本国的经济社会发展，有利于实现非洲新伙伴计划的宏远目标。

综观非洲互查机制，我们发现它在推进新伙伴计划、促进非洲进步方面发挥独特而积极的作用：首先，非洲互查机制是带有非洲自主特色的一种审查机制，各成员国通过相互审查这种软压力的作用，来相互督促，提高政治经济执政水平和管理能力；第二，非洲互查机制设计的审查范围和领域有了很大的突破，为非洲在社会经济、政治文化等方面的改良和发展指明了方向；第三，非洲互查机制符合新伙伴计划“集体自力更生”的要求，各成员国相互监督、共同发展、加深互信，形成了良好的集体氛围，激发了集体奋进的精神；第四，非洲互查机制的审查过程和结果，在一定程度上为成员国的社会经济发展提供了有效的、可行的方案。

我们也应当看到，非洲互查机制作为一个年轻大陆的新机制而言，仍然存在很多问题：第一，非洲互查机制的实施步骤、进程和组织机构还不够完善；第二，非洲互查机制的透明程度还可以进一步提高，更多的资金来源、会议、数据和人员安排等信息应当向公众公开，以加强该机制的执行效果；第三，非洲互查机制从根本上讲是依靠软压力对成员国起作用的，这种机制缺乏了实质性的惩罚措施，可能有时对参与国起不到预想中的督促效果。

五、非洲发展新伙伴计划的评价与展望

国内外史学界对非洲发展新伙伴计划的研究和评价，曾出现过两次小高峰：第一次是《非洲发展新伙伴计划》框架文件制定后的最初几年，对其进行研究论述的文章和论述层出不穷；第二次是2011年“新伙伴计划”形成10周年之际。但是，以往在对“新伙伴计划”的研究考察，特别是在对其评价过程中，绝大多数都是以2010年2月“新伙伴计划”机构并入非洲联盟以前为区间，少有对“新伙伴计划”机构并入非洲联盟之后这一区间所进行评价的论述。然而，2010年2月“新伙伴计划”机构并入非洲联盟这个时间节点十分重要：“新伙伴计划”由外在于非洲联盟的发展战略转变为内化于非洲联盟的一部分；“新伙伴计划”组织架构由两层变为四层；《新伙伴计划》框架文件泛杂的内容集中为六个主体领域，并细化了很多方案和项目；“新伙伴计划”由指导性文件变为有一定强制性的机构，执行力增强。因此，“新伙伴计划”机构并入非洲联盟后，我们应当再次从其发展战略内容本身、实施主体（非洲和非洲人）和国际社会反响等角度重新审视它在新阶段的作用和意义。

（一）非洲发展新伙伴计划的意义

1. 坚持集体自力更生和自主发展

20世纪80年代以来，非洲自己制定的一系列发展战略，从《拉各斯行动计划》到《非洲发展新伙伴计划》，都有一个显著特点，即强调集体自力更生和自主发展。“新伙伴计划”作为非洲应对边缘化和面向21世纪的发展战略与蓝图愿景，更加注重集体自力更生和自主发展。

在《新伙伴计划》框架文件中的第七条提到了“非洲全体人民宣布：我们不能再受环境和条件的束缚，我们要决定自己的命运，并要求世界其他地区帮助我们”；第47条提到“《非洲发展新伙伴计划》以非洲的自立和自理（自主权和自我管理）为中心”；第62条提到“虽然这个倡议需要长期的资金来源，但是加快实施这些项目可以帮助非洲消除贫困，使非洲国家各自地

或集体地走上可持续增长和发展的道路，进而阻止非洲在全球化进程中被边缘化”；第 71 条提到“非洲领导人已经从他们自己的经验中认识到：和平、安全、民主、良治、人权和健全的民主管理是可持续发展的条件。他们承诺各自地或集体地进行努力，在他们的国家、次区域和非洲大陆推进这些原则。”①

在“新伙伴计划”优先发展领域和主体领域中，对注重集体自力更生和自主发展的坚持集中体现在推进区域一体化上。非洲在历史上深受殖民主义的摧残，国家众多，情况各异，对资本主义国家的依赖程度较深，而非洲国家只有坚持联合自强、自力更生和自主发展才能真正实现复兴。

2. 主体领域契合非洲发展的需求

《新伙伴计划》的框架文件在制定之初，其本身内容十分空乏，缺乏连贯的战略思维，也没有细节规划和具体计划，并且优先发展领域太过泛杂，行动纲要缺乏明确清晰的重点。但是，随着“新伙伴计划”的发展和完善，后来聚焦于六个主题领域：农业与粮食安全、气候变化与国家资源管理、区域一体化与基础设施建设、人类发展、经济与企业管理，以及跨领域议题（包括性别、发展能力和信息通讯技术），“新伙伴计划”正逐步走向成熟。

非洲大陆长期受困于贫穷和饥饿，农业与粮食安全是最亟待解决的问题。环境和自然资源是发展的基本条件，非洲大陆要想发展就必须重视气候变化与国家的资源管理。区域一体化有助于建立一个更强大更可持续发展的非洲，而基础设施建设一定程度上推动了这一进程。减贫、教育、卫生和科学技术等人类发展问题时时刻刻关系着非洲的国计民生。良好的经济秩序和经济管理制度和企业管理可以保证非洲经济健康地可持续发展。性别、能力发展和信息通讯技术等议题也是关系非洲政治民主、社会发展和经济进步的关键因素。因此，我们可以发现“新伙伴计划”的几个主体领域十分契合非洲发展的实际需求。

---

① 杨敬、曹利华译：《非洲发展新伙伴计划》（*The New Partnership for Africa's Development*），载舒运国、张忠祥主编：《非洲经济评论（2013）》，上海三联书店 2013 年版。

3. 国际社会的响应

由于“新伙伴计划”的一个部分是建立新型伙伴关系，因此，寻求合作伙伴与潜在合作伙伴的支持与认可成为该计划能否成功实施的重要一环。同时，为了争取国际社会对“新伙伴计划”的认可，并争取发展资金支持，南非、尼日利亚、阿尔及利亚、塞内加尔等国领导人正利用一切多边和双边场合向国际社会介绍和宣传该计划。

国际社会的积极响应：世界银行、国际货币基金组织、联合国等国际组织都对“新伙伴计划”表示出浓厚的的兴趣和支持的态度；主要发达国家多数采取积极的态度，2001 年 12 月举行的“东京非洲发展国际会议”部长级会议就讨论了“新伙伴计划”，并给予了高度评价，美国率先以“美非贸易合作论坛”中的多项承诺来支持“新伙伴计划”；其他国家和地区多数也对“新伙伴计划”表示支持，并积极发展与非洲的新型伙伴关系。

（二）非洲发展新伙伴计划的局限性

1. 非洲发展新伙伴计划本身的局限性

“新伙伴计划”本身存在着一些不可避免的局限性和自相矛盾之处：

第一，在意识形态方面。《新伙伴计划》框架文件出自提交国的领导人和一些国际金融机构的专家之手，有一些专家治国论者的论调，不能全面反映出政治家的新思维。虽然“新伙伴计划”鼓励民间组织、私营部门和非洲民众参与其中，但直接效果并不明显。

第二，在资金筹措方面。“新伙伴计划”致力于推动非洲国家实现经济自立，但资金短缺问题却又使很多的发展倡议被束之高阁，难以付诸实施。《新伙伴计划》框架文件的一项发展目标是 2001 年到 2015 年里实现经济 7% 的年均增长率，这样导致每年约 640 亿美元的资金缺口需要靠外来资金，其中主要依赖欧盟和大国的官方发展援助。但在“新伙伴计划”施行的最初几年，发达国家对非洲的援助处于下降状态，有时发达国家在“新伙伴计划”框架下做出的承诺只是口头承诺，可能难以兑现，而且还总把经济援助与政治相挂钩。归根结底来看，非洲国家自身大都资金短缺、债务沉重，“新伙伴计划”可能会在相当长时间内面对资金和资源动员困难的问题。

2. 影响非洲发展新伙伴计划执行的非洲因素

从非洲大陆本身来看，影响“新伙伴计划”执行的主要因素有：

第一，从社会历史角度来看，非洲国家众多，各国国情不同，而且发展水平参差不齐，加之殖民地时代遗留下来的薄弱的经济基础、畸形的经济结构和沉重的债务等问题，一方面，使得执行“新伙伴计划”的资金来源成为难题；另一方面，也使得国家间很难协调所有国家执行该计划的步调。

第二，从政治和社会稳定角度来看，虽然目前非洲大多数地区政治稳定、社会治安良好，但是非洲至今仍是世界上最为动荡的地区之一，例如近年来马里、中非、南苏丹局势的恶化和北非政治动荡。这些社会不稳定因素给“新伙伴计划”在整个非洲大陆的执行造成了不便，特别是造成“新伙伴计划”在推动非洲跨国、跨区域基础设施和其他经济技术建设项目上进展缓慢。

3. 影响非洲发展新伙伴计划执行国际因素

从国际社会层面上看，影响“新伙伴计划”执行的主要因素有：

第一，旧的国际经济秩序依然存在，非洲处于世界产业链的低端，面临着被边缘化的问题；面对这种环境，非洲大陆实施的“新伙伴计划”很难得到来自全球或国际社会的优质资源。

第二，“新伙伴计划”最初只是一个指导性计划，对非洲国家和国际社会都没有任何强制性的约束力，其成员国或者参与国随时可以说执行，或者说不执行。“新伙伴计划”机构并入非洲联盟之后，虽然其执行力和约束力都有所增强，但却也不是绝对强制性的法律。

第三，西方国家和非洲在“新伙伴计划”上的着眼点不同。西方国家认为如果非洲不改变现行的经济和政治体制，即使获得了资金支持也无法达到“新伙伴计划”的目标效果，但非洲国家则是既希望通过“新伙伴计划”获得西方的资金支持，但又反对西方干涉自己的政策和发展战略。因此，可能会出现金钱与政治相挂钩的隐患，即在“新伙伴计划”的框架下，非洲可能为了获得西方国家的资金支持而受到西方国家的影响和干涉。

（三）非洲发展新伙伴计划的未来展望

“新伙伴计划”的目标为我们展现了一幅非洲发展的美好蓝图，但其在实践的过程中却受来自计划本身、计划实施主体和受众国等多方面因素的制约，难以实现目标效果。对“新伙伴计划”的全面认识关系到我们对非洲未来发展走向的认识。在笔者看来，为了推动非洲发展新伙伴计划的顺利实施，非洲国家需要采取以下措施：

1. 坚持“联合自强、自主发展”战略

时至今日，虽然绝大多数非洲国家都获得了政治上的解放，但是“非洲还面临调整经济结构，选择适合自身发展道路的问题”。[①]自独立以来，非洲国家不断探索发展道路，但是宗主国的西方模式、苏联的东方模式，以及世界银行和国际货币基金组织的“经济结构调整”方案都没有取得成功。因此，非洲应当走一条符合自己国情、真正适合自己的发展道路。非洲国家要想独立实现经济和社会发展，不依赖西方国家，就必须走联合自强、自力更生之路。

“联合自强、自主发展”战略是非洲国家长期以来的共同认识和一致行动，这一思想也始终贯穿于非洲自己制定的一系列发展计划中。以最初的《拉各斯行动计划》为核心，现在的“新伙伴计划”也是在其指导下形成的。非洲大陆应当在“新伙伴计划”框架下，继续和逐步落实“联合自强、自主发展”战略：在政治上，积极推进非洲国家民主化进程、维护稳定的政治局面；在经济上，促进非洲国家逐步减少乃至摆脱对外部援助的依赖，走上独立自主发展道路。

2. 深化实施主体领域的计划

“新伙伴计划”在农业与粮食安全、气候变化与国家资源管理、区域一体化与基础设施建设、人类发展、经济与企业管理，以及跨领域议题（包括性别、发展能力和信息通讯技术）这六个主体领域制定了一系列详细的发展

---

① 张忠祥：《非洲复兴：理想与现实》，《探索与争鸣》2013年第6期。

方案、计划和项目，有一部分取得了切实的成果。

然而，目前“新伙伴计划”和整个非洲在这几个事关物质创造、社会管理、民生发展和经济增长的主体领域内所进行的计划实践和所取得的成果还远远不够，未来还应当按照包含短期目标、中期目标和长期目标的连续性计划，继续深化实施这几个主体领域的深入发展。

3. 开辟国际合作新路径

新型全球伙伴关系是“新伙伴计划”追求的一个重要目标，并把努力与工业化国家和多边组织国家建立平等互利、共同分担责任的“新型伙伴关系”纳入了计划方案。

在“新伙伴计划”框架内，非洲在追求与世界各国和国际社会各成员国建立伙伴关系的过程中，可以不仅仅拘泥于传统的合作模式。例如，近年来非洲与金砖国家开展了良好的合作，尤其是与中国和印度的合作发展迅速，创立了中非合作论坛等新型对话和合作模式。同样，非洲要想与世界其他地区和国家建立新型的伙伴关系，可以在“新伙伴计划”框架下，探索和应用全新的合作方式。

联合国非洲经济委员会与非洲一体化

曹利华

摘要： 联合国非洲经济委员会（简称“非经委”），是联合国根据战后世界殖民地国家发展与现代化的需要所建立的国际组织。非经委的组织机制，是以秘书处为主要办事机构，部长会议为最高决策机构。非经委作为一个区域经济组织，最主要的工作就是帮助非洲组织自己的经济工作，这中间包括人才培养和组织能力发展建设。非经委通过自己主办机构，来进行基层工作，落实决策部门的各项计划。非经委还为非洲各国政府在国际贸易谈判中提供咨询建议服务。非经委推进非洲的工农业现代化，提高非洲在这些产业中的生产力，扩大在非洲交通运输行业中的投入，协调各国的交通基础设施建设。非经委通过自己的次区域办公室促进各次区域的一体化。进入 21 世纪后，又围绕非洲发展新伙伴计划继续为非洲的合作与一体化作出自己的贡献。

关键词： 非洲；联合国；经济委员会；区域一体化

作者简介： 曹利华，上海师范大学非洲研究中心，硕士

一、非经委的建立

（一）非经委建立的背景

联合国非洲经济委员会作为联合国的下属组织，其建立背景与联合国的

发展密切相关。联合国是与新的世界格局和时代主题密不可分的普遍性国际组织。联合国既是新的国际形势所催生的产物，同时也是作为保障这一新的世界格局能够维持稳定，尤其是保障世界和平与发展的重要机制。联合国的缘起是第二次世界大战中英、美两国首脑签署的《大西洋宪章》和各反法西斯盟国签署的《联合国家宣言》，随后经过英、美、苏等各主要创始国一系列国际会议的协商后，于 1945 年 6 月 26 日正式签署《联合国宪章》，同年 10 月 24 日《联合国宪章》正式生效。联合国致力于世界的长久和平，而要实现这一点，除了要作为协调机制来处理国际争端外，也要从根本上着手。世界各国国民经济的稳定发展，是实现世界和平、长治久安的要素。其实早在国际联盟时期，就为了在世界经济和社会领域发挥作用进行了探索，而联合国在建立之初就非常重视在经济、社会等领域发挥其应有的作用。《联合国宪章》的第一章“宗旨和原则”中就写道：“促成国际合作，以解决国际间属于经济、社会、文化及人类福利性质之国际问题，且不分种族、性别、语言或宗教，增进并激励对于全体人类之人权及基本自由之尊重。”①关于国际间的经济合作与共谋发展，《联合国宪章》第九章“国际经济及社会合作”也规定了联合国在经济与社会事务中的义务，要促进国民就业与生活水平的提高，促进国际间在解决经济、社会、卫生、教育及文化等相关问题上进行合作。而作为促进上述领域进行合作的主要途径与措施，《联合国宪章》规定了除了要各成员国之间及各成员国与联合国紧密合作外，还提出了要成立相关的专业组织来进行领导，以保障前述宪章精神得以有效地贯彻②。

在以上宗旨的指导之下，联合国在成立之初就组建了下属的专门机构，即经济及社会理事会来负责联合国在经济与社会方面行动。经过 2 次修改《联合国宪章》中的相关条目，联合国经济及社会理事会席位由最初 18 个成员国，发展到 1973 年的由 54 个理事国所组成。其中，非洲国家占到 14 个席位、亚洲 11 个、拉丁美洲 10 个、东欧 6 个、西欧和其他国家则有 13 个席位。理事国任期 3 年，每年改选三分之一，每个理事国都拥有 1 个投票权。

---

① 李东燕：《联合国》，社会科学文献出版社 2005 年版，第 378 页。

② 李东燕：《联合国》，社会科学文献出版社 2005 年版，第 391 页。

联合国经济及社会理事会的主要职能是调查、研究和咨询工作，包括组织进行跨学科的研究讨论、对各国经济进行调查与分析，据此来向联合国大会提交报告，并且为成员国的经济发展提供情报、建议等方面的帮助，还要积极促进区域经济合作等。由于经社理事会要管理经济、社会、文化、教育、卫生、人权等诸多方面的事务，故而为了有效地行使相关职能，理事会下设了专门的委员会来分管专项事务。同时，为了应对世界各地区的不同地域特点，设立了区域经济委员会。

第二次世界大战是一场破坏力空前巨大的战争，战火所及之处，满目疮痍，民生凋敝。在这一历史背景下成立的联合国从一开始就积极考虑战后重建问题，希望通过以联合国为平台，促进国际和区域合作，更为有效地组织战后重建工作。最初，联合国在与德、日两个主要轴心国交战最为激烈的欧洲和东亚地区，设立了两个工作组来负责帮助战后重建的协调问题，但是随着工作的进行，发现仅有工作组是不够的，需要建立专门的机构。于是，经由联合国大会决议，分别于1946年12月11日和1947年3月28日，在联合国经济与社会理事会下属建立了“欧洲经济委员会”（ECE）和“亚洲与远东经济委员会”（ECAFE），后者后来改名为“亚洲与太平洋经济社会委员会”（ESCAP）①。

建立欧洲经济委员会是因为欧洲是被战争破坏最为严重的地区，而建立亚洲与远东经济委员会的原因，则除了针对亚洲本就落后的经济在经过战争的破坏而雪上加霜以外，也考虑到了亚洲众多且稠密的人口、经济自立的需求以及较为欠缺的公共管理能力②。这就突破了建立区域经济委员会是为了帮助战后各地区进行重建的范畴，于是遵循着这一思路，联合国经济与社会理事会于1947年8月11日决议通过建立“拉丁美洲经济委员会”（ECLA），以促进拉丁美洲的经济社会发展与福祉。在此之后，建立非洲经济委员会也

---

① UNECA, *25 Years of service to African development and integration* [R], ECAC 341.123 (6) T9715 c.5, p.8.

② Adebayo Adedeji, *The Economic Commission for Africa: its origin, development, problems, and prospects* [M], New York, The United Nations, 1979. p.4.

就逐渐提上了日程。

（二）非经委建立的过程

和之前三个先期建立的区域经济委员会不同，非洲经济委员会的建立历经了一些波折。最初在讨论有关战后重建问题时，就已经考虑到了同样经受了战争创伤的北非和埃塞俄比亚。但是关于是否要在非洲建立区域经济委员会，在联合国成员国中间还是产生了一番争论。当时还掌控着非洲大片殖民地的欧洲殖民列强，不愿意让非洲走向自立，反对建立非经委，认为那会使非洲拥有自主发展的能力，从而威胁自身的殖民利益；同时，也有观点认为，只需要将北非和埃塞俄比亚的战后重建事宜交由欧洲经济委员会分管即可①。但是欧洲经济委员会在筹建期间和建立之后，都很少关注北非和埃塞俄比亚的战后重建事务。于是，在 1947 年召开的经济与社会理事会第 4 次全体会议上，印度代表提出了建立北非和埃塞俄比亚经济委员会的决议草案，但是由于这一草案中对于机构涵盖地域的局限，决议未能通过。1950 年，这一提案再次提交经社理事会，因为被认为时机不成熟而又没有能够成行。此后在 1951 年和 1956 年，又有类似的提案被 2 次拒绝，联合国秘书处于是建议对非洲的经济状况进行全面调查和评估，建立了撒哈拉以南非洲技术合作委员会（CCTA）。作为一个政府间技术合作机构，撒哈拉以南非洲技术合作委员会在动物保育、劳工、社区发展、农业、水土保护、工程、住房和地图测绘等领域广泛地开展业务，为后来非经委的诸多工作进行了一些早期的探索。

20 世纪 50 年代，原殖民地国家的民族独立运动风起云涌，非洲人民也积极要求政治独立和经济自主，这一国际大势也推动了联合国建立非洲经济委员会。对于非洲国家来说，只有首先摆脱殖民者的束缚，取得政治独立，才能够在国际舞台上发挥影响力，追求真正的非洲自身利益，推进非经委的建立。尤其是在 1957 年加纳独立后，恩克鲁玛等政治家积极奔走游说，特

① Economic commission for Africa, *ECA and Africa: Fifty years of partnership* [M], Addis Ababa, UNECA, 2008, p.1.

别是利用联合国的舞台，促使联合国重新审视建立非洲经济委员会的动议。在 1957 年第 12 届联合国大会上，关于非洲是否需要建立一个专门的经济委员会，来帮助为非洲经济建设搜集情报和促进解决加速非洲经济发展的问题，进行了讨论，虽然有异议认为，非洲不是一个同质化的地区，一个经济委员会无法有效地处理非洲纷繁复杂的各类问题，但是联合国大会还是在 1957 年 11 月 26 日通过 1155（XII）号决议，责成联合国经济与社会理事会在其下一次全体会议上，建立非洲经济委员，以能够更好地帮助非洲国家，实践《联合国宪章》第 68 条的要求①。而后根据这一决议，联合国经济及社会理事会在 1958 年 4 月 29 日通过了 671A（XXV）号决议，正式成立联合国非洲经济委员会（UNECA），并且决定将总部设在埃塞俄比亚首都亚的斯亚贝巴。

非洲经济委员会在 1958 年 4 月 29 日正式建立的时候，由经济及社会理事会决议认可的完全成员国一共有 15 个，其中 8 个是非洲独立国家，分别是埃塞俄比亚、加纳、利比里亚、利比亚、摩洛哥、苏丹、突尼斯和阿拉伯联合共和国；6 个非洲以外的国家享有完全成员国地位，分别是比利时、法国、意大利、葡萄牙、西班牙和英国。此外，还有一个创始完全成员国，是种族主义统治下的南非联邦。1958 年 12 月，几内亚共和国成为了非经委的完全成员国。后来，经济及社会理事会规定，完全成员国必须是联合国成员国，地理上属于非洲大陆及其附属岛屿。

经济及社会理事会在确定完全成员国的同时，也通过决议认可了非洲的一些尚不具备完全的国家治理能力的地区为准成员国，分别是尼日利亚联邦、冈比亚、肯尼亚、桑给巴尔、塞拉利昂、英属索马里保护国、坦噶尼喀和乌干达。1958 年 7 月 22 日，意属索马里托管地经过经济及社会理事会决议通过成为了准成员国。准成员国可以参加大会但是没有投票权，不过可以参加一些下属机构。

这些准成员国本身就受到其殖民宗主国的摆布，而这些殖民宗主国又都

① UNECA，*25 Years of service to African development and integration* [R]，ECAC 341.123（6）T9715 c.5，p.8.

是非经委的完全成员国，两项相加使得这些老牌殖民列强几乎占据了非经委的半壁江山，它们依然能够对非洲的事务指手画脚。这些国家与非洲国家之间在很多问题的出发点上不同，它们更多的是考虑本国的利益，对于自己殖民属地的关心程度当然不及非洲国家对于自己国家的关心，双方为此经常产生矛盾。一心彻底摆脱殖民主义，谋求独立自主的非洲国家，针对这一情况，决心从此排除非洲以外国家在非经委决策方面的影响。于是它们规定，非洲以外的、统治着非洲某些地区的国家，在结束对非洲某些地区的统治之后便将被终止成员国资格①。此后这些国家的完全成员国资格逐渐被停止，由它们控制的准成员国的权力也逐步转交给非洲人自己。

随着意属索马里托管地与原英属索马里合并成立独立的索马里共和国，意大利的成员国资格在 1960 年被终止了。同样的，刚果（利）、布隆迪和卢旺达相继独立之后，比利时的成员国资格也被终止了。在非洲国家独立大潮的推动之下，经济及社会理事会在 1963 年决议通过限制非洲以外国家在非经委的决策参与权，英国、法国和西班牙最终服从了非经委的意愿，自动降格为准成员国，同时也把仍在它们统治下的非自治领地提升为准成员国。但是同样在 1963 年，葡萄牙却由于拒不服从联合国有关的非殖民化决议，被经济及社会理事会解除了非经委的成员国资格。在非洲国家全部获得独立之后，也最终排除了殖民大国在非经委中的影响。

南非虽然是非经委的创始成员国，但是由于其在国内推行的种族隔离政策，使得其成员国资格遭到了非洲国家的普遍反对。联合国经济及社会理事会最终于 1963 年通过决议无限期暂停了南非的成员国资格，直到其改变国内的种族政策为止。同样的，1965 年单方面宣布独立的罗得西亚，由于其确立的白人种族主义统治，也被中止了准成员国资格。除此以外，非经委除了赋予西南非洲和葡属非洲殖民地以准成员国资格外，还让它们参与组织工作，积极帮助它们自立自理，实现由非洲人自己来掌管国家。由于特定的历史原因，一些非洲民族解放组织，如非国大、泛非大、西南非洲人民组织

---

① United Nations, *10 Years of ECA: A Venture in Self-reliance* [R], E/CN.14/424, p.7.

等，也作为观察员参加了非经委。20 世纪 80 年代后，随着津巴布韦、纳米比亚的独立和南非种族和解的实现，非经委也终于实现了非洲各国的大团圆。

二、非经委的组织机制发展

（一）人员结构

非经委秘书处是非经委的主要执行机构，负责日常事务和财务的管理、会议的组织与记录、起草组织文件等。非经委秘书处的全体工作人员都隶属于联合国秘书处，非经委秘书处的总负责人是非经委执行秘书，其职务也是由联合国秘书长任命。执行秘书之下还有由执行秘书任命的副执行秘书，来辅佐执行秘书的日常工作。

在非经委建立之初的 1959 年，秘书处除了行政执行机构和执行秘书办公室以外，一共只有 3 个下属的办事机构：其一，研究机构，包括经济、社会和统计研究部门；其二，非经委、联合国粮农组织联合农业发展促进机构；其三，包括社会福利服务单元的社区发展部门。早期秘书处招收来自成员国的专业雇员的进程非常缓慢，最初只有 17 名专业雇员、35 名本地工作人员。在 20 世纪 60 年代初，非洲许多刚取得独立的国家自身也奇缺专业管理人才，无力向非经委输送雇员，所以秘书处缺少合格的人才来替换独立前就雇用的海外员工。于是为了提高工作能力，联合国直接从总部派遣高级专业人员前来帮助非经委工作，到 1960 年与 1961 年之交，总共 105 名高级职员中已经有 46 位为专业人士①，其中 18 位来自非洲。

在如此情形之下，为了能够履行所制定的计划，非经委通过一些举措来应对，比如加强与其他区域经济委员会的技术合作来解决专业人手短缺问题，其中特别是欧洲经济委员会和拉丁美洲经济委员会提供了很大帮助。联

① Economic Commission for Africa，*Annual Report 1961* ［R］，E/CN.14/109，p.1.

合国粮农组织也加派了许多专业人才来支持联合国非经委、粮农组织联合农业发展促进机构的工作。联合国技术援助机构在1963年至1966年间，从总部派遣了16名至30名专业人才前来非经委帮助完成非洲区域的工作任务①。到了70年代，渡过了初期的难关之后，非经委开始在人才任用方面实现非洲化。截止到1978年，非经委秘书处86.8%的职员是来自非洲40个国家的专业管理人才，其他则来自一些非洲以外的国家，这在提升了整体职员的职业素养的同时，也实现了职员的非洲化。而且这也使得非经委成为了当时非洲最大的国际公共服务机构，供职人员最为国际化的机构②。

除了任用非洲本土人才外，非经委还积极对自身原有员工队伍进行培训以提高效率，以期在各自专业领域内有更强的工作能力。在这中间，有工作语言培训，包括英语、法语和阿拉伯语课程，有在学员任职单位的短期培训，还有将学员派往在联合国总部、其他国际机构或者发达国家进行高级培训。非经委认为这是在提升机构工作能力的同时，塑造机构文化以及非洲价值体系的必要工作。

到2009年，联合国分配给非经委的员工额度达到了558人，相应地也获得了较多的财政支持。非经委是近年来联合国机构中间获得支持增长幅度最大的，它则将所获支持的资金给予了各次区域办公室。

人力资源管理在如今非经委的秘书处工作中间是最为重要的业务之一，秘书处也在人力资源管理方面积极谋求进步，而且制定了明确的工作战略，紧密结合非经委当前的计划与项目体系。新的工作战略将重点放在了绩效管理、工作透明化、人员发展与培训，同时提升自动化服务流程的质量和即时性，保证员工队伍的性别比例平衡。新的人力资源发展战略将使得非经委的工作更高效、负责，也更受客户欢迎。

这一新战略在2009年7月的人才任用条令中就有所体现。当年共有194

① Adebayo Adedeji，*The Economic Commission for Africa：its origin，development，problems，and prospects* [M]，New York，The United Nations，1979.7. p.28.

② Adebayo Adedeji，*The Economic Commission for Africa：its origin，development，problems，and prospects* [M]，New York，The United Nations，1979.7. p.30.

个专业和公共服务岗位需要更换，其中 14 个专业岗位和 92 个公共服务岗位通过晋升原有职工来填补，另外 35 个专业岗位和 53 个公共服务岗位则通过招聘来填补。但是在这中间有 18 位专业岗位人员跳槽去了其他联合国机构或者非联合国机构。由于在 2008 年初的岗位更新计划有 28 个岗位空缺（在这其中，次区域办公室 8 个、非洲统计数据中心 6 个、成员国办公室 13 个以及法务办公室 1 个），所以导致岗位空缺率从 2007 年 12 月的 8.8%提高到了 2008 年 1 月的 16.2%，到 2009 年 7 月时又有 22 人离开，使得岗位空缺率达到了 19.3%①。虽然面临这样的困难，但是在人力资源发展方面值得欣慰的，还是在性别和地域的分配上越来越均衡。在人才培训和提高方面，为了充分利用人才这一稀缺资源，非经委将人才培养所用的有限财力投入到最有影响力的工作计划和高技术项目中去，而且当前非经委在人才培养方面也日益注重跨部门、跨行业的工作能力。2008 年以来，非经委人才培训主要侧重于信息通讯技术、地质研究、电子管理平台和基层社会管理等。到 2008 年，已经有 87.3%的公共服务岗位人员受过各类相关的培训，在专业岗位这一数字则是 82.9%②。

（二）财政体系

秘书处有两个基本财源：一个是常规财源，就是通过联合国大会给予非经委的财政拨款；另一个是外部财源，即通过各国政府机构、联合国机构、各类专业组织的双边捐赠。到 20 世纪 80 年代初，非经委两年一度的常规财政，包括供给专门项目和顾问服务，现在保持在约 3 100 万美元。于是，筹集额外的收入就成为了秘书处的主要工作，没有这额外的收入就难以完成已经通过的决议和制定的项目。这一收入源在 70 年代来逐渐增加，1976 年这一收入占总收入的 21%，而 1970 年时只有 9.3%③。但是这一额外的资金来

① Economic Commission for Africa, *Annual Report* 2009 [R], E/ECA/COE/28/13, p.42.

② Economic Commission for Africa, *Annual Report* 2009 [R], E/ECA/COE/28/13, p.44.

③ Adebayo Adedeji, *The Economic Commission for Africa: its origin, development, problems, and prospects* [M], New York, The United Nations, 1979.7. p.32.

源并不足以填补供需之间的差额鸿沟，这一落差在 1977 年至 1979 年间达到 300 万美元，于是非经委有时只能集中资金于一些重点关键项目。

和其他区域经济委员会不同，截至 1977 年，非经委没有从自己的成员国那里得到相对大额的资金支持。时任非经委秘书长的阿德巴约·阿德德吉在 1976 年提议，建立联合国非洲信托基金，由非洲国家政府出资，直接通过双边协议与技术服务部门合作直接资助给发展中国家政府和组织。在随后 6 年间，非经委致力于推动非洲各国之间的经济与技术合作，并且联合行动网罗资源，提高非洲的自立自主并实现所制定的发展计划。非经委在 1977 年 4 月 26 日至 29 日在拉各斯召开第 4 次部长会议和第 13 次大会，32 个非洲国家和非开行等机构参加，与会国家决议通过建立筹款检视机构和捐赠会议，其中 14 个非洲国家捐赠了 3 847 196 美元。而到了 1979 年 2 月，则有 24 个非洲国家政府总共捐赠了约 500 万美元①。

虽然捐赠会议筹集到的款项远少于所需的 3 000 万美元的数目，但是却开启了非洲国家政府间彼此提携、共筹资金、共谋发展的先河，也借此推进非洲的区域经济与技术合作和区域一体化。对于非经委来说，最主要的问题还是资金来源还不够多，但这至少设立了这一储蓄平台，是一大进步。

近年来，非经委的财政伙伴增加了对非经委的资助力度。在 2007 年至 2008 财年的工作计划中，非经委首先与以英国、丹麦和瑞典为代表的“资助伙伴基金”（PFP）达成协议，获得了预算外的 250 万美元的资金资助，挪威随后也加入了其中，捐赠了 100 万美元。这些资金将被用于女性工作、管理能力提升和联合国千年挑战计划的完成，同时也用于支持非洲发展论坛的召开。到了 2009 年，英国和瑞典政府又分别提供了 540 万美元和 6 000 万克朗，用于新投入运作的非洲气候中心。除此之外，加拿大政府提供了 160 万美元给非洲贸易政策中心，芬兰政府资助了 380 万欧元用于非洲信息通讯技术的发展，西班牙政府则为了第 6 次非洲发展论坛的召开出

---

① Adebayo Adedeji，*The Economic Commission for Africa：its origin，development，problems，and prospects*［M］，New York，The United Nations，1979.7. p.33.

资 12.5 万美元①。

除了“资助伙伴基金”（PFP）外，非经委也依旧从法国、瑞士、意大利，还有联合国开发计划署（UNDP）等国家和国际组织获得资助，非经委近年就通过非洲能力建设基金会来与捐赠国进行合作。其他国家比如德国，就在良治政府建设方面提供支持，欧盟和世界银行则在信息通信技术和帮助最不发达国家方面提供了支持。

非经委在争取更多财政支持的同时，也注意加强对于这些额外资金的管理。这其中主要工作是建立信息共享平台，公开非经委在各个项目计划中资金的使用情况，尤其是通过与捐赠伙伴合作进行审计核查来保障资金周转的透明度。非经委还对现有的监督审查和报告机制进行完善，以保证非经委的资金能够充分高效的利用。除了这些措施以外，非经委还发展改进了技术合作管理系统（E-TC），使之更富有弹性。希望以此来提升在资金管理和技术合作的内部计划、运营的工作水平。这将使得非经委和其他政府或机构组织能够更好地观察、分析和评估非经委内外资金的流转，以及其工作开展所取得的成果。

（三）组织机制

从 1958 年 12 月的第 1 次全体会议到 1961 年 2 月的第 3 次全体会议，全体会议是作为最初的最高决策机制来负责领导非经委的工作运转。1961 年 2 月 6 日至 18 日，在亚的斯亚贝巴举行的第 3 次全体会议上，非经委决定建立一系列的下属机构，包括各类常务委员会、工作组、协商会议等，规定了各自的权责范围，以此来承担各类专项任务。第一个下属机构是非洲统计学家会议，以及一些常务委员会。进入 60 年代之后，非经委的下属组织机构逐步发展壮大起来。

1965 年起，非经委建立了 7 个机构工作组，取代原先的常务委员会。这些机构工作组主要职能是在各自的专业领域内，帮助非经委秘书长执行非经

① Economic Commission for Africa, *Annual Report 2009* [R], E/ECA/COE/28/13, p.41.

委的相关决定，而且查明各国政府的实际要求并提供各国关于非经委工作的反馈。这些机构工作组中的专家学者由资助国授权，不代表本国政府，只代表非经委、非统和各次区域。

1969 年，非经委设立了 3 个新的组织机构：其一，部长会议，2 年召开一次，作为非经委的最高决策机关；其二，专家技术委员会，作为部长会议的技术顾问机构；其三，执行委员会，职责是协助秘书长贯彻部长会议的决议并且完成秘书处的工作项目。于是在 1971 年的部长会议首次全体会议之后，之前的各个机构工作组纷纷解散，保留下来的，只有此前在非经委第 6 次全会上建立的非洲规划会议、1971 年建立的非洲人口学家会议，以及前述的非洲统计学家会议这 3 个下属专门机构。

在 1977 年 2 月 24 日到 3 月 3 日在金沙萨召开的非经委第 13 次全体会议上，部长会议指出现有的组织机制和部门在处理解决非洲的专业问题上，还需要做进一步的调整和安排。于是，1979 年 3 月在拉巴特召开的第 14 次全体会议上，部长会议批准通过 330（XIV）号决议，重构与非洲发展与合作有关的机构。根据决议的决定，专家技术委员会和执行委员会被撤消，规划、统计学家和人口学家 3 个独立的会议合并为一个联席会议，部长会议改为每年举行一次会议等①。

部长会议作为非经委的主要决策机制，直接受命于联合国大会和经社理事会，主要讨论有关非经委计划项目的各类问题，而由秘书处管理日常工作。部长会议的职责，是对正在实行的项目进行评估，并组织新的工作安排；分析非洲内外的经济形势，并向各成员国提供建议；对各下属组织、次区域办公室的工作进行指导和评价；定期向经社理事会汇报工作并执行其决议。

在部长会议之外，还有一类组织是各下级部长会议，诸如财政部长会议、贸易部长会议等。非经委每年都召开这些部长级会议，讨论和决定关于包容性经济发展和可持续性发展的问题，并就各附属机构和执行秘书的建议

① UNECA，*25 Years of service to African development and integration* [R]，ECAC 341.123（6）T9715 c.5，p.11.

进行讨论，审查与核实拟议的战略规划与工作方案，以及跟踪以往计划实施的进程。从2008年起，非经委与非盟就经济与财政部长会议召开联席会议，作为共同决策机制。

另一类组织是下属专业机构，如“政府间专家委员会”“规划、统计和人口学家会议”等。非经委在80年代后就通过这一套组织机制运作，制定最高决策并对下属机构的计划进行审视，推出和参与了关于非洲发展的主要计划文件的制定与审核。下属的各专业机构则为各国政府、国际机构等提供咨询与建议，并且也直接在基层开展工作。

非经委日常工作有2个战略主轴：政策研究与信息传递，而非经委的组织机制也为此建立了相应的实务司来保障具体工作的开展。在政策研究领域，由5个实务司负责，分别是宏观经济司、贸易与区域一体化司、社会发展司、特别活动司和非洲统计中心。而非经委的能力发展司、行政司、5个次区域办公室和作为非经委人才培训部门的非洲经济发展与规划所，则是作为非经委信息传递的主要媒介。

为了保障和辅助这些实务司工作的开展，非经委还设有战略规划与业务质量司和公共信息管理司。非经委还与非盟委员会、非开行建立联合秘书处，加上原有的伙伴关系办事处，来扩大与外界的联络与合作，在组织机制上尽力增强支持实际工作的力量。

除了以上机制性的机构以外，非经委还创办了机制以外的非正式会议，参与非经委的咨询与决策。1999年10月，非经委在总部召开了首届“非洲发展论坛”（ADF），1到2年举办一次，作为一个讨论非洲问题的非正式会议机制。论坛除了有政府和国际机构代表的参与之外，还有其他专业人士、学者、企业家等，是对于非经委正式机制的补充，也是一个非洲各国各界对话的平台。这些会议虽然不像非经委正式会议那样可以通过一些决议来直接推动政策实施，但是也可以传递关于非洲经济和社会发展的最新意见和设想，影响非经委和各次区域组织乃至非洲国家政府的经济和社会发展决策。

（四）职责与权限

非经委的建立体现了恩克鲁玛等泛非主义者的思想，利用超国家的国际组织来统筹非洲的经济社会发展，克服非洲四分五裂的缺陷，甚至以此作为走向非洲统一的过渡。1958 年 12 月 28 日至 1959 年 1 月 6 日，联合国非洲经济委员会召开了第一次全体会议，时任联合国秘书长哈马舍尔德致信大会并指出："大多数由几何边界构成的新生国家，经济难以实现快速增长。只有各国各地区之间在特定的政治平台上，集体行动、合作努力，才能实现快速的经济增长。并且要在不破坏当前与世界其他地区的联系，不损失其中的现实利益的前提下，在属于不同货币区域的政治实体间建立新的经济联系。像非经委这样适应新形势的组织机制，能够显著地推动和便利以上这一复杂的进程。"①

哈马舍尔德通过规定下放于非经委的权限，确定了对于非经委的定义：

（1）作为一个使各国政府能够自由地定义与阐述各自对于合作形式的讨论与咨询中心；

（2）作为一个机构使非洲人民可以表达自身经济需求，并且针对这些需求设计、发起和展开有关的行动；

（3）作为一个为非洲各区域、次区域组织和各个国家提供技术服务的组织机制，让其研究和探讨彼此共同面对的问题；

（4）作为一个组织良好的信息交换机构，来交流资讯和经验并且进行严格的分析和评价；

（5）作为一个能够紧密联系联合国各类项目计划和包括专项机构的实际工作在内的机构。②

哈马舍尔德作为秘书长对于非经委的定义代表了联合国秘书处对于其作为一个区域经济委员会应该发挥的作用的安排，联合国通过经济及社会理事会下放权力到非经委，使其能够发挥应有的作用。非经委是以帮助战后重建为初始目的而建立，但更多的是，则是要发挥其职能覆盖整个非洲的特点，推动非洲国家之间的经济合作，并以一个整体与世界其他国家和地区进行交

① United Nations，*10 YEARS OF ECA：A Venture in Self-reliance*［R］，E/CN.14/424，p.6.

② Adebayo Adedeji，*The Economic Commission for Africa：its origin，development，problems，and prospects*［M］，New York，The United Nations，1979.7. p.11.

往，更好地使非洲各国立于世界民族之林。而除了在经济层面发挥作用，也要关注社会层面，为非洲的社会进步作出贡献。非经委也是联合国下属的机构，其任何行为都必须符合联合国的整体利益，这种服务于世界大局的做法，会与非洲各国政府产生矛盾。但是非经委在决策时会优先考虑非洲的关切问题，以自愿原则让非洲国家接受建议，一切行动必须获得非洲国家政府的认可才能得到实施。

此后，联合国大会正式通过决议，规定了非经委的权限和职能。其中包括：推动和倡议非洲在经济发展中一致行动；进行和帮助调查经济发展的有关问题；承担或资助进行收集、评估和传播经济、技术和政策的相关信息；在不与联合国其他专项机构重叠的情况之下，为非洲国家提供咨询建议服务；协助经社理事会进行经济和技术服务等领域的相关工作；为非洲国家间在经济和社会领域展开合作制定政策并且开展相关的基础工作；处理经济发展中的社会问题，协调经济发展与社会进步方面的关系等。究其具体任务而言，则包括：召开会议，由非洲和世界各国专家会诊非洲经济；安排召集非洲国家领导人会谈商议制定经济政策，协调各国的经济安排和建立共同机构组织；通过建立训练中心或相关机构，对非洲各国的领导和管理人才进行短期、集中的培训；在公共管理、贸易促进和资源开发等领域，向各国政府提供针对性的咨询协助；搜集、校对和传播政策信息，研究非洲经济状况并且出版相关的分析报告①。

除此之外，在对于非经委的权限设定方面，非洲成员国们也坚持要求将有关“社会发展”的内容写入在内。这是因为在 20 世纪 50 年代的非洲，大部分地区依然处于殖民统治之下，强迫劳动、种族隔离等在非洲依然较为普遍，甚至在非洲的个别地区，还仍旧存在着奴隶贸易。于是，在非经委建立以后，在主要处理除了非洲与外部经济体的关系、欧共体对于非洲经济的影响等与经济相关的问题外，还积极参与处理南部非洲种族隔离问题等地区社

① United Nations，*10 YEARS OF ECA：A Venture in Self-reliance*［R］，E/CN.14/424，pp.3—4.

会争端[①]。所以与其他3个区域经济委员会不同，非经委在发挥经济层面作用的同时，也非常关注社会发展事务和经济社会协调方面的事宜。

此后的数十年间，非经委一直严格遵循联合国有关决议，基本按照上述权限与职能运作，为非洲的经济发展和区域合作而努力。时至今日，非经委依然和建立之初一样，通过促进非洲各国之间的全面合作来推动非洲经济与社会的进步。近年来，非经委最为显著的工作就是协助非洲统一组织向非洲联盟的过渡，以及参与帮助非洲发展新伙伴计划的制定工作。由于非洲联盟只是非洲的区域组织，而非经委作为联合国专门针对非洲的下属机构，就可以利用自身的国际背景，为非洲发展新伙伴计划的贯彻与实施提供更多的帮助，在国际舞台上为非洲发展新伙伴计划争取更多的支持。

三、非经委与非洲的发展

（一）非经委的发展机制

1. 非经委的发展能力建设

非经委组织的任务，就是促进非洲经济的发展和社会的进步，为了实现这一目的而推动非洲的区域一体化和非洲与国际间的合作。因此，在非经委组织建立之初，便把发展能力建设放在了组织建设的重要位置。在当时，非经委首先是帮助那些争取独立的非洲摆脱殖民统治，建立不依赖原宗主国的新的国家机器和经济体系，并且在独立后实现经济发展和社会进步。但是要实现这一切，是需要足够的专业管理人才来进行工作的，所以非经委当时最重要的工作，就是帮助非洲国家克服国家机构的专业人才短缺。

在非经委的各个计划、项目、政策和活动中间，无论是全非层面的还是次区域层面的，能力建设都贯彻其中。非经委的下属机构、次区域办公室等制定的计划和项目的主题中，能力建设也占据了相当的数目。

---

① Economic Commission for Africa, *Annual Report 1961* [R], E/CN.14/109, pp.66—67.

非经委的能力建设活动主要采取两种形式。第一种是通过相关的项目来直接加强项目收益者的技术能力，包括技术帮助和培训，提供相关的政策、战略和机构支持。关于能力建设的内容，已经深刻贯彻到非经委为成员国服务的日常工作和使命之中。比如，“全球贸易评估计划”（GTAP）采取像“贸易、金融和经济发展部门”（TFED）那样的实际研究和政策评估的做法，在多边和双边贸易谈判、贸易全球化等领域，来为成员国提供技术性建议。同样的，“公共治理与管理部门”（GPAD）运用组织力量来向非洲国家政府提供良政的指导，支持他们提高政府的公共治理能力①。另外，像培训工作组那样的人力资源发展项目，也大量存在于非经委下属的各个部门中间。非经委自己也有许多培训项目，包括语言能力、职业发展、信息与传播技术（ICT）等，而且还有为其员工及外部人员提供技能培养的奖学金、专门假期等。

非经委能力建设活动的第二种主要形式，是建立相关的专门组织机构。从非经委成立之初开始，就通过谈判、决定、决议、协议、条约和建立委员会等方式建立各类专门机构，来为非洲的能力建设工作服务。在非洲独立时期的那一代领导人看来，建立区域型组织是推动发展与现代化的重要途径。非经委建立以后，发挥自身作为第一个全非范围的国际组织的优势地位，同时也利用其背靠联合国的人力资源优势，积极促成了非洲统一组织和非洲开发银行的建立。比如，非开行建立时，英法等主要经济大国普遍认为没有必要，只要世界银行拓展在非洲的业务就足够了。但是非经委为了非洲经济的独立性考虑，主导建立了相关的九人委员会，制定了非开行的章程和主席任命机制。而且非开行总部正式在阿比让建立之前，其工作人员就是在亚的斯亚贝巴的非经委秘书处内办公的。

2. 非经委主办的机构

非开行的建立拓宽了非经委在发展非洲经济中的自主性，也为以后的众多非洲经济、金融领域的类似机构的发展与建立提供了一个平台。此后，非

① Economic commission for Africa，*ECA and Africa*：*Fifty years of partnership*［M］，Addis Ababa，UNECA，2008，p.32.

经委在非洲财政、金融、贸易、工业等领域的区域组织机构建设方面，一直都扮演着先驱的角色。

在非开行之后，在金融和财政领域对非洲发挥着较大影响力的，是总部设在达喀尔、负责非洲国家间货币和财政政策合作的"非洲央行联合会"（AACB)。非洲央行联合会不仅通过帮助确定政策指导方针和促进非洲国家间达成协议，来保障非洲国家的物价稳定和财政平衡，而且还帮助非洲国家与其他国际经济组织发展合作关系，同时也积极发展非洲共同的货币与中央银行。在财政和金融领域还有一些值得一提的机构组织，比如总部同样设在达喀尔，负责调查与研究非洲货币与财政问题的"非洲货币研究中心"（ACMS)。负责提供金融交易服务的"西非结算中心"（WACH）和"中非结算中心"（CACH)，总部分别设在弗里敦和金沙萨。还有旨在促进非洲各国在税收政策和立法领域合作的"非洲税务部门联合会"（AATA)，总部设在亚的斯亚贝巴。

除了在财政金融和贸易领域以外，非经委在经济与社会发展、工程与工业技术、地形测绘等领域都建立了不少专门机构，不一一列举，详见下表。①

机构类型	机构名称及总部所在地
测绘、制图、遥感	区域航天勘测训练中心（RECTAS)，伊莱伊费（尼日利亚）；非洲遥感测绘组织（AOCRS)，阿尔及尔；地区遥感测绘制图服务中心（RCSSMRS)，内罗毕；非洲气象中心（ACMAD)，尼亚美。
工程与工业技术	非洲工程设计与制造业中心（ARCEDEM)，伊巴丹；非洲技术中心（ARCT)，达喀尔；非洲标准化组织（ARSO)，内罗毕；非洲高技术训练与研究所（AIHTTR)，内罗毕；非洲工业财产组织（ARIPO)，哈拉雷；非洲太阳能研究中心（ARCSE)，布琼布拉。
经济与社会发展	非洲经济发展和规划研究所（IDEP)；非洲社会发展应用研究与训练中心（ACARTSOD)，的黎波里；东部与南部非洲管理协会（ESAMI)，阿鲁沙；地区人口研究所（RIPS)，阿克拉；人口统计与培训研究所（IFORD)，雅温得；非洲防治犯罪与罪犯改造机构（UNAFRI)，坎帕拉。

① Economic commission for Africa, *ECA and Africa: Fifty years of partnership* [M], Addis Ababa, UNECA, 2008, p.38.

（续表）

机构类型	机构名称及总部所在地
财经与贸易	中非结算中心（CACH），金沙萨；西非结算中心（WACH），弗里敦；非洲货币研究中心（ACMS），达喀尔；非洲央行联合会（AACB），达喀尔；非洲贸易促进组织联合会（AATPO），丹吉尔；非洲税务部门联合会（AATA），亚的斯亚贝巴；非洲商会联合会（FACC），亚的斯亚贝巴。
矿产与运输	东部与南部非洲矿产资源发展中心（ESAMRDC），达累斯萨拉姆；中部非洲矿产资源发展中心（CAMRDC），布拉柴维尔；北非港口管理联合会（PMANA），突尼斯；西非与中部非洲港口管理联合会（PMAWCA），拉各斯；东部与南部非洲港口管理联合会（PMAESA），蒙巴萨。

除了以上所列举的以外，非经委还与非统组织在交通运输和通讯领域展开合作，共同发展一些专门机构以作为非统组织的下属组织。其中，在交通运输领域最有代表性的是 1969 年建立的“非洲民航委员”（AFCAC），工作是非洲国家航空运输政策的咨询、制定和协调。还有非经委在 1973 年建立的“非洲铁路联盟”（UAR），其主要工作是联系、管理和协调非洲的铁路建设、铁路网的运营等，在这中间非经委发挥了很大作用。

非经委成立以来，不断应对各类新的发展形势和挑战，其运行的项目主要致力于减贫和实现联合国千年发展目标、政治民主化、国际协调与冲突调解、能源保护与环境安全等。在不断变化的环境下就需要对原先的机构进行改造，使之更加合理并适应新的形势，同时也建立一些新的组织。这些组织种类繁多，覆盖非洲及各次区域，服务于诸多发展领域。早在 1983 年，非经委秘书长就在部长会议上提出了关于机构合理化的议案，其主要内容包括①：合并职能重叠的机构和相关的项目活动，协调各自的工作以提高资源利用的效率；提高机构的运转效率，增强组织的执行力，尤其是决策、管理、控制和资源动员的能力；通过支持和发展私营部门来提高机构的自身造血能力。

---

① Economic commission for Africa, *ECA and Africa: Fifty years of partnership* [M], Addis Ababa, UNECA, 2008, p.39.

这些机构合理化的举措也要求非经委的成员国需要尽可能的投入其有限的资源以保证机构有效的运转。同时，也保证成员国能够更多地参与到组织活动之中，非经委在调查研究等活动中更多的支持各成员国。由于20世纪80年代以后非洲国家经济形势普遍不好，所以各国对于非经委支持也减少了，也给非经委的工作带来了一定的困难。

另外，就是把非经委的那些机构分为三个大类。第一大类是非经委独立控制的机构，也就是保留一定数量的非经委原先的管理机构，这些机构依旧像原先那样运作，提供专家技术援助，也保留原先的资金链和联合国系统内外的支持关系网；第二大类是非经委与各成员国合作管理的机构，这一类机构保持部分原先非经委提供的服务，但是这部分服务不由非经委秘书处来主持，而是给予各成员国更多的决定权和自主权；第三大类则完全将机构的职能缩小到国家级别，成员国在运作中间有更大的自主权，但是非经委有权在一定情况下调用这些机构的资源。

这一转变将使得非经委建立的这些机构在所有权和财产权更多地转向各成员国，它们中间只有很少部分管理层是由非经委主持的，于是这些组织的称呼也由原先的“非经委主办机构”转变为“区域发展组织”①。非经委的战略方针和组织决议依然有效力，但只是指导这些机构运作的一种方式，非经委将更多地以项目合作的方式来执行决议。这些机构还将通过多国会议来协调彼此的工作，这也在一定意义上促进了非洲国家之间的合作与非洲的区域一体化。这一新的组织体系在保留了过去非经委覆盖整个非洲，同时渗透到经济社会各个领域的优势，将会为非洲的经济发展和社会进步继续发挥作用。

3. 非经委次区域办公室（SROs）

非经委大约在建立最早一批非经委主办机构的同一时期，也就是20世纪60年代，建立了5个次区域办公室。这5个次区域办公室的地域划分是：西非，总部尼亚美；北非，总部最初设在丹吉尔，后来迁往拉巴特；东部和南部非洲，总部卢萨卡；中部非洲，总部雅温得；大湖国家经济委员会，总

① Economic commission for Africa, *ECA and Africa: Fifty years of partnership* [M], Addis Ababa, UNECA, 2008, p.40.

部最初设在卢旺达的吉塞尼，后来迁到了基加利，并且改名为南部非洲次区域办公室。建立这些次区域办公室是为了能够拉近非经委与各成员国的距离，通过下放权力来更好地执行有关计划，作为非经委的工作机制，在一线开展实际工作以实现各成员国及次区域的发展和一体化。

这些次区域办公室经历了一番演变，非经委为了使其适应一系列项目计划的实施，从 20 世纪 70 年代中期开始曾对其进行过多次改组，其中，在 1979 年更名为“多国计划运营中心”（MULPOCs），1997 年更名为“次区域发展中心”（SRDCs），2002 年又全部改回了次区域办公室。根据非经委 311（XIII）号决议，非经委次区域办公室的角色定位，是作为次区域内各成员国的政府部长理事会和政府间专家委员会（ICE）[①]。

次区域办公室接受非经委总部或者相关专职部门的政策指示，作为非经委的下属机构，承担非经委关于促进区域经济与社会发展的工作，为各成员国、区域经济共同体（RECs）和其他参与非洲发展的投资者提供咨询顾问服务，收集和传播对于非经委和各成员国有价值的信息。次区域办公室还通过与非洲的区域经济组织、政府间机构、私营部门和公民社会等积极联络，促进彼此之间的合作，来奠定非洲一体化的基础。各个次区域办公室之间也彼此互联互通、合作贯彻与开展非经委的相关决议与项目计划。但是，其名称的变化也使其显得顺应职能与角色的转变。

在此之前，联合国大会在 1969 年 12 月份的第 13 号决议中建议联合国秘书长建立“联合国多学科发展顾问团”（UNDATs）。联合国希望这一举措能够增进联合国现有的下属组织在发展计划的制定与执行、公共管理等领域与各成员国更为紧密的合作，为其提供更为有力的支持。联合国多学科发展顾问团队在尼亚美和雅温得的次区域办公室机构中设立了工作处，但是到 1973 年后，这两个工作处都并入了这两地所在的次区域办公室。

在非洲发展的新形势之下，尤其是根据 20 世纪 90 年代联合国推出的“联合国非洲发展新议程”（UN-NADAF），非经委次区域办公室的作用得到

---

① Economic commission for Africa，*ECA and Africa*：*Fifty years of partnership*，UNECA，Addis Ababa，2008，p.41.

加强，作为推进非洲次区域一体化的先锋，以此进而实现非洲的一体化。而在非经委内部，也在2000年以后给予了次区域办公室很大的支持，包括增拨非经委25%的职员等举措。所以，由此可见，次区域办公室的建立和发展，使得非经委转变为了一个执行机构，能够深入到基层，完成联合国以及非洲各国所通过的决议或项目，而不再仅仅是一个高级咨询机构。

（二）非经委与非洲的经济发展

1. 促进非洲贸易

非经委建立的初衷，除了促进非洲经济与社会的发展外，也是为了推动非洲的区域一体化，而要在这两者之间建立起联系和贸易扮演了重要的角色。非经委建立之初推行的发展项目就着重于贸易，希望借此一方面拉动非洲经济的发展，另一方面增进非洲国家间的经济联系，将各国家的经济凝聚成一个整体，进而实现非洲区域一体化。介于非洲国家刚刚获得独立，无法立即摆脱与原宗主国的经济联系，所以非经委最初将重点放在了研究非洲与欧洲共同市场的贸易关系和国际商品价格稳定上面。非经委先是在1962年建立了贸易执行委员会，处理与非洲贸易有关的投资项目、欧洲与非洲贸易关系以及关于非洲经贸政策的计划制定，而且还提出了建立非洲共同市场的动议。

在1964年日内瓦举行的“联合国贸易与发展会议”（UNCTAD）上，非经委发表了关于非洲内部贸易的报告、贸易在非洲发展中地位的计划和非洲贸易的规划，由此使得联合国贸易与发展会议将一些非洲国家的海关税目加入到国际海关税则之中，并且组织了商贸政策和海关行政管理培训班。非经委同时也在秘书处内设立了一个区域贸易促进中心，以此来与其他联合国相关机构在关于促进非洲贸易的工作项目上进行协调。1966年，一个非经委与非统共同贸易工作组建立，用于检视贸易和海关活动，在非洲建立出口导向型工业，同时与联合国贸易与发展会议在开展有关提高欠发达国家地位的项目上进行协调①。

---

① United Nations，*10 YEARS OF ECA*：*A Venture in Self-reliance* ［R］，E/CN.14/424，p.23.

非洲国家之间的贸易关系，由于很多因素，彼此并不紧密。非洲国家之间的贸易额占非洲国家对外贸易总额的比例，自20世纪90年代中期以来，一直徘徊在8%—9%之间。这与欧盟国家之间约60%的比例相去甚远，也不如同是发展中国家集团的“南方共同市场”（MERCOSUR）的约20%的比例。造成这一结果的主要原因，包括生产和出口产品的同质化、基础设施落后、高关税壁垒、跨国支付和结算不便以及国际贸易法制不健全等。

非经委为了促进非洲国家之间的贸易联系，在1970年建立了非洲贸易中心，以此与其他联合国相关机构协调合作，帮助各成员国加深彼此之间的贸易联系。非洲贸易中心主要在4个领域提供顾问服务：贸易促进、培训与国际联络、贸易信息与备案和市场开发①。中心还发行《非洲贸易》季刊，作为促进非洲国家之间的贸易的宣传阵地和非洲国家分享信息的平台。杂志内容广泛，包括各国贸易概览、市场数据、贸易谈判与协议、发展中国家间的经济合作、出口贸易信贷、多边贸易谈判、基础设施建设以及其他贸易促进措施。除此以外，非经委也在1979年出版《农工商矿业总揽》，后来在1985年、1988年、1993年和1995年分别进行了更新。作为前者的补充，非经委还出版了《贸易信息》，记录非洲国家贸易产品的详细信息。

此外，非经委还积极支持由非统赞助的全非贸易展览会，以及在展会上组织的非洲贸易研讨会，首届贸易展览会于1972年在内罗毕举行。1974年，非经委还帮助建立了“非洲贸易促进组织联合会”（ATPO），旨在帮助各国各区域组织以及其他机制之间分享信息、互通联络、协调规范，共同促进非洲内部贸易。而同样作为组织性活动的一部分，非洲商会联合会也是在非经委的积极帮助下成立的。非经委此举是为了能够在推动非洲贸易发展的过程中扮演更加积极和重要的角色②。

20世纪80年代，非经委为了推进非洲贸易的发展，除了开办各国、各次区域乃至全非范围的讲习班、研讨会以外，还组织受训人员前往欧洲和世界其他地区进行考察。而非经委在这一时期的主要精力，还是放在了建立区

① Economic Commission for Africa，*Annual Report 1971* [R]，E/CN.14/519，p.11.

② Economic Commission for Africa，*Annual Report 1984* [R]，E/ECA/CM.10/38，p.125.

域贸易组织，通过条约和协定建立了东部与南部非洲特惠贸易区、北非特惠贸易区和中部非洲国家经济共同体（ECCAS），在这中间可以看出，非经委把次区域办公室和非洲的次区域经济组织作为了推进非洲贸易发展的重要平台。

20 世纪 90 年代，非经委的主要工作，就是恢复非洲在危机过后在国际贸易中严重下滑的地位。同时在危机之中，也着力于消除非洲国家间的贸易壁垒，扩大基础设施建设以克服各国间的地理阻隔，并且完善机构和法律，为非洲贸易和经济的复苏创造条件。到 90 年代后期，非经委把工作重点放在了世贸组织框架下的全球自由贸易谈判，提升非洲国家在其中的地位。为了服务于这一目的，推进非洲经济一体化进程，同时在各区域一体化组织活动与世贸组织的相关条款之间进行协调。

非洲各次区域组织采取了很多措施，包括简化关税手续、货物快速通关等，减少非洲内部的贸易壁垒，由此促进非洲的内部贸易往来，向非洲自由贸易区迈进。而像亚穆苏克罗非洲航空通道自由化决定，不仅使得非洲航空业和乘客群体能够从中受益，而且使得非洲国家之间的联络也更为紧密了。非经委在这些活动中间，都发挥了积极的作用。

对于非洲参与全球贸易，大批非洲国家在独立以后，为了帮助非洲国家融入世界经济体系，非经委努力帮助非洲国家加入“关税贸易总协定”（GATT）和“联合国贸易与发展会议”（UNCTAD），并且也帮助非洲国家在上述组织内部争取自身的利益，保证贸易自由。为了培训非洲国家在多边贸易谈判中人员的能力，非经委在 1975 年建立了非洲多边贸易谈判项目，组织研讨会并派出特派顾问团帮助非洲准备和参加 1978 年的国际贸易东京回合谈判，在各类议题上与非洲国家保持一致立场。与这一活动相类似，非经委和非统在 1976 年的联合国贸易与发展会议后，组织与会的非洲国家开会对其进行总结，并且为了在以后的会议上与 77 国集团的合作拟定方略。在这之后，非洲国家在非经委的支持之下，通过了《非洲国家对于履行乌拉圭回合协议的行动方案》，以此来应对国际贸易乌拉圭回合谈判最终协议的签署，以及此后世贸组织的建立和由此带来的贸易全球化和自由化的机遇与挑战。

非洲国家在世界经济中边缘化的地位，在乌拉圭回合谈判中间暴露无遗，非经委针对谈判中出现的问题，包括如何妥善的处理农业的服务贸易问题，召集各国讨论对策。而在其后的多哈回合谈判中，非经委也继续发挥自身的作用。

虽然在多哈回合谈判中就有包括要适应世贸组织中欠发达国家的能力与状况的要求，但是非经委在 2001 年初还是呼吁国际社会在下一回合贸易谈判中促成一个“发展回合”。非经委强烈主张，通过谈判严格限制发达国家在农产品等的生产补贴与奖励、出口的信贷支持等，严厉反对倾销，如此才能建立包容性的全球化经济格局。因此，在多哈回合谈判中，非经委和非洲各国就竭力争取扩大自身在全球贸易中的利益，而且在市场准入和商品供应配额方面也要取得进展。

经过非经委的努力，全球贸易谈判逐渐开始认真对待非洲，非洲开始由这些谈判被动的观察者转变为积极的参与者。非洲国家还利用这一国际活动的舞台，与其他发展中国家展开合作，共同在谈判中维护各自的权利。2003 年，非经委建立了“非洲贸易政策中心”（ATPC），用以在欧盟与非洲、加勒比、太平洋国家（ACP）之间的谈判框架进程中，扩大非洲国家的参与①。

2. 推动农业生产

在非洲，农业与贸易有着紧密的内在联系。非洲的农产品从殖民时代开始，就是非洲对外贸易的重要出口商品。独立以后，非洲农业的发展也是保证非洲人民温饱、支持非洲工业发展和支撑非洲经济稳定的基石，其重要性不言而喻。因此，农业以及与之相关的包括土地资源、水源、劳工、林木、气象等领域，一直都是非经委关注与工作的重点。

非经委成立时，农业是非洲最为重要的经济活动，大约 90%的人口从事着农事工作。非洲的农业技术落后，依赖人力和降雨，生产能力低下，特别是在独立以后，非洲的农业产量的增长速度开始赶不上非洲人口的增长速

① Economic Commission for Africa, *Annual Report 2005* [R], E/ECA/CM.38/10, p.9.

度。非洲农业在殖民时代就形成了围绕殖民宗主国经济服务的模式，非洲的农业生产完全由宗主国的需求决定，这一模式一直延续到独立以后。农业作为非洲主要的经济活动，占用了非洲主要的劳动力，农产品也是非洲工业的主要原料来源，非洲的外贸出口也主要依赖农产品。当非洲农业发展减速之后，非洲整个宏观经济都受到了影响而萎靡不振。

非经委建立后，为了应对非洲农业与粮食安全方面的难题，与联合国粮农组织紧密合作，在 1959 年建立了“非经委/粮农组织联合农业分部”（JEFAD）。在此之后，非经委一边进行各类关于农业发展的基础性研究，一边又建立了一些跨政府组织，比如“西非水稻发展联合会”“非洲农业科技促进会”等，发挥组织优势来执行政策和开展项目。1978 年，为了应对非洲日益恶化的粮食危机，粮农组织设在阿鲁沙的地区农业部长会议起草了《非洲食品计划》（AFPLAN），由非经委和联合国粮农组织共同准备实施①。该计划的目标是：在国家层面上，通过政策引导、专项扶植和投资推动来助推农业发展，实现国家的粮食自给；在跨国层面上，则注重于开展多国共同农业合作开发项目，增加地区间的农产品贸易往来②。

《拉各斯行动计划》进一步明确了非洲食品计划在 1980 年至 1985 年的短期优先行动战略，其中，非经委/粮农组织共同农业分部的工作项目有：发展畜牧业、减少食物浪费、规范农产品交易市场，以及增进各次区域间的农业合作与农产品流通。非洲食品计划在 20 世纪 90 年代中期以后就没有继续实施下去，但是这并不表示农业工作不受重视了，而是非经委将农业与粮食安全工作与其他包括人口和环境等，一同归入了可持续性发展这一新的范畴中去了。

非经委将农业与人口、环境还有社会发展看作一个整体，根据它们之间的内在联系制定了长期计划。非经委除了像传统上的通过研究、咨询和发行出版物等方式来引起各成员国政府对该问题的重视以外，还积极让各国政府

---

① Economic Commission for Africa, *Annual Report 1978* [R], E/CN.14/691, p.2.

② UNECA, *25 Years of service to African development and integration* [R], ECAC 341.123 (6) T9715 c.5, p.60.

参与到非经委的相关计划的制定与施行中去，让非经委的项目计划与各国政府政策互相呼应与配合，以形成合力。与此同时，非经委除了与各成员国紧密合作外，也与非盟以及其他联合国机构共同开展活动。其中包括：参与“联合国人口基金会”（UNFPA）与非盟共同召开的人口与发展国际会议；联合非盟共同组织首届关于非洲住房与城市发展部长会议，会上还决定了要成立常设的关于非洲住房与城市发展的部长会议。非经委还帮助非洲国家筹备与参与可持续性发展全球首脑会议和2004年与2005年的联合国可持续性发展委员会，并且发行《非洲可持续性发展报告》，对53个非洲国家进行追踪考察[①]。

作为农业发展的基础，保护水源和治理水土也是非经委工作的重点，而且反映到了非洲发展新伙伴计划的农业议题中。其中，在水务工作方面，非经委着力甚多。非经委与非开行、非统还有众多投资者，共同为了参与世界水资源论坛而制定了2025年非洲水务工作展望[②]。这一工作展望作为远景规划包含了非洲次区域的水务工作项目，而这构成了非洲发展新伙伴计划中水务工作内容的基础，同时也成为了联合国千年发展目标中的水资源发展目标。非盟建立了下属的“非洲水务工作部长理事会”（AMCOW）。非开行则筹资开展非洲水务项目，先期筹资6 000万美元，5年后计划筹集到6亿美元[③]。为了支持上述行动，非经委通过秘书处建立了非洲水资源信息办公室，为各成员国和次区域提供技术援助。办公室还发布两年一度的非洲水务工作发展报告，刊行非洲水务工作杂志。

非经委当前农业工作的重点，是配合实施非洲发展新伙伴计划下属的《非洲全面农业发展计划》（CAADP）。非经委在这一计划的筹备与制定阶段就提供了技术支持。在2003年该计划在非盟首脑会议上正式通过后，非经委参与了其后一系列的计划施行会议和所有主要的工作活动。在这整个过程

---

① Economic commission for Africa，*ECA and Africa：Fifty years of partnership*［M］，Addis Ababa，UNECA，2008，p.79.

② Economic Commission for Africa，*Annual Report 2002*［R］，E/ECA/CM.26/7，p.35.

③ Economic commission for Africa，*ECA and Africa：Fifty years of partnership*［M］，Addis Ababa，UNECA，2008，p.80.

中间，非经委努力促使计划的常务会议等活动中，在投资等领域突出非洲的区域合作一体化的目的精神，从而将非洲农业产业的结构转型和发展，与非洲的区域合作一体化进程相融合。这其中最有代表性的，就是非经委的流域管理体系。非经委组织的专门机构在赞比西河、尼罗河、刚果河、乍得湖等跨次区域的水域管理，就在一定程度上推进了次区域之间的合作。

在非洲的土地利用和气候问题上，非经委也积极参与，包括提高非洲的土地利用率、改革土地管理方式、保证土地的肥力等。在应对气候变化方面，非经委建立了“非洲气候政策中心”（ACPC），并与非盟、非开行以及联合国全球气候观测系统保持合作，对非洲的气象环境进行监测，收集相关数据，提供环境预警，以为农业生产服务①。非经委虽然在可持续性发展方面积极的努力并取得了一定的成果，但是非洲的发展依然需要持续不断的投入，非经委的工作还有很长的路要走。

3. 加快工业发展

非洲国家独立时，除了南非以外，绝大多数国家的工业基础相当薄弱，只有一些初级加工产业和采矿业。非洲的这些产业都是服务于原宗主国的经济体系，而且主要的产业都由外国企业或公司把持和管理，它们并不按照非洲本地的需求开展生产。

1961 年非经委成立了工业、交通和自然资源部，但是在之后的工作中，由于工作任务繁杂，在 1962 年又单独建立了工业部。在此之后，住房和建筑业也被列入了工业部的工作议程中间，为了应付这一新增的需求，非经委在 1967 年又将其改建为住房与工业部。1971 年，非经委又组织了属于非经委与非统联合下属的非洲工业部长会议，明确提出了非洲工业自立与工业化的目标。而同样作为联合国的下属组织，非经委与“联合国工业发展组织”（UNIDO）在 1974 年联合成立了共同工业部，作为非洲工业发展的外部组织推动力量。除此之外，非经委在 1980 年分别建立了“非洲工程设计与制

① Economic commission for Africa, *ECA and Africa: Fifty years of partnership* [M], Addis Ababa, UNECA, 2008, p.82.

造业中心”（ARCEDEM）和非洲工业发展基金会[①]。前者是为了提升非洲国家的工程设计能力和制造业技术水平，后者则是为非洲的工业发展及相关的组织活动提供资金支持。

非经委首先作为研究与咨询机构，在工业领域为了促进投资，主要对各类工业政策法规进行分析和评估，同时考察投资环境，以帮助资金流入非洲的工业生产之中。非经委在这一过程中还参与一些工业投资计划的制定与准备，并与投资商进行相关的合作。非经委也组织非洲工业领域的专家前往发达国家学习，同时派遣自身的专家帮助各成员国制定工业发展和投资计划。非经委作为促进非洲合作与一体化的组织，也积极促成各成员国之间的工业合作，从全非洲的角度使非洲工业布局合理化，避免重复投资。

针对非洲工业的落后和经济的不景气，同时也是为了执行第3个《联合国发展十年计划》和《拉各斯行动计划》中的关于工业发展的内容，非经委与非统还有联合国工业发展组织联合为各成员国制定了一个《非洲工业发展十年计划》（IDDA 1980—1990）。这一计划意图充分发挥非洲自然资源丰富的优势，以此与非洲工业发展的产品需求相结合。根据这一计划，非洲的工业将不止是生产初级产品和各类简单的消费资料，而且要在包括能源、农产品在内的各类制造业产品实现深加工，以提高产品的产出附加值和出口利润率。除此以外，计划的内容还包括发展本土生产技术和提高人才管理能力，拓宽本地市场并且建立综合性的完整工业体系。计划强调自主与自立，所以其中着重推进非洲国家之间的合作以及与其他发展中国家之间的合作。

由于大型工业有较长的运作周期，也需要有巨大的资金投入，所以上马大型工业项目并不容易，也无法显著地拉动就业。为了能够有效地拉动就业和带动非洲经济的发展，非经委十年计划中主要安排了诸如纺织、木材加工、食品加工、基础化工等的产业规划，同时为了增加产品附加值，也着重于能源加工和产品包装产业。十年计划的这些项目是覆盖整个非洲的，有国家级的，也有次区域和全非洲的项目规划。

---

① UNECA，*25 Years of service to African development and integration*［R］，ECAC 341.123（6）T9715 c.5，p.63.

非经委在为十年计划提供技术支持的同时，也在继续推进日常的工作。虽然非经委竭力推动非洲的工业化，但是非洲由于政局不稳、人才短缺以及基础设施落后等原因，始终没有建立发达完整的现代工业体系。现如今，在非洲发展新伙伴计划中间，虽然没有工业这一直接的条目，但是纳入了包括资本流入、市场开发、科技进步等与工业发展有关的议题。因此，非经委如今在工业领域的主要工作，就是通过与非盟以及其他组织合作，共同实践非洲发展新伙伴计划中的与工业发展有关的规划。

4. 改善交通运输与通讯

非洲国家在独立时的交通设施，都是在殖民时代殖民者建造的，其完全服务于非洲原材料及初级产品的出口，对于非洲国家之间的交通往来，尤其是对内陆国来说有很大的局限。非经委在这方面的工作就是要打通非洲大陆内部的联系，促进非洲国家间的交往，进而实现非洲一体化。非经委在1968年就建立了独立部门来分管交通及通讯方面的事务，同时也帮助非统建立了多个下属机构，如1969年建立的“非洲民航委员会”（AFCAC）、1972年建立的“非洲铁路联盟”（UAR）、1973年建立的“泛非电信联盟”（PATU）和1980年建立的“泛非邮政联盟”（PAPU）。

在具体工作方面，如公路运输，非经委全程参与实施横跨非洲公路计划，专门建立了横跨非洲公路办公室。办公室辅佐秘书处进行计划建设的协调工作，也参与公路的管理工作。它促进各国订立双边或多边协议、训练公路建设与管理人员、协调各国的交通法规。办公室建立以来，设立了几个下属地区机构，建设了拉各斯-蒙巴萨公路、拉各斯-努瓦克肖特公路、达喀尔-恩贾梅纳公路以及开罗-哈博罗内公路等。

20世纪70年代以后，由于原先落后的基础条件已经成为发展的阻碍，非洲建立统一的交通与通信系统日益迫切。于是非经委在部长会议的坚持之下，推出了《联合国非洲交通与运输十年计划1978—1988》（UNTACDA）①。这个十年计划旨在集全球之力发展非洲的交通与运输事业，涵盖非洲交通与

① UNECA，*25 Years of service to African development and integration* ［R］，ECAC 341.123（6）T9715 c.5，p.68.

运输领域的所有部门。在这个十年计划结束后，非经委在分析了计划实施效果之后，又说服非洲国家接受第 2 个“交通运输十年计划”（UNTACDA II）（1991—2000），世界银行在 1989 年也与非经委合作开展“撒哈拉以南非洲运输政策项目”（SSATP）作为补充。虽然这 2 个十年计划取得了一定的成果，但是无法满足非洲发展所需的交通与通信的要求，最主要的还是缺少大笔的资金来主持满足计划要求的基础设施建设。

进入 21 世纪后，在非洲发展新伙伴计划中，交通和通信与能源和水资源一起，作为非洲一体化的关键推动因素。非经委在这中间依旧作为实施工作的主要力量，继续发挥着积极的作用。

四、非经委与非洲一体化

（一）区域组织的建立

在非经委成立之初，非洲国家刚刚获得独立，泛非主义的情绪一时颇为高涨，一些非洲国家领导人对于非洲的一体化跃跃欲试。非经委在这中间也积极促成非洲一体化，但是遇到了相当大的阻力。于是在 20 世纪 60 年代以后，非经委更多地开展有关次区域合作的工作，从基层推进非洲的合作与一体化。

非经委在 20 世纪 60 年代陆续建立了 6 个“次区域办公室”（SROs），作为在各次区域开展活动主要平台。除了次区域办公室以外，非经委也积极帮助各次区域经济合作协定的制定，然后是通过次区域办公室来协调各国的经济和财政政策，共同实施一些大型跨国项目，同时也在社会文化领域增进各国之间的交流。

到了 20 世纪 60 年代末，非经委通过建立初期的工作后发现，单靠非经委和非统的组织力量无法满足各成员国在发展计划的制定、执行，公共事务的组织与管理等工作，认为需要有持续稳定的咨询援助机构来向各成员国提供帮助。于是，联合国在 70 年代初建立了“多学科跨国发展顾问团”（UN-

DATs)。对此，经社理事会在1970年7月30日通过的1552（XLIX）号决议中也认为，以次区域多学科顾问团队最为技术服务手段，对于发展中国家培养自身在相关领域的服务工作能力是相当有益的。而且经社理事会也决定将非洲的发展顾问团归由非经委的领导，非经委部长会议为此也在1971年2月13日专门通过221（X）号决议，对于经社理事会的决议表示欢迎[①]。

到1973年，已经有3个发展顾问团在非洲工作，机构分别设在：尼亚美，服务于西非国家；雅温得，服务于中部非洲国家；卢萨卡，作为非经委东部和南部非洲区域办公室的一部分来展开工作。这些发展顾问团的设置是与非经委区域办公室相配套的，但是由于缺乏财政支持，这仅有的3个也不能照顾到所辖区域的每一个国家。而且除了卢萨卡分部外，其他分部的工作任务也没有与所在区域的次区域办公室相合并。随着时间的推移，发展顾问团更多地服务于非洲个体国家，而不是区域合作一体化，其工作性质的定位也需要由咨询顾问机构转向专业服务机构。

非经委在推进非洲国家间的合作与非洲的区域一体化的进程中，帮助非洲国家建立各类区域组织，是一个重要的工作。而在这中间，非统/非盟以及非洲的次区域一体化组织最为重要。早在非统建立之前的1962年，也就是《非统组织宪章》制定出来的那一年，就对非统与非经委在非洲发展中的作用做了定位。根据《非统组织宪章》，非经委的主要作用是辅助与支持非统组织秘书处，非经委主要制定经济、社会方面的政策和提供技术研究支持，非统则制定政治路线和提供政治支持与后盾[②]。非经委作为在非统成立以前非洲唯一的一个覆盖全洲的国际组织，为非统组织的建立做了很多工作。在非统组织建立的过程中，各类组织建立事宜的讨论、章程的制定等，大多是以非经委作为平台来开展进行的。

在非统建立后，由于专业技术人员的短缺，非经委提供了许多技术帮

---

① UNECA，*25 Years of service to African development and integration*［R］，ECAC 341.123（6）T9715 c.5，p.86.

② Economic commission for Africa，*ECA and Africa：Fifty years of partnership*［M］，Addis Ababa，UNECA，2008，p.47.

助，尤其是为非统的会议准备技术文件和专业参考。非统通过的决议，非经委也全力配合实施。非洲国家独立以后主要的地区经济战略，比如《拉各斯行动计划》《阿布贾条约》《开罗议程表》以及《非洲发展新伙伴计划》等，虽然都是由非统主持制定的，但是主要条款内容都是非经委负责编写的。非经委还帮助非统在交通和通信领域建立了5个专业下属机构，分别是“非洲民航委员会”（AFCAC）、“非洲铁路联盟”（UAR）、“泛非电信联盟”（PATU）、“泛非新闻组织”（PANA）和“泛非邮政联盟”（PAPU）。为了能够更好进行合作，共同决策与处理地区问题，又成立了非统/非经委/非开行共同秘书处。这一合作关系在非洲发展新伙伴计划的制定和实施中得到了巩固，形成了一个有效的合作机制。

20世纪80年代以后，非洲国家的经济形势普遍陷入了困境，作为摆脱困境方案的结构调整计划也没能使非洲经济有明显起色，甚至是一些非洲国家债台高筑，难以自拔。非洲国家为了联合自强，也自己制定了一些方案意图自救。非统组织在1991年6月大会通过了《阿布贾条约》，决定逐步推动非洲经济一体化并最终建立非洲经济共同体。为了实践条约的目标，非统决定要改造为非盟，从而以新的机制全面地从政治、经济、社会等方面促进非洲的发展和进步。和非统的建立一样，非经委在非盟建立的过程中也尽力提供了必要的技术援助。非经委在非盟建立后也与之共同开展非洲发展新伙伴计划的实施与落实。

非盟将非洲的次区域经济组织作为未来非洲经济共同体的基础，并且把次区域共同体作为通向非洲一体化的必由之路。非洲的次区域经济组织并不是非洲国家普遍独立之后才有的，而是在殖民时期就建立了起来，如1910年建立的“南部非洲关税同盟”（SACU）和1949年建立的“南非与南罗得西亚关税同盟”。进入20世纪60年代以后，非洲国家在获得独立之后的最初时期，延续了反对殖民统治斗争中合作的势头，建立了一系列早期的次区域一体化组织。比如1962年建立的赤道关税同盟，如今是中部非洲国家关税同盟，还有1967年建立的东非共同体等。这些早期的次区域共同体组织大多都在成立后不久就陷入了困境，多数运转并不良好，但是非经委并没有因此停止帮助非洲国家建立新的次区域共同体组织。通过帮助准备和起草外交条约，非经委直接参与建立了“西非国家经济共同体”“东部和南部非洲特惠贸易区”（如今的“东南非共同市场”）和“中部非洲国家经济共同体”。

在20世纪80年代遭遇经济衰退后，非洲国家关于合作与一体化的冲劲也受到了挫败。随着《阿布贾条约》的签订，重新确定了非洲合作与一体化的决心和道路。其中，对于非洲经济共同体，非经委除了通过技术协助和培训以及机构性的支持之外，其下的各次区域办公室也在各自辖区内作为技术援助的主要机制，服务的范围也覆盖了农业、工业、矿业、基础设施建设、环境保护等工作。

（二）合作应对非洲经济的危机与复兴

进入20世纪80年代后，大多数非洲国家由于债台高筑，纷纷被迫接受了世界银行和国际货币基金组织的资金援助；作为代价，也接受了相应的结构调整计划。先不论结构调整计划的内容与效果，就因为其无视《拉各斯行动计划》和之后一系列的方案计划，不顾非洲国家自己的意愿和规划，被认为是把发达国家对非洲经济的认识与意志强加于非洲，从而饱受批评。

非经委就站在批评队伍的第一线。除了认为结构调整计划罔顾非洲的实际情况，整个决策与制定过程排斥非洲国家的参与外，也认为该计划是有很多缺陷的，没有考虑到非洲国家的长远发展和利益。由于非洲国家所处的弱势地位，非经委作为非洲的国际组织就有责任帮助各成员国对结构调整计划进行重审。在非经委部长会议的年会上，还有1987年的阿布贾会议和1988年的喀土穆会议都对此有所呼吁。在联合国大会对于《非洲经济社会恢复与发展行动计划》（UNPAAERD）的中期复查中，也呼吁结构调整计划要更为可行与实际，更多地关心非洲经济的实际需求。

非经委根据自己对于非洲各国国情和传统的了解，发扬非洲自主精神，从稳定发展的角度审视结构调整计划，并且准备了替代方案。在这一过程中，非经委与各方，包括行动机构以及合作伙伴，广泛地进行协商讨论，而且遵循之前一系列行动计划和方案的原则。经过努力，非经委的非洲财政与经济部长联席会议发表了一个联合声明并通过了一个决议，也就是《非洲结构调整替代方案》（AAF-SAP）[①]。方案批评了由遵循“华盛顿共识”的政策所带来的负面效应，总结了其在非洲国家进行试验所造成经验与教训，尤其体现了非经委内部的经济学家对于“华盛顿共识”所造成影响的警惕。方案的核心原则是调整与转型，强调非洲各国要有坚定的意志去解决造成经济落后的结构性根源。

由于实行“华盛顿共识”指导的新自由主义经济政策，非洲各国在20世纪八九十年代的经济绩效远比起六七十年代的表现更为糟糕。结构调整计划糟糕的效果除了造成高失业率外，主要的不足是使得非洲经济缺少回旋的余地，因过度依赖外部环境而变得脆弱。并且，在80年代，非洲除了遭受经济危机以外，也饱受地区冲突、艾滋病和饥荒的侵袭，从而对经济的恢复与发展雪上加霜。

于是，在继阿布贾会议和喀土穆会议之后，非经委和与非洲经济社会恢复与发展行动计划相关的联合国机构，于1990年2月在坦桑尼亚阿鲁沙召开了会议。会议的主题是广泛参与非洲的恢复与发展进程的国际会议，也就是把非洲人民放在首位，以人为本。其旨在加强在非洲发展与转型过程中的群众参与，尤其是与市民社会和民间组织甚至是普通民众的联系。这样才能够夯实非洲经济发展和转型的基础，是广大非洲民众能够受益。会议的成果是制定了关于普遍参与非洲发展与转型的宪章[②]。

不同于前两次会议，阿鲁沙会议的核心议题是良政，也就是把政府管理能力的发展与改进作为会议讨论的中心。会议意在使非洲各国人民和民间组织能够充分而又自由地参加到非洲问题的决策中去，无论是在政治、经济，还是社会层面。会议认为，非洲各国政府和民间组织在国际社会的支持下，在加强自身在民众广泛参与方面，应该发挥的更大的作用。良治在随后的90年代里，成为了非洲很多发展计划和项目的核心议题，非经委在推进这一工

① Economic Commission for Africa, *Annual Report 1989* [R], E/ECA/CM.12/48, pp.7—8.

② Economic Commission for Africa, *Annual Report 1991* [R], E/ECA/CM.17/32, p.109.

作的过程中也一如既往的是先锋。

回到经济问题本身，作为《拉各斯行动计划》的一部分，非经委与非统和非开行还有其他泛非机构组织共同合作拟定了《非洲经济共同体条约》。这一条约在1991年在阿布贾召开的非统全体会议上通过了，准备从1994年起逐步推进非洲经济的一体化。根据这一条约，非洲各国将分6个阶段逐步推进，最终于2027年组成一个统一的经济联盟，发行统一的货币，生产和贸易完全自由流动。

20世纪90年代以后，结构调整计划的副作用日益显现，非洲国家的经济状况呈现恶化的状态。在这一背景之下，非经委积极与非统、非开行等区域组织机构研究对策，并于1995年3月在开罗召开的非统部长理事会特别会议上通过了《开罗日程表》，这一文件随后就在当年6月的非统元首与首脑峰会上正式通过。这一日程表希望能够扭转非洲经济下滑的颓势，改变非洲日益边缘化的国际地位，使非洲能够成为国际社会可以信赖的一员。

《开罗日程表》作为一项行动计划，其在制定过程中严格遵循《非洲结构调整替代方案》《喀土穆宣言》和《阿鲁沙宪章》的主要精神，明确划分了非洲国家和国际社会的责任权限。其内容总共分为3个部分，分别是非洲自身必须做的行为、非洲对外部世界的需求和保证其推行的机制①。非洲自身必须做的无外乎是政治、经济、社会等各方面的事务。而非洲对于外部世界的要求，则是希望国际社会理解和支持非洲本身对于发展所做的努力，并且也希望在贸易、外债等问题上获得谅解与让步。非经委、非统与非开行联合秘书处将对这一日程表的实施进行监督并定期提交评估报告。

（三）非经委与新伙伴计划

20世纪90年代后期，随着非洲经济逐渐开始恢复，非洲各国领导人和各区域组织纷纷把注意力放到了如何通过合作来克服非洲经济的一些本质性的弊病，以此来巩固经济复苏的成果、夯实非洲经济的发展基础。为了让非

① Economic commission for Africa, *ECA and Africa: Fifty years of partnership* [M], Addis Ababa, UNECA, 2008, pp.63—64.

洲获得稳定的外部环境、有充分的国际支持和认可，非经委和各国政府制定了一系列的计划。其中，有尼日利亚、南非和阿尔及利亚主导推出的《非洲复兴千年伙伴计划》（MAP），有塞内加尔提出的《欧米茄计划》（OMEGA），还有由非经委推出的经过整合上述计划的《新非洲倡议》（NAI）①。虽然有经过一些整合，但是这些计划依旧互相平行与重叠。而且根据21世纪非洲面临的新形势，包括规划成立非盟、“联合国千年挑战目标”（MDG）的出台等，非洲有必要对各类项目计划进行整合，以推进非洲的合作与一体化。

在2001年6月在卢萨卡召开的第37届非统首脑会议上，正式出炉了《非洲发展新伙伴计划》（NEPAD）。《新伙伴计划》在计划使命上受到了千年挑战目标的影响，带有21世纪全球化时代的印记。除了保证经济稳定发展、消除贫困和促进政治民主这些政治经济方面的工作之外，《新伙伴计划》还强调了非洲对于全球经济与政治事务的参与，包容进世界经济和社会的发展之中。《新伙伴计划》在对全非洲的发展做出指导性规划的同时，也对非洲各次区域组织经济社会发展计划起着协调的作用。

非经委在《新伙伴计划》的实施过程中，利用其组织机制，积极推动非洲国家之间及与国际社会的合作。在各项目计划中，包括各次区域办公室所开展的项目，非经委都以《新伙伴计划》和千年挑战目标作为标准，以此来开展工作②。

非经委发起成立了“非洲国家互查机制”（APRM），这是由非洲国家元首和政府首脑决议通过建立的，是《新伙伴计划》有关政府良治方面内容的重要组成部分，同时也是非洲领导层评估新伙伴计划实施成果的机制之一。这一机制由非洲自身的财力来支持，强调非洲自主地通过系统性的彼此审查或自我检查来保障非洲的良治建设。除了在政治领域，非经委在经济领域也建立了类似的监督审查机制，并随后并入了非洲国家互查机制，在非经委运作下共同作为《新伙伴计划》的配套机制；不过，非经委在这一机制中间的

---

① Economic Commission for Africa, *Annual Report 2002* [R], E/ECA/CM.26/7, p.9.

② UNECA, *Report On UN System-wide Support to the AU and its NEPAD programme in 2008* [R], ECA/NRID/09/002, Addis Ababa, 2009, pp.1—2.

主要工作还是提供技术分析。

根据《新伙伴计划》，非洲国家与外部世界的联系将更加紧密，域外国家的支持项目必须与非洲的发展项目相同步。在 2002 年 11 月于马普托召开的新伙伴计划执行委员会政府首脑会议上，就要求非经委在组织决策过程中要和经济合作与发展组织（OECD）相协调，并向执行委员会汇报有关工作。在外部环境方面，八国集团在《新伙伴计划》出台之初，就宣布支持其作为非洲自主发展的计划框架。在八国集团筹备 2002 年峰会时，就派出特别代表前往非洲，商讨如何支持《新伙伴计划》的开展。其代表所到的第一站就是非经委。非经委表示非洲就此将与八国集团建立新的发展伙伴关系，以八国集团为代表的发达国家也将继续向非洲提供财政与技术支持。随后，非经委又积极推广双边互信互查机制，促进非洲国家与国际社会更紧密地联系与合作。

非经委作为联合国的下属机构，自然也要利用自己的角色来提高联合国在《新伙伴计划》实施中所发挥的作用，并从中进行协调。紧随 2002 年 7 月非盟首脑会议通过《新伙伴计划》，联合国大会就决议表示全力支持《新伙伴计划》作为非洲发展的总纲领，并且在与非洲有关的项目中，动员联合国系统的资源优先服务于《新伙伴计划》。非经委在这中间作为“领头羊”，积极组织区域问题协商会议，首先在联合国内部协调各组织之间的关系，使它们能够同心协力服务于非洲。

五、结语

纵观非经委 50 多年来的发展历程，可以看到非经委在建立之初是一个咨询建议机构，负责向非洲各国政府和非洲的其他区域组织提供建议和调查统计支持。但是非洲国家所需要的，不仅仅是善意的建议，而是实实在在的帮助，比如资金和人才培训。于是在 20 世纪 70 年代以后，非经委更多地组织各类基层活动来落实各项目计划，逐步由一个咨询建议机构向实际工作执行机构转化。同时，非经委也扮演着非洲问题的调和平台，虽然在这方面的工作很多是由非统组织主导，但是非统组织开展工作也离不开非经委的支持。

非经委在对非洲发展的工作投入，从总体来说是非常巨大的。虽然非洲各国在独立以来经济发展取得了相当的成就，但是非洲大多数国家的发展速度并不尽如人意。尤其是相较世界其他地区的发展，非洲发展的相对速度较为缓慢，与世界其他地区的差距依旧很大。这样的结果无疑也对非经委的工作提出了疑问，鞭策其改进原有的缺陷。

非经委最大的问题，就是缺乏资金支持和专业人才。这其实不仅仅是非经委的问题，包括非盟在内的非洲其他区域组织也都存在这样的问题。非洲的相对落后使得各国银根紧缩，国际经济形势的萎靡也限制了外部资金的流入。同时，非洲本土人才培养的进程赶不上非洲发展的需要，各项计划都需要各国有足够多的管理与执行人才，人才匮乏也就意味着计划执行效率的低下。这就导致了计划的制定往往非常周全，但是执行能力却往往较为软弱。这其中的原因也不能归咎于非经委，而是非洲发展过程中的痼疾。

此外，非经委还面临着各国家与区域之间的利益争夺。非洲国家在独立以后都是主权国家，各国都有绝对的权力自主决定政治、经济与社会的发展。非经委作为一个国际组织，要想使各国优先考虑区域整体利益，是非常困难的。非洲各国受制于殖民时期留下的与原宗主国垂直联系的经济体系，彼此间沟通较少，在这一基础上要实现区域一体化还是任重道远的。因此，非经委要做的，就是在帮助各成员国发展自己国民经济的同时，逐步增加各国彼此间的联系，诱导它们向区域合作化与一体化的方向发展。这是一个长期的过程，需要耐心和长期的坚持，只有量变的积累才能产生质变。

放眼未来，在宏观上，非经委以《非洲发展新伙伴计划》作为非洲经济和社会发展的总纲领，围绕该《计划》推进非洲各国的经济发展，同时也将继续重点推进非洲各国的合作与一体化进程。《非洲发展新伙伴计划》制定后，非洲发展和非经委的工作都有了明确的目标和计划，便利了各项工作的开展。在微观上，非经委更多地分权到各个次区域办公室（SROs），让它们作为先进技术的推广的前沿机关，传播包括先进农业技术、信息通讯在内的各项世界前沿科技，推动非洲科技的发展与产业升级。同时，也更加重视培养相关的人才，尤其是管理方面的专业人才，提高非洲企业的运作能力和各国的国家治理水平。

《非洲加速工业发展行动计划》
——非洲联盟工业部长会议第一次特别会议决议
2007年9月　南非

黄玉沛　译

一、背景

1. 非洲是世界工业化最不发达的地区。它只占全球工业产出和制造业出口微不足道的份额。只有少数非洲国家制造业附加值占国内生产总值（Gross Domestic Product，GDP）的比率超过20%。在许多非洲国家，制造业对国内生产总值的贡献不到15%，有的甚至至5%或低于5%。工业部门的产出主要集中在低技术产品，如食品、纺织品、服装、鞋类等。近几年来，全球制造业发展迅速，制造业产值快速增长，但是大多数非洲国家尚未有中、高等科技领域的制造业。非洲经济严重依赖初级产品的生产和出口，这种依赖增加了非洲经济发展的风险。非洲大陆必须抓住全球化的机遇，制定新的政策，开发人力资源，加强企业创新能力，正视工业化的现实。

2. 工业化是实现经济增长和发展的关键引擎。事实上，工业化是发展的本质。非洲仍然是世界上最贫穷的地区，世界50个最不发达的国家有34个在非洲。非洲的贫困正在增加，这正是其工业化发展水平低，在全球制造业中处于边缘化的真实反映。工业生产能力与经济增长和发展水平之间存在很大的关系。发展中地区和国家正在分享全球化所带来的好处，努力争取实现"千年发展目标"（Millennium Development Goals，MDGs），通过快速的工业化实现发展的大跨越。尽管非洲自然资源丰富，大多数非洲国家却没有从全球化中受益良多，实现千年发展目标的风险在增加。

3. 近年来，非洲国家元首和政府首脑采取了一系列重大举措，以迎接发展的挑战，扭转非洲在全球经济、政治中的边缘化地位，并声称 21 世纪是非洲的世纪。这些措施包括建立非洲联盟（African Union，AU），实施在非洲联盟主导下的战略计划——“非洲发展新伙伴计划”（New Partnership for African Development，NEPAD）。

4.《非盟章程法案》第 3 条确立了其发展的主要目标，创造必要的条件，使非洲在全球经济中发挥其应有的作用，促进经济、社会和文化的可持续发展，实现非洲经济一体化。提高非洲人民的生活水平，加强在各个领域的合作。发达国家和部分新兴大国的发展经验表明，要在全球经济中发挥建设性作用，实现可持续发展，提高人民生活水平，没有良好的工业基础是行不通的。非洲需要加速工业发展和实现经济发展多元化，只有这样才能应对发展的挑战，实现千年发展目标，以及非盟制定的社会经济目标。

5.《非洲加速工业发展行动计划》指出了非洲低工业化发展的深层次原因，并勾勒出了发展工业化的基本框架。这需要非洲吸取过去工业化的教训。非洲大陆有相当丰富的自然资源，特别是农业资源。非洲近年来制定了一系列举措，旨在促进工业发展。该行动计划听取了各方面的建议，包括非盟和联合国工业发展组织联合举办的专家会议的经验总结，非洲各个区域经济共同体、私营部门和其他利益相关者的政策和策略建议，以及来自各会员国的行业专家的建议。

二、非洲加速工业化发展的优先领域

6. 非洲需要在国家、区域、大陆和国际层面加强合作，促进非洲工业发展。其中，关键事项主要措施包括：（1）产品和出口多元化政策，自然资源的管理和开发；（2）基础设施发展；（3）人力资本开发、科技创新和可持续发展；（4）行业标准的制定以及准入；（5）法律、制度和监管框架的制定；

（6）工业发展的资源调动。在上述领域优先开展和实施促进非洲工业发展的活动和措施。

7. 非洲拥有极其丰富的自然资源，包括许多工业矿藏和农业资源。尽管其资源丰富，但是非洲仍然很贫穷。因为非洲主要出口初级产品，很少或没有本地附加值和深加工产品，本地投入也极少。一些资源丰富的非洲国家过度依赖初级产品，这在全球市场分工中暴露了其弊端，商品贸易的繁荣和萧条是有周期性规律的。非洲丰富的自然资源只为其他国家/地区的工业增长和经济繁荣增添了动力，而非洲大陆的贫困形势依然严峻，其经济结构不合理，严重依赖两个初级部门：采矿业和农业。

非洲经济发展面临的挑战在于，如何从资源依赖型经济向动态的、多元化的工业经济转变。非洲大陆自然资源丰富，为其加速工业化发展奠定了良好的基础。必须出台和实施相关的政策和措施，通过自然资源的开采，以最大限度地提高相关收入，同时，加大工业发展的投资，并增加本地加工和自然资源的附加值，增加生产的本地投入，在全球价值产业链中非洲企业应该加强联合、抵御风险。

8. 基础设施投资（交通、通信、能源、水资源等）是提高非洲工业发展能力的关键。非洲缺乏基本的基础设施。例如，促进工业增长的电力设施严重不足，在非洲部分农村地区，电气化比率低至 1%。据估计，按照目前的能源供应趋势，这将需要几十年才能满足非洲的电力发展需要。当前，非洲大陆不能利用其自然资源的比较优势，为工业发展奠定基石，没有足够的能源和其他基础设施，不能将比较优势转化为竞争力。工业产品（消费品，中间产品和资本，低、中、高技术）的竞争力依赖于有效的基础设施支撑。在非洲加速工业发展行动计划中，必须高度重视基础设施建设，从国家、区域和大陆层面加快发展基础设施建设。

9. 非洲工业发展也必须与人力资源能力建设相协调：增加在健康、教育和培训方面的投资。在目前以知识为基础的全球经济中，工业化的发展来自于科学、技术和创新的驱动。开发、获取、升级和转变技术的能力是在全球市场上进行有效竞争的关键因素。非洲加速工业化必须有一个坚实的技术基础作为保障。因此，非洲国家必须制定方案和政策，提升科学技术和创新能力。科学技术的发展和创新，能够确保提高非洲工业品的生产力和竞争力。在这方面，大学、研发机构和第三产业三者之间需要加强互动，这是提高非洲工业能力和商业化水平的关键。同时，要提高创业技能，促进更高质量的人才在非洲工业部门的合理使用。加强人力资源能力建设是全球制造业的重要特征，非洲国家已从制造业外包与外化中受益。必须通过有效的实施要素才能取得成功。在这方面，企业必须居于非洲工业战略的核心。然而，政府必须与所有其他利益相关者尤其是私营部门加强磋商，引领行动计划的实施。由于在企业管理层面缺乏优秀的人力资源，这构成了非洲工业和经济发展的主要障碍，人力资源开发专项的重点应放在对公司管理者的培训上，通过提供高质量的培训，强化人才培养的力度。

10. 在全球化的世界中，标准化和精确化是工业发展成功的关键因素之一。符合国际标准和规范的能力是全球竞争力的关键要素。提高、认证和确保工业产品的质量和标准的能力建设是融入全球市场、实现工业化可持续发展的重要优势。非洲国家无法满足发达国家设定的卫生、植物检疫和技术标准，这是一项障碍，不利于加工品和制成品的市场准入。参与国际行业标准制定也是促进非洲工业发展的重要因素。非洲市场出现不符合标准而又廉价的制成品的倾销有时会导致当地产业的崩溃，这是非洲工业发展的一个重要瓶颈。标准能力建设，不仅要提高产品质量，增加非洲产品向发达国家市场准入的机会，而且要阻止不符合标准的有害的产品涌入非洲市场。

11. 在国家、区域和大陆层面建立工业相关政策、制度和监管框架也是《非洲加速工业发展行动计划》的关键因素。这些制度措施将为国、内外私营部门发挥其在工业化过程中的预期作用创造良好环境。投资是投资者的行为。为了吸引投资，必须建立相应机制，为非洲工业提供鼓励和支持服务，为发展建立技术基地，吸收、扩散和适应技术，降低商业成本。

12. 融资是促进非洲工业发展的另一个关键问题。目前，在快速增长的全球投资流动中，非洲吸引的投资微乎其微。非洲吸收的优先投资的大部分则被用于在少数国家开采资源。要使非洲成为吸引国内外投资场所，要建立和加强金融和市场机构，就必须高度遵循《非洲加速工业发展行动计划》。必须先在非洲内部调动工业发展的资金。这需要扩大资金来源，如养老基金、散居海外的非洲人的汇款、税制改革收入。

三、促进非洲工业发展的具体行动和措施

13. 加速非洲的工业化进程，需要在国家、区域、大陆和国际层面采取具体的措施和行动。在加强与私营部门和民间组织的合作中，各国政府应当在会员国中率先制定和实施相关活动。在区域层面，区域经济共同体应充当促进工业化的主要推动力量；在非洲大陆层面，在联合国非洲经济委员会和非洲开发银行支持下的非洲联盟及其战略框架《非洲发展新伙伴计划》充当同样的角色。在国际层面，非洲工业发展也需要联合国工业发展组织、世界银行和世界贸易组织等国际组织和非洲发展伙伴的支持。推动非洲工业发展的具体措施和方法包括：

在国家层面的行动

● 提高良好的政治、经济和企业治理能力：参与和实施《非洲发展新伙伴》的非洲互查机制（African Peer Review Mechanism，APRM），保持宏观经济稳定、民主管理、法治以及更高层次的透明度和问责制。

● 建立、强化和维持有利于投资的、有效支持工业的政策和体制环境：（1）工业发展与投资促进机构；（2）投资促进战略，特别是基于投资者预期和行为的信息制定的战略，如联合国工业发展组织实施的非洲投资促进机构网络；（3）标准、质量控制、保证和认证机构；（4）科研机构、大学、政府和私营部门、民间组织之间的磋商、合作机制；（5）小规模工业和乡村工业发展机构；（6）贸易和投资政策去除官僚化、去除行政障碍；（7）简化商业法；（8）工业结构调整和维护，帮助企业达到国际标准准入。

● 使工业化成为国家发展战略的主体。

● 将工业化纳入国家发展政策方面，特别是减贫战略。

● 优先制定工业政策的开发和实施，最大限度地利用当地的生产能力和投入，增加产品附加值，资源丰富的国家优先开展本地化进程。促进小规模农村产业的发展，包括与其他经济部门高度关联的、有潜力的能够创造就业机会的非正规部门、涵盖中间产品和资本货物行业等领域。

● 改进投资和矿业准则，支持矿产资源的本地加工。

● 矿产资源丰富的国家，其商品收入的一部分投资于经济多元化和工业发展。

● 主要私营部门的发展纳入国家发展战略。

● 加强基础设施投资，在基础设施建设中强化公私合作伙伴关系。

● 至少将国家预算的 5%或者 GDP 的 1%投入到研究和开发。

● 建立和加强技术发展和适应中心。

● 促进现有技术的升级，提高工业的生产力和竞争力。

● 加强人力资本投资，特别是在技术教育、科学技术、研发和创业发展方面。

● 在企业建立培养技术、管理和财务人员的机制。

● 吸引在科学和技术领域有突出贡献的非洲侨民专家回国，促进民族工业的发展。

● 强化行业、国家和区域科学研究机构以及技术中心之间的合作关系。

● 支持初创企业利用国家和区域中心的研发成果。

● 为商品、服务、劳动力、资本和技术在区域内的流动提供便利，以及在区域市场支持跨境工业企业发挥潜在的经济规模优势。

● 提高企业的社会责任。

● 最大限度的发挥非洲与外部国家合作的优势，特别是南方的新兴工业国家和新兴经济体，加快技术的开发和转让，在非洲建立合资企业，为非洲生产的产品提供更广阔的市场准入。

● 建立和加强资本和金融市场（包括创新金融中介），改进企业融资，特别是针对小规模企业和农村企业。

● 提高贸易和工业能力建设以及同外界进行谈判的能力。

● 技术转让政策规范化，提高当地产品的附加值。

● 实施各项研究计划，包括工业调查、价值链分析，为各工业部门的整合做好充分准备。

在区域层面的行动

● 促进地区稳定与安全。

● 加快实施《非洲发展新伙伴计划》中的基础设施项目，提高生产能力，实现区域内和跨区域的联合。

● 以非洲发展新伙伴计划的“空间发展倡议”（Spatial Development Initiative，SDI）为基础，发展和实施区域产业战略和潜在经济走廊，这涉及大规模经济的提升，各部门和相互关联的基础设施以及重工业的投资，充分利用区域内自然资源优势。

● 实施《非洲发展新伙伴计划》的工业发展内容，即“非洲生产能力举措”（African Productive Capacity Initiative，APCI）。

● 为联合跨境工业企业以及在价值链框架内的区域内部贸易提供便利。

● 为区域基础设施和重工业发展调动资源；建立基础设施和重工业工业发展基金。

● 建立和加强区域内商业和工业协会。

● 强化区域产业互补性，建立上下游企业的联系。

● 促进区域金融和资本市场的发展。

● 保持和升级现有的区域技术中心。

● 调动非洲散居在海外的科学和技术力量，加强科技设计、创新和适应能力建设。

● 促进产业技术经验的交流。

● 通过建立卓越的科学和技术区域中心，填补区域科技发展和基础设施建设之间的鸿沟，在一些非洲工业化的主要领域（如生物燃料和其他可再生能源，以及以自然资源加工为主的工业能源效率，设备和机械，改善中小企业竞争力等），加快科学发现、知识生产、技术开发和创新。

● 建立和加强区域中心和实验室设施，为标准制定、质量控制、保证和认证，以协助非洲产品适应技术法规和国际标准，以及防止不符合标准的和危险产品在区域市场上的倾销。

● 协助会员国提高技术和能力，以便掌握新技术。

● 在区域内支持建立技术孵化器，科技园区和较规范的活动。

● 建立清洁生产中心。

● 建立区域竞争力评估和劳动就业平台。

● 促进技术信息中心的发展。

● 国家工业政策的协调统一。

● 投资准则的协调统一。

在大陆层面的行动

● 区域工业政策和战略的协调。

● 强化区域工业创新体系。

● 促进非洲投资和矿业准则的完善。

● 非洲商业和投资法律的协调统一。

● 支持建立卓越的科学和技术以及技术转移区域中心。

● 建立和加强跨区域标准组织以及促进标准的统一。

● 为非洲工业发展建立关键的数据库/电子平台（如自然资源，科学技术，基于自然资源基础之上的现代工业应用科学技术）。

● 通过一项“非洲科技创新计划”（African Technology Innovation Initiative，ATII），其中包括：（1）非洲设计中心网络；（2）非洲检测和认证中心网络；（3）商业支持服务中心的网络；（4）非洲环境安全协调中心网络；（5）非洲技术转让中心/高校创新中心网络。

● 定期审议非洲工业化国家和区域组织的工业化指标，每两年一次。

● 编制非洲年度工业竞争力报告。

● 调动国际技术和财政支持，推动非洲工业发展行动计划实施。

● 发展和完善非洲同北方传统大国和南方新兴大国之间的伙伴关系，加速非洲工业发展。

● 促进知识产权作为产业发展的工具。

● 建立基于联合国工发组织和其他调查基础之上的非洲供应商和分包商网络。

● 快速追踪非洲投资银行的建立和运作。

● 支持基于联合国工发组织和其他调查基础之上的非洲投资平台的发展。

在国际层面的行动

● 需要技术和资金支持，加强工业生产能力建设，消除非洲工业发展的制约因素。

● 为国内公司提供投资激励和其他协助，促进联合工业企业的发展，加快非洲内部自然资源密集型企业以及非洲产品外包型企业的发展进程。

● 通过国际协助，促使非洲技术转移，提高技术的获取、消化、吸收、适应、学习和创新能力。

● 增强非洲制造业产品及相关服务的市场准入，特别是通过南南合作，在研究、技术转移和促进投资等方面强化合作。

● 参与“世界贸易组织”（World Trade Organization，WTO）和“经济伙伴关系协定”（Economic Partnership Agreements，EPA）国际多边贸易谈判，将工业发展作为非洲发展的优先选择。

● 动员国际社会支持行动计划。

四、后续机制

14. 加速非洲工业化进程，需要成员国坚实承诺、加强在区域和大陆层面的合作，以及非洲发展伙伴为有效实施《行动计划》提供的支持。

15. 为了贯彻《行动计划》中的原则，必须在国家、区域、大陆和国际层面制定相关实施措施和方案。为了制定包含时间、预算和参与者身份的实施计划，要组织包含私营部门和民间组织在内的国家和区域会议。

16. 在每个区域建立在可持续工业发展和工业多元化问题上代表国家元首和政府首脑的高层小组，把其作为监督《行动计划》实施进程的基本机制，每两年向非盟首脑会议进行报告。

非洲加速工业发展行动计划实施策略

——非洲工业部长第十八届会议

2008年10月　南非

黄玉沛　译

提要

"这是非洲的转变"

如果没有强大的工业部门的快速发展，世界上没有一个国家或地区能够实现社会经济繁荣和人民生活水平的提高。

在本世纪，非洲有望成为工业化的大陆，非洲领导人决心抓住新机遇，将促进工业发展作为实现经济转型与可持续发展的有效途径。

非洲国家首脑会议和例会通过一系列宣言，声明要实现上述目标。非洲联盟（Africa Union）于2008年1月在埃塞俄比亚首都亚的斯亚贝巴举行了第10届政府首脑大会，会议专门讨论了非洲工业化这一主题。大会的这一主题表明，非洲国家开始把工业发展摆在高度优先发展的地位，这也是提高商品的高附加值的持续动力。大家一致认为："这是非洲的转变。"

在本届大会上，国家元首和政府首脑通过了《非洲加速工业发展行动计划》（*Action Plan for Accelerated Industrial Development of Africa*，AIDA）。在此计划下，非洲联盟委员会（African Union Commission，AUC）将与各个利益相关者合作，制定业务重点、计划和项目，进一步协助该计划实施。各个国家元首和政府首脑还要求非洲联盟委员会紧急召开非洲工业部长会议（Conference of African Ministers of Industry，CAMI），各工业利益相关者参与会议，考虑制定实施该计划的优先事项。因此，2008 年 4 月 12 日，在埃及首都开罗召开了“第一次工业利益相关者会议”，这份文件是这次会议审议和通过的纲领性文件。

“现在正是时候”

尽管很多非洲国家已经经历了前所未有的经济增长，这得益于“商品繁荣”，以及良好的经济治理。然而，制约非洲宏观经济发展稳定的因素仍然存在。这可能归因于一些供应方面的制约因素：缺乏必要的工业容量和能力、创业精神和体制支持不足、能源和基础设施瓶颈、绝大多数非洲人购买力低、公共部门总需求较低。

供应方面的制约因素已经是非洲工业发展长期存在的问题，因此需要创造有利和连贯的政策环境。关键是需要提高技能培训、提高生产力、扩大投资、提供基础设施和交通设施、优化企业运营、实施技术转移、降低企业经营成本、引入适当的行业标准、提高产品的国际市场竞争力。供应方面的制约因素在制造业以外的部门也存在：农业部门的发展滞后，原料的供应不足或不对称，这些因素都制约了工业生产以及工业品国际竞争力的提高。这反过来又制约了以农产品加工业为基础的制造业的发展。

虽然存在的问题依然很严重，但是该文件指出，它们都不是不可逾越的：全球经济及其工业价值链日益多元化，发展中国家工业发展不断焕发活力，非洲工业发展具备诸多良机。最重要的是，各个区域经济共同体加强合作，在大陆层面采取果断行动，提高非洲当地的工业能力。

有什么可以做?

在《非洲加速工业发展行动计划》的引领下，确定了七个优先发展的领域，该文件提供了一个“实施策略”的集群方案：1.工业政策和体制方向；

2.提高生产力和贸易能力；3.促进基础设施建设和能源的开发；4.工业领域的人力资源开发；5.工业创新体系、研发和技术开发；6.融资和资源调动；7.可持续发展。

第 1 组　有效的工业治理是非洲成功的一个先决条件。该行动计划的实施策略解决了如何在国家、区域和大陆层面形成一个重点突出、条理有序的适合非洲本土发展的工业政策框架。

第 2 组　在世界经济竞争激烈的背景下，为了能够实现非洲融入全球工业价值链，该项实施策略意在解决如何实现经济升级，提高产品质量，提升贸易能力。

第 3 组　非洲社会经济的制约因素并非不可克服。该项实施策略解决了如何创建一个对基础设施和能源需求的动态机制，确保实现有效的管理和维护。

第 4 组　人民的创造力和生产力是在非洲努力实现工业化成功的一个重要组成部分。该实施策略解决了技能短缺问题，以及对工业增长的关键领域如何实现人才培养进行了有效回应。

第 5 组　技术、创新和创新能力是全球经济所“必需”的选项。实施策略重点突出创新体系，加强工业发展所必需的知识开发。

第 6 组　如何有效调动、使用和分配财政资金，这是发展工业化的优先事项。实施策略解决了如何创造一个有利的金融体系，通过投资于工业发展的内部和外部资源来解决。

第 7 组　非洲大陆丰富的自然禀赋是工业化长期发展的动力源泉。实施策略解决了如何创建一个可持续发展的框架来保证工业化的顺利实施。

为了推进该行动计划的成功实施，文件共出台 16 个方案、49 个项目。

当务之急和优先顺序

该文件划分的项目包括近期项目、中期项目和长期项目。这是按照逻辑顺序和资源调动的可行性来制定的。

其中，有 21 个近期项目、17 个中期项目和 11 个长期项目。这从下面的表中可以看出，一些近期的项目现在已经开始实施，但是要想实现经济增长，还必须立足长远规划。

项目优先级和顺序表

Pr：方案（Programme）
P：项目（Project）

集群方案	近　期	中　期	长　期
1. 工业政策和体制方向	1. 制定具体国家的工业政策和战略方向。(Pr1，P1) 2. 加强制度支持服务，促进工业发展。(Pr1，P3) 为工业政策管理提供能力建设和技术援助。(Pr2，P1) 3. 致力于工业数据采集与监控的能力建设和技术援助。(Pr2，P1)	1. 为创造工业互补性的有利环境，重新制定区域管理框架。(Pr1，P2)	
2. 提高生产力和贸易能力	4. 优先发展的工业部门的诊断和分析。(Pr1，P1) 5. 提升供应方能力和提高竞争力。(Pr1，P2) 6. 企业和商业孵化机构的发展。(Pr2，P1)	2. 建立和升级技术支持机构。 3. 提供技术援助，以满足国际标准和技术法规要求。(Pr3，P1) 4. 制定区域框架，以协调质量活动。(Pr3，P2)	
3. 促进基础设施建设和能源的开发	7. 制定有利的政策，监管框架和更新可再生能源资源图谱。(Pr2，P1) 8. 对非洲联盟“基础设施优先”做出积极回应。(Pr1，P1)	6. 扩大可再生能源项目，创新融资和能力建设。(Pr2，P2) 7. 促进非洲可持续生物燃料工业的发展。(Pr3，P1) 8. 促进非洲工业能源效率的提高。(Pr4，P1)	

（续表）

集群方案	近　　期	中　　期	长　　期
4. 工业领域的人力资源开发	7. 对与工业相关的技能差距进行诊断分析。（Pr1，P1） 8. 改造/建立工业和技能发展机构。（Pr1，P2） 9. 强化技能转移和保留策略。（Pr2，P1）	9. 提高劳动力的“非正式技能”。（Pr1，P4）	1. 工业带动技能开发。（Pr1，P3） 2. 建立或加强专门的区域培训中心。（Pr2，P2）
5. 工业创新体系，研发和技术开发	10. 在非洲大学建立创新大学委员会。（Pr1，P1） 11. 建立区域技术转移和扩散中心。（Pr1，P2） 12. 建立科技孵化机构。（Pr1，P4） 13. 实施非洲科技创新计划。（Pr2，P1）	10. 建立区域技术展望中心。（Pr1，P3） 11. 促进南南合作，充分利用生物多样性和现有的商业化研究成果。（Pr1，P5） 12. 强化 FDI 技术溢出对国内创新能力的作用。（Pr2，P3）	3. 在企业层面建立财政和非财政激励机制，鼓励研发和非研发的创新。（Pr2，P2）
6. 融资和资源调动	12. 重新搞活金融机构（开发金融机构和区域机构）。（Pr1，P3） 13. 改善政策和商业环境，以吸引侨民资源。（Pr4，P1） 14. 吸纳信贷和私人资金。（Pr1，P1） 15. 巩固非洲工业发展基金。（Pr2，P1） 16. 开发有银行担保的投资组合项目。（Pr2，P3） 17. 提高国内能力，以监督和促进外资进入优先发展的子行业。（Pr3，P2）	13. 吸引外商直接投资。（Pr3，P1） 14. 建立国际供货基准和合作伙伴交流网络。（Pr3，P3） 15. 建立海外侨民投资基金。（Pr4，P2）	5. 便利区域和国家间的股票市场。（Pr1，P2） 6. 为工业化建立国家主权财富基金。（Pr1，P4） 7. 巩固区域投资基金。（Pr2，P2） 8. 建立海外投资者网络，促进海外侨民投资和交流。（Pr4，P3）

（续表）

集群方案	近　　期	中　　期	长　　期
7. 可持续发展	16. 广泛治理框架下的一体化可持续发展。（Pr1，P1） 17. 建立或加强国家清洁生产服务供应商/中心的泛非网络。（Pr2，P1） 18. 建立符合国际环境保护的标准与法规。（Pr3，P3） 19. 保护（生态效率）和可持续利用资源。（Pr3，P1）	16. 最大限度地减少环境恶化（环境压力）和加强废物管理。（Pr3，P2） 17. 促进采掘过程中本地化和选矿优先。（Pr1，P2） 18. 为下一个“企业社会责任”议程建立区域网络。（Pr1，P3）	9. 以专题和部门倡议的形式加强“清洁和资源高效生产品”。（Pr2，P2） 10. 在政策和财政上支持“清洁和资源高效生产品”的巩固。（Pr2，P3）

引言

在本世纪，非洲有望成为工业化的大陆，非洲领导人决心抓住新机遇，将促进工业发展作为实现经济转型与可持续发展的有效途径。

非洲国家首脑会议和例会通过一系列宣言，声明要实现上述目标。非洲联盟（Africa Union）于 2008 年 1 月在埃塞俄比亚首都亚的斯亚贝巴举行了第 10 届政府首脑大会，会议专门讨论了非洲工业化这一主题。大会的这一主题表明，非洲国家开始把工业发展摆在高度优先发展的地位，这也是提高商品的高附加值的持续动力。大家一致认为：“这是非洲的转变。”

在本届大会上，国家元首和政府首脑通过了《非洲加速工业发展行动计划》（Action Plan for Accelerated Industrial Development of Africa，AIDA）。在此《计划》下，非洲联盟委员会（African Union Commission，AUC）将与各个利益相关者合作，制定业务重点、计划和项目，进一步协助该计划实施。各个国家元首和政府首脑还要求非洲联盟委员会紧急召开非洲工业部长会议（Conference of African Ministers of Industry，CAMI），各工业利益相关者参与会议，考虑制定实施该计划的优先事项。因此，2008 年 4 月 12 日，在埃及首都开罗召开了“第一次工业利益相关者会议”，这份文件是这次会议审议和通过的纲领性文件。

出席会议的利益相关者包括非洲工业部长会议主席团成员：非洲开发银行、非洲联盟、东南非共同市场、欧洲投资银行、非洲发展新伙伴计划、南部非洲发展共同体、联合国非洲经济委员会、联合国工业发展组织和世界银行。

本次会议确定了行动计划的实施框架，在以下七个方面达成了共识：

集群方案 1　工业政策和体制方向；

集群方案 2　提高生产力和贸易能力；

集群方案 3　促进基础设施建设和能源开发；

集群方案 4　工业领域的人力资源开发；

集群方案 5　工业创新体系、研发和技术开发；

集群方案 6　融资和资源调动；

集群方案 7　可持续发展。

本文阐明了该行动计划的实施策略，专注于将上述七个集群方案转化成为以行动为导向的具体方案、项目和活动，以此来促进非洲工业增长和结构性调整，推动非洲工业在区域层面、大陆层面和国际经济层面的整合。

该文件的结构如下：背景部分回顾了非洲工业化过程中面临的挑战和机会、全球承诺和谈判、治理的改善以及用于识别和开发的集群方案、项目和活动的目标和原则。行动计划包括七大集群方案，下面是具体的项目和活动。

背景

A

A.1　非洲工业发展的挑战和机遇

近年来，许多非洲国家经济发展速度增快，工业增长取得显著成就，这主要得益于初级商品市场的繁荣。非洲仍需要更高的增长率，以实现2015年即将到期的联合国千年发展目标（MDGs）。非洲今天面临的首要挑战，是如何通过工业发展促使大部分人口摆脱贫困。为了保持经济的快速增长，这需要提高工业生产能力，将非洲的资源比较优势转化为竞争优势，通过各个生产活动部门之间的良性互动，在更广泛的领域保持经济增长。

非洲在决定将注意力关注到工业发展这一主题时，必须考虑到这样一个事实，即非洲大陆是世界上最不发达的制造业地区，只有少数几个撒哈拉以南非洲国家工业化水平较高，这些国家的制造部门产值占国内生产总值（GDP）的20%以上。但是非洲国家结构调整是缓慢的，大多数国家的制造业增长速度相对于国内生产总值的增长有所减缓。然而，更多的非洲国家比以往任何时候都认识到工业发展的重要性，逐步跨越工业发展的障碍，工业增长速度加快，甚至超过了GDP的增长速度。撒哈拉以南非洲地区制造业附加值占国内生产总值的比率从2000年的13.7%缓慢增加到2006年的14.3%。①

为了实现繁荣，非洲需要采取措施，抓住全球化工业生产带来的新机遇。新兴工业化国家特别是亚洲国家的经验表明，工业化与经济增长和繁荣之间存在密切联系。那些迅速工业化的国家，特别是东亚，它们受益于全球化的成果，向实现联合国千年发展目标快速迈进。尽管非洲有充足的自然资源，非洲并没有从以资源为基础——特别是矿业为主——的开发中获得潜在的好处。其中，一个关键的战略重点是巩固南南合作，加强与日本、印度和中国更密切的合作。

工业及其相关的服务业，是扩大经济规模、保证经济增长、提供创业培育空间、激发技术活力、提高生产力、创造就业、提升农业水平和提高产量，以及增加农业资源附加值的重要途径。

A.2 克服制约因素

近十年来，大多数非洲国家已经制定了健全的宏观经济政策，取得了显

① 除非另有说明，本文所指的工业仅指制造业部门，数据来源UNIDO's Data Base for World Industrialization，2006。

著的发展。许多国家不仅经历了连续几年较高的经济增长，而且政策环境明显改善。然而，微观经济对宏观经济的反应继续疲弱。尽管取得许多成就，增长的质量和程度，以及经济、社会和环境可持续发展都是许多非洲国家政府关心的重点。毫无疑问，保持宏观经济的稳定与提高微观经济效率，这些任务是非洲面临的巨大挑战。

A.2.1　工业发展供应方面的制约因素

工业供应疲软与数年来宏观经济的稳定，在很大程度上归因于供应方面的制约因素：缺乏必要的工业容量和能力，缺乏企业和制度支持，能源和基础设施瓶颈，以及需求约束因素，包括大部分人口的购买力水平低，公共部门的总需求低。

供应方面的制约因素已经是非洲工业发展长期存在的问题，因此需要创造有利和连贯的政策环境。关键是需要提高技能培训、提高生产力、扩大投资、提供基础设施和交通设施、优化企业运营、实施技术转移、降低企业经营成本、引入适当的行业标准、提高产品的国际市场竞争力。供应方面的制约因素在制造业以外的部门也存在：农业部门的发展滞后，原料的供应不足或不对称，这些因素都制约了工业生产以及工业品国际竞争力的提高。这反过来又制约了以农产品加工业为基础的制造业的发展。

然而，非洲也存在可以克服上述制约因素的难得机遇。全球经济一体化和结构变化的加速给非洲国家提供了更多的机会，非洲国家可以促使经济多元化，加快融入区域、大陆和国际各个层面的经济活动。非洲可以抓住全球生产、贸易和投资的新机遇，同时也能更好地获取知识，现代技术和开发新市场从中获益。这就需要更有效的工业战略、政策和协调机构。在不断变化的全球工业经济中，非洲国家正面临更复杂的挑战和更重要的战略选择，从而加快经济和工业的发展。非洲作为工业发展的后来者和竞争者，在全球工业市场中会面临来自新兴工业强国——中国、印度、巴西和其他国家——的挑战，但是非洲国家仍然可以将新兴国家作为重要的南南合作伙伴。

作为工业化的新来者，毫无疑问仍然有可挖掘的空间。在新兴经济体工资上涨和产业转移的背景下，对非洲而言，新的工业发展机会正在出现。世界工业版图在不断变化，价值链从产品到任务也在转变，如部件和组装，似乎也预示着非洲工业化努力的方向。发展中国家将成为加速世界经济增长的主要驱动力量，其占全球产量的比重从现在的大约五分之一预计在 2030 年会接近三分之一，而其占全球购买力的比重将超过一半以上。①劳动力市场的日益全球化体现在快速增长的海外汇款，其中撒哈拉以南非洲地区 2005 年达 90 亿美元，而到 2007 年增加到 11 亿美元。②海外散居的非洲人数量越来越多，他们是支持非洲工业发展的关键力量，不仅是基于海外汇款，而且在体现在他们在国际社会的竞争力以及带来的科学技术、隐性知识和经验。

非洲企业有广阔的空间融入全球价值链，例如吸引外商直接投资（FDI）开发非洲自然资源，而不是根据特惠贸易制度被迫参与资源型加工价值链的初始阶段。非洲可以快速参与发展中国家包括中国、印度和其他新兴经济体的市场。通过南南合作提高工业、贸易和减贫能力，充分利用新兴经济体的资金、技术和市场，加快非洲的工业化。

此外，还有进一步可以挖掘的空间，重视加强人力资源和技术能力，实现以社区为基础的互帮互助，这些都能可持续地改善人民生活水平。南南合作在非洲加速工业发展中发挥了重要作用，它为非洲产品在发展中国家价值链中提供了市场机会。这就需要必要的优惠贸易协定，保证合适的产品和质量，通过协商合作在发展中国家内部削减较高的关税。

A.2.2　非洲加快区域工业一体化，专注于基础设施、能源和市场

总之，有充分的理由认为，必须实现非洲区域工业一体化，以此作为推动非洲成功的关键。以工业政策作为主导，加强区域机构合作将是至关重要的。充分利用国内和外部资源，尤其是加强对基础设施建设的利用——道路、机场、港口，高效的信息通信技术连接起整个地区——是至关重要的。非洲侨民的投资、主权财富基金、外商直接投资和非洲的新兴资本市场，这些方面可以引导非洲工业区的投资项目。伴随着非洲区域一体化态度的转

① World Bank（2008）World Bank（2007a），*Global Economic Prospects*，*Managing the Next Wave of Globalization*，Washington DC.

② From Unido Data-Bases on Financial Flows.

变，这会促使非洲工业企业家之间加强工业合作。这将使非洲工业从规模经济、专业化、次区域工业集群中获益。高效的生产需要有必要的基础设施，连贯的政策环境、制度支持，以及在出口加工和工业区相关的生产设施的支撑。2009 年 1 月举行的第 12 届非洲联盟首脑会议将聚焦基础设施建设，非洲联盟、区域经济共同体和非洲国家发挥助推作用，创造先决条件和挖掘现有条件，保证基础设施建设的顺利进行。

A.2.3　非洲加速工业发展：全球承诺谈判的影响

此外，还有更多是未完成的，这需要国际承诺谈判：除了官方发展援助（ODA）之外，还将涉及非洲/加勒比和太平洋协议；中国承诺的友好基础设施；最重要的是 G8 峰会基于相关问题的承诺，从 2005 年的格伦伊格尔斯，到 2006 年的圣彼得堡，再到 2007 年的海利根达姆，以及 2008 年的北海道。如果这些承诺能够以有效的方式展开，那么非洲的能力建设将会得到显著增强，将会以快速的发展模式呈现给世界。

非洲需要捐助者的援助，特别是在工业发展的基本要素方面：（1）提高供应能力以抓住工业发展的新机遇，特别是通过贸易能力建设，改善基础设施以及加强能源供应；（2）加强工业人力技能培训，提高其所需要的能力和实力；（3）提高工业能力，挖掘新的工业增长点，以实现联合国千年发展目标；（4）创造必要的先决条件，促使非洲企业融入全球价值链；（5）加强工业问题的经济分析，明确哪些是重点发展的工业领域，加强讨论和谈判；（6）将联合国官方发展援助与贸易能力建设相结合，建立基准指标，使官方发展援助能够有效地用于提高微观经济效率；（7）加强非洲联盟集体谈判能力，发挥其在贸易问题与援助的比较优势，将工业供应转化为新的工业机会。非洲联盟在上述领域谈判能力的加强，是非洲加速工业发展的关键。

A.3　对提高治理水平充满信心

近年来，许多非洲国家政治环境得到很大改善。尽管一些非洲国家仍然存在严重问题，但是有效治理、政策环境的优化、宏观经济发展稳定、国家冲突的减少是许多非洲国家经济增长较快、政治和安全稳定的主要原因。良好的政治和经济治理是一个必要条件，但不是非洲工业成功的充分条件。

非洲加速工业发展计划的出台是有效治理和合作的结果，并进一步显示了非洲联盟及其合作伙伴发展工业的决心。

非洲联盟出台了对非洲工业发展的愿景文件，各区域经济共同体（RECs）经济委员会召开专家小组会议，对工业发展的路线图予以肯定。西非国家经济共同体拟定了工业升级和现代化计划，东南非共同市场、南部非洲发展共同体、中部非洲国家经济共同体（ECCAS/SEMAC）和联合国工发组织支持《非洲生产能力举措》（APCI），这是在 2004 年 7 月份非洲联盟首脑会议通过的《非洲发展新伙伴计划》中的工业部分，是非洲大陆郑重的承诺，确立了明确的目标和标准以及战略重点，推动非洲工业发展。

非洲国家不仅政治环境有所改善，许多国家在工业发展中准备采取动态方式，加强公共和私营部门的合作，坚定决心培育中小企业，发展多种类型的工业，摆脱只依赖原材料、低附加值产品的出口为主要路径的工业发展模式。

B. 愿景、目标和原则

B.1　愿景和目标

（1）为了与非洲联盟的愿景保持一致，《非洲加速工业发展行动计划》实施目的是以制造业作为引擎，促进经济可持续增长、财富创造和全球一体化。更具体的目标是：通过开展工业增值活动促进经济多样化；创建一个有利的环境和体制框架，以促进私营部门等工业开发、区域经济合作和国际竞争；为了开展工业生产和贸易，提高供应方和需求方的能力。

（2）行动计划的具体方案和项目基于以下几个方面考虑：（a）提高生产能力，将比较优势转化为工业竞争优势；（b）在由商品转化为产品的过程中，便利高附加值产品的出口；（c）通过贸易联系和市场渗透，扩大产品市场的规模；（d）扩大全球和当地的价值链，创造就业机会和减少贫困；（e）发展中小型企业，加强其与大型企业的联系，抓住机会扩大工业规模；（f）制定行业标准、认证、质量和计量体系，促进与全球市场的有效融合；（g）加强公私合作，促进工业开发；（h）消除贸易和投资的官僚和行政阻碍。

B.2 原则和标准

建议的集群方案根据以下原则下将进一步制订、实施与指导。(a) 为集群方案制定具体的、可量化的指标，确定合理的时间节点和明确的步骤；(b) 为现有的国家、次区域和区域方案赋予新的价值内涵；(c) 建立明确的制度安排和目标群体，确保实施清晰度，具体由谁主导、负责和实施；(d) 确保非洲领导人、管理者和企业家广泛的参与；(e) 提高计划实施的灵活度，随着区域需要和条件变化做出相应调整；(f) 实施项目要与区域经济共同体以及其他利益相关者密切合作； (g) 对资源状况进行有效评估；(h) 发挥私营部门的带头作用；(i) 在地方、区域和国际各级层面，对正在开展的集群项目保证其实施的效度；(j) 每个部门和价值链集群方案下面确定有针对性的活动和项目；(k) 有效利用私营部门投资，最大限度地调动资源，在有需要的情况下协调公私部门成本、收益安排；(l) 创新资金和资源调动举措，扩大从散居海外侨民和主权财富基金的投资来源；(m) 建立适当的监督、报告和评价机制。

C. 轮廓和执行战略原则

以下集群方案、项目和活动目标旨在为行动计划提供途径，通过愿景、使命和原则方面的概述，迈出非洲大陆经济复兴的第一步。(a) 注意到有效的工业治理是非洲成功完成行动计划实施策略的一个先决条件，它聚焦如何在国家、区域和大陆层面，采取一致连贯的工业政策框架，重点突出，根据当地资源禀赋进行有效推进；(b) 注意到在竞争激烈的世界经济中，需要有效参与全球工业价值链，行动计划实施策略强调如何提高经济效益，提升工艺和产品质量，提高贸易能力；(c) 注意到非洲面临的困难并非无法克服，该行动计划实施策略解决了如何形成一个动态机制，回应基础设施和替代能源的需求，并保证有效的管理和维护；(d) 注意到人们的创造力和生产力是非洲努力实现工业化的重要组成部分，行动计划实施策略解决了技能短缺的难题，对在工业增长的关键领域如何强化人才的培养和技能提高进行了回应；（e）注意到技术、创新和创新能力在全球经济中是一种“必然”的选择，该行动计划实施策略解决了如何创建一个重点突出的创新体系，促进工业发展所必需的知识储备；（f）注意到了动员、调动和分配财政资源是提高工业化水平的一个优先选择，行动计划实施策略解决了如何创造一个有利的由内部和外部资源支持的金融体系，促进重点工业的发展；（g）注意到非洲大陆的生物多样性及其丰富的自然资源禀赋是工业化长期发展的重要内容，行动计划实施策略解决了如何创建一个可持续发展的框架，保证可持续的工业化。

集群方案 1　工业政策和体制方向

1.1　强化工业政策和实施框架

1.1.1　概述

需要重新审视工业政策这个问题，工业在发展中国家中的作用逐渐增强。直到 20 世纪 70 年代，民族国家的经济生活主要集中在社会领域：它们拥有工业资产，实施经济干预，直接开发，项目规划，减缓竞争压力提高效率。工业政策是政治优先的延伸。20 世纪 80 年代，非洲经济自由化、放松管制和私有制是主流，从政治角度维护市场机制，以提高竞争力和促进经济增长。而市场力量的作用发挥渐行渐远，工业政策和体制方向的作用越来越多的被政策制定者和工业利益相关者所认可。

在这方面，通过适当的政策手段和干预，纠正市场失灵的错误，加强正规和非正规经济部门之间的合作，国家已经重新成为动态增长源的推动者。

在重新审视工业政策时，各国政府越来越多地吸取了教训，它们从那些成功国家和充满活力的工业地区吸收经验，培育新的工业增长点，在日益全球化的世界中，注重在就业、技能、工资和环境等诸多方面加强对人的关注，因为商品价格的高涨和商品市场繁荣所驱动的经济增长并没有使数百万人摆脱贫困。然而，一个国家或地区内的经济部门之间相互依存的关系是明确的，工业与第一产业和第三产业之间的竞争相互联系。

在选择合作伙伴时，非洲联盟寻求建立一个基于工业政策的框架，以工业发展作为动力来源，实现非洲大陆的社会经济转型。完善的工业治理是一个先决条件，下面要实施的方案是从非洲国家层面（对于那些没有实行的国家，或者希望重新审视工业政策的国家）、区域层面和大陆层面来建立一致连贯的工业政策框架，计划重点突出，并结合当地的禀赋，国家和地区具体的特点和挑战来制定。

1.1.2 方案目标

该方案旨在加强非洲工业政策的制定和实施，突出人的视角，实现可持续的工业发展，它的重点是：（a）加强非洲工业决策和执行能力，以及和工业发展有关的组织机构，让它们拥有一个明确而有效的发展方向；（b）重新制定法律和监管框架，创造有利于生产活动的环境；（c）为了加快工业发展，强化制度支持服务；（d）建立一个政策框架，加强区域工业的互补性；（e）确定可衡量的指标，使非洲能够有效监督其取得的工业成果。例如，非洲占世界贸易的比重，非洲贸易的结构特别是制造业份额所占的比重，工业产品在国家和大陆国内生产总值的比重，工业对就业的贡献，以及工业在全球竞争力中所占的比例。

1.1.3 指示性的项目和行动

上述目标将通过具体项目的开发和实施来实现。要实施的集群项目将包括以下内容：

项目 1 引领具体国家的工业政策和战略方向

工业政策框架的范围必须包括一系列的相关政策指标，这涉及有利的经济和商业环境。尽管工业政策是一个通用的术语，它用来指示一些国家和地区涉及工业发展的所有机构，在这里我们将重点强化组织机构供应能力。这种政策将主要关注工业自身的具体方面，如子行业价值链的优先次序和援助网络，在具体的国家层面，重点关注对增加就业，提高中小型企业产品的附加值。

为了应对工业持续增长与社会经济积极外溢效应所带来的挑战，这要求政府机构采取适当的和全面的政策框架和战略方向。

该项目在国际环境中，从有利于价值链开发的角度出发，倡导提高附加值和发挥生产力增长的溢出效应，为增强出口竞争力提供清晰的指导。该政策框架将通过国家网络机构进行评审、检查和解决执行中遇到的困难和瓶颈。下面是将要建议实施的项目：（1）实施全面的基础研究，以确定关键政策指标，进而实施有效的宣传，确定制度方向；（2）对现行具体产品的工业政策进行研究，进而确定加工、设计和营销的最佳可行途径；国家应专注于国际价值链中的利基市场，以真正提高竞争力和增加专业知识；（3）为部门和具体产品政策确定主要轮廓和原则，以应对新的挑战；（4）确定关键的组织驱动力，确保实现成功；（5）对过去未能执行的政策，查明其原因（如缺乏政治意愿）。

项目 2　重新定位区域管理框架，保证有利的工业互补性环境

跨国家的协调监管需要依靠几点原则。监管政策的合理化将使非洲国家集中资源、共享固定成本和克服产能限制。

框架和配套制度机制的协调将促使每个国家稳定的监管政策更具可信度。此外，这种合作的可信度将极大的刺激投资流量的增加。此外，基于“最佳实践”区域准则的合法性，就会相应的避免“竞相压价”的成本。基于区域制度规范框架内的区域经济一体化进程的开展，将确保更好地治理和实现区域内贸易、商品、服务的目标，并加强区域工业的互补性。

需要应对的关键目标是：金融业一体化、基础设施法规、产品市场监管、竞争政策以及影响商业环境的行政规则，这主要是为了降低生产成本和经营成本。

在该项目下，将具体开展的活动包括：（1）法律和监管框架的规范与协调，并尽量减少官僚障碍，以促进工业发展的互补性，在资源优势和互补性方面发挥知识、技能、信息、技术和网络等方面的作用；（2）逐步完善法律和监管体系（尤其是市场准入和竞争政策），在具体部门和产品开发实施中促进价值链跨国界的开发；（3）通过培训和技术援助，加快国家监管机构的能力建设；（4）通过投资促进机构的合作，为特定外商直接投资建立一个定义明确的区域途径，以加强其对国内能力建设的影响；（5）在区域范围内实行适当的公私合作计划，对基本的和特殊的基础设施/支持企业和相关机构，实施可持续开发；（6）在区域层面，鼓励由信誉良好的区域和多边开发银行进行贷款担保，在区域规范框架内资助大型公共和私营部门的基础设施项目。

项目3　强化制度支持服务，促进工业和服务业发展

非洲大部分地区宏观经济稳定，改革和结构调整的措施和程度不同。然而，在许多非洲国家，工业供应对宏观经济稳定所带来的增长的反映仍然疲弱。框架内的竞争力仍然需要进一步的提高，这需要强化制度保障。不同国家和地区的发展经验表明，外部因素也就是起媒介作用的制度支持体系对提高企业的绩效具有重要作用。

该项目将原始的制度支持体系与相应企业的能力建设联系起来，同时也强调政策与方案的演变与落实。实际上，它们可以作为政府广泛执行政策的手段来发挥作用。本项目所设想的具体活动包括：（1）将公共与私营部门之间的对话制度化，以确保公共组织和工业之间的有效联系；（2）在公私合作模式下，采取适当的计划协助私营部门建立必要的社会机构（如测试和认证实验室，相关升级的服务设施）；（3）在公共机构政策实施中，将派专人担任协调员，在保证公共机构和企业之间实施有效互动，在建立有效的交互式框架中发挥作用；（4）建立或利用战略结对制度，确保从别人的最佳实践中学习经验。

1.1.4　制度安排的实施

各个项目设计和实施的体制机制将通过非洲联盟和区域经济共同体的“项目计划指导委员会”来统筹和监察具体实施。这个“项目计划指导委员会”或地区官僚机构包括各个地区经济共同体的秘书处，根据非洲工业部长会议统一安排，将公共部门和私营部门进行有效结合，在区域层面监督落实，以强化区域合作倡议。每个国家的“国家指导委员会”包括各有关政府部门、私营部门和相关支持机构，这将在国家层面负责监督落实。

1.2　工业政策管理的信息系统和数据库

1.2.1　概述

为了解决和纠正非洲面临的政策失误，实现高效的工业治理，适当的政策工具可能会被引入。反过来，这需要提高公共部门和工业利益相关者的能力和技能，加强工业政策工具的构思、制定、实施、监督和审计，确保能够对可持续发展和减贫带来重要影响。

建立一个有效、真实、可靠的工业数据库是分析工业发展趋势、制定相关政策的先决条件。在许多非洲国家，公共和私人机构参与了工业数据的采集和监控，但是各个参与体的数据收集方法不尽相同，不能为区域政策制定和实施提供合适的数据库。在非正式部门，相当多的企业分散，非洲工业环境堪忧，各个区域工业统计数据收集和整理面临困难。

1.2.2 项目目标

非洲大陆作为一个整体，需要强有力的政策执行者，以便能够确保每个国家的工业化计划符合国家的具体需求并有效地实施。此计划的目标是：(a) 加强公务员和工业利益相关者的适应能力和技能，确保进行有效的工业政策管理；(b) 分析各个部门之间的差异，并强调各个部门发挥各自合适和重要的作用，确保成功实施各项政策；(c) 强化各个部门的角色，发挥监督和审计的作用，促进工业发展方案和项目的有效实施；(d) 加强区域委员会和次区域委员会的能力，对工业政策进行有力回应；(e) 建立有效、可靠和真实的企业层面的数据库，评估各分部门工业实施情况。

1.2.3 实施的项目和行动

上述所设想的目标将通过具体项目的开发和实施来实现。在这样的背景下，实施的项目将包括以下：

项目 1　工业政策管理的能力建设和技术援助

该项目驱使政策制定者和利益相关者面对新的工业现实和新的增长动力源，并专注重新激发工业政策的角色，维持增长的动力源。采取适当的制度，促使国内和外国投资流入具体的项目，促进国际贸易产品的开发。通过外商直接投资的知识流，将国内制造业的能力建设和外国投资者适当的激励机制巧妙地结合起来。还需要提高特定要素（基础设施、电力和能源成本、劳动力技能、资本和投入等方面的准入与成本）的能力建设，以满足工业的特殊需求。

以下是将要建议开展实施的项目：（1）在知名大学和研究机构对公务员和利益相关者进行有关工业政策管理的项目培训；（2）加强利益相关者的互动，建立工业政策管理框架，确保其制定和实施；（3）政府代表和利益相关者选取充满活力的工业场所进行参观考察，准确理解有效的政策和实施框架；（4）建立一个尚缺的区域内部指导计划委员会，统筹政策指导方针；（5）加强非洲联盟成员国私营机构的能力建设，加强有依据的工业政策宣传。

项目 2　基于工业数据收集和监督的能力建设和技术援助

该项目将开发统一的理想的收集方法、编译选项，以及合适的（在必要时自定义）软件选项、数据分析工具、数据解释方法、在价值链竞争力背景下的宏观研究方法。该方案更具体的体现在：（a）以可靠的数据为基础，基于困难和前景可靠分析的有依据的政策宣传；（b）对微观经济进行评估，把握宏观经济政策环境，在各个分工业部门使用真实的企业层面的数据。

下面是将要建议开展实施的项目：

（1）建立工业数据基地，在非洲区域范围内与国际公认的规范接轨，加强这方面的能力建设；（2）设立非洲工业观察台（AIO），监督工业发展趋势和微观经济领域所取得的成就、制约因素和前景。加强国家层面的统计数据收集；（3）每半年编纂出版非洲工业报告（AIR），以此作为一种方式，确保利益相关者充分认识到不断变化的工业竞争力，并进行政策回应。

1.2.4　制度安排的实施

各个项目设计和实施的体制机制将通过非洲联盟和区域经济共同体的“项目计划指导委员会”来统筹和监控具体实施。这个“项目计划指导委员会”或地区官僚机构包括各个地区经济共同体的秘书处，根据非洲工业部长会议的统一安排，将公共部门和私营部门进行有效结合，在区域层面监督落实，以强化区域合作倡议。每个国家的“国家指导委员会”包括各有关政府部门、私营部门和相关支持机构，这将在国家层面负责监督落实。

集群方案 2　提高生产力和贸易能力

2.1　工业升级和现代化

2.1.1　概述

尽管世界市场不断呈现开放趋势，在发展方面更加强调多边贸易谈判，并专门向非洲国家提供一些优惠计划，所有这些计划为促进非洲贸易和工业的发展进步提供了充分的机会，但是，大多数非洲国家一直没有能从有效扩大的市场贸易中获得好处。

非洲国家经济和贸易发展的最大潜力，来自于制造业部门，实现当地原材料转化为半成品和成品的转型。非洲企业需要开发区域价值链，同全球供应链对接，在国际上销售它们的产品。

现在，必须集中精力解决供应方的制约因素。工业部长会议主席团和联合国工业发展组织确定了增长前景良好的优先领域：农副食品加工、矿产、化工医药、纺织/服装、皮革/皮革制品、林业、渔业和设备/机械相关的服务业。这是一项初步评估，尽管其他地区可能会有其他优先发展工业，比如文化产品和特定的农产品加工，这可能会随着项目实施而不断更新。

中小企业在非洲经济发展中占主导地位，必须给予特别关注。中小企业面临发展困境，例如，生产能力有限，由于资源限制而无法获取资本、技术和服务。如果这些企业在全球市场上进行交易，则相应要增加和提升其供应能力、质量、竞争力和制定符合进口国规定的产品标准。这涉及在企业层面增加投资，提供技术和融资支持，提高生产率，实施技术推广服务，加强培训，组建出口联盟和实现集群发展。

工业升级和现代化旨在振兴可行的和有前途的企业，这类企业需要在具有国际竞争力的环境中茁壮成长。

2.1.2　项目目标

工业升级和现代化的总体目标是提高非洲国家的工业能力，从而应对在贸易自由化和经济多元化背景下来自地区和世界一体化的双重挑战，进而有助于减少贫穷。

具体来说，该计划旨在促进非洲工业和相关服务业发展，为工业升级和现代化提供动力，提高非洲国家的竞争力，加快增长，在国家、区域和国际层面获取市场准入。这将通过提高工业企业的生产力和产品的质量，创造就业机会，强化技术机构的支持来实现。

2.1.3　指示性的项目和活动

该计划将在未来三至六年通过以下具体项目来实施：

项目 1　优先发展的工业部门诊断性分析

为了实现工业化发展的最大回报，应当对非洲每个国家和地区的重点工业部门进行甄别和分析。通过应用价值链的方法来进行分析。到目前为止，重点发展的部门是：农副食品加工、矿产、化工医药、纺织/服装、皮革/皮革制品、林业、渔业和设备/机械和服务业。

在每个非洲国家，对上述优先领域实施价值链分析，继续甄别价值链中的企业目前经营的业务，并能够：（1）找出瓶颈和制约因素；（2）评估技术、管理、市场准入和投资需求；（3）促进升级和现代化干预项目；（4）设立金融机制，支持升级和现代化；（5）解决政策问题，开发新的企业，并支持升级和现代化进程；（6）在正式和非正式部门支持中小企业发展，实现转型升级；（7）加强中小企业与大企业之间的联系。

项目 2　提升供应方能力和提高竞争力

该项目旨在为工业和相关服务业升级和现代化提供支持，提高非洲国家的竞争力，加快增长，在国家、区域和国际层面获取市场准入。这将通过提高工业企业的生产力和产品的质量，创造就业机会来实现。

以下为预期可实现的目标：要建立一个制度支持的框架和机制，促进工业/相关服务业转型升级；提高技术支持部门的能力；企业（中小企业，非正规部门）增加产量和提高就业水平；实现出口增长也有助于提高家庭收入。

下面是将要采取的具体行动：（1）每个非洲国家制定计划，加快工业升级和现代化；（2）为中小企业提供技术支持和培训，在获益的公司优先开展转型升级活动（优先开展软投资活动）；（3）制定具有可追溯性（原产国）

方案，开发特定、优先、具有出口潜力的产品；（4）制定可行性研究和编制融资计划，为当地中小企业在实施升级和现代化活动中提供资金，并落实投资计划；（5）在国家和区域层面为计划制定一项监督框架（区域最佳实践的分享）。

项目3　建立和升级技术支持机构

该项目涉及工业升级的环境，特别是强化技术支持机构的能力和质量提升的能力。将要采取的具体行动和活动有：（1）为技术中心、优先实施机构和重点出口行业诊断、制定和实施升级计划；（2）加强分管工业部门、升级中心、中小型企业/雇主协会、银行、专家/顾问和项目培训师的能力建设，为方案执行和后续活动提供支持；（3）建立非洲区域工业组织网络，加强专业协会的能力建设；（4）推广、创造和协助建立出口联盟，制定有利于出口联盟的支持措施和法律框架（在区域和国家层面）；（5）实施分包交易及售后服务。

2.1.4　制度安排的实施

各个项目设计和实施的体制机制将通过非洲联盟和区域经济共同体所属的“项目计划督导委员会”（Programme Steering Committee）负责统筹协调及监控具体实施。“区域指导委员会”（Regional Steering Committee）包括各个地区层面的经济共同体秘书处负责监督，以促进区域合作倡议的实施。“国家指导委员会”（National Steering Committee）由各有关政府部门、私营部门和支持机构组成，将在国家层面负责监督落实。

2.2　创建新企业

2.2.1　概述

在发达国家和快速发展的经济体中，中小企业占全部企业的95%—99%。世界上大多数国家的制造业领域，95%的企业雇员少于50人。此外，在一些经合组织国家，中小企业对附加值的贡献率超过50%。许多非洲国家一直在努力通过开发银行提供政府信贷、中小企业试点、提供市场开发援助等措施创造有利的营商环境，鼓励创业。

不过，也有具体的困难可以在非洲范围内加以解决。非洲缺少创业文化，尤其是在撒哈拉以南非洲。此外，只有极少数的企业孵化机构。在非洲，必须通过制度化的努力，支持新企业发展。

需要采取制度化的措施，实施以结果为导向的企业发展和投资促进计划（EDIP）。同时，建立孵化机构，支持高附加值项目的发展。EDIP 在制造业和相关服务业领域，帮助有潜力的企业家和投资者将他们的想法计划转化为商业性的中小型企业。然而，EDIP 需要一个制度框架来维持其可持续发展。通过资助机制，资助企业家开发项目，并为每个国家的现有中小企业，以及新的中小企业融资提供服务，在不同的领域不同的部门培养企业孵化机构。企业孵化机构提供创业与项目试点、半商业化规模生产和加工项目。现有的中小企业也可以利用这些孵化机构探索其他附加值高的项目。最后，孵化机构也需要研究和开发项目的补充，实施产品或流程的标准化，从而有利于开展高附加值的项目。

2.2.2　项目目标

该计划旨在培育新企业，提供新的就业机会，增加商品的附加值，并直接为扶贫和经济增长做出贡献。其具体目标是：（1）创建新企业，在企业开发方面注重培训和指导，特别是针对妇女和青年的创业；（2）建立“一站式”的组织理念，保证新企业能够迅速有效的注册，加快企业发展；（3）建立孵化机构，这将有助于减少初创企业的风险，也可鼓励企业产生集群效应，促进有竞争力的企业地域集聚。这一倡议也有效促进生产技术的获取和扩散。

2.2.3　指示性项目和活动

所设想的目标将通过具体的项目实施，这些具体项目的设计和实施为期三年，需要实施的方案包括：

项目 1　企业和商业孵化机构的开发

EDIP 项目的制度化框架包括两个阶段：机构能力建设的实施；试点和实施。上述所设想的项目将指导各个国家政府，在重点行业的价值链建立企业孵化机构，并提供物理基础设施（空间）和公共设施（必要的设备）。每个孵化机构也将作为一个试验工厂，以测试创新产品和服务的商业可行性。

这些项目既可以是政府主导，也可以作为一个正式的公私伙伴计划。这两种方法都需要私营部门的利益相关者，如行业协会和商会的积极参与。

下面将开展的活动能够促进机构的能力建设，其实施阶段为：（1）研究工业价值链，并根据国家优先事项选择特定的价值链；（2）选择的项目将在EPIDs资格标准的基础上进行；（3）将国家机制与EPIDs的融资以及地区工业发展基金相结合；（4）建立现代工业，为相关价值链和所实施的项目提供高附加值产品和流程工艺。

2.2.4 制度安排的实施

各个项目设计和实施的体制机制将通过非洲联盟和区域经济共同体所属的“项目计划督导委员会”（Programme Steering Committee）负责统筹协调及监控具体实施。“区域指导委员会”（Regional Steering Committee）包括各个地区层面的经济共同体秘书处负责监督，以促进区域合作倡议的实施。“国家指导委员会”（National Steering Committee）由各有关政府部门、私营部门和支持机构组成，将在国家层面负责监督落实。

2.3 提高增强型产品（制造业）质量

2.3.1 概述

高质量的基础设施包括准确的测量计量、标准化和合格的评定能力，这构成了世界全球化中工业发展的关键因素之一。达到国际标准、规范和技术法规的能力，是全球竞争力的关键要素。完善、认证、测试、保证工业产品的质量能力，是进入全球市场和促进工业化可持续发展的一个先决条件。

非洲技术法规的方法注重公共安全和环境保护，这种方法可以促进基础设施能力建设的改善。标准化或者部分标准化可应用于指定的技术法规和技术要求。认证可用于为服务提供商制定合乎评定标准的业务，以证明符合相关商业标准。

非洲区域和次区域基础设施质量活动的主要内容将集中在：（1）计量。重点将是促进区域内和区域间体系的形成，促进各成员国溯源性测量的实施，便利小型企业单位标准的制定，完善现有的国家测量标准和设施，使所有成员国都能明确进入工业化的优先领域。（2）标准化。重点是推动区域合作，积极参与具体部门的国际标准制定，保护非洲的利益，协调部门制定具体标准，促进信息在现有的特定行业的交流，以及在各个成员之间起草工作部门的具体标准和技术法规。（3）认证。重点将是建立和完善针对次区域基础设施的认证，在认证领域建立和实施区域合作体系，促进认证体系的推广，将其作为一项工具，推动国家政府支持工业化发展。（4）合格评定服务。重点将是在特定行业识别和建立促进工业化的实验、认证和校准服务。（5）技术法规。重点将是建立通用的技术方法，促进公共安全和环境保护，保障其健康发展。

2.3.2　项目目标

工业升级和贸易能力建设是为了应对区域竞争力发展所面临挑战的有效工具。特别是，该计划将致力于：（a）在项目实施中为公司提供技术援助，满足国际标准和技术法规要求，提高竞争力，应对开放市场的新挑战；（b）在区域层面统筹和调整质量活动（标准、技术法规、计量、认证和合格的评估服务），为提供生产优质的商品和服务创造良好的环境，从而促进非洲工业发展并逐步消除非洲各个次区域之间的贸易技术壁垒；（c）在非洲次区域层面建立和强化质量活动，为生产优质的商品和服务创造良好的次区域环境，从而促进非洲工业发展并逐步消除非洲各个次区域之间的贸易技术壁垒。提供技术援助，建立计量、标准化和认证体系，以及为合格的评估服务提供测试、认证、校准和检查。

2.3.3　指示性项目和活动

上述项目的目标是在未来三到六年内，通过下列具体项目开发和实施：

项目 1　技术援助满足国际标准和技术法规要求

全球出口层面优先部门的成功依赖于世界一流的质量管理体系。为了取得成功，非洲在这些部门要取得成功，有不可转让的先决条件是——在开始考虑出口之前——质量保证，其中包括植物检疫和卫生保证。特别是需要在以下几个方面付诸努力：产品的认证、检验、控制和测试。

该项目旨在支持特定公司的能力建设，以满足出口标准和技术规范。该项目将为协调一致（标准、计量机构、以及认证和合格评估服务）提供便利，为提供生产优质的商品和服务创造良好的环境，从而促进非洲工业发展并逐步消除非洲各个次区域之间的贸易技术壁垒。其具体行动将致力于：（1）评估在每个优先部门具备出口潜力的公司数量；（2）通过受益公司的诊断程序和开发行动计划，分析各个公司的需求；（3）对受益公司实施的项目活动提供技术支持和培训；（4）对受益公司实施质量管理体系和 ISO 9001 认证；（5）对选定的公司实施 HACCP 和 ISO 22000 认证。

项目 2　为协调质量活动建立区域框架

该项目旨在区域层面统筹和协调质量活动：（1）建立各个次区域的认证机构，确保为工业提供检测、认证、校准和检测服务；（2）建立各个区域的认可评审机构，确保次区域实体的质量认证；（3）根据 ILAC 和 IAF，为各个次区域机构获取国际认证；（4）开展调查，确定非洲有待建立的溯源性能力建设，促进非洲各个区域的基准点的开发，建立条约参数，支持非洲产品出口，建立行动计划，促进溯源性能力建设；（5）开展研究，确定非洲认证评估能力的差距，为提高能力建设制定计划。

2.3.4　制度安排的实施

各个项目设计和实施的体制机制将通过非洲联盟和区域经济共同体所属的“项目计划督导委员会”（Programme Steering Committee）负责统筹协调及监控具体实施。“区域指导委员会”（Regional Steering Committee）包括各个地区层面的经济共同体秘书处负责监督，以促进区域合作倡议的实施。“国家指导委员会”（National Steering Committee）由各有关政府部门、私营部门和支持机构组成，将在国家层面负责监督落实。

集群方案 3　为加速工业进程，促进基础设施建设和能源开发

3.1　基础设施和能源满足非洲工业发展需要

3.1.1　概述

根据这个集群的设计方案，将加强基础设施建设、通信和能源之间的联系，以促进非洲工业发展。人们认识到，为了加速发展非洲工业化，迫切需要各国同基础设施供应商之间加强区域一体化与合作。

精心制定的基础设施包括交通、通信物流和平台，旨在克服非洲大陆供应方的限制因素。这项基础设施计划将于2009年1月在非洲联盟第12盟首脑会议上公布，这些开发和设计的项目与非洲联盟战略重点相一致。关于这一点，应让人民参与当地证券交易，鼓励非洲的主要大企业在国际市场上参与股票交易。

3.1.2 项目目标

3.1.3 指示性的项目和行动

3.1.4 制度安排

在基础设施峰会后公布。（2009年1月）

3.2 可再生能源促进工业准入和应用

3.2.1 概述

非洲拥有储量丰富的可再生能源。现有的能源包括石油、天然气和核能将继续使用。尽管如此，能源匮乏严重阻碍了非洲大陆的大部分地区经济和人类发展。开发可再生能源的潜力巨大，必须提高能源效率，改变以化石能源的消耗带动的非洲经济增长。在提高工业生产力和竞争力的背景下，必须开发非洲潜在的能源。现代能源服务的转型以可再生能源为主，有助于打破能源匮乏的恶性循环，以及各个区域欠发达的局面。

制约非洲广泛采用和推广可再生能源的因素包括：（1）缺乏对可再生能源的认识；（2）建立可再生能源体系，初期投入成本高；（3）本地研发能力欠缺，最终用户的接受程度不够；（4）各个私营部门之间需要培养广泛的利益共同点；（5）金融机构援助不足；（6）政策和监管框架存在差异。

3.2.2 项目目标

这一计划的总体目标是展示可再生能源技术的潜力和好处，在适当的政策和金融环境框架内，实现非洲农村电气化和工业应用。其具体目标是：（1）勾勒非洲可再生能源资源图景，建立方便和可靠的数据库；（2）建立适当的政策和监管框架；（3）建立可再生能源体系，促进为农村电气化开发，重点是小水电、太阳能和生物质能，以及展示可再生能源技术的工业应用；（4）通过网络为可再生能源为主的工业项目提供融资，并建立必要的融资途径；（5）提高对可再生能源的基本认识，加强能力建设，减缓温室气体排放；（6）从京都议定书和其他全球性机构中获取资金。

3.2.3 指示性的项目和行动

所设想的目标将通过实施具体的、相互关联的可再生能源项目来实现。将要实施的项目包括：

项目 1 绘制可再生能源资源地图和加强数据库的知识管理

这个项目将开发整理可再生能源资源的有用信息，找出差异，并进行绘图，构建一个方便和可靠的数据库。这个数据库将作为非洲可再生能源资源和技术知识管理的平台。

通过以下项目开展活动：（1）在国与国合作的基础上，对可再生能源资源的数据进行分析研判，并确定在信息方面的差距；（2）开展测绘、编制和更新数据库；（3）对所有正在进行的重点项目和方案进行信息汇总，总结经验教训，确定最佳实践做法；（4）在各个组织、机构之间实现网络和信息共享，以确保协同配合，避免重复。

项目 2 开发有利的政策和监管框架

通过制定有利的政策和监管准则，创建可再生能源公平发展的竞争环境。一些监管和支持机制已经到位，还需要进一步加强，采取新的政策措施，这并没有对非洲国家电力法案带来显著变化。除此之外，这些措施将包括建立标准电力购买协议，确保长期发电供应，实施良好的关税和调整模式，建立宽松（不太严格）的规章，制定明确的目标，为可再生能源的分配提供相应份额，鼓励私人参与，并为在公私伙伴关系模式中的个人或企业团体提供一次性资金投入的补贴。（1）梳理非洲联盟各个成员国现有的政策和框架，并分析其优势；（2）在政策层面提供技术援助，将一些不存在的政策纳入国家主流发展计划中；（3）通过各个区域经济共同体合作，协调政策、加强市场沟通、促进区域投资；（4）促进可再生能源开发，消减温室气体排放，并从京都议定书机制和其他机制下获得资金。

项目 3 可再生能源系统的技术—经济可行性展示

项目将开发重点聚焦在可行性的实际干预措施中，将制定有潜力的可再生能源技术措施，分析其技术和经济可行性，促进私营部门参与地区可再生能源市场。各区域和国家的优先事项将要保持一致，树立行动导向的理念，在区域/国家一级开展可行的项目工程。具体来说，该项目将集中在以下几个方面：（1）确定本国/地区适合可再生能源项目的优先事项；（2）进行技术和经济可行性研究，扩大示范性项目；（3）建立能源密集型中小企业集群，开展对可再生能源技术工业应用的可行性研究；（4）建立基于可再生能源（小水电、太阳能和生物能源）的小型网络，促进农村电气化的发展；（5）在特定行业，实现基于可再生能源的工业应用。

项目4　创新融资和能力建设，扩大可再生能源项目

非洲在可再生能源项目融资方面存在一些关键障碍。在农村电气化和工业应用中，可再生能源的分配份额正在增加，尽管可再生能源有巨大潜力以满足日益增长的能源需求，但是非洲的可再生能源仍然未得到有效开发。因此，有必要通过有市场效益的项目释放各种可再生能源技术的发展潜力，促进非洲农村电气化和工业应用。该项目将以某种方式采取可持续性的干预措施，尤其聚焦于融资、地方机构的能力建设。

下列活动将用于建议实施的项目：（1）审查现存的金融市场和机制，以确定最佳做法，推广可再生能源，开发区域投资策略；（2）开发运行和维护指南，并组织培训讲习班，促进地方能力建设，传播信息；（3）开发决策支持工具和准则，促进可再生能源开发，建立和管理创新机制；（4）为特定的机构提供常态化的能力建设投入；（5）从京都议定书和其他全球性机构获取资金。

3.2.4　制度安排的实施

各个项目设计和实施的体制机制将包括区域层面的“项目计划督导委员会”（Programme Steering Committee），负责将各个利益相关者协调及监控具体实施，例如非洲联盟、非洲发展新伙伴计划、区域经济体等。“区域指导委员会”（Regional Steering Committee）包括各个地区层面的经济共同体（包括 SADC、UMA、ECOWAS、CEMAC 和 UEMOA）秘书处负责监督，以促进区域合作倡议的实施。“国家指导委员会”（National Steering

Committee）由各有关政府部门、私营部门和支持机构组成，将在国家层面负责监督落实。

非洲联盟各成员国的执行委员会将负责实施该计划，并承担主要责任。该委员会将涉及项目的用户和受益者机构，私营部门的利益相关者直接参与该计划。

3.3 非洲生物燃料工业发展计划

3.3.1 概述

生物燃料为国家和地区的能源供应提供了相当大的份额，并在促进能源安全、创造就业机会、帮助实现非洲千年发展目标等方面发挥了重要作用。然而，非洲生物燃料的发展涵盖了四个领域：技术、投资、贸易和可持续发展。生物燃料的局限可能会体现在可利用土地竞争的模式、食品与饲料的争论、环境的可持续性发展等方面。需要采取综合一致的策略，确保生物燃料的开发不能对粮食安全构成威胁，保护环境，实现可持续发展。

人们认识到，挖掘生物能源的潜力在很大程度上取决于有竞争力的转化技术和流程。为此，有必要采取相关机制，实现相关技术和能力从技能生产者到技术市场的转移。

需要适当的政策和监管框架，对生物燃料资源和原料供应进行甄别归纳。此外，适当的政策选择、财政机制、利益相关者的能力建设倡议、可持续发展指标、当地的研发能力、本土化的技术与跨区域的知识共享是非常重要的。

3.3.2 项目目标

该计划旨在将可持续发展与贸易和技术问题联系起来，并进行土地利用模式的情景分析，将潜在的食品—燃料冲突最小化，制定可持续发展指标，采取适当的政策，建立融资机制，促进能力建设和相关研究。其具体目标是：（1）非洲联盟成员国针对生物燃料资源和原料供应，进行全面评估和情景分析，获取相关数据；（2）制定有利的政策和体制环境，将技术、贸易、投资和可持续发展问题有效对接；（3）建立专门的生物燃料投资基金和融资机制；（4）提升项目开发和融资能力水平，并制定可持续发展指标；（5）支持南南技术转移，在市场引进现代技术（即第二代和第三代生物燃料）；

（6）建立跨区域网络、第二代和第三代生物燃料交流服务中心。

3.3.3 指示性项目和活动

所设想的目标将通过具体的相关项目开发和实施。除其他外，在这个项目实施的范围内应包括：

项目 1 非洲可持续生物燃料工业开发

可以说，选择生物燃料能够创造比其他可再生能源资源更多的就业机会。然而，对生物燃料能源体系的评估表明，作为生产资源的生物燃料可能意味着与粮食作物的土地产生竞争关系。尽管过去采取了一部分尝试，今天有必要在国家和区域层面建立数据库，分析各种形式的生物燃料和饲料，作为可持续利用模式的基础。

同样重要的是要加强生物燃料价值链的能力建设，加强对需求的基础研究，包括专注于第二代和第三代生物燃料。在此背景下，生物燃料在不同层次、不同领域和不同项目试点，并制定有关生物燃料的科研培育计划。这将有助于本地工业的发展，从设计、组装和制造转化技术等等。

生物燃料项目需要高昂的前期成本，而获得资金的渠道是有限的。同时，生物燃料行业数据短缺，在生物燃料项目的开发方面，不能有效指导投资者和融资者做出合理的判断和决策。因此，需要建立培训的工作坊，在项目管理、定价、以及募集更多的生物燃料投资基金显得尤为重要。

在其他地方也有一些成功的政策和方案，可以提供相关经验。这些利益相关者之间要交流相关经验和知识，加强南北对话以及南南合作。该项目将开发区域间生物能源网络，重点放在非洲。

下面是将要建议开展实施的项目：（1）对生物燃料资源和原料供应进行评估；（2）制定政策和体制框架，促进生物燃料工业的开发和支持；（3）提高生产能力，并建立区域中心，协调相关的研究，包括对第二代和第三代生物燃料的研究；（4）为当地生物燃料资源制定可持续发展指标；（5）建立生物能源的跨区域网络，组织全球、区域和次区域论坛活动。

3.3.4 制度安排的实施

各个项目设计和实施的体制机制将包括区域层面的“项目计划督导委员

会”（Programme Steering Committee），负责将各个利益相关者协调及监控具体实施，例如非洲联盟、非洲发展新伙伴计划、区域经济体等。“区域指导委员会”（Regional Steering Committee）包括各个地区层面的经济共同体（包括SADC、UMA、ECOWAS、CEMAC和UEMOA）秘书处负责监督，以促进区域合作倡议的实施。“国家指导委员会”（National Steering Committee）由各有关政府部门、私营部门和支持机构组成，将在国家层面负责监督落实。

非洲联盟各成员国的执行委员会将负责实施该计划，并承担主要责任。该委员会将涉及项目的用户和受益者机构，私营部门的利益相关者直接参与该计划。

3.4 能源效率和工业竞争力项目

3.4.1 概述

工业消费用户（包括中小企业）是非洲能源消费的主要群体。在撒哈拉以南非洲地区，它们约占全部商业能源需求的四分之一，主要集中在电力和石油进口方面。低效的工业能源对环境产生不利影响，增加了商品和服务的价格，并且实际上也增加了供应的成本。在相当大的范围内，典型的非洲工业必须提高能源利用效率，进而增强其生产力和竞争力。

3.4.2 项目目标

该计划旨在通过实施与能效相关的政策和方案，以促进非洲的能源安全。其具体的目标将是：（1）制定政策、方案和监管框架，支持和提高非洲工业的能源利用效率；（2）实施能源系统优化和管理，采取最佳实践方式，工业与商业运作结合，降低能源消耗，提高竞争力；（3）建立以数据为基础的工业终端能源消耗和效率基准指标，促进特定的能源分支发展；（4）促进在京都议定书和其他全球性机构获取资金。

3.4.3 指示性项目和活动

所设想的目标，将通过具体的相关项目的开发和实施来完成。

项目1 在非洲消除提高工业能源效率的障碍

该项目将制定政策、奖励计划和有针对性的方案，改善非洲工业的能源效率。可以提供工业发展政策、工业能源管理标准、工业部门政策和激励机制。

在各种可选择的方案中，该项目将通过合适的技术和管理能力装备工业，实现工业能源效率的提升和管理水平的提高，同时带动市场使用新能源。

同样重要的是，在国家和区域层面，进行知识更新，工业终端能源消费，确保能源有效利用与改进，以及建立和完善成本有效的政策和方案。

下面是将要建议开展实施的项目：（1）开发和制定提高工业能源效率的政策、标准和配套法规和方案；（2）为非洲工业提供技术能力，包括中小型企业的工业能源系统优化和能源管理；（3）建立工业能源终端使用能源消费体系，制定以知识为基础的成功的解决方案；（4）在京都议定书和其他全球性机构内获取资金。

3.4.4 制度安排的实施

各个项目设计和实施的体制机制将包括区域层面的“项目计划督导委员会”（Programme Steering Committee），负责将各个利益相关者协调及监控具体实施，例如非洲联盟、非洲发展新伙伴计划、区域经济体等。“区域指导委员会”（Regional Steering Committee）包括各个地区层面的经济共同体（包括SADC、UMA、ECOWAS、CEMAC和UEMOA）秘书处负责监督，以促进区域合作倡议的实施。“国家指导委员会”（National Steering Committee）由各有关政府部门、私营部门和支持机构组成，将在国家层面负责监督落实。

非洲联盟各成员国的执行委员会将负责实施该计划，并承担主要责任。该委员会将涉及项目的用户和受益者机构，私营部门的利益相关者直接参与该计划。

集群方案4 工业和技能促进非洲发展

4.1 解决人才短缺

4.1.1 概述

为了实现资源型工业化，尤其是在确定的优先领域内，[①] 现在非洲人才

① 八大部门是：1.食品；2.纺织和服装；3.皮革和皮革制品；4.矿业产品；5.木材和木制品；6.自动化配件；7.药品；8.建筑材料。（See UNIDO，2003，Africa Production Capacity Initiative：From Vision to Action）此外，服务业也被认为是第九大提高工艺竞争力和增长的优先领域。

短缺的困境必须通过可产生成果的关键行动加以解决。非洲的技能短缺是显而易见，存在两个具体领域，即软技能和硬技能，这两方面都是促进非洲可持续工业化发展必不可少的环节。然而，非洲工业技能也有可能存在某种程度的不匹配，有些低需求的过剩技能，以及存在严重供应不足的技能需求。

然而，对于非洲大陆而言，如何打造综合性和适应性技能集群，某些先决条件——如政策制定和改进预算分配——需要被优先考虑。在政策制定方面，有必要实施人力资源政策，包括短期战略和长期战略。可行的短期策略需要设计和实施，以解决特定行业的需求。短期策略可以包括技能转移策略、措施，保障和维持本地技能集群和激励机制，从而吸引非洲侨民参与。同样重要的是，在非洲为纠正现有的技能短缺问题，增加教育预算拨款、提高培训机构的质量，在贸易、工艺、工程领域进行有针对性的技术培训。

4.1.2 项目目标

(a) 开发本地技能集群，特别侧重于软技能[①]，增强治理、管理能力和硬技能[②]，支持特定受益群体。(b) 培训员工“非正式技能”。培训机构必须保证将“前期学习认可”(Recognition of Prior Learning，RPL) 纳入项目发展中，提高技能输出。这些技能的开发可以进一步加速非洲的工业化进程。(c) 提倡终身学习方法，促进工业发展。例如，不同层次的价值链往往需要持续的学习，特别是在知识密集型的行业和高端技术领域，要不断适应新的知识和技术开发的要求。终身学习不应局限于技术工人，也应鼓励半技术工人参与终身学习。

4.1.3 指示性的项目和行动

项目 1 工业相关的技能差距诊断分析

在国家层面，技能短缺的研究和数据收集，必须围绕每个国家/地区工业技能的优先领域开展行动。在这个过程中，工业和工业协会是必不可少

① 软技能包括对资源、物流、人员的管理；市场技能；贸易谈判技能；政策制定和实施技能；企业家技能（以中小企业开发为目标）和知识财富管理技能。

② 硬技能包括技术专业工程（化学、土木等的流程或者基本原理，比如在自动化领域）；信息和通讯知识；工艺和科技技能（电力、装配工和车工、焊接等、度量衡技能和其他科技等）。

的。工业诊断性分析和区域技能需求将确保在高等教育水平支持下开发，在具体工业部门解决技能短缺，开展有针对性的培训计划。

下面是将要建议开展实施的项目：（1）评估和发展能力（培训机构）；（2）确定技能短缺的重点工业部门；（3）把诊断性分析纳入培训计划；（4）确定合适的机构，在全国范围内提供培训。

项目2　为工业和技能开发改造/建立机构

区域公共和私人培训机构需要调整其技能培训，在每个国家或地区确定优先领域，并制定培训项目，重点加强对现有员工的技能培训。在实施过程中，培训质量是一个重要的考虑因素。以课程开发为基础，各教育机构和利益相关者必须采取谨慎和可行的战略规划。此外，采取具体方案，优先考虑青年、妇女、残疾人和企业家的技能开发。

下面是将要建议开展实施的项目：（1）确定培训项目和必要的课程计划；（2）制定工业规划；（3）为青年和妇女制定专门方案；（4）为残疾人制定专门方案；（5）为创业者制定专门的方案；（6）更新现有的组织或创建新的机构。

项目3　工业驱动型的技能开发

在行业内对现有的技能进行升级，这对提高竞争力至关重要。行业内直接或间接提供的培训是技能发展战略的重要组成部分。间接而言，确定技能开发的优先事项，培训机构制定相关的课程开发项目。直接而言，行业需要采取在职学习方式，并重新引入学徒机制，在行业的基础层面和技术层面，应对全球技术发展的挑战。对实施在职培训的个体企业，政府应予以奖励，例如减免税收等。在每个工业部门，最佳实践和培训准则应在各个公司之间共享。此外，行业可以提供实习/徒工关系培训，确保毕业生能够获得所需技能。中小企业在技能开发中，可以与大型企业建立伙伴关系，促进大企业技能转移。

下面是将要建议开展实施的项目：

（1）在职培训、学徒培训、实习、资质等方面实现新旧交替；（2）建立奖励制度，奖励实施在职培训的公司；（3）在工匠技能开发领域，建立培训和在职培训之间的联系；（4）推动中小企业与大企业建立联系，并聚焦技术转移。

项目 4　提高劳动者的非正式技能

应建立区域认证机构，确立工业重点行业“非正式技能”相关的开发准则和标准。各个政府当局应确保这些认证符合国际标准。认证标准和进一步的培训（如果需要）将由指定的培训机构与行业协会、各国教育专家来承担责任。

其他重要的计划已经涵盖这项战略，确保非洲内部综合技能集群的开发。这些项目涉及的开发技能主要围绕先进/新技术、基础设施及选矿。

下面是将要建议开展实施的项目：

（1）建立区域和国家认证机构；（2）在认证的过程中注重嵌入式技术的开发；（3）对现有的技能实施“前期学习认可”。

4.1.4　制度安排的实施

这些活动应由非洲工业部长会议所属的人力资源开发办公室统筹协调，将建立专门的多方利益相关者网络，与各个区域经济共同体合作，完成上述目标。由于各个区域之间以及区域内部体制机制各不相同，每个网络必须协调各个方面的需求。

4.2　技能开发与基础设施和选矿举措

4.2.1　概述

基础设施和选矿相关的技术开发，需要主要的利益相关者和决策者的政治承诺，改善治理和提高安全性。重大基础设施项目，如在非洲大陆需要加快工业发展的项目，往往是跨国公司承建的规模大和范围广的项目（例如，在刚果民主共和国实施的英加工程、莱索托高地的大坝工程）。

因此，这对那些控制基础设施和能源的国家和区域经济共同体而言非常重要，开展跨国选矿价值链运作，需要重新定位，优先考虑技能开发。

4.2.2　项目目标

（1）高质量的培训、可靠的专业技能、低成本的能源消耗、良好和持续的供水、工业信息与交流技术、高效的交通网络，以及金融基础设施的支持，这是加快工业过程的先决条件。这些都需要专门的技能、决策制定、开发，以及基础设施的开发与维护。（2）应对选矿过程中不断增加的技能需求。尽管非洲将不得不从短期国际技术转移中受益，但是，从选矿过程中的长期视角而言，对非洲劳动力有针对性的培训将是至关重要。

（3）区域资格认证体系的标准化，可以针对特定领域进行质量培训，进而满足整个工业价值链的特定需求。（4）在各个重点部门，实现选矿的最终认定，这反过来又要求确保最终产品符合国际标准。因此，技能发展需要以质量控制为目标。

4.2.3 指示性的项目和行动

项目 1　开发技能转移和保留策略

技术转移和能力建设必须是所有基础设施建设和选矿工作（无论是非洲还是国际的）的重要组成部分，确保它是稀有的①，同时技术技能实现本地开发。这将通过把能力建设纳入投资政策来实现。同时，吸引相关的、稀缺的技能和知识进入特定领域，创造良好的外部环境是至关重要的。为了实现上述目标，包括有吸引力的移民和居留规定。此外，需要采取措施，保证现有的技能不会转移，以及吸引海外非洲人来制定和实施技能开发。采取的措施包括财政激励和职业发展机会。

下面是将要建议开展实施的项目：（1）确定每个区域关键的基础设施和选矿项目；（2）确定每个项目的技能/稀缺技能；（3）保证每个项目实现技能转移；（4）确定短期技能是否需要部分移民/在外居住；（5）制定保留策略，开发现有的稀缺技能。

项目 2　建立或加强专门区域培训中心

区域培训中心将专注于特定行业的技能，在以下几个方面：水和能源供应、信息通讯技术、交通运输、金融等基础设施以及区域选矿需求。除了加强技术技能培训之外，培训中心需要采取专门的培训项目，从事必要的大型基础设施建设项目的管理和技能维修。区域培训将确保更有效的资源配置，

---

① 在结构工程、化学工程、土木工程、化学、项目管理等领域。

实现有针对性的培训。

下面是将要建议开展实施的项目：(1) 建立区域和国家训练中心或改造现有的设施，以满足基础设施和选矿的培训需求；(2) 重新认定每个类型/子行业（水、能源供应、信息通讯技术、交通、金融、选矿）所需要的技能培训；(3) 建立专门的培训系统；(4) 为实施上述计划建立支持体系。

4.2.4 制度安排的实施

这些活动应由非洲工业部长会议所属的人力资源开发办公室统筹协调，将建立专门的多方利益相关者网络，与各个区域经济共同体合作，完成上述目标。由于各个区域之间以及区域内部体制机制各不相同，每个网络必须协调各个方面的需求。

集群方案 5 工业创新体系、研发和技术开发

5.1 强化非洲区域工业创新体系

5.1.1 概述

知识是源，创新是释放非洲发展潜力的力量。强化国家和部门创新体系是至关重要的，可以适应不断变化的工业扩张的步伐。工业生产的快速变化要求新的知识和技能，只有这样才能在国际竞争环境中生存。工业革命的起源发生在一个小作坊，而不是在教室里。今天，创新的理念源于大学课堂和机构。在一个理想的工业创新体系中，新知识是由大学创造的，从实验室开发的，有活力的企业进行商业化。这种交互式的框架是工业转型的中心环节。

许多非洲国家的技术与世界先进水平还有很大差距，它们可以吸取世界其他地区的知识和经验，并使其适应当地的情况。鉴于非洲各个国家国内市场容量较小，有大量的工作需要进行，使非洲国家与国际市场的供应和需求相协调。此外，研究并不一定意味着将创新孤立进行，其目的是利用现代技术和设备增强适应能力。因此，通过获取、采纳、吸收、适应和学习创新增强适应能力，从而适应当地的环境，这是至关重要的。技术创新是提高生产力的主要驱动力。因此，技术创新是经济持续增长的引擎。

非洲也并不是没有本土显著的自主创新举措。比如，非洲新水稻（NERICA @R）是20世纪90年代由非洲水稻中心（贝宁）研发的高产、抗逆水稻，它为非洲大陆水稻产量的增加贡献了6%。这种贡献需要承认的事实是，非洲大陆约40%的大米需要进口，在一些大米进口大国，大米短缺可能会引发粮食骚乱。认识到非洲大陆也是工业动力与创新的基地，特别强调的是，需要将现有的研究结果商业化，推动非洲企业实现技术进步。

技术开发是一个技能密集型和多面性的活动。这个集群规划和项目需要在努力解决集群4所提出的开发技能、教育和知识，以及在大陆层面的科学政策，尤其是非洲科技部长会议、非洲联盟和非洲发展新伙伴计划科学与技术办公室共同提出的“科学与技术综合行动计划”。非洲联盟各个成员国已经郑重承诺，将国内生产总值1%的资金用于研究与开发。

5.1.2　项目目标

该计划的重点是提高非洲企业能力，通过快速接受和适应技术转让，提升科技竞争力。这一方案的预期结果是增强企业创新，增加商业成功率。为了取得这些成果，必须认识到制度选择的重要性，涉及国家层面和地区层面的科技开发，采取纠正性措施，建立公私伙伴关系。其具体目标是：（a）大学教育需要满足工业开发的需求；（b）创造有利的环境，实现机构和企业之间的有效互动；（c）通过适当的政策激励和支持措施，建立国家和部门创新体系；（d）促进南南知识和技术流动，作为工业创新的潜在来源。

5.1.3　指示性的项目和行动

下列项目将形成主要的干预措施来实现上述目标。

项目1　在非洲大学建立大学创新席位

该项目将非洲大学和国外大学相结合，建立卓越的国际中心网络。不断获取和开发的信息包将支持这一倡议。项目将为中小型企业提供援助，使它们发展成为有规模的工业企业。非洲大学与国外大学结成友好学校，学习对方先进经验。大学课程项目将根据企业的经验、工业的研发与投入来实施，这将会培养大量的首席研究人员、引领创新、培养有活力的企业家。大学席位和网络磋商会议也将会演变成全球性论坛活动，并出版相关刊物。

下面是将要建议开展实施的项目：（1）建立非洲—国外大学网络，非洲国家同行业协会协助开展商业化计划，实施 VIS-à-VIS 创新项目；（2）在国家层面，开发创新课程，建立大学创新体系；（3）开发国家创新网络，在选定的国家组建网络，最初进行有规模的试点；（4）在非洲联盟成员国加强宣传，认识到创新的重要性；（5）通过全球网络以及相关的机构和企业，在国家层面将高校席位与创新相结合。

项目 2　建立区域技术转移与扩散中心

该项目通过建立“区域技术转移和扩散中心”（RTTDCs），解决技术转移和扩散问题。这些中心可以在新技术应用和工业投资方面发挥重要作用。RTTDCs 需要与其他创新网络框架相结合，在国际商业界、技术来源和投资机构内整合，采取技术升级方案，在试点基础上选定某些区域。技术转移、吸收和扩散，以及可持续的金融机制，将要成为非洲大陆开发和测试的优先选择。如何提高当地就业密集型企业和非正规部门（基层）的生产力，也需要探索有针对性的措施。

项目的实施将包括以下活动：（1）最初，在非洲各个次区域，至少建立一个世界一流标准的 RTTDC；（2）在框架内整合 RTTDCs，企业、技术来源以及投资机构建立网络；（3）招聘和培训中心工作人员，以促进技术的有效转让；（4）在区域和国家层面实施典型技术升级项目；（5）对技术转移、吸收和扩散进行开发和评估，建立适当的融资机制；（6）聚焦技术方案，促进基层创新和非研发途径的创新。

项目 3　建立区域技术展望中心

该项目在第一阶段，将着眼于促进项目的能力建设，在技术层面进行示范。随后，该项目将建立一个虚拟中心，以资源优化的方式，在大陆层面进行开发与推广。

在整个非洲，只有少数几个国家能够进行创新调查，评估国家和部门创新系统的范围和有效性。在非洲大陆强化工业创新体系的同时，一个可行的干预措施可能包括进行诊断性调查，评估创新体系在非洲实施的情况。但是，也要认识到这种体系在非洲存在不足之处，政策制定者和工业利益相关者需要了解工业创新领域的真空地带。这样的调查将会使每个人都意识到创新的重要性，并不断开发和强化创新学术项目，保证相应的机构、工业企业与大学建立联系，从而通过全球论坛活动影响决策者的判断。

最初，能力建设倡议只是一项试点，随后，在所有非洲联盟成员国进行推广。下面是将要建议开展实施的项目：（1）在国家层面，选择培训机构和顾问，落实项目安排，制定项目材料，并确定和选择学科专家和培训人员，国家指导委员会将会征求选择意见；（2）在国家层面，开展能力建设和技术展望培训项目，解决公共和私营部门的代表权；（3）建立一个虚拟区域中心，针对发展举措的方法进行培训，并持续增加额外的培训；（4）将上述经验拓展至整个非洲大陆，在大陆层面开展一年三次的技术展望项目。

项目 4　建立科技孵化机构

在全球范围内，小企业以其创造就业机会能力著名，小企业对非洲而言至关重要。令人失望的是，非洲初创企业中大部分是失败的，部分扶持小企业发展的措施陆续出台，试图提高初创企业的成功率。孵化机构是一个灵活的工具，它以各种方式，根据企业家的需求，支持初创企业的发展。成功的创业发展需要企业家精神、商业知识、技术和资本的融合贯通。孵化机构提供了一个框架，聚焦创业过程中的重点因素，其目的是提供业务帮助、灵活的空间和共享服务，创造一个支持性的环境。

孵化机构提供的帮助，除了其他职位，还包括物理空间、在产品/过程的识别和开发援助、设备的准入、机器、工具和计算机以及共享管理服务。孵化机构也可以在开发创业文化、技术培训、咨询、辅导和指导、技术转让和示范、市场营销和商业化的援助中发挥重要作用。

孵化机构还有一个额外的优势，因为它们只需要来自政府有限的支持。这种支持通常只需要建立和维持早期的操作设施，直到孵化机构自身可以作为商业进行管理。

该项目涉及以下方面：（1）从主要的机构学习经验，获得创新支持，通过孵化机构促进中小企业发展；（2）建立科学园区，在技术密集型企业之间强化协同效应，为大学开展研究活动提供便利。鼓励大学允许孵化机构与大学、公共或私人开发商建立联系；（3）大幅增加新企业和技术项目的融资；（4）对涉及的私营部门和企业家，确保他们完成孵化机构要求的任务，获取专业知识和可能的资源，协助他们开始第一阶段的创业。

项目 5　促进南南合作，利用生物多样性和现有研究成果实施商业化

在非洲发展新伙伴计划的框架文件中，要求在非洲建立一个生物技术平台。它阐明了该平台两个相互关联的目标。首先是从生物多样性“在目标地区，培养大量拥有技术专长的专家，使之具备高增长潜力”，而第二个是“整合生物技术，开发非洲丰富的生物多样性资源和……提高农业生产力和开发医药产品”。

若干个非洲机构已经发明了新的产品和成果，但是由于缺乏资金和技术援助，尚未被商业化。这些研究结果仍然缺乏投资。有必要采取大规模的计划，将这类研究成果商业化。

为了实现上述目标，应当开展下列活动：（1）其一，公共和私营部门机构，制定举措、采取方法，参与保护生物多样性，实施可持续利用的技术。其二，国家和区域政策及策略，涉及有关生物多样性的调控、应用和保护，并开展案例研究。（2）可持续管理和利用生物多样性，确定其优势和潜在威胁，确定与制定相关的定义、措施和目标。（3）确定实施的活动是实施策略和具体示范项目的一部分；鉴定实施合作的伙伴。（4）落实示范项目，以政策导向开展评估，鼓励企业和投资者对潜在的生物多样性进行可持续开发。（5）发起倡议，将现有的研究成果商业化。（6）加强与生物多样性和自然产品开发的知识产权管理。

5.1.4　制度安排的实施

非洲工业部长会议主席团与非洲各个区域经济共同体密切合作，建立区域指导委员会以监督实施上述项目。在此领域的利益相关者应该纳入委员会。

5.2　工业创新政策的回应

5.2.1　概述

工业创新政策的评估是至关重要的。财政奖励，如补助金和税收优惠政策，只有在大规模的人力资源技术培训之后才发挥作用。除了大规模培训技术人员之外，也必须建立有效的网络，将技术型的企业家和技术性工人纳入进来。国家应该通过各种手段鼓励从外国公司引进技术人才。高水平的教育并不一定意味着自动产生技术活力和实现生产力的跨越，如果在研发阶段出现制度性错误，也会出现问题。我们需要的是，采取适当程序措施，从国家层面创新政策和工具。

随着技术学习和创新环境的不断改善，通过技术、组织、体制和人力资源，可以实现有活力的、充分的技能增长。综合分析不同国家的政策工具表明，公共创新政策工具的有效性，无论是财政还是非财政的，每个国家都会加大对企业部门的研发投资，都不同程度地取得了成功。

创新的来源可以归因于正式的研发活动，包括科研院所、大学和企业以及一系列的非研发活动，例如购买资本货物。非洲国家普遍认为，非洲可以成为飞地型的装配操作平台，或者是技术模仿者平台。发展中国家的企业预计不会期望投入大量资源进行研发，只是重新发明车轮。生产和贸易体制的开放性可以促进技术流动。我们需要的是采取合适的研发，引进适应当地条件的技术。其结果是政策选择的问题。

5.2.2　项目目标

该计划的目标大致可分为：（a）评估区域和国家工业与部门创新体系的范围和有效性；（b）在大陆和区域层面开展倡议，强化创新体系；（c）增加技术性人力资源的供应；（d）建立和进一步完善物理技术性的基础设施；（e）开展财政和非财政激励倡议，适应研发和创新；（f）促进技术型创业和风险投资；（g）从外国公司向本地公司开展技术转移，增加溢出效应；（h）加强知识产权的保护和管理。

5.2.3　指示性的项目和行动

为了实现上述目标，将会实施以下项目和活动：

项目1　实施非洲科技创新倡议

非洲技术和创新计划（ATII）概念是基于对非洲普遍的技术短缺的全面回应。它的目标是建立一个广泛的干预措施，在非洲逐步引进技术产品和工艺，实现技术产品质量升级。该计划是在 2008 年 1 月召开的非洲联盟首脑会议通过的非洲加速工业发展行动计划（AIDA）的一部分。

ATII 的宗旨和目标主要包括：弥合工业需求的技术、新兴市场的需求、现有技术基础之间的差距；刺激新技术转移，实现创新的扩散和扩展；整合政府组织、私营部门和融资机构，确保工业部门提高技术水平和制造能力，以满足竞争激烈的全球市场的需求，并达到质量和环保标准，以及跟踪最新的全球发展前沿技术。

确定的五项优先领域包括：非洲设计中心网络；非洲测试、认证和合格评定中心网络；非洲技术转移中心网络；非洲业务支持中心网络；非洲环境保护承诺中心网络。

为此，设想开展下列活动：（1）为建立上述中心，实施一项全方位的可行性研究；（2）建立项目管理单位，为每个网络任务的启动、实施、协调和增加融资提供服务；（3）通过技术开发，实现高度的协调一致；（4）实施 ATII 中，借鉴非洲生产能力举措的经验；（5）调动企业发展和投资支持，启动合资企业，特别是针对非洲侨民；（6）提高非洲知识产权组织的能力，开发支持项目，在国家层面采取有效的专利登记管理。

项目 2　企业层面的创新，支持财政和非财政手段激励研发和非研发项目

一些非洲国家创造新知识只停留在政府研究机构和大学，而这些往往是与生产系统相隔离，缺乏适当的激励机制，无法将现有的研究成果商业化。因此，商业仍然是与知识生产相分离，既限制了自身竞争力的提高，也影响了经济发展。为了改变这种状况，发展中国家政策制定者和研究者逐步认识到，必须投入更多的资源，鼓励私营和公共部门的企业创造新的技术。例如，通过研究和开发，或通过其他工程性活动。真正的问题是，在企业层面，开展研究和创新的成本高。采取干预政策，在企业层面可以减少研究成本。

但是，在这个过程中，用于研发的融资可能会受到市场失灵的影响，一个事实是，即财务回报可能不足以偿还所需的投资。因此，在企业层面，需要通过财政和非财政手段鼓励创新。为了完成上述项目，建议开展以下列活动：(1) 加大政府补助、捐助资金和多边援助，各个机构与企业密切合作，将现有的研究成果商业化；(2) 企业与大学、研究机构开展合作，提供研发补助和税收优惠；(3) 建立中小企业财团，在企业层面减少研究的成本，采取有吸引力的财政和非财政激励措施；(4) 便利技术的获取和适应，采取合适的研发与非研发途径实现创新。

项目 3　强化外商直接投资对国内创新能力的溢出效应

非洲国家正在进行集中讨论，外商直接投资溢出效应对国内能力建设的直接和间接影响。积极的溢出效应一般表现为更高的生产率、产品和出口结构的改变、研发由外国子公司承担以及对就业和培训的贡献。间接的溢出效应可能通过与当地研发机构合作，技术转移到本地产品的下游和上游，外国子公司在完成工程后对当地生产者效率和人才培训周期的影响。为了从外国公司中创建积极的溢出效应，应当在特定国家实现科学和技术基础的最小化。

宗主国家可否制定政策条件，将其收入的一部分用于提高国内创新能力？随着竞争压力的不断增加、效率提高、技术进步和转型，创新驱动产品的研发，发展中国家能否获取更多的技术？广阔的国内市场、熟练的人力资源、物理性的基础设施、财政激励先决条件，这对东道国外商直接投资溢出效应产生何种影响？吸引外商直接投资与加强技术交流之间是否有权衡的有效手段？外商直接投资对能力建设的影响是依赖于国外企业和国内企业之间的技术差异，还是生产能力差异？刺激培训和技能转移的最佳方法是什么？

为了解决上述问题，建议采取以下政策选择和活动：(a) 鼓励外国公司将净盈利的一部分用于国内创新能力建设；(b) 国内企业与外国企业合作，在获取、吸收、采纳、适应、学习和创新等方面合作，提高国内企业的适应能力；(c) 鼓励大学科学家和工程师从事商业，允许他们在规定的周期内为外国公司服务，并使用他们的新知识和技能，将他们隐性的实验室知识转化成企业发展的动力；(d) 建立激励制度，扩大国外企业对国内企业的积极外溢效应。

5.2.4　制度安排的实施

非洲工业部长会议主席团与非洲各个区域经济共同体密切合作，建立区域指导委员会以监督实施上述项目。在此领域的利益相关者应该纳入委员会。

集群方案 6　融资和资源调动

6.1　国内资源的调动和分配

6.1.1　概述

如果工业发展需要融资，那么非洲人自身必须在国家、区域和大陆各个层面做出种种努力。然而，目前非洲的储蓄率（家庭、公共部门和企业部门）相比其他发展中地区普遍较低。据世界银行（2007）的研究显示，撒哈拉以南非洲的储蓄率比世界上其他任何发展中地区的储蓄率都低。2005 年，区域国内总储蓄占国内生产总值的比例为 17.6%，而在南亚为 26%，在拉丁美洲和加勒比地区为 24%，东亚和太平洋国家近 42.9%。

融资中介是一项重要的工具，它不仅将储蓄转化为投资，而且也提高了经济中的储蓄和投资比重。因此，非洲大陆有必要建立一个运作良好的金融体系，有效地调动资源，并将其转化为最具生产力的投资机会。另外值得注意的是，如何应对将国内储蓄转化为投资的挑战。非洲大陆家庭和企业的融资中介需求非常高，尽管收入水平较低。但是，非洲的融资体系并没有满足融资中介的需求，这是由于金融行业的分散和分段式结构。非洲需要大量金融资源，加速工业化进程。

6.1.2　项目目标

（1）设立相关机制，为工业化项目调动国内金融资源；（2）建立/加强国内金融和资本市场（银行和非银行金融机构），为工业发展提供融资；（3）提供必要的设施，为中小企业建立和升级提供必要的金融支持。

6.1.3　指示性项目和行动

项目 1　信用准入和私人金融资源

金融部门主要由银行组成。然而，现有的银行部门既没有能力也缺乏灵活性为工业化项目融资。银行体系的开发将需要采取以下活动：（1）审查国家银行法律和监管框架；（2）开放银行业的竞争，按照国际标准行为规范，简化许可程序；（3）支持非洲银行的能力建设，为银行工作人员的培训提供便利；（4）促进国家信用登记和评级机构的发展，为信贷准入提供便利；（5）对信用准入促进机构、银行和非银行融资机构的建立进行可行性研究，通过提供债券承销及信贷担保计划，为工业发展获取信贷提供便利，上述机构在国家层面，隶属于贸易和工业部；（6）推动建立替代性的融资机制，如风险投资基金。

项目 2　促进区域和国家股票市场的发展

鉴于非洲股市增长潜力巨大，而其市值非常低，因此，有必要促进该部门的发展，为非洲工业化项目提供支持：（1）完善相关法律和监管框架，刺激资本市场的发展；（2）开发和提供激励措施，便利企业在当地证券交易所上市；（3）提高国家能力建设，建立充满活力的资本市场；（4）增加公共和私营部门的信心，通过公布股市规则和会计标准，提高信息效率；（5）建立高效的证券交易及结算系统；（6）吸引外国投资流入，促进股票交易市场的国际化；（7）鼓励非洲企业在国际证券交易上市，吸引外国资本。

项目 3　开发金融机构（Development Finance Institutions，DFLs）

开发金融机构一般都具备固定的目标，以资助开发项目为主。开发金融机构的建立是必要的，因为市场失灵，通过对金融市场的干预，可以促使债权人和企业家规避金融风险。开发金融机构旨在解决市场、政治或者官僚体系的缺陷及不对称性，为客户提供一种结构化的包装，规避潜在或实际的金融风险。尤其是可以解决资本市场的低效率，私人资本不愿或不能承担向国家、项目或不被视为信誉良好的客户提供金融资金的风险。

开发金融机构的特殊功能是其资本化，通常包括公共部门资产和财政转移支付，从私人和捐助机构获取贷款和捐赠资金，进而扩大资本来源。在非洲，在国家、次区域、区域和大陆层面有各种开发金融机构，包括 IDC、DBSA、PTA 银行，非洲开发银行和伊斯兰银行。这些机构最初成立目标旨在促进非洲大陆经济发展。有必要对开发金融机构采取一种新的方法来发展，既能确保机构融资的可行性，又能最大限度的为被边缘化的行业和经济领域提供资金。

为实施上述项目，可采取以下指示性活动：（1）在国家、区域和大陆层面振兴开发金融机构，其新的重点是扶持工业发展；（2）充分利用多边金融机构，如欧洲投资银行、世界银行、多边投资担保机构和其他机构，为工业发展提供融资；（3）开发创新性的融资机制，如公私合作伙伴关系、发展基金及特别用途工具（Special Purpose Vehicles）等；（4）养老基金、银行和企业部门减少对政府和捐助资金的依赖，整合稳定的长期资金。

项目 4　为工业化发展建立国家主权财富基金

资源丰富的非洲国家近期也存在不断累积的风险，这些国家通过促进初级商品市场的繁荣转移上述风险，同时促进社会发展，以实现联合国制定的千年发展目标，增加非洲大陆有能力的中小企业在加工、制造以及服务方面的投资。在这里，工业和财政部的作用是至关重要的，因为它们是建立这种基金、定义政策工具的主要驱动者，因此有必要采取谨慎的政策，有效利用这类资金，促进相关行业绩效指标的完善。除了这类资金之外，再加上政府采购政策的公共服务，有效利用的国家资产，上述综合行动在加速工业化方面带来很大的改变。

为实现上述项目，可以采取以下指示性活动：（1）为加速工业化，建立国家主权财富基金，开展可行性研究；（2）对现有的主权财富基金的范围进行界定研究（如海湾国家、北欧国家和其他成果经验达到案例）；（3）设立相关基金，明确其运作方式以及管理架构；（4）为确定和支持重点项目构建框架；（5）为基金和项目建立独立的监控系统。

6.2　大陆工业发展基金和区域投资基金

6.2.1　概述

这个计划的重点是要协调大陆和区域投资基金的协调发展，将其作为金融工业发展的专用通道。其次，确定其适用范围，为集群工业的发展提供投资，为创业提供便利条件。如果非洲内部和外部将资金谨慎地用于工业项目，那么它们的成立将予以优先考虑。

6.2.2 项目目标

该计划旨在提出各类战略和行动，以调动金融资源和其他资源支持AIDA在的区域层面的诸多项目。具体而言，它的重点是：（a）建立大陆和区域工业发展基金；（b）促进银行担保投资组合项目的开发。

6.2.3 指示性项目和行动

项目1 巩固非洲联盟工业发展基金

有必要巩固和协调非洲联盟制定的资助工业和生产能力发展以及基础设施建设的诸多项目。非洲发展新伙伴计划或非洲开发银行要与多边开发金融机构密切合作，如多边投资担保机构MIGA、IRBD和其他机构，从本地和国内资本市场筹集资金，利用非洲政府以及官方发展援助等渠道。

该项目的指示性活动有：（1）确保基金项目是良好的，以区域工业化目标；（2）确保现有的基金同区域开发金融机构/开发银行之间建立良好的关系和对话，在区域层面协调一致努力；（3）确保基金为生产能力开发项目提供快速的股本及债务融资；（4）鼓励在区域层面建立专门用途的资金（具体部门）。

项目2 建立区域投资基金

通常情况下，通过技术研究、软贷款和有限的基础设施融资方式能够实现金融援助，能够促进和补充材料的升级换代。机械及设备更新改造支出可能占总支出的80%。有限的补贴和无偿援助也可能是必要的，从而为工业升级提供资金支持。因此，有必要建立一个适当的融资框架，促进工业项目的升级。尽管有几个显著的例外，在许多非洲国家的经济中，企业都面临着高成本的投资（每年通常超过20%），以及无法提供公共土地作为抵押。工业和中小企业发展面临再融资的需求，而商业银行提供给企业的信贷是有限的。免费资金担保贷款几乎是不存在的。

如果有的话，信贷的期限很短，短期贷款的期限通常有两年或更短。另外，金融工具和资本市场正在缓慢发展，尽管非洲大陆的发展潜力巨大。这样的资金可以作为中小企业主要资金来源。此外，国家财政机制融资改造方案也将纳入进来。有些国家现有的国家政策机制升级较为缓慢，而其他国家则需要制定新的政策机制。那些正努力实现国家政策机制升级的国家或许希望创建一个独特的国家基金。

该项目的指示性活动有：（a）开展可行性研究，建立区域投资基金；（b）为基金的资本化和管理重新定义并确立模式；（c）为基金建立和落实自主管理结构；（d）对基金所资助的投资和业务进行监控；（e）确保区域层面的基金和非洲联盟大陆层面的基金投资协调一致。

项目 3　银行担保投资组合项目的开发

为实现国家投资促进机构和技术机构合作，区域投资基金应促进银行担保项目的开发。虽然私营部门主导的项目将是该基金的优先事项，但是，基础设施开发项目对拉动行业增长或效率提升也将是一个优先事项。在这些项目中，应鼓励公共和私营部门建立伙伴关系投资模式。

这些项目的具体指示性活动如下：（1）在次区域或国家层面确立能力建设机制，对各工业部门的发展进行可行性研究；（2）开展行业投资研究，对高优先级项目开展可行性研究报告；（3）促进创业投资；（4）制定相应的投资营销策略并建立一种机制，将国内和国际的重点投资项目市场化；（5）为大规模投资项目建立公共——私营部门磋商平台；（6）在国家和次区域层面，开发区域投资者数据库，支持政策的制定和投资促进战略的设计。

6.3　投资促进、监督及分包机制

6.3.1　概述

外商直接投资对区域经济增长发挥了重要作用，尤其是在东亚和东南亚，促进了竞争力的提高和出口导向型经济的发展。然而，许多调查和研究表明，撒哈拉以南非洲没有获取足够的外商直接投资流入。按照《世界发展报告（2007 年）》，约 30%的全球外商直接投资是针对发展中国家。大部分流入非洲自然资源丰富的国家，资金主要用于资源开采。

各种研究表明，不同层次水平的外商直接投资流入到撒哈拉以南非洲，占世界范围内外商直接投资的 1%—3%。非洲缺乏足够的外商直接投资，其质量也不高，特别是在撒哈拉以南非洲。众所周知，这对大多数非洲国家实现可持续发展产生负面影响。全球化的不断深化和随之而来的挑战，非洲需

要解决抑制投资流入其生产部门的因素。以投资促进竞争力增长，是非洲实现发展目标、提升能力建设的关键，如减少贫困、经济多元化、均衡发展、教育和技能的累积。

6.3.2　项目目标

该计划的目标是创造一个有吸引力的投资环境，提高外商直接投资的质量和水平，促进外商直接投资流入非洲的生产部门。此外，通过更好地监督投资，更有效的管理和治理，改进信息收集和准入，为私人投资者提供更加有效的决策。为了实现这些目标，该计划的目的是产生三个主要成果：（1）为外商直接投资创造一个有吸引力的环境和采取激励措施；（2）建立数据和信息平台，加强在非洲投资的监督，提高国家和区域机构的能力，运用这个平台，为国家政策和战略制定提供基本的数据，为投资者提供有针对性的服务；（3）在促进国内投资和支持工业发展之间寻求投资水平的平衡。

6.3.3　指示性项目和活动

项目 1　建立全国供应商基准和合作交流网络

投资监督平台是在分包与合作交流计划（Sub-contracting and Partnership Exchange，SPX）指导下，帮助本地企业成为跨国公司、国有企业和其他大型企业的供应商或分包商。该网络是作为识别和匹配本地供应商和买家需求的信息门户。该项技术方法正在升级，SPX 与投资监督平台相结合，为供应商的发展提供良好的基准和投资促进计划。对主要供应承包商的供应链项目提供支持，提高竞争力水平。

项目 2　吸引必要的外商直接投资

吸引外商直接投资，加速非洲工业化，这需要非洲各国政府确保政治和经济稳定。宏观经济的稳定和良好的治理，始终是吸引外商直接投资的首要前提条件。宏观经济改革必须确保财政赤字和通货膨胀的降低，并健全金融体系。该项目的指示性活动有：（1）国家必须主动审查投资政策，改善投资环境，为国际私营部门与社区增加投资机会提供便利；（2）签署双边投资条约（BIT），保护和促进外商直接投资；（3）加强投资促进机构在国家、区域和大陆层面的合作，与世界投资促进机构协会（WAIPA）加强联系；（4）认识到非洲内部投资流动的重要性，还应当建立非洲大陆内部促进和便利自由投资的体系。

项目 3　促进国内能力建设，监督和便利外资进入工业重点子行业

为投资利益相关者的决策制定和 IPAs 的能力建设提供投资监管平台，加强对投资者的调查，并进行信息汇集。该计划重点是，从一般性的投资转化为以证据为基础的战略。这个方案的核心要素是在非洲国家进行一系列针对外国和国内投资者的调查。该调查将评析出外国投资者的多元性和活力，对于当地经济的影响，包括就业、附加值创造、风险评估和区位因素等。这种分析将为决策者和投资促进机构提供必要的信息，使他们的决策水平更加有效，对当地发展产生重要影响，并采取所需的服务和政策干预措施。

该项目的指示性活动有：(1) 优化治理结构，开展宣传活动，并建立一个投资监督平台；(2) 开发投资监督平台，这将是一个基于互联网的交互式数据库，允许用户查询数据；(3) 提高国家和区域机构的能力，通过能力建设方案，加强对投资促进战略的研究和设计；(4) 编制并发布双年度投资者调查报告；(5) 对供应商基准水平调查并提供指导，以符合国际标准；(6) 建立供应/供应商的信息获取和传播机制；(7) 建立和强化外国投资者和国内部门之间互惠互利的联系；(8) 设置一个 SPXs 监控平台。

6.4　利用非洲侨汇加速工业化

6.4.1　概述

和其他移民群体一样，非洲侨民参与的许多活动都使其母国受益。世界银行的研究显示，在 2007 年，流向撒哈拉以南非洲地区的侨汇收入为 110 亿美元。这些汇款为家庭安全和减轻贫困提供了急需的资金。汇款也有助于支持家庭成员和朋友开始或扩展业务，建造房屋，并承担自费项目和投资。

尽管非洲各国政府和非洲联盟已经开始重视散居非洲人的影响，但是与全球其他地区相比，非洲相关的公共政策比较匮乏，尚未充分利用侨汇资源。其结果是，母国和海外之间的体制关系是非常薄弱或根本不存在。非洲必须研究可行的政策，充分利用散居资源促进各国经济发展，非洲开发银行[①]已经建立了相关的机制，采取种种努力，加大对非洲侨民的投资力度。因此，本方案的部分是非洲联盟和非洲开发银行做出的重要努力之一。

6.4.2 项目目标

这项计划的总体目标是设立一个机制，以充分利用散居资源，包括财政对工业部门的投资。其具体目标是：（1）改善政策，减少汇款成本，提高其投资效率；（2）设置一个散居投资基金，加大对非洲的投资质量和投资水平；（3）各个散居网络的投资者、非洲各国政府和私营部门要加强沟通，树立信心，提高投资的水平；（4）采取特殊的奖励措施，鼓励和促进散居非洲人往国内汇款。

6.4.3 指示性项目和行动

这些目标将通过具体的项目和活动来实现。以下是可以在短期到中期内实施的项目。

项目 1 调整政策和改善创业环境，吸引散居资源

该项目将充分调动散居海外非洲人的知识、金融和创业能力，以提高对工业部门或相关支持部门的投资。这需要具体的政策吸引散居资源，并刺激政府与非洲散居人开展合作，建立激励机制。该战略为实现这一目标，其包括：参与国家政府采取制度化项目，政府完善产品和服务政策，派遣专业人士与散居海外的非洲人加强联络。利用南南合作和北南经济集团，聚焦散居海外非洲人的投资活动并维持其继续发展。此外，该项目的重点是：（1）颁布和实施政策，吸引侨民投资；（2）改善商业环境，完善法律准则，为散居投资者提供便利；（3）提供银行及金融工具，如息债券，并对侨民提供外币账户；（4）促进非洲国家银行与金融体系的合作，广泛参与该计划。

项目 2 为工业发展建立散居投资基金

尽管非洲散居资金数额总量巨大，但是它被不断分流，一个主要问题是如何将这些资金用于生产性用途。目前，散居海外非洲人依靠家人和朋友开

---

① AfDB：Mobilizing the African Diaspora for Development，AFTCD and AFTQK，September 7，2007.

展商业活动，识别与区分不同的投资机会，但是结果却千差万别，大部分非洲当地人没有受过训练。往往这些资金被挪用和滥用。根据建议，在非洲开发银行的指导下建立相关基金，与世界银行合作，吸引侨民投资基金。这种基金可以对一些捐助者和具体私营部门的利益相关者开放，以促进该基金目标的实现。欧洲的一些捐助者已经对“欧洲非洲侨民开发市场”（Development Marketplace for the African Diaspora in Europe，D-MADE）提供了支持。该项目是面向散居海外的非洲人，希望在非洲开展相关业务活动。为了进一步开发这个项目，从 D-MADE 吸取教训，促进散居海外非洲人创业，将采取相关指导性项目。该项目下的其他具体活动有：（1）建立侨民与母国的合作伙伴机制，改善业务和投资网络，为侨民投资准入提供便利；（2）确定和促进商业发展的跨区域合作，例如，非洲国家与巴西在可再生能源领域加强投资；在加勒比海地区开展农业出口合作，在南亚和东南亚地区开展信息技术和通讯合作；（3）识别商业开发援助工具，以服务呈现给散居海外的企业家，如业务标识、全局/局部市场调查、编制商业计划书、创业、企业资本化等。

项目 3　建立投资者网络，方便侨民投资与交流

为了提高潜在投资者的兴趣，应当加强可行性研究，为潜在的投资者提供投资机会等方面的信息。然而，信息最有效的沟通和监控的手段是，通过建立散居海外非洲人网络来实现。这就需要在最高政策层面，将非洲投资促进机构与上述网络对接，促进散居海外非洲人开展相关活动，增强其对非洲发展的影响。这个项目的其他具体活动包括：（1）建立定期交流知识的论坛，交流投资机会、政府的业务政策、程序，为散居海外非洲人提供指导；（2）促进和培育相关网络政策，就非洲热点问题讨论，如次/区域一体化的基础设施、能源、交通以及气候变化和农业生产力；（3）在非洲与美国、欧洲、拉丁美洲和加勒比地区，建立商业和知识交流论坛。

6.4.4　制度安排的实施

上述项目的设想和实施，需要非洲开发银行与非洲联盟密切合作，负责领导实施。鉴于非洲侨民地理分布的广泛性，非洲开发银行与世界银行合作，建立基金，并对基金建立与组织的可行性进行分析。

应该指出的是，上述方案的成功和可持续发展将取决于非洲内部主要利益相关者和散居海外非洲人网络合作安排的有效性和牢固性。因此，在大陆层面，非洲联盟和各个区域机构，如区域经济共同体，必须确保与现有的散居海外非洲人网络有实质性接触。

集群方案 7　可持续发展

7.1　治理和体制框架的可持续发展以及企业社会责任协议

7.1.1　概述

可持续发展（Sustainable Development，SD）概念涵盖范围广泛。但是，这个集群方案将重点放在可持续发展的三个方面：经济、环境和企业社会责任（CSR）。

非洲具有储量丰富的矿产资源，如铂、金、铬、钒、钴和钻石的储量巨大。非洲也存在植物群和动物群都很丰富的农业资源。此外，非洲大陆的重要性与日俱增，它为世界提供了丰富的石油、天然气和其他化石能源。不幸的是，这些矿产资源大多是通过其原始形式被利用和出口，没有太多的附加值。这种趋势在资源丰富的地区不断重复。

这就导致了非洲的资源被描述为“新的混乱”（New Scramble）。许多非洲国家有针对自然资源开采和使用的专门性的法律和条例，协调各方群体的利益。在很大程度上，在整个非洲大陆，这些法律和权利并不一致。在某些地区，如南部非洲发展共同体和西非经济货币联盟，已做出努力协调矿物政策、标准和法规。

各个层面的利益攸关方已经认识到，要更好地利用自然资源，挖掘其潜力，非洲国家必须强化治理体系，并加强机构能力建设，包括进行合同谈判的能力。

非洲民间社会组织的实力正在增强，在开发矿业项目的过程中，与地方社区协商正在成为一种标准做法。矿产所有权和地方参与变得至关重要。为了应对这一点，一些国家正在重新审视其矿产政策和立法。这可能会成为非洲大陆的趋势。

更重要的是，最近国际社会的趋势是，在企业社会责任的框架下，进行一些治理方面的考虑。一系列核心发展问题聚焦到企业社会责任议程。它们包括劳工标准、人权、教育、卫生、童工、减少贫困、冲突和对环境的影响。

非洲企业公民研究所（AICC）于2001年正式成立。它是一个非政府组织（NGO），在促进企业实现可持续发展方面发挥重要作用，并将建设成为卓越的非洲机构。它致力于通过负责任的商业实践活动，提高国家、企业和社区的竞争力。该研究所已建立各种论坛和中心，确保在非洲经营的本土和外国公司采用可持续的做法。非洲企业可持续发展论坛（Africa Corporate Sustainability Forum，ACSF）是其所属机构之一，该机构也是非洲发展新伙伴计划商业集团（NEPAD Business Group）的成员（AICC，2006）。

企业社会责任议程需要本地化，如果它对本地重点发展项目产生显著贡献——它必须与当地企业产生关联，不管这些企业是大还是小。

7.1.2 项目目标

该方案旨在确保将可持续发展原则纳入国家法律、法规和政策：（1）确保适当的法律规范，有效地利用非洲的自然资源；（2）确保在非洲经营的企业，不管是大还是小，超越单纯的谋取利润的动机，制定可持续发展的规范；（3）确保所有的利益相关者，特别是国家、企业（工业企业和中小企业）以及民间社会都能够履行企业社会责任的规定；（4）非洲各国政府必须采取协调一致的标准和准则，所有公司必须遵守关于企业社会责任的规定；（5）遵守企业社会责任标准，应该将投资和采购置于优先考虑的地位。

7.1.3 指示性项目和行动

项目1　在广义治理框架下促进可持续发展

非洲经济发展和工业化实现可持续发展模式，其成功依赖于政府和其他政党以及利益相关者（如商业和民间社会）的领导和承诺。如果没有整个非洲主权国家共同的承诺，可持续发展就得不到有效实施。这一承诺的最好体现在各国的宪法条文中。大多数国家，国家治理的最高权力规范是宪法或人权法案。通过宪法，人们认识到可持续发展是一种权利、政策、法律和法规，必须采取措施落实这项权利。这里需要采取的主要活动是广义治理框架下的可持续发展原则，包括适当的立法、规章和政策支持。

具体的项目活动：（1）国家宪法必须树立可持续发展的理念，作为一项宪法权利，通过合理的立法强制执行；（2）为建立可持续发展的框架，现有的相关政策必须体现可持续发展的原则，或调整相关政策。引入当地和国际公认的准则，以指导制定相关政策；（3）确保所有的利益相关者在政策审查或调整过程中，注重协调整个非洲大陆的政策、法律和法规；（4）在可持续发展方面立法，落实政策。许多国家法律体现不健全，这是强化现有法律措施的机会；（5）通过适当的法规，强化法律的执行。

项目 2　促进采掘过程中本地化和选矿优先

为了避免针对非洲资源不顾后果的开发，并确保所涉及项目流程的本地化，有必要建立一个有利的法律框架，协调矿业管理和投资规范。该框架应制定准入守则，明确准入条件下的采掘权利。

这要求对所有将要开采的矿产原产地制定清晰的图谱。这将涉及一系列的技术知识，包括对这些现有原材料的提取和加工以及提取物和最终销售产品之间的联系。

此外，由于自然资源的有限性，需要借鉴国际经济中的良好做法，建立下一代捐赠基金。

具体的项目活动：（1）审查现行立法并修改，扩大受益机会的范围；（2）在生产领域，研究和形成最终产品与步骤的知识储备；（3）开发新的程序，指导会员国对潜在矿产图谱的开发；（4）明确可行的选矿流程，这将对采矿和投资法的修订产生影响；（5）建立下一代捐赠基金，确定其最佳实践做法；（6）调查建立捐赠基金的可能性。

项目 3　为实现前后关联和有基础的 CSR 议程组建区域网络

具体的项目活动：（1）举办国家和地区研讨会，推广企业社会责任原则；（2）创建企业、工业企业和可持续发展非政府组织网络，确立前后关联和有基础的原则；（3）在社会开发中，将可持续发展的实践做法和案例研究公开化；(4) 与区域经济共同体密切合作，以监管企业社会责任实践方面取得的进展。

7.1.4 制度安排的实施

该项目将通过非洲工业部长会议主席团、非洲联盟矿物和能源组织，区域经济共同体，世界可持续发展首脑会议，支持可持续发展的非政府组织，订立合作伙伴协议，引导实施上述项目。

7.2 创造一个清洁和资源节约型的工业环境

7.2.1 概述

不可持续的经济增长导致了贫困的加剧，这就是非洲的现状。这些现状都可以通过高污染、商业活动的高度浪费、自然资源（包括能源、原材料和水）的低效利用等方面得到见证。这些引发了一系列直接和间接的影响，特别是环境退化和生产力下降，同时，也导致了竞争力下降，市场准入受到限制，市场失灵并难以满足本地及国际消费者对无公害环境产品和服务的需求。

自 1994 年以来，一些联合国机构（特别是联合国工业发展组织和联合国环境署）一直在加强合作，在一些发展中国家建立国家清洁生产中心（National Cleaner Production Centers，NCPCs）。在非洲埃及、埃塞俄比亚、肯尼亚、摩洛哥、莫桑比克、南非、坦桑尼亚、突尼斯、乌干达和津巴布韦等国实施了相关项目。类似的中心不久将在卢旺达和尼日利亚设立。

这些国家清洁生产中心从事清洁生产、培训工业专业工作人员、开展业内示范、提供政策咨询，并协助无公害环境技术的转让。同时，非洲国家清洁生产中心为启动非洲可持续消费和生产圆桌会议（African Roundtable on Sustainable Consumption and Production，ARSCP）创造了条件，它创建了相关机制，为非洲区域参与马拉喀什进程，制定并实施地区和国家可持续消费和生产 10 年框架计划打下了基础。

继 2007/2008 年对国家清洁生产中心项目进行独立评估后，这些中心正在不断发展。特别强调可持续发展的理念、方法、技术和政策，在本地和全球范围内提高环保性能和资源有效利用，进而实现环境效益、经济效益和社会效益。该方案的重点延伸到“清洁和资源高效生产”（Cleaner and Resource Efficient Production，CREP）。“清洁和资源高效生产”强调，清洁生产和资源利用效率是紧密相通的方式，如果没有对资源的有效利用，就不能够实现清洁生产。

7.2.2 项目目标

该项目的目标是促进非洲可持续工业开发和可持续消费与生产。这需要各个层面的企业、组织、各级政府、融资提供者、科学融资和其他商业服务机构推广清洁和资源高效生产的理念、方法、技术和政策。项目目标的成果体现在两个方面，企业和其他组织污染与废物排放的降低，企业和其他组织资源利用效率的提高。总的来说，这些目标的实现将会产生两个方面的好处，一方面，产生直接的福利，特别是减轻环境恶化，提高生产率；另一方面，竞争力的提高和市场准入，以及满足消费者获取环保产品和服务的需求。

该方案包括四个结果导向的项目，无论各个项目是单独开展，还是协同合作，每个项目对总体结果产生重要影响。它们是：（1）在国家主管机构，建立有效的网络和协同学习组织；（2）企业和其他组织实施清洁和资源高效生产，实现资源生产效益、环境效益和经济效益；（3）在主流政策和企业融资方面支持清洁和资源高效生产；（4）加强技术管理能力，建立转让、改造和 EST 的替代，促进可持续产品的开发。

7.2.3 指示性项目和行动

项目 1 建立或加强国家清洁生产服务供应商/中心的泛非网络

为了广泛实施和推广清洁和资源高效生产的理念、方法、技术和政策，清洁和资源高效生产服务供应商的网络将扩大到整个非洲。通过现有的专门机构（如国家清洁生产中心）或联络点，创建区域、国家和次国家可持续发展服务提供商网络。这些定向可持续发展服务商将协助企业、政府和其他利益相关者来开发、评估和实施清洁和资源高效生产。

整个非洲网络将进一步扩展，将开展以下主要行动：（1）建立区域、国家/或次国家中心，或者开展现有的国家清洁生产中心无法覆盖的项目，为实施清洁和资源高效生产提供服务方案；（2）将非洲国家清洁生产中心和其他清洁和资源高效生产服务供应商建立网络，以确保有效获取信息和资源，促进相互学习和能力发展（与非洲可持续消费和生产圆桌会议相关的活动）；（3）开展可持续的能力建设，为国家清洁生产中心和其他清洁和资源高效生产服务提供商提供进一步的专业培训计划。

项目 2　主题和部门倡议

除了国家层面的倡议（项目 1 中已经涵盖），建议该方案将包括数项主题和部门举措，覆盖非洲不同地区的国家。该主题倡议将寻求促进清洁和资源高效生产在具体行业部门的可持续发展成果的应用。例如，专题举措包括：通过清洁和资源高效生产提高能源效率；通过清洁和资源高效生产健全化学品管理；通过清洁和资源高效生产预防污染。在类似的项目结构中，这些将与部门举措结合，特定工业部门清洁和资源高效生产将聚焦具体的机会和技术方案。清洁和资源高效生产确定的项目活动在制糖业、渔业和旅游业等方面的前期工作已经完成。

所有这些举措将包括：（1）提高认识、专业培训、工具和信息资源的开发；（2）为实现相关主题结果，进行清洁和资源高效生产可行性展示，或在所有参与项目的国家的优先领域实施。

项目 3　实施清洁和资源高效生产的政策和融资

除了项目 1 和项目 2 涵盖的主要技术工作之外，建议该计划制定一个支持性措施，确保清洁和资源高效生产得到企业融资方面的支持。其目的是建立一系列灵活的方针，政府和金融机构制定具体的政策干预和/或金融工具，鼓励企业投资于清洁和资源高效生产。可以建议金融机构建立专门的信用额度或小额融资，扶持现金短缺的企业，特别是小规模的融资，投资于对环境无公害的机器设备。

7.2.4　制度安排的实施

国家清洁生产中心、非洲可持续消费和生产圆桌会议和联合国环境规划署（United Nations Environment Programme，UNEP）建立密切的协作网络，进一步促进上述相关项目的发展。这个网络的具体行动包括以下内容：

（1）设计并采用会员制标准，确定中心的指导方针；（2）在非洲大陆确定网络的地理和/或部门覆盖范围的主要差异，并在需要的地方补充建立中心；（3）建立一个知识管理平台，交流清洁和资源高效生产的经验和专业知识，并定期组织网络、交流和培训活动。

7.3 解决可持续发展的环境问题

7.3.1 概述

环境主要包括生物物理环境，它是物理环境和环境内生物的生命形式之间的共生关系，包含地球生物圈的所有变量。在其他语境中，也可用于指直接的外部环境，或系统周围内的环境。生物物理环境的范围涵盖所有生物圈，这是属于地球的一部分，包括所有的生命形态。生态系统有许多类型，它是生物圈特定的一部分，诸多生态系统共同构成了整个生物圈。

环境的可持续性是在环境的相互作用中，确保环境变化是一种自然发生与质朴演变的过程。

“不可持续的情况”是指当自然资本（大自然资源的总和）正在加速开发，超过了其自然恢复的属性。可持续发展要求人类活动有限使用自然资源，根据其自然属性恢复更新。本质上，可持续发展的概念是与承载能力的概念交织在一起。

世界可持续发展首脑会议（World Summit on Sustainable Development，WSSD）认识到，生态系统为人类福祉和经济活动提供必要的资源和服务，人类活动正在不断对生态系统的完整性产生越来越大的影响。在这方面，约翰内斯堡行动计划（Johannesburg Plan of Action，JPOI）指出，针对自然资源的管理，必须以可持续和综合的方式进行，这是实现可持续发展所必不可少的内容。它指出，为了扭转自然资源退化的趋势，必须实施一项战略，其中，应包括在国家层面和区域层面保护生态系统，实现土地、水源、生物资源综合管理。在实施过程中，该计划呼吁加强区域、国家和地方的能力建设。

7.3.2 项目目标

该计划的总体目标是确保非洲工业化顺利实施，同时也确保环境的可持续性发展。其具体目标是：资源保护和可持续利用；最大限度地减少环境退化、环境成本和废弃物管理；可持续的工业发展在减缓气候变化中的作用；符合外部环境标准和法规。

7.3.3 指示性项目和活动

为项目设计和实施的体制机制已经部分到位，但是需要在大陆、区域和国家层面更多的协调。一段时间以来，利益相关者，例如非洲联盟、非洲发展新伙伴计划、联合国机构和区域经济共同体，都把重点放在环境的可持续性发展；众多的国际会议，比如里约热内卢会议，世界可持续发展首脑会议等，都强调可持续发展的重要性。非洲国家面临的主要挑战是，非洲国家必须有效承诺和履行保护自然环境和生态系统的各项协议。

项目 1 保护（生态效率）和可持续利用资源

生态可持续发展是可持续发展中的环境部分。它可以部分地通过预防原则来实现目标，即如果有严重或不可逆转的环境威胁时，缺乏充分的科学依据，不应以此为理由推迟采取防止环境退化的措施。

这个项目的主要活动有：(a) 制定政策、战略、法律和法规，旨在保护自然环境。这些也必须以资源的可持续利用作为指导方针；(b) 加强对工业项目的识别和认定，通过环境影响评估，识别对自然生态环境的潜在负面影响，并制定环境管理计划消除这些影响。这包括采取预防性措施避免对环境产生有害影响；(c) 建立监管机构，遵守环境法律和可持续利用的原则；(d) 清洁技术、环境恢复和可再生能力与自然资源相关联，以确保生态系统的平衡。

项目 2 最大限度地减少环境退化（环境压力）和废物管理

环境退化表现在诸如空气、水和土壤等方面的恶化，生态系统的破坏和野生动物的灭绝。

环境退化是联合国高级别威胁小组官方认定的十大威胁之一。世界资源研究所（World Resources Institute，WRI）、联合国环境规划署、联合国开发计划署和世界银行于 1998 年 5 月 1 日公布了非常重要的全球健康和环境报告。

环境退化的表现形式多种多样。当自然栖息地被破坏和自然资源枯竭时，环境就会恶化。环境退化和废物管理相关联，这就需要完善的管理，以确保对人类健康和环境的影响最小化。

这个项目的主要活动有：（1）提高体制、技术和工艺能力，以有效实施废物管理和防止环境退化；（2）组织政策和程序主要聚焦实现环境退化的最小化，不断评估环境影响，加快受灾地区环境恢复；（3）凡是普通商品货物对环境破坏产生了影响，政府必须采取“污染者买单”的原则；（4）凡是工业项目与明显的空气污染存在密切联系，必须实施清洁开发机制（Clean Development Mechanism，CDM），解决碳排放问题；（5）在资源利用过程中，促进并尽可能激励使用更清洁的技术；（6）建立和实施立法和监管框架，促进废物的避免、防止、减少、再利用和再循环。

项目3　建立符合国际环境保护的标准与法规

人们逐步认识到，在生产过程中会产生和使用有害物质，为了保护人类生存环境，这倒逼国际标准的发展（例 ISO14000）。许多国家正在超越全球协定，实施更大的环保标准，这将影响贸易关系和世界各地公民的参与。对非洲而言，欧盟制定的外部环境标准和法规承诺（Compliance with External Environmental Standards and Legislation，REACH）就是一个很好的例子。法规规定，禁止进口到欧盟的化学品包含指定的有害物质，包括非金属矿物。对非洲而言，去除这些有害物质既是机遇，也威胁到非洲的发展。环境保护的二元体系对发展中国家带来新的挑战。

这个项目的主要活动是：（1）确保各个项目符合国际环境保护标准，并加强能力建设，履行实施国际环境保护标准；（2）扩大资金来源和技术资源，以采用符合国际环保标准要求的新技术。

未来路径

注意到非洲联盟部长会议主席团工业部长提出的问题，将与区域和特定国家磋商：（1）为项目和计划制定适当的目标和时限；（2）建立一项监督和评估机制；（3）根据非洲大陆资源禀赋的多元化和工业化的规模，为非洲国家和地区诸多项目和计划重新定义；（4）简要评估所采取的合适的项目和计划的进程，最终确定眼前的、短期和长期项目所需要的开支；（5）明确执行过程的分工，确定清晰的劳动、角色和职责。

2063年议程

——我们想要的非洲*

王　勤[1]　胡皎玮[2]译　张忠祥　校

非洲人民的声音

1. 生活在非洲大陆以及流散世界各地的非洲人，以各种各样的方式团结在一起，青年人和年长者，男性和女性，以及来自社会各界的人士，怀着对历史的深刻认识，表达了他们对所有泛非主义者的崇高敬意。特别是对于非洲统一组织的奠基者们，他们将非洲从奴隶制度、殖民主义和种族隔离中解放出来。

2. 我们要重复泛非主义所号召的那样，为了实现非洲复兴，非洲必须团结起来。当下的几代人相信非洲的命运掌握在他们手中，而且我们必须行动起来塑造出我们想要的未来。第一批独立的33个非洲国家，在独立后第一个50周年聚集在亚的斯亚贝巴，组织成立了非洲联盟，我们期盼着下一个50年的到来。

3. 我们回顾过去的计划和承诺，势必将实现2063议程这一任务考虑进来，包括调动人民群众的积极性，以及维护他们在非洲大陆项目中的核心地位。本着自力更生的原则，非洲将自己筹措自身的发展资金。国家和政府在各方面都有能力、有融合力、负有责任心，这些都是非常重要的。区域经济

---

* Agenda 2063, The Africa We Want, Third Edition, January 2015.资料来源：非盟网站。

① 王勤，上海师范大学非洲研究中心研究生。

② 胡皎玮，上海师范大学非洲研究中心研究生。

共同体所起的关键作用，就像是为大陆统一体添砖加瓦，让我们自己、我们的政府和机构对发展结果负责。

4. 我们将再次投身于持久的泛非愿景中，即“一个统一的、繁荣富强的以及和平安宁的非洲，主权在民，并能够在国际舞台上展现其积极力量”。

非洲的 2063 愿景

5. 我们用共同的声音绘制了一幅美好的图景，上面有我们对自己的要求，对未来几代人的期望，以及对非洲大陆的企盼。

6. 愿景体现了我们共享繁荣兴旺和幸福安康的愿望，盼望团结融合，渴望公民自由，期望前途光明的非洲大陆，在这里，妇女和青年可以发挥他们的所有潜力，并且远离恐惧、疾病和贫困。

7. 非洲对自身的特征、传统、文化以及共同的价值观都十分自信，并且在国际舞台上扮演一个强有力的团结联合的和富有影响力的伙伴角色，为世界和平、人类进步和社会福利作出自己的贡献。简而言之，就是一个与众不同但更好的非洲。

8. 我们相信非洲有能力在多方面发挥所有的潜力，不论是在经济发展、文化进步以及和平建设方面，还是在创建蓬勃兴旺、兼容并包的社会方面。因而，我们才能齐心协力致力于实现以下目标：

总体上，我们所企盼的非洲应包括：（1）基于包容性增长和可持续发展的繁荣的非洲；（2）基于泛非主义思想和非洲复兴愿景之上的政治上团结和一体化的非洲；（3）良治、民主、尊重人权、正义和法治的非洲；（4）和平与安全的非洲；（5）具有强烈文化认同、拥有共同的文化遗产、共享价值观和伦理标准的非洲；（6）追求以人为本，特别是让妇女和青年可以尽情发挥他们的潜力的非洲；（7）强大的、团结的和有影响力的全球行为体和伙伴的非洲。

接下来，我们将对目标进行具体的阐述。

目标 1　基于包容性增长和可持续发展的繁荣的非洲

9. 我们决心在一代人的时间里根除贫困，进而通过经济和社会转型，来实现整个大陆的共同富裕。

10. 我们渴望到 2063 年时，非洲将成为一个繁荣的大陆，拥有推动自身发展的资源和方法，在那里：(1) 非洲人民拥有高水准的居住条件、高水平的生活质量以及充分的健康和幸福。(2) 公民受到良好的教育，以及建立在科学、技术和创新基础上的技术革命，这些在非洲的知识型社会中都将是常态。所有的非洲儿童都要入学接受教育，不会因为贫困或其他任何形式的歧视而失学。(3) 城市及其他居民点是经济文化活动的中心，这些地方拥有现代化的基础设施，人们可以支付得起而且条件不错的住房，并且住房配备基础的生活必需品，比如水、公共卫生、能源、公共交通和通讯技术。(4) 促成经济结构转型，实现发展成果的共享，体面的就业以及公平的经济机会。(5) 现代农业促进了农作物产量的增长，农业生产率提高和农产值上升，促进了农场主和国民经济的繁荣，也保障了非洲的集体粮食安全。(6) 自然环境优良、生态系统平衡，良好的气候环境有利于经济和社会的发展。

11. 到 2063 年，非洲大陆将成为全球生活质量最好的地区之一。为了实现这个目标，我们需要推动经济包容性增长，创造更多的就业岗位，提高农业产量，加大在科学、技术、研究和创新上的投资；并且要促进男女平等，培养青少年自主能力。另外，还要提供基本的生活服务，包括医疗保障、食品安全、教育事业、社会救济、生活用水和公共卫生。

12. 非洲的总体 GDP 要与非洲占世界人口和自然资源的比例相称。

13. 为实现非洲农业的现代化和高效率，要采用科技创新并结合传统的农业知识。到 2025 年，我们将摒弃手锄，采用现代化的、高效的生产方式，使农业成为吸引妇女和青年的部门。

14. 非洲的海域是其大陆面积的三倍，发展蓝色经济，将会大大促进非洲大陆经济转型和经济增长，提高对海洋的认知和海洋水产技术；同时，也会促进整个非洲航运业的发展，包括海洋、河流及湖泊的运输业和渔业。

15. 非洲目前的碳排放低于全球碳排放的 5%，却要承受全球气候变化带来的冲击。非洲要采取统一的行动，来应对全球气候变化的挑战。我们要利用不同学科的优势和充分的支持（比如优惠的技术开发、转让政策、能力建设、资金和技术资源），以确保实施行动，来保护包括岛屿国家在内的最弱势群体的生存，以及实现可持续发展和共同繁荣。

16. 非洲将参与应对气候变化的全球性努力，出台支持非洲大陆可持续发展的政策。非洲将继续用同一个声音说话，并且坚持其在气候变化问题上的立场和利益。

17. 非洲要合理利用并可持续管理水资源，以促进社会经济发展、区域合作和环境保护。

目标 2　基于泛非主义思想和非洲复兴愿景之上的政治上团结和一体化的非洲

18. 自 1963 年以来，对非洲统一的追求，已经受到泛非主义思想的鼓舞，当时的目标是实现非洲的解放、政治独立和经济独立。非洲联合的进一步发展有赖于非洲人民的自力更生和民族自决，以及民主制度和以民为本政府的支持。

19. 我们期盼到 2063 年时，非洲将会：（1）成为一个统一的非洲；（2）拥有世界级的、一体化的基础设施遍布非洲大陆；（3）与海外的非裔侨民保持频繁互利的联系；（4）非洲成为一个统一的大陆，相邻国家间的边界资源管理通过对话来解决。

20. 非洲将成为一个一体化的、统一的、主权的、独立的、信心的以及自力更生的大陆。

21. 非洲将重新树立团结和统一的目标，那就是把非洲从奴隶制度、殖民主义、种族隔离和经济压迫等不平等制度下解放出来。到 2020 年，所有殖民主义的残留都会被消除，所有被侵占的非洲领土都会被彻底解放。我们要采取措施尽快结束英国对查戈斯群岛（the Chagos Archipelago）的非法占领，以及法国对科摩罗马约特岛（the Comorian Island of Mayotte）的非法占领，并且坚持在西撒哈拉地区的民族自决权。任何形式的压迫，诸如性别歧视、阶级压迫及其他类型的压迫都应该终止。

22. 非洲一体化进程的最高层次是非洲的政治联合，包括人口的自由流动，建立管理整个非洲的机构，实现全方位的经济合作。到 2030 年，应该对管理整个非洲的机构制度所采取的形式达成共识。

23. 非洲要成为一个人口、资金、商品和服务都可以自由流动的大陆，这将促使非洲国家间的商品贸易和投资活动达到史无前例的新高度，同时也会加强非洲在国际贸易中的地位。

24. 到2063年，必要的基础设施将会促进非洲一体化、技术转移、贸易增长和经济发展。基础设施包括高铁系统、公路、航运、海空联运以及完善的信息通讯技术和数字经济。另外，一条泛非高速铁路网络，将连接非洲大陆所有的主要城市/首都，再加上高速公路，用来输送水、石油和天然气的管道，以及信息通讯所需要的宽带电缆等其他基础设施。这些都将会刺激非洲的制造业发展、技能进步、技术研究开发和非洲一体化，并且带动非洲内陆贸易、投资和旅游业的发展。

25. 随着贸易便利化的发展，以及达到国际水平的基础设施建设，将见证非洲内陆的贸易增长从2013年的12%上升到2045年的50%。非洲占国际贸易的份额将从2%增加到12%。这些也会反过来刺激泛非企业在各个经济领域实现全球性的覆盖。

目标3　良治、民主、尊重人权、正义和法治的非洲

26. 非洲将形成一种一致的文化，包括良治、民主价值、性别平等、尊重人权、正义和法治。

27. 我们期盼到2063年时，非洲将：（1）成为一个民主价值、文化和实践的大陆，在这里，人权、性别平等、正义和法治等原则牢不可破；（2）建成高效的行政系统，形成有改革能力的领导阶层。

28. 非洲人民将拥有高效的法庭，独立且公正，能够公平地为人民伸张正义。贪赃枉法的现象将会成为历史。

29. 非洲将形成为人民服务型的政府。公民将会积极的参与社会、经济、政治的发展与管理。服务于大陆的公共机构，将是有能力的、专业的、有规则的和任人唯贤的，可以提供高效的服务。各级的政府机构将会是进步的、民主的以及负责任的。

30. 在整个大陆层面、区域层面、国家层面以及地方层面，在各个领域（政治、经济、宗教、文化、学术、青少年和女性)，都将出现变革型的领导者。

目标 4　一个和平与安全的非洲

31. 到 2020 年所有的战争冲突都将终止。

32. 非洲将建立和平解决冲突的机制，在各个方面发挥作用。通过和平教育培养非洲儿童与青年和平与宽容的文化。

33. 非洲将会成为一个和平、安全的大陆，到处都是一派和谐的气象。非洲的多样性是我们的一项资源。我们要善于管理这份资源，可以带给我们巨大的财富、和谐生活以及社会经济的转型，而不应该让其成为引发冲突的源头。

34. 我们期盼到 2063 年，非洲将：（1）树立并形成一种尊重人权、民主、提倡性别平等、宽容和平的文化氛围；（2）给予所有非洲公民富裕和安全的生活；（3）建立一种机制，可以保护非洲大陆的集体安全和共同利益。

35. 我们认识到，要建成一个繁荣的、一体化的、团结联合的非洲，需要建立在良治、民主、社会包容的基础上，以及尊重人权、正义、法治的前提下。只有这样，才能实现非洲的和平。

36. 非洲将提高非洲人民的安全力度，大幅度减少暴力犯罪，为个人、家庭和社会创造和平安宁的环境。

37. 非洲将远离军事冲突，恐怖主义、极端主义、褊狭心理和性别暴力，这些对于人类安全与和平发展都有着巨大威胁。非洲将会清除吸毒和贩卖人口的现象。另外，也将杜绝有组织犯罪和其他形式的犯罪网络，比如私贩军火、海盗行为。非洲将禁止小型、轻型武器的非法贸易和扩散。

38. 非洲将促进建立在宽容基础上的人类道德价值的发展，反对任何形式的恐怖主义，不论恐怖主义的动机是什么。

39. 到 2063 年，非洲将有能力保持和平，通过建立共同防御机制、外交与安全政策，来保护公民的人身安全和利益。

目标 5　具有强烈文化认同、拥有共同的文化遗产、共享价值观和伦理标准的非洲

40. 泛非主义共同的历史、命运、民族性和传统，对各种宗教的尊重以及非洲人民和海外非裔侨民的共同意识，所有这一切都将得到巩固。

41. 我们期盼到 2063 年：（1）泛非主义理想将在非洲完全实现；（2）非洲将到达复兴的高峰；（3）非洲在文化、传统、语言和宗教上的多样性将会成为一种力量源泉。

42. 非洲将会在所有学校教授泛非洲的理念，形成泛非文化资产（传统、民俗、语言、电影、音乐、戏剧、文学、节日、宗教和精神）。非洲创造的艺术和工业品将闻名整个非洲大陆，名扬海外，并且对非洲人民的自我意识觉醒、生活富足安康产生巨大贡献，同时也有利于推动世界文化和遗产的发展。非洲的语言将成为非洲管理和一体化的基础。非洲的价值观包括对家庭、社区、努力工作、成功、相互尊重、社会凝聚力等，将进一步巩固。

43. 非洲被盗走的文化遗产和上古器物，将全部归还非洲并得到安全保护。

44. 非洲的文化、传统、共同的民族特征和命运，将会成为我们所有战略政策的中心，以便促进泛非目标的达成和实现非洲复兴。

45. 非洲的妇女和青年，应该作为变革的主导者而发挥重要作用。保持上下辈间的通话，使非洲大陆适应社会社会文化的变迁。

目标 6　追求以人为本，特别是让妇女和青年可以尽情发挥他们的潜力的非洲

46. 所有的非洲公民都积极参与非洲发展的各方面决策，包括社会、经济、政治和环境保护。

47. 非洲将会成为具有包容性的大陆，在这里，不会丢弃或排挤任何一个人，不论他的性别、政治背景、宗教信仰、种族属性、所在地区、年龄或其他因素。

48. 我们期待到 2063 年，非洲：（1）以民为本并且充满人文关怀；（2）将儿童的健康成长放在首位；（3）妇女的权利得到充分的保护；（4）性别平等充分体现在生活的各个方面；（5）青年将有能力并参与社会生活的各个方面。

49. 非洲妇女在各个领域都将拥有充分的权利，在社会、政治和经济方面拥有与男性平等的权利，包括拥有和继承财产的权利、签订合同的权利和注册经营公司的权利。农村的妇女将可以使用生产资料，包括土地、贷款、投资和金融服务。

50. 针对妇女和女孩的所有暴力和歧视（社会歧视、经济歧视、政治歧视）都将被消除，使她们能够充分享受到属于她们的人权。一切对社会有害的活动（尤其是针对女性的割礼）都将被禁止。此外，还要除去影响女性健康和教育质量的所有障碍。

51. 2063 年的非洲将实现完全的性别平等，妇女将至少占各级公选政府办公人员的一半数量，以及占据公共和私营部门管理层的一半职位。制约女性在经济和政治上发展的隐形限制将会被打破。

52. 到 2063 年，非洲儿童将充分享有《非洲儿童权利宪章》授予他们的权利。

53. 到 2063 年，非洲青年将会充分享有《非洲青年宪章》授予他们的，在社会、经济和政治领域上的所有权利。

54. 非洲儿童和青年的才能将会得到充分的发展、奖励和保护，使他们能够为社会作贡献。

55. 所有针对青年人的不平等、剥削、边缘化和歧视的形式都将被清除，并且在所有发展议程中，解决青年人的问题都将是重中之重。

56. 非洲青年的失业问题将得到解决，并可以得到全面的教育培养、技能训练，以及医疗保障、就业和其他的经济机会、参与娱乐文化活动，非洲将从资源和财政上帮助他们充分施展才华。

57. 非洲的青年人将在非洲的知识社会做出突破，为非洲的创新和创业精神作出巨大贡献。非洲青年的创造力、活力和创新精神，将会成为非洲大陆政治、社会、文化和经济转型的驱动力量。

目标 7　强大的、团结的和有影响力的全球行为体和伙伴的非洲

58. 非洲将成为一个团结强大、和平包容、有影响力的全球参与者和合作者，并在国际事务中占有举足轻重的地位。我们强调非洲团结联合的重要性，以面对持续不断的外部干涉，这些干涉包括试图分裂非洲大陆的行为，以及对部分非洲国家的过分施压和制裁。

59. 我们期盼到 2063 年：（1）非洲将在世界舞台上成为一支重要的社会、政治和经济力量，并且在全球领域享有与其土地、海洋、领空等相适应的权利；（2）非洲将积极参与全球事务，胜任多边机构的任务，积极推动世界的和平共处、兼容并包、可持续发展和公平正义；（3）非洲将完全有能力和方法为自身的发展提供融资。

60. 非洲将利用其在政治、安全、经济和全球治理社会体系中的优势，实现非洲的复兴，使非洲成为一个领先的大陆。我们将继续在全球范围内，反对任何形式的种族主义、歧视、仇外心理，以及相对应的不宽容行为。发展全球合作，不仅有助于促进和保护非洲的利益，实现互惠互利，而且与我们泛非主义者的愿景相一致。非洲将继续用同一个声音说话并采取集体行动，以促进我们在国际舞台上的共同利益和共同立场。

61. 非洲将继续推动联合国和其他全球性机构的改革；特别要提及的是联合国安理会，以纠正由于历史上的不平等，使得非洲成为唯一一个在安理会没有代表的大陆。

62. 非洲正在朝着一个好的方向发展，并寻求与世界其他地区和国家建立互惠互利的伙伴关系。因此，在看待伙伴关系的性质上，着眼于合理化的伙伴关系，能够有利于优化非洲的转型和非洲一体化事业。我们将通过强化对伙伴关系的共同观点，在全球事务的优先顺序和观点意见上，用同一个声音说话。

非洲联盟首脑会议

63. 我们，出席 2015 年 1 月在埃塞俄比亚首都亚的斯亚贝巴召开的非盟第 24 届首脑会议的非洲国家领导人。

64. 我们充分意识到了上述提到的非洲人民的愿望与决心，我们再次表达了对他们的感激并重申了我们的允诺。

65. 我们重申《非洲 2063 愿景》是建立在此前的成就及挑战之上的。非洲在对转型进行探索的过程中，考虑到了本大陆及全球范围内的形势和趋势，其中包括：

（1）泛非主义的愿景和项目。泛非主义引导了非洲人民和后代反抗奴隶制度、殖民主义、种族隔离及种族歧视；它引导了非洲统一组织（OAU）的创始人们献身于争取民族自决权、实现一体化、团结统一的伟大事业；它为今天非洲的复兴、转型和一体化打下了基础。

（2）非洲的转折点。这一转折点发生在新千年之交，我们希望通过再次表明的决心来终结战争和冲突，走向共同的繁荣兴盛，促进一体化的进程，建立反应灵敏且民主的政府治理；同时，通过非洲统一组织向非洲联盟的转型以及实现非洲发展新伙伴计划。根据人类发展指数，非洲在过去的逾十年中经历了持续的发展速度、进一步的和平与稳定并发生了一系列积极的事件。延续当下的路径、维持当下的步速显然是积极有利的，但我们还是意识到这对非洲跟上世界的步伐是不够的，因此在不同层面和领域的彻底转型是必需的。因此，非洲必须把握住这一有利转机，利用好人口、自然资源、城市化、技术和贸易等一切机会，以保障非洲的转型和复兴而不失众望。

（3）积极吸取国际上的发展经验。我们要潜心研习南方国家使多数人口摆脱贫困、提升收入、推动经济和社会转型的巨大成就。通过联合国及其他多边组织，我们作为推动全球发展的一部分，也和其他国家一同寻找着多边途径，力图解决一系列人类最为迫在眉睫的问题，包括人类安全与和平的维护，贫困、饥饿与疾病的根除，性别平等与气候变化，以及 2015 年后发展议程上的非洲共同立场。

（4）从非洲在过去及当下为发展所付出的努力和所面临的挑战中汲取教训，积极探寻以非洲人为中心的途径以推动转型。首先，这需要我们对独立后的国家及其民族建构、工业化和现代化努力、对抗疾病和愚昧与贫困进行研究。其次，我们要积极推动非洲一体化，正如在《非洲统一组织宪章》《蒙罗维亚声明》《拉各斯行动计划》《阿布贾条约》《非盟组织法》《非洲发展新伙伴计划》中所提到的。

（5）以人为本的发展、性别平等和保障青年权利。这就要求要将非洲人民放在整个大陆工作的中心位置，确保他们在非洲转型过程中的参与，构建富有关怀和包容的社会。对任何社会而言，只有在当妇女和青年掌有实权，且妇女能毫无障碍地完全参与全人类所努力推动的各个领域的时候，该社会的潜能才能得到最大发挥。非洲必须为我们的妇女、儿童和青年人提供得以充分发展并最大化施展才能的有利环境。

(6) 不断变化中的全球形势。当下，我们面临现代信息革命、全球化，来自技术、产品、贸易、知识和劳动力市场的变化，城市化、不断增长的位于南方国家的全球中产阶级和劳工阶级等方方面面的变革，世界多极化的不断发展，全球安全，以及气候变化所带来的影响。当今的人类不仅拥有能力和技术，还知道如何保障适宜的生活水平及地球上全人类的安全。然而，仍有不少儿童丧命于原可预防的疾病，不少妇女频频丧命于生育过程、饥饿和营养不良。落后的发展水平、脆弱的状态、边缘化、地区和国家之间及内部的不平等仍存在于这片大陆上。

66.《非洲 2063 愿景》所面临的压力是：

(1) 我们转型的内源计划。它以我们的人民、历史和文化作为非洲的比较优势，我们要充分利用我们的自然资源，利用在世界上的地位和重新定位推动平等且以人为本的社会、经济和技术转型以及消除贫困。《非洲 2063 愿景》探寻的是非洲人力资本的开发、社会资产的建设、基础建设及公共产品、妇女与青年的增权、长期和平与安全的推动、有效的发展型国家的建设、具有社会责任且参与社会治理的机构及政府机关的打造。

(2) 通过对部门的、规范性的、国家的、区域的、非洲大陆的计划的有效整合，将非洲的愿景和路线图融于一体。

(3) 全非洲人民及后代采取行动，将整片大陆的命运化为个人的责任和使命，积极地从自身做起，共同推动非洲的变革和转型。

(4) 从国家、地区和大陆层面的政府、领导人、机构和公民，都要履行承诺通过协调与合作实现该愿景。

67. 应该记住，《非洲 2063 愿景》是建立在非统成立 50 周年庄严宣言的誓言基础上的。

68. 我们深信，人民的呼声和非洲实现一体化、和平发展及繁荣兴盛的梦想都将在未来得以实现，只要我们从现在开始就以实际行动的落实来构建未来。

行动倡议

69. 我们充分地意识到，面对 2015 年，非洲好比站到了十字路口，但我们坚持推动大陆转型、全面改变非洲现状的决心不会动摇。

70. 我们意识到，岛屿国家所面临的问题与其他发展中国家是类似的，它们也有自己的特点、弱势和优势，也同样需要一个机制以保障能被纳入《非洲 2063 愿景》之中。

71. 我们特此承诺，作为一个立足非洲未来五十年发展的集体愿景和发展路线，《非洲 2063 愿景》承诺将加速推动非洲在以下多个领域的发展：

（1）在 2025 年前利用一代人的时间来根除贫困问题。具体通过多种努力，投资于非洲人民的生产率（包括技术、资产），提高收入，创造工作岗位，提供基本的生活必需品。

（2）向所有非洲人民提供体面的住房机会，这些住房干净、安全，并且妥善规划和环保：

——向非洲人民提供可承担且得体的可持续的人居环境。

——保障国土规划和土地租用、使用和管理系统的有效运行。

——保障所有人居环境的平衡发展，推动城乡统一体的发展。

——提升在贫民窟和临时棚屋区工作及生活的大部分人民的谋生水平。

（3）积极推动教育与技能的革命以助推科学、技术、研究与创新领域的发展，为非洲世纪构建储备知识、人力资源、能力和技术：

——扩大全非洲有质量的幼教、中小学教育的覆盖面。

——扩大和巩固教育中的性别平等。

——扩大投资，在非洲全境建立大批高质的职业教育与培训中心，加强工厂与劳动力市场间的联系，以促进技术和职业教育、培训的发展。力求提升工作技能、就业能力及企业家精神（尤其青年和妇女），缩小非洲不同区域间的技能差距。

——通过在高校、科学、技术、研究、创新等机构领域的转型和投资，并对教育规范、学界共识和专业要求进行协调，以建设并扩大非洲知识型社会。建立一个非洲评估机构，用以发展并监督全非洲的教育质量水平。

——加强巩固现有泛非大学的运作，建设泛非远程大学，以期突出非洲在全球研究、技术的发展/转让/创新、知识生产等方面的角色。

（4）通过对自然资源的充分利用和增值，助推非洲经济的转型、增长和工业化：

——确保《非洲工业发展行动计划书》的有效落实，积极推动《非洲矿业愿景》在各国和非洲大陆层面的执行，尤其要快速提升非洲矿业发展中心的建设。

——确保跨境投资对共同自然资源的有效开采。

——推动社会对话、部门和生产力计划、商品价值链的发展，以微型企业和农业综合企业为重点，确保工业政策在所有层面上的落实。

——用商品换取战略性非洲产品。

——制定推动非洲蓝色和绿色经济发展的战略。

——通过有效参与和营造良好氛围，积极推动非洲私营部门的发展。通过发展区域制造业中心和扩大非洲内部贸易的比例，促进泛非商业的发展。

（5）加强非洲农业和农业企业的现代化，具体通过到 2025 年实现增值和产量的扩大：

——根除饥饿和食品安全问题。

——减少食品进口量，提升非洲内部的农业及食品交易，并以提高当前交易总量的一半为目标。

——扩大引进现代化农业系统、技术和实践培训，包括放弃使用手锄。

——制定和实施扶持政策及倡议，以确保妇女对土地和投入资源有更多的使用机会，确保至少 30%的农业融资是由妇女发起的。

——从经济层面上赋权于妇女和青年，使他们有机会接触到更多可用以投资的金融资源。

（6）气候变化与环境。要从以下几个途径来实现非洲气候行动项目：

——对五个区域科技中心与国家指定的气候技术实体相联系，以进行鉴定。

——面对妇女和青年的气候变化项目。

——关于气候的、有弹性的农业发展项目，如非洲农业综合发展计划。

——可持续发展的森林管理项目。

——国家适应计划、系统和架构（如国家指定的权威和落实实体）。

——就非洲造福人民的多样性，提出一个可持续发展的开发与管理方案。

（7）赋予非洲世界一流的基础建设，对以下重点基础建设工程进行融资并实施：

——交通。通过非洲一体化的高速铁路和《非洲基础设施发展计划》的交通走廊将非洲所有的首都和商业中心互相连接贯通。改善非洲航空行业的效率和连接，确保《亚穆苏克罗宣言（*Yamoussoukro Declaration*）》的落实，并将非洲的港口和航运业的建设作为区域和大陆资产来加以增强。

——能源。利用一切非洲的能源资源以保障对其的利用具有现代化、高效、可靠、保障成本效益、可再生且环保的特点，通过打造国家级、区域级的能量池和网络以及《非洲基础设施发展计划》中的能源项目，用以非洲家庭住户、商业、行业和机构的运转和使用。

——信息与通讯及技术。要将非洲打造成一个能与世界上其他区域在这一方面平起平坐的信息化社会。要打造一个整合型的电子经济体，使每个政府、每笔商业运作、每个公民都能享用到可靠且支付能力范围内的信息与通讯技术服务，具体计划计划在2018年前提升10%的宽带普及率、20%的宽带连通率，并在2016年前向学校里的儿童提供通信技术服务、为通信领域的年轻企业家及创新群体创造创业资本、向移民群体提供数字电视广播服务。

（8）以2017年为节点，加速大陆自由贸易区的建设，下放项目以达到到

2022 年非洲内部贸易翻两番的目标，加强与巩固非洲的共同声音以及在全球贸易协商中政策空间，在一致认可的时间跨度内建立多个金融机构，包括非洲投资银行和泛非交易所（2016）、非洲货币基金组织（2018）和非洲中央银行（2028—2034）。

（9）大力支持青年人的发展，视其为非洲复兴的驱动力。通过对他们的健康、教育及技术获取、机会及资金的投资推动，结合共同筹划的战略计划，尽快解决青年人的失业及就业不足问题。加快协调全非洲在高校招生、课程设置、标准设定、项目、学历等方面的发展情况，在 2025 年前提升用以加快全非洲青年才俊社会流动的高等教育标准。

（10）在 2020 年前加强对枪支的管制，还给非洲人民和平生活。终结所有战争、国内冲突、人权侵犯、人道灾难、性别暴力及暴力冲突，并防止种族灭绝的发生。我们承诺将在 2020 年终结非洲所有的战争，不会将这一冲突问题的负担遗留到下一代。我们将建立非洲人类安全指数（African Human Security Index，AHSI）以监控进展。

（11）2020 年前，要在公共和私人机构实现性别平等，并在社会、文化、经济和政治等方方面面消除任何形式的性别歧视。我们将动员社会力量，齐心协力以尽快消除童婚、女性割礼和其他歧视妇女的有害的文化行为。

（12）推行由成员国所签发的非洲通行证，对国际移民使用签发电子护照，并在 2018 年前实现非洲公民免签进出所有非洲国家。

（13）巩固一个民主的、以人民为中心的非洲，具体通过广泛应用非洲治理架构的规范框架，同时保证非洲大陆上所有选举的民主自由、公平和诚信。

（14）加强非洲在全球协商中一致的声音，具体通过弱化主权、加快一体化进程及促进非洲共同立场的发展。此外，还要共同决定一门能代表非洲进入联合国工作语言之列的通用语言，作为在将来十年修正非洲长期以来因在联合国安理会没有常任理事国席位，而所受到不公正待遇的突破口。

（15）加强国内资源的整合，建立非洲的资本市场和金融机构，彻底扭转非洲大陆上非法资金流动的局面，以期在 2025 年前实现：

——削减 50%对外援助。

——消除杜绝任何形式的非法流动。

——实现非洲资本市场对发展融资所作出的贡献翻两番。

——推动非洲汇款机构、非洲投资银行和非洲信贷担保计划的全面运转。

——提高非洲多边贷款机构的国际地位（如非洲开发银行）。

——降低不可持续发展的水平，减少沉重负债和恶意债务。

——建立高效、透明、和谐的征税系统及公共开支。

（16）设立一个执行、监控和评估系统，确保“非洲抱负”的实现，具体通过：

——在国家、区域和整个大陆等不同层面确定领导者和利益相关方，并相应地分配角色、委以重任。

——就《非洲 2063 愿景》的执行、监控和评估，提出宽泛的政策指导方针，以顺应并便于被在国家、区域、整个大陆等层面的所有利益相关方所采用。

——呼吁成员国将区域经济共同体作为协调执行、监控和评估《非洲 2063 愿景》的焦点并加以展示。

——充分展示非盟机构的优势，包括非盟委员会/非洲发展新伙伴计划、泛非议会、非盟经社文化理事会等，在整个大陆的层面推动协调《非洲 2063 愿景》的执行、监控和评估。

——充分展示除非盟外的非洲机构的优势，包括非洲开发银行、联合国经济委员会、非洲能力建设基金会、非洲公共服务联合委员会等，以协助提高非盟委员会的工作效率。

——组织非洲大陆层面的利益相关方参与年度会面，以期对《非洲 2063 愿景》在国家、区域、大陆各个层面的执行中所取得的进展进行回顾，以《非洲 2063 愿景》年度联盟报告的形式向非洲联盟首脑会议递交商议结果。

72. 关于大陆联合。作为非洲一体化进程的巅峰，非洲的政治联合包括人民的自由流通、大陆机构的成立和经济上的全面融合。到 2030 年，各国将就非洲联合政府和机构的形式达成共识。

实现非洲转型的关键推动因素

73. 非洲人民和领导人的决心、参与、自强和团结是取得成功的前提，因此大陆转型的关键推动因素具体包括：

（1）人民的主权和动员。这包括非洲人民和各类散居海外的非洲移民的共同努力，有效地沟通交流和外联，具有可持续性且包容性的关于《非洲2063 愿景》的社会对话。

（2）能为非洲发展提供资金的本土资源。向内调动自身资源以资助并加快非洲的转型、一体化、和平、安全、基础设施、工业化和民主治理，并加强大陆机构的建设。

（3）负责的领导者及反应敏捷的机构。通过全方位稳健而透明的规划、执行、监控和评估机制，培养推举富有远见且负责的领导者，培育民主和发展型的政府治理和机构、

（4）足能胜任且民主的发展型国家和机构。要重启非洲的发展规划能力，再建职业性、专业和高水准的公共服务。同时，为了有效地引导和推动转型和一体化的愿景，我们还要对区域和大陆机构及非洲的商业模式进行加强和转型。

（5）采取新的态度和思维模式，以加强泛非价值观中的自立、团结、勤奋工作和集体繁荣昌盛，为打造发展和转型的非洲模式。这一模式包括非洲的成功、经验和最佳实践。

（6）需要采取一种泛非视角，因此我们必须齐心协力，对自己的计划进行整合和落实，并实现在非洲大陆及全球层面关键事务上的主权分享。

（7）要对非洲故事和品牌具有话语权，以确保这些叙述都能真实地反映非洲大陆的现实情况、愿景和首选关注及其在世界中的地位。

（8）要采取非洲特色的方式推动发展和转型，要从各种不同、独特和共享的经验以及各个国家和区域的经典实践中进行学习，以此作为打造非洲特

色转型模式的基础。

74. 我们对在庄严宣言发表50周年的誓言进行重申，将会即刻将《非洲2063愿景》协调并整合进入我们国家和区域层面的发展规划，并保证我们将会向非盟委员会和其他的区域及大陆机构提供必要的帮助和资源，以有效推动《非洲2063愿景》的落实。

75. 我们呼吁国际社会尊重非洲的愿景和它自己的思想，并与我们的伙伴关系进行适当的结合。

附录一：非洲工业化相关数据(2014—2015)

表 1　按照工业化水平划分的非洲工业经济体(2014—2015 年)

1. 已完成工业化经济体，无。
2. 正在进行工业化的经济体。
2.1　新兴工业经济体：毛里求斯、南非、突尼斯，共 3 个。
2.2　其他发展中的工业经济体：阿尔及利亚、科特迪瓦、安哥拉、摩洛哥、纳米比亚、斯威士兰、埃及、肯尼亚、尼日利亚、赤道几内亚、加蓬、利比亚、博茨瓦纳、喀麦隆、津巴布韦、加纳、刚果(布)、佛得角、留尼汪，共 19 个。
2.3　不发达工业经济体：刚果(金)、莱索托、卢旺达、吉布提、利比里亚、多哥、贝宁、马达加斯加、厄立特里亚、圣多美和普林西比、埃塞俄比亚、乌干达、马拉维、塞内加尔、布基纳法索、冈比亚、马里、塞拉利昂、布隆迪、几内亚、毛里塔尼亚、几内亚比绍、莫桑比克、索马里、赞比亚、中非共和国、南苏丹、苏丹、乍得、科摩罗、尼日尔、坦桑尼亚，共 32 个。

资料来源：United Nations Industrial Development Organization，*International Yearbook of Industrial Statistics 2015*，Edward Elgar Publisher，2015，pp.13—15.

整理人：黄玉沛

表 2　联合国非洲工业化日主题(1994—2014 年)

年份	非洲工业化日(11 月 20 日)主题 Africa Industrialization Day Theme
2014	包容和可持续的工业发展：农工业发展促进粮食安全 Inclusive and Sustainable Industrial Development(ISID)：African Agro Industry for Food Security
2013	创造就业与创业发展 Job creation and entrepreneurship development

（续表）

年份	非洲工业化日(11 月 20 日)主题 Africa Industrialization Day Theme
2012	提高非洲内部贸易加快工业化 Accelerating industrialization for boosting intra-African trade
2011	用于加速工业发展的可持续能源 Sustainable Energy for Accelerated Industrial Development
2010	有竞争力的工业促进非洲发展 Competitive Industries for the Development of Africa
2009	工业化促进一体化 Industrialization for integration
2008	加工原材料，促进可持续增长和发展 Processing of Raw Materials for Sustainable Growth and Development
2007	以技术和创新促进工业——投资于人就是投资于未来 Technology and innovation for industry: investing in people is investing in the future
2006	通过可持续工业发展减少贫穷 Reducing poverty through sustainable industrial development
2005	提高非洲在可持续市场准入方面的竞争力 Generating African competitiveness for sustainable market access
2004	在非洲发展新伙伴计划框架下提高生产能力减少贫困 Strengthening productive capacity for poverty reduction with in the framework of NEPAD
2003	通过有效的工业化和市场准入加快非洲融入全球经济 Acceleration of Africa's integration in the global economy through effective industrialization and market access
2002	新的信息和通信技术 New information and communication technologies
2001	新千年非洲工业化的挑战 the challenges of Africa's industrialization for the new Millennium
2000	新形势下融入全球市场的紧迫性：加强非洲的生产能力 The New Imperative for Integration into the Global Market: Strengthening Africa's Productive Capacities
1999	从农场到工厂：为了一个更好的未来 From farm to factory for a better future

（续表）

年份	非洲工业化日(11月20日)主题 Africa Industrialization Day Theme
1998	以工业促进扶贫 Poverty Alleviation through Industry
1997	工业发展中的中小企业角色 the role of small and medium enterprises to develop industry
1996	调动财政资源促进工业 mobilization of financial resources for industry
1995	强调支持机制的人力资源开发促进工业 Human resources development with emphasis on support mechanisms for industry
1994	私营部门在非洲工业化中的角色 The role of the private sector in African industrialization

注：从1989年开始，联合国将每年的11月20日定为非洲工业化日。

资料来源：根据公开资料整理而成；参见联合国工业发展组织网站相关主题，United Nations Industrial Development Organization，http://www.un.org/zh/events/africaday/。

整理人：黄玉沛

表3　北部非洲工业化相关数据(2014—2015年)

国　家	GDP(百万美元)	MVA(百万美元)	人均MVA(美元)	MVA占GDP的比重(%)	制造业出口占全部出口额的比重(%)	工业竞争力排名(136个国家)
阿尔及利亚	127 313.4	6 284.7	170	5	50	85
埃　及	128 220.6	20 155.2	237	16	80	70
利比亚	40 705.9	1 327.6	205	4	0	—
突尼斯	41 998.1	6 855.1	634	17	89	60
摩洛哥	85 610.9	10 721.1	326	13	81	68
苏　丹	34 779.3	2 373.3	—	7	—	—

注：GDP指国内生产总值；MVA指制造业增加值；两者均以2005年不变价格计算。

资料来源：根据联合国工业发展组织相关数据整理而成；参见http://www.unido.org/en/resources/statistics/statistical-country-briefs.html。

整理人：刘大卫

表 4　南部非洲工业化相关数据(2014—2015 年)

国　家	GDP(百万美元)	MVA(百万美元)	人均MVA(美元)	MVA 占GDP 的比重(%)	制造业出口占全部出口额的比重(%)	工业竞争力排名(136 个国家)
博茨瓦纳	13 562.7	544.2	263	5	61	86
莱索托	1 994.3	316.5	142	16	0	—
纳米比亚	10 310.8	1 281.8	534	13	80	—
南　非	313 458.0	47 569.9	934	16	74	39
斯威士兰	2 882.2	722.7	585	26	0	83
赞比亚	11 906.9	1 053.2	74	9	88	111
津巴布韦	6 033.9	941.9	71	16	82	—
马拉维	4 323.8	390.5	24	10	67	126
毛里求斯	8 973.5	1 268.6	961	15	95	81
莫桑比克	11 257.7	1 324.1	53	12	82	127
安哥拉	66 668.9	3 512.2	170	6	0	—
科摩罗	450.1	20.3	26	5	0	—
马达加斯加	6 183.2	844.4	38	14	89	117

注：GDP 指国内生产总值；MVA 指制造业增加值；两者均以 2005 年不变价格计算。

资料来源：根据联合国工业发展组织相关数据整理而成；参见：http://www.unido.org/en/resources/statistics/statistical-country-briefs.html。

整理人：刘大卫

表 5　西部非洲工业化相关数据(2014—2015 年)

国　家	GDP(百万美元)	MVA(百万美元)	人均MVA(美元)	MVA 占GDP 的比重(%)	制造业出口占全部出口额的比重(%)	工业竞争力排名(136 个国家)
贝　宁	5 994.0	426.5	45	8	0	—
布基纳法索	8 663.8	511.0	29	6	89	—
佛得角	—	—	—	—	—	—
科特迪瓦	20 574.8	3 566.3	170	18	—	88
冈比亚	841.0	42.2	23	6	96	132
毛里塔尼亚	3 352.7	154.8	42	5	63	—
几内亚	3 633.1	211.5	20	6	0	—
几内亚比绍	743.9	73.4	46	10	0	—

（续表）

国　家	GDP(百万美元)	MVA(百万美元)	人均MVA(美元)	MVA占GDP的比重(%)	制造业出口占全部出口额的比重(%)	工业竞争力排名(136个国家)
利比里亚	1 186.7	66.2	16	6	0	—
马　里	7 417.7	192.4	12	3	94	—
加　纳	19 825.3	1 347.0	52	7	78	119
尼日尔	5 228.0	237.9	14	5	67	128
尼日利亚	188 807.9	5 769.4	34	4	39	93
塞内加尔	11 397.1	1 448.3	108	13	86	98
塞拉利昂	2 905.3	66.3	11	3	0	—
多　哥	2 893.1	253.4	40	9	74	—

注：GDP指国内生产总值；MVA指制造业增加值；两者均以2005年不变价格计算。

资料来源：根据联合国工业发展组织相关数据整理而成；参见 http://www.unido.org/en/resources/statistics/statistical-country-briefs.html。

整理人：代竹君

表6　东部非洲工业化相关数据(2014—2015年)

国　家	GDP(百万美元)	MVA(百万美元)	人均MVA(美元)	MVA占GDP的比重(%)	制造业出口占全部出口额的比重(%)	工业竞争力排名(136个国家)
布隆迪	1 575.8	136.5	16	9	79	133
吉布提	1 035.3	24.3	26	3	0	—
厄立特里亚	1 243.0	71.1	13	6	0	134
埃塞俄比亚	25 107.4	1 058.1	12	5	77	134
肯尼亚	27 178.0	2 752.4	63	11	0	105
卢旺达	4 799.2	293.5	26	7	78	130
塞舌尔	1 327.5	86.6	996	7	0	—
索马里	2 694.8	57.7	7	3	0	—
坦桑尼亚	24 013.1	2 154.1	44	9	85	115
乌干达	15 468.7	1 108.5	31	8	87	125

注：GDP指国内生产总值；MVA指制造业增加值；两者均以2005年不变价格计算。

资料来源：根据联合国工业发展组织相关数据整理而成；参见 http://www.unido.org/en/resources/statistics/statistical-country-briefs.html。

整理人：代竹君

表 7　中部非洲工业化相关数据(2014—2015 年)

国　家	GDP(百万美元)	MVA(百万美元)	人均MVA(美元)	MVA 占GDP 的比重(%)	制造业出口占全部出口额的比重(%)	工业竞争力排名(136 个国家)
喀麦隆	21 767.2	3 279.3	157	16	81	100
中非共和国	1 428.9	109.1	24	8	71	131
乍　得	6 805.4	397.7	33	6	0	—
刚果(金)	11 481.9	469.3	7	5	0	—
刚果(布)	8 920.8	417.2	97	5	0	102
赤道几内亚	—	—	—	—	—	—
加　蓬	11 666.0	516.8	325	5	0	103
圣多美和普林西比	165.2	9.8	56	6	94	—

注：GDP 指国内生产总值；MVA 指制造业增加值；两者均以 2005 年不变价格计算。

资料来源：根据联合国工业发展组织相关数据整理而成；参见 http://www.unido.org/en/resources/statistics/statistical-country-briefs.html。

整理人：曹利华

表 8　部分非洲国家主要制造业活动产值占 MVA 的比重(2014—2015 年)

国　家	主要制造业活动产值占 MVA 的比重
阿尔及利亚	1. 食品和饮料(46%) 2. 机器和设备等(20%) 3. 非金属矿业产品(17%)
埃　及	1. 焦炭，精炼石油产品，核燃料(32%) 2. 化学品及化学产品(15%) 3. 食品和饮料(13%)
摩洛哥	1. 食品和饮料(21%) 2. 化学品及化学产品(19%) 3. 非金属矿业产品(15%)
突尼斯	1. 可回收产品(47%) 2. 电气机械和设备(14%) 3. 纺织品(10%)
冈比亚	1. 食品和饮料(33%) 2. 服装、皮毛(22%) 3. 金属制品(18%)

（续表）

国　家	主要制造业活动产值占 MVA 的比重
加　纳	1. 食品和饮料(33%) 2. 焦炭,精炼石油产品,核燃料(18%) 3. 木制品(不包括家具)(16%)
尼日尔	1. 食品和饮料(33%) 2. 化学品及化学产品(25%) 3. 家具,制造业等(22%)
塞内加尔	1. 食品和饮料(33%) 2. 非金属矿业产品(29%) 3. 化学品及化学产品(17%)
喀麦隆	1. 食品和饮料(35%) 2. 焦炭,精炼石油产品,核燃料(18%) 3. 化学品及化学产品(11%)
刚果共和国	1. 食品和饮料(75%) 2. 木制品(不包括家具)(17%) 3. 机器和设备等(8%)
马达加斯加	1. 服装、皮毛(21%) 2. 纺织品(10%) 3. 橡胶和塑料制品(9%)
布隆迪	1. 食品和饮料(88%) 2. 基础金属(碱性金属)(4%) 3. 化学品及化学产品(4%)
厄立特里亚	1. 家具,制造业等(28%) 2. 食品和饮料(26%) 3. 纺织品(11%)
埃塞俄比亚	1. 食品和饮料(42%) 2. 非金属矿业产品(15%) 3. 化学品及化学产品(8%)
肯尼亚	1. 食品和饮料(31%) 2. 非金属矿业产品(18%) 3. 焦炭,精炼石油产品,核燃料(7%)
坦桑尼亚	1. 烟草制品(7%) 2. 皮革,皮革制品和鞋类产品(1%) 3. 机动车、拖车和半拖车(1%)
乌干达	1. 食品和饮料(60%) 2. 化学品及化学产品(12%) 3. 非金属矿业产品(10%)

（续表）

国　家	主要制造业活动产值占 MVA 的比重
博茨瓦纳	1. 家具，制造业等（47%） 2. 食品和饮料（26%） 3. 纺织品（6%）
马拉维	1. 食品和饮料（47%） 2. 烟草制品（21%） 3. 化学品及化学产品（11%）
毛里求斯	1. 食品和饮料（41%） 2. 服装、皮毛（26%） 3. 纺织品（6%）
南　非	1. 食品和饮料（22%） 2. 焦炭，精炼石油产品，核燃料（13%） 3. 家具，制造业等（9%）

注：GDP 指国内生产总值；MVA 指制造业增加值；两者均以 2005 年不变价格计算。

资料来源：根据联合国工业发展组织相关数据整理而成；参见 http://www.unido.org/en/resources/statistics/statistical-country-briefs.html。

整理人：石海龙

表 9　非洲各个地区制造业相关指标（2010—2013 年）

类　型	全部制造业附加值				人均制造业附加值				
	（指数：2005 年＝100）				（指数：2005 年＝100）				价值（美元）
	2010 年	2011 年	2012 年	2013 年	2010 年	2011 年	2012 年	2013 年	2013 年
非　洲	119	122	127	131	106	105	107	108	128
中部非洲	110	115	123	127	96	98	102	102	105
东部非洲	131	138	143	147	113	116	117	117	25
北部非洲	126	123	128	130	116	111	114	114	235
南部非洲	114	119	122	125	101	103	103	103	223
西部非洲	119	131	144	163	104	112	119	131	47

资料来源：United Nations Industrial Development Organization，*International Yearbook of Industrial Statistics 2015*，Edward Elgar Publisher，2015，pp.47—48.

整理人：黄玉沛

表 10　非洲各区域工业和制造业增长率(2000—2012 年)

区　　域	工　　业	制造业
非　　洲	5.1%	3.1%
北部非洲	5.2%	3.9%
东部非洲	5.8%	4.8%
中部非洲	5.7%	3.1%
西部非洲	8.1%	2.9%
南部非洲	4.0%	1.1%

注：根据世界发展指标(数据库)汇总而成。

资料来源：United Nations Economic Commission for Africa，*Economic Report on Africa 2015：Industrializing through trade*，United Nations，Addis Ababa，Ethiopia，2015. p.53.

整理人：曹利华

表 11　制造业对工业增长的平均贡献率(2000—2012 年)

分　　类	工业增长率	制造业贡献率
非　　洲	5.1%	5%
石油出口国	6%	-2%
石油进口国	4.4%	24%
矿产资源丰富国家	4.2%	15%
矿产资源匮乏国家	5.9%	3%
沿海国家	5%	7%
内陆国家	5.1%	-36%

注：根据世界发展指标(数据库)汇总而成。

资料来源：United Nations Economic Commission for Africa，*Economic Report on Africa 2015：Industrializing through trade*，United Nations，Addis Ababa，Ethiopia，2015. p.54.

整理人：曹利华

表 12　非洲制造业产品在各个主要出口地的比重(2005—2010 年)

主要出口地	总量(单位：10 亿美元)	制造业附加值加工比重(%)	原材料比重(%)	未特别说明部分比重(%)
欧　盟	1 000	32%	68%	—
美　国	530	18%	82%	—
中　国	280	14%	86%	—
非洲国家间	270	67%	33%	—
其他新兴伙伴	210	41%	50%	9%
其他传统伙伴	180	38%	62%	—

注：根据 AfDB et al(2014)汇总而成。
资料来源：United Nations Economic Commission for Africa, *Economic Report on Africa 2015: Industrializing through trade*, United Nations, Addis Ababa, Ethiopia, 2015. p.36.

整理人：代竹君

表 13　非洲各类部门占 GDP 的比重(1961—2012 年)

部　门	1961—1979 年	1980—1999 年	2000—2012 年
服务业	48%	47%	50%
工　业	34%	35%	34%
农　业	18%	18%	16%
制造业	17%	16%	12%

注：根据世界发展指标计算得出。
资料来源：United Nations Economic Commission for Africa, *Economic Report on Africa 2015: Industrializing through trade*, United Nations, Addis Ababa, Ethiopia, 2015. p.47.

整理人：代竹君

表 14　非洲整体 GDP 增长率及各行业增长率

类　型	1961—1979 年	1980—1999 年	2000—2012 年
GDP	4.9%	2.4%	4.9%
农　业	3.3%	3.3%	3.6%
工　业	6.1%	1.5%	5.2%
制造业	4.4%	1.7%	3.1%
服务业	4.5%	3.0%	5.6%

注：根据世界发展指标计算得出，截至 2014 年 11 月。
资料来源：United Nations Economic Commission for Africa, *Economic Report on Africa 2015: Industrializing through trade*, United Nations, Addis Ababa, Ethiopia, 2015. p.47.

整理人：代竹君

表 15　非洲各区域工业增长率(1961—2012 年)

区　　域	1961—1979 年	1980—1999 年	2000—2012 年
非　　洲	5.7%	1.7%	5.0%
北部非洲	13.7%	2.1%	5.3%
东部非洲	5.8%	0.4%	5.8%
中部非洲	8.7%	3.8%	5.7%
西部非洲	7.2%	5.8%	7.7%
南部非洲	5.8%	0.4%	4.0%

注:根据世界发展指标(数据库)汇总而成。

资料来源：United Nations Economic Commission for Africa，*Economic Report on Africa 2015：Industrializing through trade*，United Nations，Addis Ababa，Ethiopia，2015. p.71.

整理人:曹利华

附录二：非洲经济发展最新数据（2014—2015）

表 1　新兴和发展中地区经济增长率（2010—2016 年）

地　区	2010 年	2011 年	2012 年	2013 年	2014 年 e	2015 年 f	2016 年 f
非　洲	5.0%	3.9%	4.0%	3.7%	3.9%	4.5%	4.8%
东南亚	9.2%	7.2%	5.5%	5.8%	5.9%	6.0%	6.0%
东南欧	1.6%	1.9%	−0.9%	2.2%	0.7%	2.7%	3.1%
拉丁美洲和加勒比	6.0%	4.2%	2.7%	2.6%	1.3%	2.4%	3.0%

注：数据根据 UN-DESA(2014b)汇总而成；非洲的数据不包括利比亚；e= 估算值；f= 预测值。

资料来源：United Nations Economic Commission for Africa，*Economic Report on Africa 2015：Industrializing through trade*，United Nations，Addis Ababa，Ethiopia，2015. p.5.

整理人：黄玉沛

表 2　按照人均收入水平划分的非洲国家（2015 年）

类　型	非洲国家和地区
高收入国家	赤道几内亚，共 1 个。
中高收入国家	阿尔及利亚、安哥拉、博茨瓦纳、加蓬、利比亚、毛里求斯、纳米比亚、塞舌尔、南非、突尼斯，共 10 个。
中低收入国家	佛得角、刚果（布）、喀麦隆、吉布提、埃及、加纳、莱索托、摩洛哥、尼日利亚、圣多美和普林西比、塞内加尔、苏丹、南苏丹、斯威士兰、赞比亚，共 15 个。

（续表）

类　型	非洲国家和地区
低收入国家	贝宁、布基纳法索、布隆迪、中非共和国、乍得、科摩罗、刚果(金)、厄立特里亚、埃塞俄比亚、冈比亚、几内亚、几内亚比绍、肯尼亚、利比里亚、马达加斯加、马拉维、马里、毛里塔尼亚、莫桑比克、尼日尔、卢旺达、塞拉利昂、索马里、多哥、乌干达、坦桑尼亚、津巴布韦，共27个。

资料来源：United Nations Industrial Development Organization，*International Yearbook of Industrial Statistics 2015*，Edward Elgar Publisher，2015，p.16.

整理人：黄玉沛

表3　非洲各区域实际经济增长率(2013—2016年)

地　区	2013年	2014年e	2015年f	2016年f
非　洲	3.5%	3.9%	4.5%	5.0%
中部非洲	4.1%	5.6%	5.5%	5.8%
东部非洲	4.7%	7.1%	5.6%	6.7%
北部非洲	1.6%	1.7%	4.5%	4.4%
南部非洲	3.6%	2.7%	3.1%	3.5%
西部非洲	5.7%	6.0%	5.0%	6.1%
其他评价依据				
非洲(利比亚除外)	4.0%	4.3%	4.3%	5.0%
撒哈拉以南非洲	4.7%	5.2%	4.6%	5.4%
撒哈拉以南非洲(南非除外)	5.4%	6.2%	5.2%	6.2%

注：根据非洲开发银行统计数据汇总而成；e=估算值；f=预测值。

资料来源：The African Development Bank(AfDB)，the OECD Development Centre and the United Nations Development Programme(UNDP)，*African Economic Outlook 2015：Regional Development and Spatial Inclusion*，AfDB，OECD，UNDP，2015，p.3.

整理人：黄玉沛

表 4　2014 年非洲各国的人类发展水平（高、中、低）

高等人类发展水平国家（高于 0.7）	阿尔及利亚、利比亚、毛里求斯、塞舌尔、突尼斯
中等人类发展水平国家（介于 0.55 至 0.7 之间）	博茨瓦纳、佛得角、刚果、埃及、赤道几内亚、加蓬、加纳、摩洛哥、纳米比亚、圣多美和普林西比、南非、赞比亚
低等人类发展水平国家（低于 0.55）	安哥拉、贝宁、布基纳法索、布隆迪、喀麦隆、中非共和国、乍得、科摩罗、刚果民主共和国、科特迪瓦、吉布提、厄立特里亚、埃塞俄比亚、冈比亚、几内亚、几内亚比绍、肯尼亚、莱索托、利比里亚、马达加斯加、马拉维、马里、毛里塔尼亚、莫桑比克、尼日尔、尼日利亚、卢旺达、塞内加尔、塞拉利昂、苏丹、斯威士兰、坦桑尼亚、多哥、乌干达、津巴布韦

注：根据非洲开发银行统计数据汇总而成；数据不包括索马里和南部苏丹。

资料来源：The African Development Bank（AfDB），the OECD Development Centre and the United Nations Development Programme（UNDP），*African Economic Outlook 2015：Regional Development and Spatial Inclusion*，AfDB，OECD，UNDP，2015，p.8.

整理人：石海龙

表 5　影响非洲经济增长的要素和增长趋势（2013—2015 年）

分　类	2013 年	2014 年 e	2015 年 f
私人消费	3.4%	3.3%	3.8%
固定资本形成总额	1.8%	1.6%	2.6%
政府消费	－2.6%	－2.0%	－2.3%
净出口	0.5%	1.4%	0.9%

注：数据根据 UN-DESA（2014b）和 EIU（2014）汇总而成；e＝估算值；f＝预测值。

资料来源：United Nations Economic Commission for Africa，*Economic Report on Africa 2015：Industrializing through trade*，United Nations，Addis Ababa，Ethiopia，2015. p.6.

整理人：石海龙

表 6　中部非洲宏观经济展望（2013—2016 年）

GDP 实际增长率（%）	2013 年	2014 年 e	2015 年 p	2016 年 p
非　洲	3.5	3.9	4.5	5.0
非洲（利比亚除外）	4.0	4.3	4.3	5.0
中部非洲	4.1	5.6	5.5	5.8

（续表）

GDP 实际增长率(%)	2013 年	2014 年 e	2015 年 p	2016 年 p
喀麦隆	5.5	5.3	5.4	5.5
中非共和国	-36.0	1.0	5.4	4.0
乍　得	3.9	7.2	9.0	5.0
刚　果	3.3	6.0	6.8	7.3
刚果民主共和国	8.5	8.9	9.0	8.2
赤道几内亚	-4.8	-2.1	-8.7	1.9
加　蓬	5.6	5.1	4.6	4.7
圣多美和普林西比	4.0	4.9	5.1	5.4
整体财政平衡(包括赠款)(%)	**2013 年**	**2014 年 e**	**2015 年 p**	**2016 年 p**
非　洲	-3.5	-5.0	-6.3	-5.3
中部非洲	-1.9	-5.3	-6.7	-6.0
喀麦隆	-4.1	-5.2	-6.4	-5.8
中非共和国	-6.3	-3.2	-3.8	-3.7
乍　得	-2.7	-5.6	-5.2	-4.1
刚　果	8.3	-5.4	-7.0	-2.3
刚果民主共和国	-1.7	-3.7	-3.9	-4.6
赤道几内亚	-4.5	-7.2	-7.9	-8.1
加　蓬	-3.2	-6.6	-13.2	-11.8
圣多美和普林西比	-11.3	-9.4	-7.2	-8.0

注：根据非洲开发银行统计数据汇总而成；e＝估算值；p＝预测值。

资料来源：The African Development Bank（AfDB），the OECD Development Centre and the United Nations Development Programme（UNDP），*African Economic Outlook 2015：Regional Development and Spatial Inclusion*，AfDB，OECD，UNDP，2015，p.30.

整理人：石海龙

表 7　东部非洲宏观经济展望（2013—2016 年）

GDP 实际增长率(%)	2013 年	2014 年 e	2015 年 p	2016 年 p
非　洲	3.5	3.9	4.5	5.0
非洲（利比亚除外）	4.0	4.3	4.3	5.0
东部非洲	4.7	7.1	5.6	6.7

（续表）

GDP 实际增长率(%)	2013 年	2014 年 e	2015 年 p	2016 年 p
布隆迪	4.5	4.7	4.7	5.0
科摩罗	3.5	3.5	3.6	3.6
吉布提	5.0	5.9	6.0	6.2
厄立特里亚	1.3	2.0	2.1	2.0
埃塞俄比亚	9.8	10.3	8.5	8.7
肯尼亚	5.7	5.3	6.5	6.3
卢旺达	4.7	7.0	7.5	7.5
塞舌尔	6.6	3.8	3.7	3.6
索马里				
南苏丹	-26.7	30.7	-7.5	15.5
苏　丹	3.6	3.4	3.1	3.7
坦桑尼亚	7.3	7.2	7.4	7.2
乌干达	4.7	5.9	6.3	6.5
整体财政平衡(包括赠款)(%)	**2013 年**	**2014 年 e**	**2015 年 p**	**2016 年 p**
非　洲	-3.5	-5.0	-6.3	-5.3
东部非洲	-4.4	-3.9	-4.5	-3.7
布隆迪	0.4	-1.2	-0.4	-0.4
科摩罗	18.2	-0.6	1.5	1.6
吉布提	-3.1	-2.6	-0.5	-0.1
厄立特里亚	-10.3	-10.7	-10.3	-9.9
埃塞俄比亚	-1.9	-2.6	-1.4	-0.9
肯尼亚	-5.6	-8.0	-8.8	-8.3
卢旺达	-5.2	-4.3	-5.2	-3.6
塞舌尔	0.9	1.0	0.9	0.0
索马里	—	—	—	—
南苏丹	-12.8	-3.7	-5.9	-5.3

（续表）

整体财政平衡（包括赠款）（%）	2013 年	2014 年 e	2015 年 p	2016 年 p
苏　丹	-2.3	-0.9	-1.1	-0.8
坦桑尼亚	-6.9	-3.8	-6.2	-5.3
乌干达	-2.6	-4.9	-5.8	-5.0

注：根据非洲开发银行统计数据汇总而成；e = 估算值；p = 预测值。

资料来源：The African Development Bank（AfDB），the OECD Development Centre and the United Nations Development Programme（UNDP），*African Economic Outlook 2015：Regional Development and Spatial Inclusion*，AfDB，OECD，UNDP，2015，p.31.

整理人：刘大卫

表 8　北部非洲宏观经济展望（2013—2016 年）

GDP 实际增长率（%）	2013 年	2014 年 e	2015 年 p	2016 年 p
非　洲	3.5	3.9	4.5	5.0
非洲（利比亚除外）	4.0	4.3	4.3	5.0
北部非洲	1.6	1.7	4.5	4.4
阿尔及利亚	2.8	4.0	3.9	4.0
埃　及*	2.1	2.2	3.8	4.3
利比亚	-13.6	-19.8	14.5	6.3
毛里塔尼亚	5.7	6.4	5.6	6.8
摩洛哥	4.7	2.7	4.5	5.0
突尼斯	2.3	2.4	3.0	4.1
整体财政平衡（包括赠款）（%）	**2013 年**	**2014 年 e**	**2015 年 p**	**2016 年 p**
非　洲	-3.5	-5.0	-6.3	-5.3
北部非洲	-7.2	-11.1	-9.8	-7.7
阿尔及利亚	-1.5	-7.0	-9.5	-8.2
埃　及*	-13.7	-12.8	-11.0	-8.5
利比亚	-6.2	-49.1	-29.6	-14.8

（续表）

整体财政平衡(包括赠款)(%)	2013 年	2014 年 e	2015 年 p	2016 年 p
毛里塔尼亚	-1.1	-3.4	-2.8	-1.7
摩洛哥	-5.5	-4.9	-4.2	-3.8
突尼斯	-4.6	-4.7	-4.5	-4.2

注：根据国内当局统计数据汇总而成；* 表示国家财政年从上一年的 7 月到下一年的 6 月；e=估算值；p=预测值。

资料来源：The African Development Bank（AfDB），the OECD Development Centre and the United Nations Development Programme（UNDP），*African Economic Outlook 2015：Regional Development and Spatial Inclusion*，AfDB，OECD，UNDP，2015，p.32.

整理人：代竹君

表 9　南部非洲宏观经济展望（2013—2016 年）

GDP 实际增长率(%)	2013 年	2014 年 e	2015 年 p	2016 年 p
非　洲	3.5	3.9	4.5	5.0
非洲（利比亚除外）	4.0	4.3	4.3	5.0
南部非洲	3.6	2.7	3.1	3.5
安哥拉	6.8	4.5	3.8	4.2
博茨瓦纳	5.9	5.2	4.5	4.3
莱索托	5.7	4.3	4.7	5.1
马达加斯加	2.4	3.0	4.0	5.1
马拉维	6.1	5.7	5.5	5.7
毛里求斯	3.2	3.2	3.5	3.6
莫桑比克	7.4	7.6	7.5	8.1
纳米比亚	5.1	5.3	5.6	6.4
南　非	2.2	1.5	2.0	2.5
斯威士兰	3.0	2.5	2.6	2.4
赞比亚	6.7	5.7	6.5	6.6
津巴布韦	4.5	3.1	3.2	3.3

（续表）

整体财政平衡(包括赠款)(%)	2013年	2014年e	2015年p	2016年p
非　洲	−3.5	−5.0	−6.3	−5.3
南部非洲	−2.7	−3.0	−4.8	−4.4
安哥拉	0.3	−2.2	−10.6	−7.7
博茨瓦纳	0.7	5.2	3.2	3.8
莱索托	4.8	1.0	2.3	1.5
马达加斯加	−4.0	−2.0	−2.1	−2.9
马拉维	−0.2	−4.3	−3.7	−3.4
毛里求斯	−3.5	−3.6	−3.3	−3.6
莫桑比克	−2.9	−10.0	−7.4	−6.7
纳米比亚	−1.1	5.0	6.2	4.8
南　非	−3.9	−3.4	−3.6	−3.9
斯威士兰	0.9	−0.3	−0.6	−1.3
赞比亚	−6.7	−5.5	−5.1	−4.9
津巴布韦	−2.4	−2.4	−1.3	−1.1

注：根据非洲开发银行统计数据汇总而成；e=估算值；p=预测值。

资料来源：The African Development Bank（AfDB），the OECD Development Centre and the United Nations Development Programme（UNDP），*African Economic Outlook 2015*：*Regional Development and Spatial Inclusion*，AfDB，OECD，UNDP，2015，p.33.

整理人：刘大卫

表10　西部非洲宏观经济展望（2013—2016年）

GDP实际增长率(%)	2013年	2014年e	2015年p	2016年p
非　洲	3.5	3.9	4.5	5.0
非洲(利比亚除外)	4.0	4.3	4.3	5.0
西部非洲	5.7	6.0	5.0	6.1
贝　宁	5.6	5.5	5.6	6.0
布基纳法索	6.6	5.0	5.5	7.0
佛得角	0.7	2.0	3.1	3.6

（续表）

GDP 实际增长率(%)	2013 年	2014 年 e	2015 年 p	2016 年 p
科特迪瓦	8.7	8.3	7.9	8.5
冈比亚	4.3	-0.7	4.2	5.2
加　纳	7.3	4.2	3.9	5.9
几内亚	2.3	0.6	0.9	4.3
几内亚比绍	0.9	2.6	3.9	3.7
利比亚	8.7	1.8	3.8	6.4
马　里	1.7	5.8	5.4	5.1
尼日尔	4.1	7.1	6.0	6.5
尼日利亚	5.4	6.3	5.0	6.0
塞内加尔	3.5	4.5	4.6	5.0
塞拉利昂	20.1	6.0	-2.5	2.8
多　哥	5.4	5.5	5.7	5.9
整体财政平衡(包括赠款)(%)	2013 年	2014 年 e	2015 年 p	2016 年 p
非　洲	-3.5	-5.0	-6.3	-5.3
西部非洲	-0.5	-1.0	-4.6	-4.2
贝　宁	-1.9	-1.1	-1.5	-1.8
布基纳法索	-4.4	-3.7	-4.0	-3.8
佛得角	-9.0	-8.0	-7.1	-6.2
科特迪瓦	-2.3	-2.2	-3.4	-3.9
冈比亚	-8.6	-8.7	-3.5	-1.4
加　纳	-9.5	-10.4	-9.5	-9.9
几内亚	-2.1	-4.2	-2.8	-4.1
几内亚比绍	-1.4	-2.1	-3.9	-3.4
利比里亚*	-1.6	-1.1	-6.7	-9.0
马　里	-6.9	-5.6	-5.1	-5.1
尼日尔	-2.3	-5.7	-7.8	-3.2
尼日利亚	1.1	0.1	-4.5	-3.9

（续表）

整体财政平衡(包括赠款)(%)	2013年	2014年 e	2015年 p	2016年 p
塞内加尔	-5.5	-5.1	-4.5	-4.6
塞拉利昂	-2.4	-1.2	-3.2	-3.5
多　哥	-4.5	-4.9	-3.1	-2.9

注:根据国内当局统计数据汇总而成；* 表示国家财政年从上一年的7月到下一年的6月；(e)=估算值;(f)=预测值。

资料来源:The African Development Bank(AfDB), the OECD Development Centre and the United Nations Development Programme(UNDP), *African Economic Outlook 2015: Regional Development and Spatial Inclusion*, AfDB, OECD, UNDP, 2015, p.34.

整理人:代竹君

表11　非洲不同资源类型国家的经济增长率(2013—2015年)

分　　类	2013年	2014年 e	2015年 f
石油出口国家	4.4%	4.7%	5.2%
石油进口国家	3.3%	3.3%	3.8%
矿产资源丰富国家	3.1%	3.3%	3.9%
无石油出口和矿产资源匮乏国家	4.1%	3.3%	3.6%

注:数据根据UN-DESA(2014b)和EIU(2014)汇总而成;石油进口国和出口国的统计数据皆为净进口和净出口;石油出口国家的增长数据中不包括利比亚;e=估算值;f=预测值。

资料来源: United Nations Economic Commission for Africa, *Economic Report on Africa 2015: Industrializing through trade*, United Nations, Addis Ababa, Ethiopia, 2015. p.6.

整理人:石海龙

表12　非洲各区域经济增长率(2013—2015年)

地　　区	2013年	2014年 e	2015年 f
中部非洲国家	2.5%	4.3%	4.8%
东部非洲国家	6.5%	6.5%	6.8%
北部非洲国家	2.8%	2.7%	3.6%
南部非洲国家	2.7%	2.9%	3.6%
西部非洲国家	5.8%	5.9%	6.2%

注:数据根据UN-DESA(2014b)和EIU(2014)汇总而成;北部非洲国家的增长数据中不包括利比亚;e=估算值;f=预测值。

资料来源:United Nations Economic Commission for Africa, *Economic Report on Africa 2015: Industrializing through trade*, United Nations, Addis Ababa, Ethiopia, 2015. p.7.

整理人:石海龙

表 13　非洲经济增长率与国际原油价格(2000 年 1 月—2014 年 12 月)

时　　间	经济增长率(%)	原油价格(美元/每桶)
2000 年 1 月	3.8%	23
2001 年 1 月	3.3%	21
2001 年 12 月	5.4%	19
2002 年 12 月	4.5%	23
2003 年 12 月	3.8%	28
2004 年 12 月	5.5%	34
2005 年 12 月	5.3%	51
2006 年 12 月	5.7%	57
2007 年 12 月	5.8%	88
2008 年 12 月	4.8%	41
2009 年 12 月	2.9%	76
2010 年 12 月	5.4%	87
2011 年 12 月	3.0%	108
2012 年 12 月	6.6%	108
2013 年 12 月	3.8%	106
2014 年 12 月	4.3%	62

注:根据 IMF 初级商品价格的月度数据汇总而成,具体数字皆为约数;GDP = 国内生产总值;2015 年 1 月 23 日访问:http://www.imf.org/external/np/res/commod/index.aspx。

资料来源:United Nations Economic Commission for Africa, *Economic Report on Africa 2015: Industrializing through trade*, United Nations, Addis Ababa, Ethiopia, 2015. p.8.

整理人:石海龙

表 14　非洲不同资源类型国家的通货膨胀率(2010—2016 年)

分　　类	2010 年	2011 年	2012 年	2013 年	2014 年 e	2015 年 f	2016 年 f
非　　洲	7.2%	8.5%	8.8%	7.2%	6.9%	6.9%	6.7%
石油出口国家	8.9%	9.8%	11.5%	8.5%	7.7%	7.7%	7.6%

（续表）

分　　类	2010 年	2011 年	2012 年	2013 年	2014 年 e	2015 年 f	2016 年 f
石油进口国家	5.8%	7.6%	6.8%	6.2%	6.3%	6.3%	6.1%
矿产资源丰富国家	5.4%	6.9%	9.4%	7.6%	6.7%	6.0%	6.0%

注：数据根据 UN-DESA(2014b)汇总而成；e = 估算值；f = 预测值。

资料来源：United Nations Economic Commission for Africa，*Economic Report on Africa 2015：Industrializing through trade*，United Nations，Addis Ababa，Ethiopia，2015. p.12.

整理人：石海龙

表 15　固定资源条件下非洲国家的通货膨胀率和实际有效汇率（2014 年）

非洲石油出口国家		
国　家	通货膨胀率	实际有效汇率
利比亚	2%	18%
尼日利亚	12%	20%
加　纳	17%	76%
阿尔及利亚	4%	85%
加　蓬	2%	100%
科特迪瓦	3.5%	117%
喀麦隆	2.5%	119%
尼日尔	2.5%	120%
赤道几内亚	6%	148%
非洲石油进口国家		
国　家	通货膨胀率	实际有效汇率
马拉维	14%	58%
莱索托	72%	55%
冈比亚	6%	57%
布隆迪	11%	67%
乌干达	7%	70%
几内亚	15%	75%

（续表）

非洲石油进口国家		
国　家	通货膨胀率	实际有效汇率
塞拉利昂	9%	80%
卢旺达	7%	78%
南　非	5.5%	86%
坦桑尼亚	8%	90%
毛里塔尼亚	7%	88%
突尼斯	3.5%	90%
埃　及	7.5%	95%
莫桑比克	9%	93%
纳米比亚	6.5%	98%
摩洛哥	2%	98%
津巴布韦	3%	99%
塞内加尔	2.5%	99%
马　里	3%	100%
毛里求斯	5.5%	100%
埃塞俄比亚	12.5%	108%
博茨瓦纳	7%	105%
佛得角	2.5%	105%
布基纳法索	2.5%	110%
中非共和国	7.5%	109%
多　哥	7%	113%
马达加斯加	9.5%	115%
尼日尔	7%	120%
贝　宁	7.5%	123%
科摩罗	4.5%	128%
赞比亚	14%	130%
圣多美和普林西比	13.5%	138%
肯尼亚	10%	150%

（续表）

矿产资源丰富国家		
国　家	通货膨胀率	实际有效汇率
莱索托	6.5%	58%
几内亚	15%	75%
加　纳	16.5%	77%
卢旺达	7%	75%
塞拉利昂	9.5%	80%
南　非	5.5%	83%
坦桑尼亚	7%	88%
毛里塔尼亚	6%	85%
阿尔及利亚	4%	85%
莫桑比克	9.5%	90%
纳米比亚	6.5%	98%
马　里	2.5%	98%
毛里求斯	5.5%	100%
博茨瓦纳	8%	105%
中非共和国	3.5%	103%
布基纳法索	2.5%	105%
多　哥	3%	110%
马达加斯加	9.5%	118%
尼日尔	2.5%	120%
贝　宁	3%	123%
赞比亚	14%	130%
苏　丹	14.5%	145%
赤道几内亚	6%	150%

注：数据根据 EIU2014 和 UN-DESA 2014b 汇总而成；石油出口国家不包括安哥拉、刚果民主共和国、苏丹，矿产资源丰富国家不包括刚果民主共和国。

资料来源：United Nations Economic Commission for Africa，*Economic Report on Africa 2015：Industrializing through trade*，United Nations，Addis Ababa，Ethiopia，2015. p.13.

整理人：石海龙

表16 非洲各区域通货膨胀率(2010—2016年)

地　　区	2010年	2011年	2012年	2013年	2014年e	2015年f	2016年f
非　　洲	7.2%	8.6%	9.4%	7.2%	6.9%	6.9%	6.7%
北部非洲	6.9%	8.3%	9.4%	7.4%	7.5%	6.9%	6.7%
中部非洲	2.5%	2.0%	5.2%	2.7%	3.6%	2.8%	2.9%
东部非洲	6.1%	17.7%	13.6%	5.9%	5.9%	6.2%	6.0%
南部非洲	10.8%	9.3%	9.9%	7.4%	7.9%	8.8%	8.5%

注：数据根据UN-DESA(2014b)汇总而成；e=估算值；f=预测值。

资料来源：United Nations Economic Commission for Africa, *Economic Report on Africa 2015: Industrializing through trade*, United Nations, Addis Ababa, Ethiopia, 2015. p.14.

整理人：石海龙

表17 非洲各区域平均预算平衡率(2010—2015年)

地　　区	2010年	2011年	2012年	2013年	2014年e
非　　洲	-3.0%	-3.1%	-2.0%	-3.5%	-4.5%
北部非洲	0.3%	-3.0%	1.6%	-4.0%	-6.5%
中部非洲	-0.9%	0.4%	-2.0%	-3.3%	-3.8%
东部非洲	-3.0%	-3.1%	-2.7%	-3.5%	-3.7%
南部非洲	-4.0%	-3.1%	-0.5%	-2.2%	-4.3%
西部非洲	-4.0%	-4.1%	-4.2%	-4.5%	-5.2%

注：数据根据EIU 2014 data汇总而成；e=估算值；f=预测值。

资料来源：United Nations Economic Commission for Africa, *Economic Report on Africa 2015: Industrializing through trade*, United Nations, Addis Ababa, Ethiopia, 2015. p.15.

整理人：刘大卫

表18 非洲不同资源类型国家的平均预算额占GDP的比重增长率(2010—2015年)

地　　区	2010年	2011年	2012年	2013年	2014年e	2015年f
非　　洲	-3.0%	-3.2%	-2.1%	-3.6%	-4.6%	-4.2%
石油进口国	-4.1%	-4.1%	-3.2%	-4.0%	-4.9%	-4.3%
石油输出国	1.5%	0.5%	2.1%	-2.0%	-3.7%	-3.6%

（续表）

地　　区	2010 年	2011 年	2012 年	2013 年	2014 年 e	2015 年 f
矿产富裕国	-3.9%	-3.6%	-3.2%	-4.0%	-4.9%	-4.3%
非石油与非矿产资源国	-4.5%	-4.7%	-4.2%	-4.7%	-5.9%	-5.0%

注：数据根据 EIU 2014 data 汇总而成；e=估算值；f=预测值。

资料来源：United Nations Economic Commission for Africa, *Economic Report on Africa 2015: Industrializing through trade*, United Nations, Addis Ababa, Ethiopia, 2015. p.19.

整理人：刘大卫

表 19　非洲不同资源类型国家经常性账户额占 GDP 的比重增长率（2010—2015 年）

地　　区	2010 年	2011 年	2012 年	2013 年	2014 年 e	2015 年 f
非　　洲	0.1%	-1.3%	-1.9%	-4.2%	-5.0%	-5.3%
石油进口国	-4.4%	-7.3%	-9.9%	-8.5%	-8.7%	-8.6%
石油输出国	10.0%	10.7%	12.5%	3.4%	1.5%	0.5%
矿产富裕国	-4.4%	-5.6%	-9.5%	-8.9%	-8.4%	-8.5%
非石油与非矿产资源国	-4.4%	-7.5%	-8.3%	-6.0%	-7.0%	-6.8%

注：数据根据 EIU 2014 data 汇总而成；e=估算值；f=预测值。

资料来源：United Nations Economic Commission for Africa, *Economic Report on Africa 2015: Industrializing through trade*, United Nations, Addis Ababa, Ethiopia, 2015. p.21.

整理人：刘大卫

表 20　非洲不同资源类型国家国际储备占 GDP 的比重（2010—2015 年）

地　　区	2010 年	2011 年	2012 年	2013 年	2014 年 e	2015 年 f
非　　洲	28%	29%	30%	28%	26%	25%
石油进口国	15%	14%	13%	13%	13%	14%
石油输出国	55%	57%	59%	57%	50%	45%
矿产富裕国	16%	16%	15%	15%	15%	16%
非石油与非矿产资源国	12%	11%	11%	11%	11%	10%

注：数据根据 EIU 2014 data 汇总而成；e=估算值；f=预测值。

资料来源：United Nations Economic Commission for Africa, *Economic Report on Africa 2015: Industrializing through trade*, United Nations, Addis Ababa, Ethiopia, 2015. p.22.

整理人：刘大卫

表 21 非洲国家外部资金流占 GDP 的比重(2010—2015)

地　区	2010 年	2011 年	2012 年	2013 年	2014 年 e	2015 年 f
对外直接投资	3.6%	3.8%	3.7%	3.9%	4.1%	4.2%
净外债	-8.5%	-7.4%	-6.4%	-3.3%	-0.4%	1.0%
官方发展援助	3.7%	4.0%	3.7%	3.8%	3.7%	3.7%
汇　款	4.0%	4.3%	4.3%	4.4%	4.5%	4.6%
投资组合	2.3%	0.3%	1.8%	2.2%	1.6%	1.6%
总外债	30.3%	32.6%	34.4%	35.8%	36.8%	37.1%

注:数据根据 EIU 2014 data 汇总而成;e=估算值;f=预测值。

资料来源：United Nations Economic Commission for Africa，*Economic Report on Africa 2015：Industrializing through trade*，United Nations，Addis Ababa，Ethiopia，2015. p.24.

整理人:刘大卫

表 22 非洲不同资源类型国家外商直接投资占 GDP 的比重(2010—2015 年)

地　区	2010 年	2011 年	2012 年	2013 年	2014 年 e	2015 年 f
石油进口国	6.1%	9.5%	9.4%	9.3%	9.0%	9.2%
石油出口国	3.2%	3.2%	2.6%	3.5%	3.5%	3.6%
矿产富裕国	15.6%	23.3%	25.5%	24.7%	23.4%	23.8%
非石油与非矿产资源国	2.8%	4.1%	3.2%	3.4%	3.4%	3.5%

注:数据根据 EIU 2014 data 汇总而成;e=估算值;f=预测值。

资料来源:United Nations Economic Commission for Africa，*Economic Report on Africa 2015：Industrializing through trade*，United Nations，Addis Ababa，Ethiopia，2015. p.25.

整理人:刘大卫

表 23 非洲不同资源类型国家的净外债占 GDP 的比重(2005—2015 年)

地　区	2010 年	2011 年	2012 年	2013 年	2014 年 e	2015 年 f
石油进口国	16.7%	20.1%	23.7%	26.2%	27.5%	28.0%
石油出口国	-45.5%	-51.8%	-52.2%	-47.5%	-41.1%	-37.5%
矿产富裕国	23.6%	27.4%	34.0%	35.7%	35.6%	35.1%

（续表）

地　　区	2010 年	2011 年	2012 年	2013 年	2014 年 e	2015 年 f
非石油与非矿产资源国	10.9%	13.9%	15.1%	17.5%	19.5%	20.6%

注：数据根据 EIU 2014 data 汇总而成；e = 估算值；f = 预测值。

资料来源：United Nations Economic Commission for Africa, *Economic Report on Africa 2015: Industrializing through trade*, United Nations, Addis Ababa, Ethiopia, 2015. p.27.

整理人：刘大卫

表 24　非洲不同资源类型国家的国内融资缺口占 GDP 的比重（2000—2011 年）

部门	2002 年	2003 年	2004 年	2005 年	2006 年	2007 年	2008 年	2009 年	2010 年	2011 年
非洲	－0.1%	－1.1%	－1.0%	－1.9%	－2.5%	－0.6%	0.3%	4.9%	3.1%	6.1%
石油出口国	－2.3%	－4.1%	－11.4%	－14.6%	－17.1%	－15.1%	－13.3%	－4.5%	－10.0%	－12.0%
石油进口国	10.6%	9.3%	12.5%	13.8%	14.2%	14.5%	17.2%	15.7%	15.2%	16.2%
矿产富裕国	6.3%	5.7%	8.6%	9.3%	8.5%	8.3%	11.9%	12.9%	11.5%	13.0%

注：数据根据世界发展指标（世界银行 2014）汇总而成。

资料来源：United Nations Economic Commission for Africa, *Economic Report on Africa 2015: Industrializing through trade*, United Nations, Addis Ababa, Ethiopia, 2015. p.29.

整理人：代竹君

表 25　非洲出口世界的前 20 种商品（2011—2013 年）

（单位：10 亿美元）

进出口商品编码	商　品　标　签	2011 年	2012 年	2013 年
	所有产品	607.4	653.3	581.8
27	矿原料、石油、蒸馏产品等	346.8	392.6	340.9
71	珍珠、宝石、金属、硬币等	44.8	46.4	32.4
26	矿石、矿渣和石灰	23.3	20.1	24.2
85	电力、电子设备	11.7	10.6	11.5
87	铁路、电车之外的交通工具	9.1	9.8	11.4

（续表）

进出口商品编码	商 品 标 签	2011 年	2012 年	2013 年
74	铜及其制品	11.8	11.8	11.2
84	机械、核反应堆、锅炉等	9.1	8.9	9.3
18	可可及可可制品	8.6	10.1	8.7
72	铁和钢	10.8	8.9	8.6
89	船舶、船只和其他浮动结构	7.3	6.7	7.9
08	水果、坚果、柑橘类、西瓜	6.6	9.4	6.7
62	服装、配饰制品、非针织或钩编	6.7	5.9	6.4
28	无机化学、贵金属化合物、同位素	6.6	5.1	4.5
31	化肥	5.0	5.1	4.5
76	铝及其制品	5.3	4.2	4.4
39	塑料及其制品	3.9	3.8	4.0
03	鱼、甲壳类动物、软体动物、水生无脊椎动物 NES	3.9	4.2	4.0
25	盐、硫、土、石、石膏、石灰和水泥	4.3	4.5	3.9
09	咖啡、茶、伴侣和香料	4.2	4.1	3.6
61	服装配饰(包括针织和钩针编制品)	3.7	3.3	3.5

注：数据根据 WTO(2014)汇总而成；NES 为不另说明。

资料来源：United Nations Economic Commission for Africa, *Economic Report on Africa 2015: Industrializing through trade*, United Nations, Addis Ababa, Ethiopia, 2015. p.34.

整理人：代竹君

表 26　非洲从世界进口的前 20 种商品(2011—2013 年)

（单位：10 亿美元）

进出口商品编码	商 品 标 签	2011 年	2012 年	2013 年
	所有产品	560.6	570.6	592.1
27	矿原料、石油、蒸馏产品等	85.3	95.9	94.3
84	机械、核反应堆、锅炉等	65.2	64.9	69.3

（续表）

进出口商品编码	商　品　标　签	2011 年	2012 年	2013 年
87	铁路、电车之外的交通工具	44.8	52.1	48.8
85	电力、电子设备	42.3	40.3	43.7
10	麦片	27.3	25.9	22.7
39	塑料及其制品	17.7	18.0	19.8
72	铁和钢	17.1	18.9	19.1
89	船舶、船只和其他浮动结构	24.5	16.5	18.5
73	铁、钢制品	16.4	16.1	16.9
30	医药产品	12.0	13.2	15.4
99	无另外说明的商品	6.5	11.1	11.7
90	光学、照片、技术、医学等装置	7.9	8.0	9.7
15	动物、植物脂肪和油、晶体分解产品等	10.4	9.1	8.5
40	橡胶及其制品	8.0	7.5	7.8
48	纸和纸板、纸浆、纸和纸板	7.5	7.4	7.6
38	杂项化学产品	6.7	6.8	7.1
17	糖和糖果	7.8	7.0	6.8
71	珍珠、宝石、金属、硬币等	2.5	4.1	6.0
29	化学原料	5.9	6.1	6.0
94	家具、照明、标志、预制建筑	4.6	5.4	5.9

注：数据根据 WTO(2014)汇总而成。

资料来源：United Nations Economic Commission for Africa, *Economic Report on Africa 2015: Industrializing through trade*, United Nations, Addis Ababa, Ethiopia, 2015. p.35.

整理人：代竹君

表 27　非洲服务业出口年增长率(2000—2013 年)

类　别	增长率(%)	类　别	增长率(%)
计算机和信息服务	20.0	保险服务	11.6
金融服务	11.6	特许和许可服务	10.6

（续表）

类　别	增长率(%)	类　别	增长率(%)
交　通	10.0	旅　游	8.2
建　筑	10.0	文化和娱乐服务	6.9
通信服务	9.8	其他商业服务	0.2

注：数据根据 UN-DESA(2014)汇总而成。

资料来源：United Nations Economic Commission for Africa, *Economic Report on Africa 2015: Industrializing through trade*, United Nations, Addis Ababa, Ethiopia, 2015. p.38.

整理人：代竹君

表 28　撒哈拉以南非洲各行业的就业率(2000—2013 年)

类　别	2000 年	2013 年
农　业	65.0%	62.0%
工　业	8.5%	8.4%
服务业	26.5%	29.6%

注：数据根据国际劳工组织(ILO)2014 年的劳动力市场指标(KILM)汇总而成。

资料来源：United Nations Economic Commission for Africa, *Economic Report on Africa 2015: Industrializing through trade*, United Nations, Addis Ababa, Ethiopia, 2015. p.65.

整理人：曹利华

表 29　非洲各区域农业增长率(1961—2012 年)

区　域	1961—1979 年	1980—1999 年	2000—2012 年
非　洲	3.2%	3.2%	3.7%
北部非洲	−1.7%	5.1%	2.2%
东部非洲	3.0%	2.8%	4.8%
中部非洲	3.2%	3.2%	7.8%
西部非洲	3.1%	0.8%	6.1%
南部非洲	2.6%	1.4%	3.6%

注：数据根据世界发展指标(数据库)汇总而成。

资料来源：United Nations Economic Commission for Africa, *Economic Report on Africa 2015: Industrializing through trade*, United Nations, Addis Ababa, Ethiopia, 2015. p.71.

整理人：曹利华

表 30　非洲各区域服务业增长率(1961—2012 年)

区　　域	1961—1979 年	1980—1999 年	2000—2012 年
非　　洲	5.0%	3.0%	5.5%
北部非洲	6.7%	4.4%	4.2%
东部非洲	3.2%	1.2%	6.1%
中部非洲	4.9%	3.3%	5.2%
西部非洲	6.3%	0.4%	6.3%
南部非洲	4.2%	3.2%	4.3%

注：数据根据世界发展指标(数据库)汇总而成。

资料来源：United Nations Economic Commission for Africa，*Economic Report on Africa 2015：Industrializing through trade*，United Nations，Addis Ababa，Ethiopia，2015. p.71.

整理人：曹利华

表 31　部分非洲国家贸易政策设计的连贯性问题

国　　家	贸易政策	工业政策	国家发展策略
博茨瓦纳	2009 年	1988 年	展望 2016 年，NDP10
佛得角	无	无	展望 2030 年
乍　得	无	无	NDS2013—2015 年
刚　果	2014 年	2003 年	NDP2012—2016 年
埃　及	无	2003 年	2014/2015—2018/2019 年
摩洛哥	1993 年	近期实施	无
莫桑比克	无	2007 年	2014 年
尼日利亚	2002 年	2014 年	展望 2020 年；转型议程
坦桑尼亚	2009—2014 年	1996—2020 年	展望 2025 年
乌干达	2008 年	2008 年	2000—2015 年

注：数据根据 2015 年联合国经济委员会(UNECA)亚的斯亚贝巴会议上发布的《非洲经济报告(2015)》的国家案例研究汇总而成；NDP = National Development Plan；NDS = National Development strategy。

资料来源：United Nations Economic Commission for Africa，*Economic Report on Africa 2015：Industrializing through trade*，United Nations，Addis Ababa，Ethiopia，2015. p.85.

整理人：曹利华

表 32　加快非洲转型的替代性战略选择:优势和劣势

类　别	优　势	劣　势
工业化	● 在亚洲增加了制造成本,转向于基本任务性生产,全球价值链中的外包型和企业内贸易为轻工业制造提供了新的机会,只需要更少的资本、更低的技术和管理能力,并且在脆弱的环境里也依然可行。 ● 非洲可以通过促进贸易便利化,提高能源获取、投资技巧和实施智能产业政策,以效仿发达国家和新兴经济体的出口导向型战略。	● 其阻碍是一些与之相关的公共政策、体制、管理体系和可持续发展的能力。 ● 技术变革促使制造业逐渐趋向于资本和技术密集型生产,导致许多发展中国家过早的开始后工业化。 ● 制造业正日益发展为服务密集型:欠发达的服务业部门可能会阻碍它的出现和竞争力的发展。 ● 工业化本身可能不足以创造非洲将需要的每年约 3 000 万的额外就业机会。
服务导向型增长	● 服务业的就业继续扩大。 ● 服务业与相关的外包型贸易、新信息、通信技术和云计算等目前存在着多种可能性。	● 服务业正日趋流通,随之带来的获取有效市场份额的挑战不断增多。 ● 生产性服务需要高技能的工人,而非洲的劳动力大多技能过低。 ● 不确定是否有足够的机会能够令非洲各国绕过工业化。
以自然资源为基础的发展	● 投资自然资源收入可观,同时制定发展型产业政策,可以促使经济多样化。 ● 在适当的条件下,采掘业可以促使产业结合以及促进供应商升级转型。 ● 提高透明度,加大税收和公共支出,改善上市公司的管理,采掘业对社会和环境的影响将呈可持续性增长。	● 采掘业存在治理缺陷。 ● 存在着环境限制。 ● 国际价格波动和全球需求的不确定导致非洲新兴经济体增长缓慢。
绿色增长	● 非洲生产和消费模式的急剧变化可能引发世界能源的转型,并引领一条更加可持续性发展的道。 ● 可再生能源利用的潜力是巨大的。	● 这种转型将需要很长的时间。 ● 目前的资源开采模式在中短期内可能将继续吸引大量的投资。

（续表）

类　别	优　势	劣　势
农业基础性的增长	● 农业是第一雇主，农村人口和农产品的整体需求将持续增长。 ● 农业在结构转型中起重要作用，并将直接减少贫困。 ● 提高农业绩效在东亚和东南亚的经济成功中起到了重要作用。	● 很难确定如何在调和吸收劳动力的巨大份额的同时极大地提高农业生产力。 ● 关于农业发展模式的最佳类型的讨论，如小型养殖还是大规模养殖，尚未定论。

资料来源：The African Development Bank（AfDB），the OECD Development Centre and the United Nations Development Programme（UNDP），*African Economic Outlook 2015*：*Regional Development and Spatial Inclusion*，AfDB，OECD，UNDP，2015，p.19.

整理人：曹利华

Summary

African Economy in 2014 By SHU Yunguo

Abstract: African economy still developed rapidly in 2014. On the continent level, economic growth rate is higher than that of world average level. At the sub-regional level, each has maintained a good growth. In the country level, most of them showed a strong growth. The main factors that promote the African economic growth include; economic transformation is speeded up, private consumption and investment growth obviously, service industry get advance development, and infrastructure has been improved. In 2014, African economy met some adverse factors, such as political turmoil in some countries, impact of Ebola virus, and influence of recession of world economy.

Key words: 2014, Africa, Economic development

The Trend of African Economic Development and China-African Economic Cooperation By ZHANG Zhongxiang

Abstract: Africa is now the world's second fastest-growing continent. The economic fast growth of many African countries continued almost 20 years. But Africa's structural contradictions still go increasingly prominent; people's livelihood issues are not well resolved. So the new economic transformation is rising in Africa. Compared with the structural adjustment led by IMF in 20th century 80—90's, current Africa's economic transformation has much differences, its characteristics are below: The main objectives of Africa's economic transformation is inclusive growth, in order to create more jobs and root out poverty; its guiding ideology is autonomous development, the economic transformation should be led by Africans themselves; the key is the adjustment of economic structure, Africa countries should accord to local conditions to achieve multiple development. The rising of emerging economies provides a favorable external environment for African economic transformation. China and Africa are mutually opportunities. China's rising is an opportunity for Africa's economic transformation. Moreover, it is also an opportunity for China-Africa cooperation.

Key words: African economy, Inclusive growth, African economic transformation, China-African cooperation

Africa's Manufacturing Sector's Development and China's Investment in Africa

By HAO Rui, PU Dake & HOU Jinchen

Abstract: Africa's manufacturing sector is lagging and under-developed. However, with the rapid economic growth in the past years, Africa's manufacturing sector is facing unprecedented opportunities of development, especially in terms of industrial cooperation with China. Chinese investment in the manufacturing sector in Africa can enhance self-development capacity of the continent, and also helps promote economic development and transformation for China itself as well. The manufacturing sector in Africa has great potential of investment, while there are many difficulties and risks, which requires in-depth research on the effective mode of industrial cooperation between China and Africa. The analysis in this paper shows that "trade-induced investment" may turn out to be a feasible investment pattern for a dozens of sub-sectors of Africa's manufacturing such as plastics, fertilizers, steel products, building materials, rubber products, motor vehicles, telecommunication equipment, railway, aircraft, ships, construction machinery, and furniture.

Key words: Industrialization, Manufacturing, Africa, China's investment in Africa, Trade-induced investment

The Republic of Congo Industrialization Report（2014—2015） By Huang Yupei

Abstract：In recent years，the Republic of Congo made rapid economic development. It has become a country with enormous development potentiality among the African. However，the level of industrialization in Congo is very low. In terms of industry sectors，Congo Industrial development depends on the oil and forestry heavily while mining and manufacturing development was lagged behind. In terms of regions，Congo has taken policy of "Look East"，established four special economic zones named Ouésso，Oyo-Ollombo，Brazzaville and Pointe-Noire. It developed different types of industries in accordance with each special economic zone' specific industry characteristics and has achieved initial success. China and Congo have gained significant achievement in economic and trade cooperation and the bilateral cooperation for industrial development has great potentiality. Looking into the future of Congo，in the process of accelerating industrialization，it must take a wide range of measures to coordinate the development of various industrial sectors.

Key words：the Republic of Congo，Industry，Oil，Forestry，Special Economic Zone

Nigeria's Industrialization Report By ZHENG Xiaoxia

Abstract：In order to realize the industrialization，successive governments of Nigeria have formulated and implemented different industrial policies and strategies since independence. Nigeria's governments have adopted strategies of import substitution industrialization，export promotion industrialization and foreign private investment led industrialization，while all these strategies couldn't help Nigeria realize its goal and the nation's economic structure hasn't been changed fundamentally. The performance of industrial sector，especially the manufacturing one，hasn't reached the expectations. Nigeria's government issued Nigeria Industrial Revolution Plan(NIRP) in 2014. The NIRP will develop four industry groups where Nigeria already possesses a clear comparative advantage—Agribusiness & Agro Allied, Solid minerals & Metals, Oil and Gas related Industry, Construction, Light Manufacturing and Services, and the plan also identifies related supporting structures or enablers. The objective of NIRP is to promote competitiveness of Nigeria's industry, especially the manufacturing sector, and finally realize the industrialization goal.

Key words: Nigeria, Industrialization, Strategy

South African Industrial Development Report By CUI Wenxin

Abstract: Industrial policy is an important part of South African development strategy. This report first introduces the general situations of South African industry. Then it reviews the history of South African industrial development. After this, the article analyzes the opportunities and constrains South African industry development faces. Going on with this, the paper elaborates on South African strategic planning of industrial development. Then, the report examines the achievements in its 2013—2014 industrial policy action plan. In the end, it discusses the main interventions in 2014/15—2016/17 industrial policy action plan.

Key words: South Africa, Industrialization, Industrial Development

A Comment on the Industrialization of Tanzania By LU Haisheng

Abstract: After its independence in 1960s, Tanzania embarked on an industrialization process. Now it has gone over a long road full of setbacks. In Nyerere times, in spade of mistakes, they had achieved some successes. In post-Nyerere times, the reform, under the free market system, has got fruit, but could not change the economic structure of Tanzania.

Key words：Africa，Tanzania，Industrialization

Chinese Enterprises to Accelerate and Promote Reflection and Experience in the Process of the Industrialization of Africa By ZHANG Zhe & ZHAO Guizhi

Abstract：South Africa is the perfect infrastructure of the African continent，and it is a country with a high level of industrialization. Although its economic growth has been slow in recent years，but its relatively complete industrial system can't be replaced or matched by any one of the African countries. China since the establishment of its diplomatic relations with South Africa in 1998，has been actively developing the economic and trade relations with South Africa. Since 2009 China overtook the US to become South Africa's biggest trading partner. With the steady growth of trade volume，China's investment in South Africa is also in full swing，involving mining，transportation，communications，financial services，food，tobacco，chemical industry，industrial equipment，building and other fields，and these investment projects created many job opportunities for South Africa. Based on field survey in South Africa，and the case of various industries，This paper shows how the Chinese enterprises with the South Africa investment condition and its actual operation effectively manage their local business to more adapt to the South Africa market，in the present economic development of South Africa slower period，further accelerate and promote the industrialization process of South Africa.

Key words：Chinese enterprises，South Africa，the industrialization process

The New Partnership for Africa's Development：Establishment，Implementation and Prospect By YANG Jing

Abstract：At the end of 20th century，faced with the failures of a series of plans and a sluggish economy，Africa leaders entered the 21st century，looking for new development plans. Finally, the New Partnership for Africa's Development came out and became a vision and overall strategic framework of Africa in 21st of African Union. The Paper reviews the context of the establishment of NEPAD, analyses the main content of its framework document and its six thematic areas and combs its development history as well as the change of its governance structure. NEPAD shows that African countries insist on collective self-reliance. However, the implementation of NEPAD is under the influences of Africa continent itself and the international community. African countries must insist on the joint self-reliance and independent development strategy, deepen the implementation of the programmes and projects and open up new paths for international cooperation constantly.

Key words: Development plans, The New Partnership for Africa's Development, Africa

A Study on the United Nations Economic Commission for Africa By CAO Lihua

Abstract: United Nations Economic Commission for Africa (UNECA/ECA), an international organization, was set up on the basis of the development of colonial countries and the need of modernization after the World War II. As a regional economic organization, ECA focused on guiding those local African nations to generate their own economic work, among which those talents breeding and capacity building should be totally involved. Through these affiliated agents, ECA could advance the basic work and the execution of related projects made by the decisive department. ECA also provides consultation and advice for the member states on international trade talks. ECA assists African nations to accumulate their modernization on the field of agriculture and industry, to upgrade the productivity in such areas, to expand investment in the transportation system, and to coordinate the related construction on the traffic infrastructure. Under the aid from the office of sub-regional, it promotes the integration of the sub-regional economic organizations in Africa. When the new century arrives, ECA focuses on the New Partnership for Africa's Development and it will continue to contribute its great efforts on the grand undertaking of Africa's cooperation and integration.

Key words: Africa, UN, Regional committee, Regional integration

图书在版编目(CIP)数据

非洲经济发展报告.2014～2015/舒运国,张忠祥主编.—上海:上海社会科学院出版社,2015

ISBN 978-7-5520-1024-4

Ⅰ.①非… Ⅱ.①舒… ②张… Ⅲ.①经济发展-研究报告-非洲-2014～2015 Ⅳ.①F140.4

中国版本图书馆CIP数据核字(2015)第245323号

非洲经济发展报告(2014—2015)

主　　编:舒运国、张忠祥
责任编辑:路征远
封面设计:周清华
出版发行:上海社会科学院出版社
　　　　　上海淮海中路622弄7号　电话63875741　邮编200020
　　　　　http://www.sassp.org.cn　E-mail:sassp@sass.org.cn
照　　排:南京理工出版信息技术有限公司
印　　刷:上海颛辉印刷厂
开　　本:710×1010毫米　1/16开
印　　张:25
插　　页:2
字　　数:363千字
版　　次:2015年10月第1版　2015年10月第1次印刷

ISBN 978-7-5520-1024-4/F·322　　定价:58.80元